AÑO 2015: TU HORÓSCOPO PERSONAL

Joseph Polansky

Año 2015:
Tu horóscopo personal

Previsiones mes a mes
para cada signo

U R A N O

Argentina - Chile - Colombia - España
Estados Unidos - México - Perú - Uruguay - Venezuela

Título original: *Your Personal Horoscope 2015*
Editor original: Aquarium, An Imprint of HarperCollins Publishers
Traducción: Amelia Brito Astorga

Copyright © 2014 by Star Data, Inc.
73 Benson Avenue
Westwood, NJ 07675
U.S.A.
www.stardata-online.com
info@stardata-online.com
© 2014 *by* Ediciones Urano, S.A.
Aribau, 142, pral. - 08036 Barcelona
www.mundourano.com

ISBN: 978-84-7953-877-4
E-ISBN: 978-84-9944-703-2
Depósito Legal: B-11.087-2014

Fotocomposición: Montserrat Gómez Lao
Impreso por Romanyà-Valls, S.A. – Verdaguer, 1 – 08786 Capellades (Barcelona)

Impreso en España - *Printed in Spain*

Índice

Introducción

He escrito este libro para todas aquellas personas que deseen sacar provecho de los beneficios de la astrología y aprender algo más sobre cómo influye en nuestra vida cotidiana esta ciencia tan vasta, compleja e increíblemente profunda. Espero que después de haberlo leído, comprendas algunas de las posibilidades que ofrece la astrología y sientas ganas de explorar más este fascinante mundo.

Te considero, lector o lectora, mi cliente personal. Por el estudio de tu horóscopo solar me doy cuenta de lo que ocurre en tu vida, de tus sentimientos y aspiraciones, y de los retos con que te enfrentas. Después analizo todos estos temas lo mejor posible. Piensa que lo único que te puede ayudar más que este libro es tener tu propio astrólogo particular.

Escribo como hablaría a un cliente. Así pues, la sección correspondiente a cada signo incluye los rasgos generales, las principales tendencias para el 2015 y unas completas previsiones mes a mes. He hecho todo lo posible por expresarme de un modo sencillo y práctico, y he añadido un glosario de los términos que pueden resultarte desconocidos. Los rasgos generales de cada signo te servirán para comprender tu naturaleza y la de las personas que te rodean. Este conocimiento te ayudará a tener menos prejuicios y a ser más tolerante contigo y con los demás. La primera ley del Universo es que todos debemos ser fieles a nosotros mismos; así pues, las secciones sobre los rasgos generales de cada signo están destinadas a fomentar la autoaceptación y el amor por uno mismo, sin los cuales es muy difícil, por no decir imposible, aceptar y amar a los demás.

Si este libro te sirve para aceptarte más y conocerte mejor, entonces quiere decir que ha cumplido su finalidad. Pero la astrología tiene otras aplicaciones prácticas en la vida cotidiana: nos explica hacia dónde va nuestra vida y la de las personas que nos rodean. Al leer este libro comprenderás que, si bien las corrientes cósmicas no nos obligan, sí nos impulsan en ciertas direcciones. Las secciones «Horóscopo para el año 2015» y «Previsiones mes a mes» están destinadas a orientarte a través de los movimientos e influencias de los planetas, para que te resulte más fácil dirigir tu vida en la dirección deseada y sacar el mejor partido del año que te aguarda.

Estas previsiones abarcan orientaciones concretas en los aspectos que más nos interesan a todos: salud, amor, vida familiar, profesión, situación económica y progreso personal. Si en un mes determinado adviertes que un compañero de trabajo, un hijo o tu pareja está más irritable o quisquilloso que de costumbre, verás el porqué cuando leas sus correspondientes previsiones para ese mes. Eso te servirá para ser una persona más tolerante y comprensiva.

Una de las partes más útiles de este libro es la sección sobre los mejores días y los menos favorables que aparece al comienzo de cada previsión mensual. Esa sección te servirá para hacer tus planes y remontar con provecho la corriente cósmica. Si programas tus actividades para los mejores días, es decir, aquellos en que tendrás más fuerza y magnetismo, conseguirás más con menos esfuerzo y aumentarán con creces tus posibilidades de éxito. De igual modo, en los días menos favorables es mejor que evites las reuniones importantes y que no tomes decisiones de peso, ya que en esos días los planetas primordiales de tu horóscopo estarán retrógrados (es decir, retrocediendo en el zodiaco).

En la sección «Principales tendencias» se indican las épocas en que tu vitalidad estará fuerte o débil, o cuando tus relaciones con los compañeros de trabajo o los seres queridos requerirán un esfuerzo mayor por tu parte. En la introducción de los rasgos generales de cada signo, se indican cuáles son sus piedras, colores y aromas, sus necesidades y virtudes y otros elementos importantes. Se puede aumentar la energía y mejorar la creatividad y la sensación general de bienestar de modo creativo, por ejemplo usando los aromas, colores y piedras del propio signo, decorando la casa con esos colores, e incluso visualizándolos alrededor de uno antes de dormirse.

Es mi sincero deseo que *Año 2015: Tu horóscopo personal* mejore tu calidad de vida, te haga las cosas más fáciles, te ilumine el camino, destierre las oscuridades y te sirva para tomar más conciencia de tu conexión con el Universo. Bien entendida y usada con juicio, la astrología es una guía para conocernos a nosotros mismos y comprender mejor a las personas que nos rodean y las circunstancias y situaciones de nuestra vida. Pero ten presente que lo que hagas con ese conocimiento, es decir, el resultado final, depende exclusivamente de ti.

Glosario de términos astrológicos

Ascendente

Tenemos la experiencia del día y la noche debido a que cada 24 horas la Tierra hace una rotación completa sobre su eje. Por ello nos parece que el Sol, la Luna y los planetas salen y se ponen. El zodiaco es un cinturón fijo que rodea la Tierra (imaginario pero muy real en un sentido espiritual). Como la Tierra gira, el observador tiene la impresión de que las constelaciones que dan nombre a los signos del zodiaco aparecen y desaparecen en el horizonte. Durante un periodo de 24 horas, cada signo del zodiaco pasará por el horizonte en un momento u otro. El signo que está en el horizonte en un momento dado se llama ascendente o signo ascendente. El ascendente es el signo que indica la imagen de la persona, cómo es su cuerpo y el concepto que tiene de sí misma: su yo personal, por oposición al yo espiritual, que está indicado por su signo solar.

Aspectos

Los aspectos son las relaciones angulares entre los planetas, el modo como se estimulan o se afectan los unos a los otros. Si dos planetas forman un aspecto (conexión) armonioso, tienden a estimularse de un modo positivo y útil. Si forman un aspecto difícil, se influyen mutuamente de un modo tenso, lo cual provoca alteraciones en la influencia normal de esos planetas.

Casas

Hay doce signos del zodiaco y doce casas o áreas de experiencia. Los doce signos son los tipos de personalidad y las diferentes maneras que tiene de expresarse un determinado planeta. Las casas indican en qué ámbito de la vida tiene lugar esa expresión (véase la lista de más abajo). Una casa puede adquirir fuerza e importancia, y convertirse en una casa poderosa, de distintas maneras: si contiene al Sol, la Luna o el regente de la carta astral, si contiene a más de un planeta, o si el regente de la casa está recibiendo un estímulo excepcional de otros planetas.

Primera casa: cuerpo e imagen personal.
Segunda casa: dinero y posesiones.
Tercera casa: comunicación.
Cuarta casa: hogar, familia y vida doméstica.
Quinta casa: diversión, creatividad, especulaciones y aventuras amorosas.
Sexta casa: salud y trabajo.
Séptima casa: amor, romance, matrimonio y asociaciones.
Octava casa: eliminación, transformación y dinero de otras personas.
Novena casa: viajes, educación, religión y filosofía.
Décima casa: profesión.
Undécima casa: amigos, actividades en grupo y deseos más queridos.
Duodécima casa: sabiduría espiritual y caridad.

Fases de la Luna

Pasada la Luna llena, parece como si este satélite (visto desde la Tierra) se encogiera, disminuyendo poco a poco de tamaño hasta volverse prácticamente invisible a simple vista, en el momento de la Luna nueva. A este periodo se lo llama fase *menguante* o Luna menguante.

Pasada la Luna nueva, nuestro satélite (visto desde la Tierra) va creciendo paulatinamente hasta llegar a su tamaño máximo en el momento de la Luna llena. A este periodo se lo llama fase *creciente* o Luna creciente.

Fuera de límites

Los planetas se mueven por nuestro zodiaco en diversos ángulos en relación al ecuador celeste (si se prolonga el ecuador terrestre hacia el Universo se obtiene el ecuador celeste). El Sol, que es la influencia más dominante y poderosa del sistema solar, es la unidad de medida que se usa en astrología. El Sol nunca se aparta más de aproximadamente 23 grados al norte o al sur del ecuador celeste. Cuando el Sol llega a su máxima distancia al sur del ecuador celeste, es el solsticio de invierno (declinación o descenso) en el hemisferio norte y de verano (elevación o ascenso) en el hemisferio sur; cuando llega a su máxima distancia al norte del ecuador celeste, es el solsticio de verano en el hemisferio norte y de invierno en el hemisferio sur. Si en cualquier momento un planeta sobrepasa esta frontera solar, como sucede de vez en cuando, se dice que está «fuera de límites», es decir, que se ha introducido en territorio ajeno, más allá de los límites marcados por el Sol, que es el regente del sistema solar. En esta situación el planeta adquiere más importancia y su poder aumenta, convirtiéndose en una influencia importante para las previsiones.

Karma

El karma es la ley de causa y efecto que rige todos los fenómenos. La situación en la que nos encontramos se debe al karma, a nuestros actos del pasado. El Universo es un instrumento tan equilibrado que cualquier acto desequilibrado pone inmediatamente en marcha las fuerzas correctoras: el karma.

Modos astrológicos

Según su modo, los doce signos del zodiaco se dividen en tres grupos: *cardinales, fijos* y *mutables*.
El modo *cardinal* es activo e iniciador. Los signos cardinales (Aries, Cáncer, Libra y Capricornio) son buenos para poner en marcha nuevos proyectos.
El modo *fijo* es estable, constante y resistente. Los signos fijos (Tauro, Leo, Escorpio y Acuario) son buenos para continuar las cosas iniciadas.
El modo *mutable* es adaptable, variable y con tendencia a buscar el equilibrio. Los signos mutables (Géminis, Virgo, Sagitario y Piscis) son creativos, aunque no siempre prácticos.

Movimiento directo

Cuando los planetas se mueven hacia delante por el zodiaco, como hacen normalmente, se dice que están «directos».

Movimiento retrógrado

Los planetas se mueven alrededor del Sol a diferentes velocidades. Mercurio y Venus lo hacen mucho más rápido que la Tierra, mientras que Marte, Júpiter, Saturno, Urano, Neptuno y Plutón lo hacen más lentamente. Así, hay periodos durante los cuales desde la Tierra da la impresión de que los planetas retrocedieran. En realidad siempre avanzan, pero desde nuestro punto de vista terrestre parece que fueran hacia atrás por el zodiaco durante cierto tiempo. A esto se lo llama movimiento retrógrado, que tiende a debilitar la influencia normal de los planetas.

Natal

En astrología se usa esta palabra para distinguir las posiciones planetarias que se dieron en el momento del nacimiento (natales) de las posiciones por tránsito (actuales). Por ejemplo, la expresión Sol natal hace alusión a la posición del Sol en el momento del nacimiento de una persona; Sol en tránsito se refiere a la posición actual del Sol en cualquier momento dado, que generalmente no coincide con la del Sol natal.

Planetas lentos

A los planetas que tardan mucho tiempo en pasar por un signo se los llama planetas lentos. Son los siguientes: Júpiter (que permanece alrededor de un año en cada signo), Saturno (dos años y medio), Urano (siete años), Neptuno (catorce años) y Plutón (entre doce y treinta años). Estos planetas indican las tendencias que habrá durante un periodo largo de tiempo en un determinado ámbito de la vida, y son importantes, por lo tanto, en las previsiones a largo plazo. Dado que estos planetas permanecen tanto tiempo en un signo, hay periodos durante el año en que contactan con los planetas rápidos, y estos activan aún más una determinada casa, aumentando su importancia.

Planetas rápidos

Son los planetas que cambian rápidamente de posición: la Luna (que sólo permanece dos días y medio en cada signo), Mercurio (entre veinte y treinta días), el Sol (treinta días), Venus (alrededor de un mes) y Marte (aproximadamente dos meses). Dado que estos planetas pasan tan rápidamente por un signo, sus efectos suelen ser breves. En un horóscopo indican las tendencias inmediatas y cotidianas.

Tránsitos

Con esta palabra se designan los movimientos de los planetas en cualquier momento dado. En astrología se usa la palabra «tránsito» para distinguir un planeta natal de su movimiento actual en los cielos. Por ejemplo, si en el momento de tu nacimiento Saturno estaba cn Cáncer en la casa ocho, pero ahora está pasando por la casa tres, se dice que está «en tránsito» por la casa tres. Los tránsitos son una de las principales herramientas con que se trabaja en la previsión de tendencias.

Aries

♈

El Carnero

Nacidos entre el 21 de marzo y el 20 de abril

Rasgos generales

ARIES DE UN VISTAZO

Elemento: Fuego

Planeta regente: Marte
  Planeta de la profesión: Saturno
  Planeta del amor: Venus
  Planeta del dinero: Venus
  Planeta del hogar y la vida familiar: la Luna
  Planeta de la riqueza y la buena suerte: Júpiter

Colores: Carmín, rojo, escarlata
  Colores que favorecen el amor, el romance y la armonía social: Verde, verde jade
  Color que favorece la capacidad de ganar dinero: Verde

Piedra: Amatista

Metales: Hierro, acero

Aroma: Madreselva

Modo: Cardinal (= actividad)

Cualidad más necesaria para el equilibrio: Cautela

Virtudes más fuertes: Abundante energía física, valor, sinceridad, independencia, confianza en uno mismo

Necesidad más profunda: Acción

Lo que hay que evitar: Prisa, impetuosidad, exceso de agresividad, temeridad

Signos globalmente más compatibles: Leo, Sagitario

Signos globalmente más incompatibles: Cáncer, Libra, Capricornio

Signo que ofrece más apoyo laboral: Capricornio

Signo que ofrece más apoyo emocional: Cáncer

Signo que ofrece más apoyo económico: Tauro

Mejor signo para el matrimonio y/o las asociaciones: Libra

Signo que más apoya en proyectos creativos: Leo

Mejor signo para pasárselo bien: Leo

Signos que más apoyan espiritualmente: Sagitario, Piscis

Mejor día de la semana: Martes

La personalidad Aries

Aries es el activista por excelencia del zodiaco. Su necesidad de acción es casi una adicción, y probablemente con esta dura palabra la describirían las personas que no comprenden realmente la personalidad ariana. En realidad, la «acción» es la esencia de la psicología de los Aries, y cuanto más directa, contundente y precisa, mejor. Si se piensa bien en ello, este es el carácter ideal para el guerrero, el pionero, el atleta o el directivo.

A los Aries les gusta que se hagan las cosas, y suele ocurrir que en su entusiasmo y celo pierden de vista las consecuencias para ellos mismos y los demás. Sí, ciertamente se esfuerzan por ser diplomáticos y actuar con tacto, pero les resulta difícil. Cuando lo hacen tienen la impresión de no ser sinceros, de actuar con falsedad. Les cuesta incluso comprender la actitud del diplomático, del creador de consenso, de los ejecutivos; todas estas personas se pasan la vida en interminables reuniones, conversaciones y negociaciones, todo lo cual parece una gran pérdida de tiempo cuando hay tanto trabajo por hacer, tantos logros reales por alcanzar. Si se le explica, la persona Aries es capaz de comprender que las conversaciones y negociaciones y la armonía social conducen en último término a acciones mejores y más eficaces. Lo interesante es que un Aries rara vez es una persona de mala voluntad o malévola, ni siquiera cuando está librando una guerra. Los Aries luchan sin sentir odio por sus contrincantes. Para ellos todo es una amistosa diversión, una gran aventura, un juego.

Ante un problema, muchas personas se dicen: «Bueno, veamos de qué se trata; analicemos la situación». Pero un Aries no; un Aries piensa: «Hay que hacer algo; manos a la obra». Evidentemente ninguna de estas dos reacciones es la respuesta adecuada siempre. A veces es necesario actuar, otras veces, pensar. Sin embargo, los Aries tienden a inclinarse hacia el lado de la acción, aunque se equivoquen.

Acción y pensamiento son dos principios totalmente diferentes. La actividad física es el uso de la fuerza bruta. El pensamiento y la reflexión nos exigen no usar la fuerza, estar quietos. No es conveniente que el atleta se detenga a analizar su próximo movimiento, ya que ello sólo reducirá la rapidez de su reacción. El atleta debe actuar instintiva e instantáneamente. Así es como tienden a comportarse en la vida las personas Aries. Son rápidas e instintivas para tomar decisiones, que tienden a traducirse en acciones casi de inmediato. Cuando la intuición es fina y aguda, sus actos son poderosos y eficaces. Cuando les falla la intuición, pueden ser desastrosos.

Pero no vayamos a creer que esto asusta a los Aries. Así como un buen guerrero sabe que en el curso de la batalla es posible que reciba unas cuantas heridas, la persona Aries comprende, en algún profundo rincón de su interior, que siendo fiel a sí misma es posible que incurra en uno o dos desastres. Todo forma parte del juego. Los Aries se sienten lo suficientemente fuertes para capear cualquier tormenta.

Muchos nativos de Aries son intelectuales; pueden ser pensadores profundos y creativos. Pero incluso en este dominio tienden a ser pioneros y francos, sin pelos en la lengua. Este tipo de Aries suele elevar (o sublimar) sus deseos de combate físico con combates intelectuales y mentales. Y ciertamente resulta muy convincente.

En general, los Aries tienen una fe en sí mismos de la que deberíamos aprender los demás. Esta fe básica y sólida les permite superar las situaciones más tumultuosas de la vida. Su valor y su confianza en sí mismos hacen de ellos líderes naturales. Su liderazgo funciona más en el sentido de dar ejemplo que de controlar realmente a los demás.

Situación económica

Los Aries suelen destacar en el campo de la construcción y como agentes de la propiedad inmobiliaria. Para ellos el dinero es menos importante de por sí que otras cosas, como por ejemplo la acción, la aventura, el deporte, etc. Sienten la necesidad de apoyar a sus socios y colaboradores y de gozar de su aprecio y buena opinión. El dinero en cuanto medio para obtener placer es otra importante motivación. Aries funciona mejor teniendo su propio negocio, o como directivo o jefe de departamento en una gran empresa. Cuantas menos órdenes reciba de un superior, mucho mejor. También trabaja más a gusto al aire libre que detrás de un escritorio.

Los Aries son muy trabajadores y poseen muchísimo aguante; pueden ganar grandes sumas de dinero gracias a la fuerza de su pura energía física.

Venus es su planeta del dinero, lo cual significa que necesitan cultivar más las habilidades sociales para convertir en realidad todo su potencial adquisitivo. Limitarse a hacer el trabajo, que es en lo que destacan los Aries, no es suficiente para tener éxito económico. Para conseguirlo necesitan la colaboración de los demás: sus clientes y colaboradores han de sentirse cómodos y a gusto. Para tener éxito, es necesario tratar debidamente a muchas personas. Cuando los Aries desarrollan estas capacidades, o contratan a alguien que se encargue de esa parte del trabajo, su potencial de éxito económico es ilimitado.

Profesión e imagen pública

Se podría pensar que una personalidad pionera va a romper con las convenciones sociales y políticas de la sociedad, pero este no es el caso de los nacidos en Aries. Son pioneros dentro de los marcos convencionales, en el sentido de que prefieren iniciar sus propias empresas o actividades en el seno de una industria ya establecida que trabajar para otra persona.

En el horóscopo solar de los Aries, Capricornio está en la cúspide de la casa diez, la de la profesión, y por lo tanto Saturno es el planeta que rige su vida laboral y sus aspiraciones profesionales. Esto nos dice algunas cosas interesantes acerca del carácter ariano. En primer lugar nos dice que para que los Aries conviertan en realidad todo su potencial profesional es necesario que cultiven algunas cualidades que son algo ajenas a su naturaleza básica. Deben ser mejores administradores y organizadores. Han de ser capaces de manejar mejor los detalles y de adoptar una perspectiva a largo plazo de sus proyectos y de su profesión en general. Nadie puede derrotar a un Aries cuando se trata de objetivos a corto plazo, pero una carrera profesional es un objetivo a largo plazo, que se construye a lo largo del tiempo. No se puede abordar con prisas ni «a lo loco».

A algunos nativos de Aries les cuesta mucho perseverar en un proyecto hasta el final. Dado que se aburren con rapidez y están continuamente tras nuevas aventuras, prefieren pasarle a otra persona el proyecto que ellos han iniciado para emprender algo nuevo. Los Aries que aprendan a postergar la búsqueda de algo nuevo hasta haber terminado lo viejo, conseguirán un gran éxito en su trabajo y en su vida profesional.

En general, a las personas Aries les gusta que la sociedad las juzgue por sus propios méritos, por sus verdaderos logros. Una reputación basada en exageraciones o propaganda les parece falsa.

Amor y relaciones

Tanto para el matrimonio como para otro tipo de asociaciones, a los Aries les gustan las personas pasivas, amables, discretas y diplomáticas, que tengan las habilidades y cualidades sociales de las que ellos suelen carecer. Nuestra pareja y nuestros socios siempre representan una parte oculta de nosotros mismos, un yo que no podemos expresar personalmente.

Hombre o mujer, la persona Aries suele abordar agresivamente lo que le gusta. Su tendencia es lanzarse a relaciones y matrimonios. Esto es particularmente así si además del Sol tiene a Venus en su signo. Cuando a Aries le gusta alguien, le costará muchísimo aceptar un no y multiplicará los esfuerzos para vencer su resistencia.

Si bien la persona Aries puede ser exasperante en las relaciones, sobre todo cuando su pareja no la comprende, jamás será cruel ni rencorosa de un modo consciente y premeditado. Simplemente es tan independiente y está tan segura de sí misma que le resulta casi imposible comprender el punto de vista o la posición de otra persona. A eso se debe que Aries necesite tener de pareja o socio a alguien que tenga muy buena disposición social.

En el lado positivo, los Aries son sinceros, personas en quienes uno se puede apoyar y con quienes siempre se sabe qué terreno se pisa. Lo que les falta de diplomacia lo compensan con integridad.

Hogar y vida familiar

Desde luego, el Aries es quien manda en casa, es el Jefe. Si es hombre, tenderá a delegar los asuntos domésticos en su mujer. Si es mujer, querrá ser ella quien lleve la batuta. Tanto los hombres como las mujeres Aries suelen manejar bien los asuntos domésticos, les gustan las familias numerosas y creen en la santidad e importancia de la familia. Un Aries es un buen miembro de la familia, aunque no le gusta especialmente estar en casa y prefiere vagabundear un poco.

Para ser de naturaleza tan combativa y voluntariosa, los Aries saben ser sorprendentemente dulces, amables e incluso vulnerables con su pareja y sus hijos. En la cúspide de su cuarta casa solar, la del hogar y la familia, está el signo de Cáncer, regido por la Luna. Si en su carta natal la Luna está bien aspectada, es decir, bajo influencias favorables, la persona Aries será afectuosa con su familia y deseará tener una vida familiar que la apoye y la nutra afectivamente. Tanto a la mujer como al hombre Aries le gusta llegar a casa después de un arduo día en el campo de batalla de la vida y encontrar los brazos comprensivos de su pareja, y el amor y el apoyo incondicionales de su familia. Los Aries piensan que fuera, en el mundo, ya hay suficiente «guerra», en la cual les gusta participar, pero cuando llegan a casa, prefieren la comodidad y el cariño.

Horóscopo para el año 2015*

Principales tendencias

Urano ha estado en tu signo desde marzo de 2011, y continuará ahí este año y varios años más. Así pues, el tema de tu vida es el cambio. Cambio, cambio, cambio y más cambio. Cambio constante y continuo. El cambio es estimulante, pero también estresante. El Cosmos desea que te sientas cómodo con el cambio, cómodo con la inestabilidad. No esperes nada y estáte preparado para cualquier cosa.

El 16 de julio del año pasado Júpiter entró en Leo y comenzó a formarte aspectos hermosos. Estos aspectos continúan hasta el 11 de agosto de este año, lo cual significa que en este periodo estás en modalidad fiesta, de disfrutar de la vida y complacerte en actividades de ocio y diversión. Es muy probable que haya un viaje al extranjero. Fundamentalmente es un periodo feliz.

El 11 de agosto Júpiter entra en tu sexta casa, la de la salud y el trabajo. Este es un aspecto fabuloso si buscas empleo o eres empleador. Vienen felices cambios en el trabajo. Es posible que encuentres el trabajo «ideal». Si eres empleador vas a ampliar la fuerza laboral y tendrás suerte con tus empleados. Hablaremos más de esto.

Saturno estuvo algo más de dos años en Escorpio, tu octava casa. Este año volverá a estar alrededor de tres meses en ella pues entrará retrógrado el 15 de junio y saldrá en movimiento directo el 18 de septiembre. La mayor parte del año transitará por Sagitario, tu novena casa. Esos dos años pasados (más los tres meses de este año) han ido de controlar la fuerza sexual, poner algo de equilibrio en esto. Es posible que hayas limitado tu actividad sexual estos últimos años. La necesidad era centrarse en la calidad, que no en la cantidad. Ahora, teniendo a Saturno en tu novena casa, la necesidad será poner en el orden correcto tus creencias religiosas y filosóficas. Estas creencias pasarán por pruebas, lo

---

* Las previsiones de este libro se basan en el Horóscopo Solar y todos los signos que derivan de él; tu Signo Solar se convierte en el Ascendente, y las casas se numeran a partir de él. Tu horóscopo personal, el trazado concretamente para ti (según la fecha, hora y lugar exactos de tu nacimiento) podrían modificar lo que decimos aquí. Joseph Polansky

cual es bueno. Aquellas que son válidas y verdaderas permanecerán, pero algunas tendrán que dejarse de lado.

Tus principales intereses este año serán: el cuerpo, la imagen y la apariencia personales; los hijos, la diversión y la creatividad (hasta el 11 de agosto); la salud y el trabajo (desde el 11 de agosto en adelante); la sexualidad, los estudios ocultos, la reinvención y transformación personales (del 15 de junio al 18 de septiembre); la religión, la filosofía, los viajes al extranjero y la formación superior (del 1 de enero al 15 de junio y del 18 de septiembre hasta fin de año); la profesión; la espiritualidad.

Tienes muchos intereses este año. Procura no abarcar más de la cuenta.

Los caminos para tu mayor satisfacción este año serán: el amor, el romance y las actividades sociales (hasta el 13 de noviembre); los hijos, la diversión, la creatividad (hasta el 11 de agosto); la salud y el trabajo (a partir del 11 de agosto).

Salud

(Ten en cuenta que esta es una perspectiva astrológica de la salud, no una médica. Antaño no había ninguna diferencia, ambas eran idénticas, pero en esta época podrían diferir muchísimo. Para una perspectiva médica, por favor, consulta a tu médico o a otro profesional de la salud.)

2011 y 2012 fueron años difíciles. Ahora las cosas están mucho mejor. Sigues teniendo dos planetas lentos en aspectos desfavorables, pero los demás o bien te ayudan o te dejan en paz. Además, cuando Júpiter entre en tu sexta casa el 11 de agosto habrá buena suerte en los asuntos de salud. Si ha habido algún problema, tendrías que comenzar a tener buenas noticias. La salud debería ser buena.

Aunque la salud sea buena siempre puedes mejorarla. Da más atención a las siguientes zonas, las más vulnerables este año:

La cabeza, la cara y el cuero cabelludo. Estas zonas siempre son importantes para ti. Masajes periódicos en la cara y el cuero cabelludo siempre son potentes para ti. También es buena la terapia sacrocraneal. Cuando das masaje a la cara y al cuero cabelludo no sólo fortaleces esas zonas (en el plano energético), sino que también das masaje a todo el cuerpo, un estímulo energético; en la cabeza y la cara hay puntos reflejos de todo el cuerpo.

Las suprarrenales. Estas glándulas siempre han sido importantes para ti. Te irán bien sesiones de reflexología en que trabajen sus puntos reflejos. También te conviene evitar la ira y el miedo, las dos emociones que agotan a las suprarrenales.

El corazón. La actividad cardiaca podría ser irregular en este periodo; a veces el corazón podría estar hiperactivo, a veces hipoactivo. Procura que te trabajen los puntos reflejos del corazón. Evita la preocupación, que es la principal causa espiritual de los problemas cardiacos.

Los pulmones, el intestino delgado, los brazos, los hombros y el sistema respiratorio. Estas zonas son siempre importantes para ti, y este año no es diferente. Sesiones de reflexología te irán bien. Deberás dar masajes periódicos a los brazos y los hombros. Tratamientos de acupuntura o acupresión por los meridianos de los pulmones y el intestino delgado serían maravillosos.

El hígado y los muslos. Estas zonas adquieren importancia a partir del 11 de agosto. Te recomiendo masajes periódicos en los muslos. Podría convenirte una desintoxicación del hígado (y hay muchas formas naturales de hacerlo con infusiones de hierbas).

El tránsito de Júpiter por tu sexta casa (a partir del 11 de agosto) indica que te benefician los tipos de terapia metafísica, la oración y la difusión de la palabra. Indica la importancia de tu filosofía personal respecto a la salud y la enfermedad. Si surgiera algún problema (no lo permita Dios) te irá bien examinar y revisar concienzudamente tus conceptos filosóficos sobre la salud.

En general, tu filosofía de la vida es importante para la salud. Aun cuando tengas buenos conceptos sobre la salud, si hay errores en otros aspectos de tu filosofía personal, estos podrían manifestarse como problemas de salud. Siempre es buena la pureza filosófica, pero este año es en realidad un asunto de salud.

Urano, como hemos dicho, lleva unos años en tu signo. Esto indica la tendencia a experimentar con el cuerpo, poner a prueba sus límites. En esencia esto es bueno; el cuerpo es capaz de mucho más de lo que creemos. Los yoguis afirman que el cuerpo es esencialmente infinito. No obstante, debemos probar sus límites con prudencia, sin correr riesgos. Las disciplinas como el yoga, las artes marciales y el tai chi son maneras de hacer esto sin riesgo. De otro modo caerías en la tendencia de entregarte a hazañas temerarias que podrían causarte lesiones.

Hay muchas tendencias a corto plazo en la salud, ya que Mercurio, tu planeta de la salud, es un planeta rápido. Estas tendencias a corto plazo es mejor tratarlas en las previsiones mes a mes.

Hogar y vida familiar

Tu cuarta casa, la del hogar y la familia, estuvo fuerte los dos últimos años, pero no lo estará este. Es posible que en estos últimos años te hayas mudado de casa, o hayas renovado la que tienes o comprado una segunda casa. Ya has conseguido tus objetivos y este año se ve sin cambios ni novedades en este frente. El Cosmos no te impulsa ni en un sentido ni en otro. Tienes la libertad para hacer lo que quieras, pero tal vez no el interés. Teniendo a Urano en tu primera casa te veo más nómada este año. Pasarás largos periodos en diferentes lugares.

Si tienes planes para redecorar la casa, para embellecerla, o deseas comprar objetos de arte para la casa, del 8 de mayo al 5 de junio es un buen periodo. Si tienes pensadas renovaciones importantes u obras de construcción, del 24 de junio al 9 de agosto es un buen periodo.

Si eres mujer en edad de concebir has sido extraordinariamente fértil estos años pasados, y esta tendencia continúa este año. Pero todos los Aries estaréis más centrados en los hijos o figuras filiales este año.

Los hijos o figuras filiales de tu vida tienen un año fundamentalmente bueno. Me parece que tienen éxito, están optimistas y disfrutan de la buena vida. Algunos van a viajar este año. Los veo felices, despreocupados y prósperos. Si están en edad de concebir, también son extraordinariamente fértiles. Un hijo o hija podría mudarse después del 11 de agosto, y la mudanza se ve feliz.

Una figura parental se reinventa, y esto desde hace algún tiempo. Es posible que esta persona haya pasado por una operación quirúrgica en estos últimos años, o tenido una experiencia de casi muerte o muerte temporal, y estas tendencias continúan este año. A esta persona la beneficiará muchísimo un régimen de desintoxicación.

Para los hermanos o figuras fraternas de tu vida veo la probabilidad de mudanza o renovación de la casa a partir del 11 de agosto.

Los padres o figuras parentales han cambiado de residencia muchas veces estos últimos años y es posible que vuelvan a hacerlo. O tal vez han hecho muchas renovaciones en la casa. Los veo desasosegados y nómadas, viven en diferentes lugares durante largos periodos. Sus estados de ánimo parecen ser un problema; sus cambios de humor son extremos y rápidos.

Tu planeta de la familia es la Luna, el planeta de movimiento más rápido de todos. Por lo tanto, hay muchas tendencias a corto plazo, según dónde esté la Luna y los aspectos que reciba; de estas tendencias hablaremos en las previsiones mes a mes.

Profesión y situación económica

Este año se ve próspero, pero tu casa del dinero no es casa de poder. Esto podría ser una debilidad financiera. Tal vez no prestas atención suficiente a esta faceta. Tendrás que obligarte. El tránsito de Júpiter por tu quinta casa hasta el 11 de agosto indica suerte en las especulaciones. Tal vez podría convenirte invertir sumas inocuas de dinero en la lotería; lógicamente esto sólo debes hacerlo guiándote por la intuición y no a ciegas o de forma automática. El Cosmos tiene muchas maneras de aprovisionarte. Si estás en el mundo de las artes creativas, tienes buena suerte en este periodo. Tu creatividad es comerciable y éxitosa.

Los hijos o figuras filiales de tu vida prosperan muchísimo.

Como hemos dicho, el 11 de agosto Júpiter entra en tu sexta casa, la del trabajo. Esto indica cambios de trabajo felices. Podría indicar que consigues tu trabajo soñado; también podría indicar un feliz cambio de puesto dentro de la empresa actual. Aumenta muchísimo tu capacidad para ser productivo y esto normalmente se traduce en más dinero.

El cónyuge, pareja o ser amado actual ha tenido dos años difíciles en lo financiero, ha habido mucha reorganización. Este año hay una gran mejoría; a excepción de tres meses, Saturno estará fuera de su casa del dinero; además, a partir del 11 de agosto Júpiter comenzará a formarle aspectos hermosos a su planeta del dinero. Hay prosperidad a partir de esta fecha.

Se ve una herencia en tu carta. Es de esperar que nadie tenga que morir. Tal vez alguien te nombra en su testamento o te asignan un puesto administrativo en una propiedad.

Este año es bueno también para pagar o contraer deudas, según sea la necesidad. Es posible que aumente tu crédito. Tienes más fácil acceso a capital ajeno. Si tienes buenas ideas, este es un buen año (a partir del 11 de agosto) para atraer respaldo financiero.

Si tienes pendientes asuntos de patrimonio o seguros, hay buena suerte a partir del 11 de agosto.

Los números financieros favorables son el 2, el 3, el 7 y el 9.

Este año tu planeta de la profesión, Saturno, transita en movimiento retrógrado y directo entre dos signos; zigzaguea. Y esto describe bastante bien la profesión. Hasta el 15 de junio, Saturno estará en Sagitario, tu novena casa; esto indica oportunidades profesionales en el extranjero o con empresas extranjeras. (También hay oportunidades de trabajo en el extranjero después del 11 de agosto).

También indica más viajes relacionados con trabajo. En realidad, tu disposición a viajar es importante en tu progreso profesional.

El planeta de la profesión en la novena casa indica éxito y elevación, expansión de los horizontes profesionales.

Estando Plutón en tu décima casa, la de la profesión, desde hace muchos años, hay dramas en la vida de jefes y personas relacionadas con tu profesión; alguna de estas personas podría pasar por una operación quirúrgica o por una experiencia de casi muerte o muerte temporal. Y tal vez tú pases por una experiencia de casi muerte profesional. Ten siempre presente que después de la «muerte» viene la «resurrección». La profesión se renovará.

Amor y vida social

Este año no está poderosa tu séptima casa, la del amor, por lo tanto las cosas tenderán a continuar como están. Tu situación de casado o casada o de soltero o soltera tenderá a no cambiar.

Estando tu séptima casa prácticamente vacía (sólo transitarán por ella los planetas rápidos), habrá una tendencia a desentenderse de la vida amorosa, a no prestarle la atención que se merece. Esto sería un error porque, como hemos dicho, esta faceta de la vida trae enorme satisfacción este año. Tienes que obligarte a prestarle atención aun cuando no te apetezca.

Si estás soltero o soltera y con miras a un primer matrimonio, es probable que continúes en una feliz soltería; no se ve boda en tu carta. De todos modos, se ven romances muy ardientes; puede que no te cases, pero no habrá escasez de amor. Junio y julio se ven muy activos en esta faceta.

Si estás con miras a un segundo matrimonio, en junio y julio habrá oportunidades románticas, pero no está muy claro que esto lleve a boda. Será mejor que no te precipites a nada; deja que el amor se desarrolle naturalmente.

Y si estás con miras a un tercer matrimonio, hay romance en el ambiente (y tal vez incluso haya boda). Esto podría haber ocurrido el año pasado, pero si no, este año es excelente (en especial hasta el 11 de agosto).

Una de las dificultades en el amor es la presencia de Urano en tu primera casa. Hemos escrito sobre esto en años anteriores, y la tendencia continúa muy en vigor. Urano en la primera casa produce una pasión por la libertad personal. La libertad triunfa sobre la relación amorosa. Por definición, una relación comprometida limita la libertad personal, y este es el problema. La pareja ideal es aquella que da mucho espacio, mucha libertad, en la relación.

Las personas que están relacionadas románticamente con una persona Arics deben tomar nota de esto. Han de darle toda la libertad posible a su ser amado mientras esto no sea destructivo, e intentar hacer cosas juntos, cosas no convencionales, incluso estrafalarias. Procurar que haya amistad en la relación, además de amor de pareja. Estando Urano en su primera casa, Aries está por la amistad en este periodo. Se siente cómodo en ese papel.

Respecto a las amistades, Aries, este año se ve muy feliz y activo. La amistad te busca, no es mucho lo que tienes que hacer. Me parece que estás muy involucrado con grupos y actividades de grupo, y estas también te buscan. Este año entran en tu vida nuevas e importantes amistades (y esto ocurrió el año pasado también).

Los padres y figuras parentales tienen un año sin novedades en el amor.

Los hijos o figuras filiales que están en edad tienen amor serio este año, y si están solteros podrían casarse o iniciar una relación parecida al matrimonio.

Los nietos en edad apropiada también tienen amor este año.

Los hermanos o figuras fraternas pasan por pruebas en su relación este año. Si están solteros es probable que no se casen.

Los números favorables para el amor son el 3, el 7 y el 11.

Progreso personal

Saturno estuvo algo más de dos años en tu octava casa y este año estará unos cuantos meses más en ella. Sea cual sea tu edad y etapa en la vida, la libido no ha estado a su altura acostumbrada. Desde el punto de vista astrológico, esto no se debe a un problema de salud, sino más bien a un asunto cósmico. El Cosmos ha estado poniendo en el orden correcto la vida sexual. Si la expresión sexual estaba demasiado baja, Saturno la ha aumentado; si era excesiva (lo que ocurre normalmente), Saturno la ha reducido. En muchos sentidos, la relación sexual es como comer. Necesitamos comer lo suficiente, no en exceso ni demasiado poco. Simplemente la cantidad correcta. Es posible que ya sepas que en las relaciones sexuales la calidad es mejor (y más sana) que la simple cantidad. Es mejor menos relaciones sexuales, pero buenas, que un montón de experiencias mediocres.

Saturno pasará la mayor parte del año en tu novena casa, la de la religión, la filosofía y la formación superior. Si eres universitario, esto significa que tienes que dedicarte en serio a los estudios y trabajar arduo. No hay nada gratuito este año. Concéntrate en tus estudios, haz el trabajo necesario. Oblígate. Si no eres estudiante, tus creencias religiosas y filosóficas se pondrán a prueba. Tu credo pasará por una «terapia de realidad», un «control de realidad». Muchos tenemos creencias que no son verdaderas. Muchos miramos el mundo de una manera falsa y atribuimos significados a fenómenos que no lo son. Este año vas a aprender acerca de esto. Por lo general, los «controles de realidad» no son agradables, pero de ellos vienen muchas cosas buenas. Cuando te liberes de las creencias falsas o sólo parcialmente ciertas, entrarán otras buenas y mejores. Y toda tu vida mejorará a causa de eso.

La filosofía, como hemos dicho muchas veces, es mucho más importante que la psicología. La filosofía de una persona configura y modela su psicología. La filosofía es causa, la psicología es efecto. Así pues, lo que ocurra ahora y en los dos próximos años es muy importante.

Generalmente Aries tiene una fuerte autoestima, pero últimamente, con el nodo sur de la Luna en tu primera casa, la autoestima no ha sido lo que debe ser. Hay una sensación de deficiencia. Cuando ocurre esto, muchas veces la persona lo compensa exageradamente volviéndose autoritaria y muy arrogante. Evita esta trampa como a la peste. Hay una manera correcta de conseguir una sana autoestima, y es reconocer que eres hijo o hija del Muy Supremo, de un ser espiritual e inmortal encarnado en un cuerpo. No eres tu cuerpo ni tu personalidad, sino un ser que usa estas cosas para sus fines. Una buena meditación para esto es: «Soy un ser de luz inmortal, soy uno con Dios, estoy en unión y armonía perfectas con el Universo».

Repite esto en silencio varias veces al día, y en especial cuando te sientas deprimido. Cuanto más tiempo dediques a esta meditación, mejor.

Previsiones mes a mes

Enero

Mejores días en general: 6, 7, 8, 16, 17, 24, 25
Días menos favorables en general: 4, 5, 11, 12, 13, 18, 19, 31
Mejores días para el amor: 1, 11, 12, 13, 21, 22, 31
Mejores días para el dinero: 1, 7, 8, 12, 13, 16, 17, 21, 22, 24, 25, 27, 28, 31
Mejores días para la profesión: 6, 16, 18, 19, 24

Velar por los intereses propios y velar por los intereses de los demás son realmente dos caras de una misma moneda. Ni lo uno ni lo otro tiene superioridad moral intrínseca. El interés propio no es ni más ni menos importante que el del otro. A cual le damos más importancia depende del ciclo en que estamos en un determinado período. Acabas de salir de un ciclo en que necesitabas anteponer a los demás. El mes pasado los planetas se trasladaron del sector occidental de tu carta, el de los demás, al sector oriental, el del yo. Ahora eres más independiente (muy cómodo para Aries). Ahora y en los próximos cinco meses, más o menos, está bien y es correcto velar por tus intereses y ocuparte de ellos. Te será más fácil hacer cambios en tu vida, crear las condiciones o circunstancias como las deseas. Este mes tenemos el 90 por ciento de los planetas en movimiento directo, de modo que tendrías que ver rápido progreso hacia tus objetivos. ¡Es el periodo para tener las cosas a tu manera, Aries!

El mes pasado entraste en una de tus cimas profesionales del año, que continúa hasta el 20. La mayoría de los planetas están sobre el horizonte de tu carta; esto también favorece las actividades profesionales.

Es muy posible que no consigas plenamente todos tus objetivos profesionales (llevan tiempo y desarrollo), pero verás buen avance hacia ellos, y esto es éxito; estarás más cerca que en los meses anteriores.

Este año tal vez no viajes tanto como de costumbre; el viaje necesario está bien, el viaje frívolo probablemente no. Tu carta pone el acento en los viajes relacionados con la profesión. Pero aun con esto, del 1 al 3 evita los viajes largos (si es posible). El 20 tu atención pasa a las amistades, grupos, actividades de grupo y organizaciones. Esto no sólo es agradable, sino que también favorece tu economía. Si estás soltero o soltera y sin compromiso encuentras oportunidades románticas en estas actividades también. El 12 entra el señor de tu horóscopo, Marte, en tu casa doce, la de la espiritualidad. Del 16 al 20 viaja con Neptuno. Así pues, parece que te encuentras con una persona tipo gurú, mentor espiritual. Esta persona podría ser alguien que ya conoces, o alguien que acabas de conocer. Es un periodo para el progreso espiritual

Descansa y relájate más hasta el 20.

Febrero

Mejores días en general: 3, 4, 13, 14, 21, 22
Días menos favorables en general: 1, 8, 9, 15, 16, 27, 28
Mejores días para el amor: 1, 2, 8, 9, 10, 11, 20, 21
Mejores días para el dinero: 1, 2, 3, 4, 10, 11, 13, 14, 20, 21, 22, 23, 24
Mejores días para la profesión: 3, 13, 15, 16, 21

Venus, tu planeta del amor y del dinero, viaja con Neptuno a comienzos del mes. Esto se inició a fines del mes pasado, el 30, y continúa hasta el 3. En lo financiero esto indica buena intuición; presta atención a tus corazonadas durante esos días, estáte atento a tus sueños; personas espirituales (gurús, sacerdotes o pastores, videntes y astrólogos) tienen importante información financiera para ti. Si tienes dudas o necesitas orientación en tus finanzas, consulta a este tipo de personas. Venus estará en tu casa doce hasta el 20, así que esta tendencia continúa.

El amor también es muy espiritual e idealista este mes, hasta el 20. La conjunción de Venus con Neptuno indica un encuentro romántico o social con una persona espiritual. Esta persona también podría ser músico, poeta, bailarín o fotógrafo; una persona muy creativa. La mayor parte del mes las oportunidades amorosas se presentan en ambientes de tipo espiritual, en la sala de yoga, el seminario de meditación, el círculo de oración o una función benéfica.

Este es muy buen periodo para el amor y el dinero. Venus en Piscis está en su posición más exaltada, es más poderosa de lo habitual. El poder adquisitivo y el magnetismo social son mucho más fuertes.

El idealismo es algo maravilloso en el amor y las finanzas. Deberíamos aspirar al ideal en la vida. Pero en estos asuntos mantén los pies bien firmes en el suelo. Ten presente tu ideal, pero no descuides los asuntos prácticos.

El ser amado está más sensible en este periodo, las amistades también. Ten mucho cuidado con lo que dices y cómo lo dices. Podrías ofender con tu tono de voz o tu lenguaje corporal. Estas personas podrían sentirse provocadas por cosas nimias, cosas no intencionadas.

El amor viene a ti este mes, en especial a partir del 20; no necesitas hacer nada especial, el amor te encontrará. Lo mismo vale para el dinero. El dinero y las oportunidades financieras te buscan después del 20. Simplemente debes estar presente.

Marte y Venus viajan juntos del 20 al 24. Sin duda hay romance en el ambiente. Esta es una señal clásica para el amor.

Me parece que tus intereses espirituales están reñidos con tu profesión, y tal vez con personas relacionadas con tu profesión. Estas personas no se ven muy receptivas. Tendrás que buscar un sutil equilibrio entre ambas cosas para llevar esto.

Marzo

Mejores días en general: 2, 3, 12, 13, 20, 21, 29, 30, 31
Días menos favorables en general: 1, 7, 8, 14, 15, 27, 28
Mejores días para el amor: 2, 3, 7, 8, 12, 13, 22, 23
Mejores días para el dinero: 2, 3, 12, 13, 20, 21, 22, 23
Mejores días para la profesión: 2, 12, 14, 15, 20, 29, 30

El poder planetario está en su posición oriental máxima este mes, en especial del 20 en adelante. Te encuentras en un periodo de independencia y poder personal máximos. Haz esos cambios que es necesario hacer; crea tu vida tal como la deseas. Cuida de ti, el número uno; los demás colaborarán más o menos. La mayoría de los planetas están en movimiento directo. El progreso personal y la vida en general avanzan rápido.

El 20 hay un eclipse solar muy fuerte; ocurre muy cerca de tu ascendente, en la cúspide de tus casas uno y doce. Todos los nativos de Aries lo sentirán, pero si tú naciste en la primera parte del signo (del 21 al 23 de marzo) lo sentirás más fuerte. Tómate las cosas con calma y reduce tus actividades en este periodo, unos días antes y otros tantos después; evita las actividades estresantes y las arriesgadas; pasa algún tiempo tranquilo en casa, lee un buen libro, ve una película o, mejor aún, medita.

Este eclipse solar indica una redefinición de tu personalidad. Vas a cambiar tu concepto de ti mismo y el modo como deseas que te vean los demás. A lo largo de los seis próximos meses vas a cambiar tu apariencia, guardarropa, corte de pelo, etcétera. Generalmente la persona se ve obligada a hacer esto. Si no te redefines tú te redefinirán otros. A veces, si la persona ha descuidado su dieta, produce desintoxicación del cuerpo. Todos los eclipses solares afectan a los hijos y figuras filiales de tu vida; deberás protegerlos de situaciones peligrosas en este periodo; muchas veces el eclipse produce dramas en sus vidas, de aquellos que cambian la vida.

La salud y la energía son fundamentalmente buenas este mes. El problema podría ser un exceso de cosas buenas. Tienes demasiada energía, estás hiperactivo y tal vez con demasiadas prisas. Esto puede llevar a lesiones. Ten especial cuidado durante el periodo del eclipse y del 9 al 12. Evita la temeridad.

Hasta el 17 las tendencias en el amor y las finanzas son muy similares a las que explicamos el mes pasado. El amor y el dinero vienen a ti. Gastas en ti. Tu apariencia y comportamiento son factores importantes en los ingresos. Gastas de modo impulsivo, despreocupado. Y tal vez también te muestras propenso a precipitarte impulsivamente en una relación.

Las cosas se calman después del 17, cuando Venus entra en el estable y conservador Tauro. El juicio social y financiero mejoran mucho. Puesto que Tauro es tu casa del dinero, estás en un periodo próspero. Las oportunidades románticas se presentan cuando estás atendiendo a tus objetivos financieros y con personas relacionadas con tus finanzas.

Abril

Mejores días en general: 8, 9, 17, 18, 25, 26, 27
Días menos favorables en general: 3, 4, 5, 10, 11, 12, 23, 24
Mejores días para el amor: 1, 2, 3, 4, 5, 13, 21, 22
Mejores días para el dinero: 1, 2, 8, 9, 13, 17, 18, 19, 20, 21, 22, 25, 26
Mejores días para la profesión: 8, 10, 11, 12, 17, 25, 26

La vida amorosa ha sido muy activa y feliz últimamente, y las cosas se daban fáciles. Es posible que hayas entrado en una nueva relación. Este mes, el eclipse lunar del 4 va a poner a prueba la relación. Van a salir a luz los trapos sucios, sentimientos y agravios reprimidos y habrá que hacerles frente. El ser amado está más temperamental en este periodo, así que ten más paciencia. Es útil entender lo que ocurre

Este eclipse, como el del mes pasado, es fuerte en ti, así que reduce tus actividades durante ese periodo, unos cuantos días antes y otros tantos después. Por lo general, el Cosmos envía un aviso de que ha comenzado el periodo del eclipse. El mensaje es personal; tal vez lees algo estrafalario en el diario o lo ves en la tele, o te ocurre algún incidente raro.

Este eclipse también pone a prueba las amistades. A veces es la relación la que se pone a prueba, y a veces se producen dramas en la vida de personas amigas, y esto agita las cosas.

Todos los eclipses lunares afectan al hogar y la familia, y este no es diferente. Si hay desperfectos en la casa, este es el periodo en que los descubres, para corregirlos. Los familiares estarán más temperamentales también, así que ten más paciencia.

Pese a toda la exaltación, te ocurren muchas cosas buenas. El 20 el Sol entra en tu casa del dinero e inicias una cima financiera anual. Tu casa del dinero está muy poderosa este mes, así que hay prosperidad.

La salud también es fundamentalmente buena. Tienes muchísima energía para conseguir lo que sea que te propongas. Estás muy dinámico y carismático en este periodo, en especial hasta el 20.

Hemos dicho que es necesario el viaje esencial este año, pero si hay viaje este mes procura programarlo antes del 20.

Del 4 al 7 debes proteger a los hijos o figuras filiales de situaciones peligrosas, y deben evitar los actos arriesgados o temerarios.

El 11 tu planeta del amor entra en Géminis, tu tercera casa. Si estás soltero o soltera y sin compromiso encuentras oportunidades románticas en ambientes académicos, charlas, seminarios, la biblioteca, o cuando estás atendiendo a tus intereses intelectuales. El amor está en el barrio este mes.

Mayo

Mejores días en general: 5, 6, 14, 15, 23, 24
Días menos favorables en general: 1, 2, 8, 9, 21, 22, 28, 29
Mejores días para el amor: 1, 2, 12, 13, 21, 22, 28, 29
Mejores días para el dinero: 1, 2, 5, 6, 12, 13, 14, 15, 16, 17, 21, 22, 23, 24, 30, 31
Mejores días para la profesión: 5, 8, 9, 14, 23

El 20 de marzo el poder planetario pasó de la mitad superior de tu horóscopo a la mitad inferior. Saturno, tu planeta de la profesión, inició movimiento retrógrado el 14 de marzo. Y esta es la situación este mes. Los asuntos profesionales necesitan un tiempo para resolverse. Puedes pasar la atención al hogar y la familia y a la vida emocional. Simbólicamente, este periodo es la noche de tu año. Una buena noche de descanso es esencial para funcionar bien, y el Cosmos nos la da. La noche no es «inactividad», sino una actividad de tipo diferente, una actividad interior que restaura las fuerzas para el día siguiente. Es, por lo tanto, un periodo para conseguir objetivos profesionales con métodos interiores, visualizando, soñando, imaginando que ya has logrado tus objetivos. Cuando los planetas vuelvan a trasladarse, dentro de unos meses, estarás preparado para hacer realidad esos sueños.

Se dice que en invierno la naturaleza duerme y sueña. En primavera despierta y manifiesta lo que ha soñado. Así nos ocurre a nosotros.

Continúas en una cima financiera anual hasta el 21. Entonces ya habrás conseguido muchos de tus objetivos (o al menos habrás hecho un buen progreso hacia ellos) y la atención pasará a los intereses intelectuales. Tu tercera casa está muy poderosa todo el mes, pero en especial después del 21. Este es el periodo para ponerte al día con esos e-mails, cartas y llamadas telefónicas que debes. Será bueno hacer cursos en temas que te interesan y asistir a charlas, talleres y seminarios. Es el periodo para dar a la mente el alimento que necesita, porque tiene necesidades igual que el cuerpo físico. Si trabajas en ventas, mercadotecnia o publicidad tendrías que tener un buen mes.

Sólo hay una pega. Mercurio, tu planeta de la comunicación, inicia movimiento retrógrado el 14. Así pues, has de tener más cuidado en la comunicación. Si lees un libro o asistes a una charla, tómate más tiempo en asimilar las ideas; el sentido podría no ser el que crees.

El movimiento retrógrado de Mercurio tiende a producir retrasos en la comunicación, cartas que no llegan o llegan con mucho retraso. Los e-mails te son devueltos o hay dificultad para acceder al servicio. El servicio de teléfono puede ser irregular. Pero a pesar de todas las dificultades o desperfectos sigue siendo bueno centrar la atención en la comunicación.

Junio

Mejores días en general: 2, 3, 10, 11, 20, 21
Días menos favorables en general: 4, 5, 17, 18, 19, 24, 25
Mejores días para el amor: 1, 10, 11, 20, 21, 24, 25, 29, 30
Mejores días para el dinero: 1, 2, 3, 10, 11, 13, 14, 20, 21, 29, 30
Mejores días para la profesión: 1, 4, 5, 10, 19, 28

Los planetas están ahora en el nadir de tu carta (el punto más bajo). Simbólicamente es medianoche en tu año. El cuerpo duerme (o debería estar durmiendo), pero potentes fuerzas internas siguen trabajando. Y eso es lo que te ocurre. Hay progreso profesional, pero en el plano interior, entre bastidores. Hay prosperidad, pero también de este modo. Es posible que no lo veas, pero hay aprovisionamiento para ti en los planos invisibles. Este es un periodo para centrar la atención en la familia y poner en orden la vida doméstica. También es muy buen periodo para poner en orden la vida emocional. Si estás haciendo psicoterapia, haces mucho progreso este mes.

Estando tan poderosa tu cuarta casa este mes (el 60 por ciento de los planetas o están en ella o transitan por ella) hay una tendencia a la nostalgia. Te llama el pasado; te interesa más la historia, personal y general. Te vienen viejos recuerdos para que los revises. Venus entró en tu cuarta casa el 7 del mes pasado y continúa en ella hasta el 5. A veces esto indica el encuentro con un viejo amor, que puede ser real o simbólico. Podrías encontrarte con una persona que se parece mucho a ese viejo amor, en lo físico o en rasgos o rarezas de personalidad. La relación puede volverse seria o no, pero la finalidad es resolver viejos asuntos, para la curación emocional.

Si estás en edad de concebir has sido más fértil desde julio de 2013, y los próximos meses lo serás aún más.

La salud es más delicada este mes. Descansa y relájate más; si es posible pasa un tiempo en un balneario de salud o programa sesiones de masaje o reflexología.

Tu planeta de la profesión cambia de signo este mes; el 15 entra en Escorpio, retrógrado. Esto también indica progreso profesional «entre bastidores». Hay cambios internos, y tal vez drama en la vida de jefes y figuras de autoridad. También hay cambios o reorganización en tu industria o profesión.

Los viajes son más favorables este mes.

Las finanzas van bien. Cuentas con buen apoyo familiar. El dinero y las oportunidades financieras proceden de la familia o de conexiones familiares. La intuición financiera es excelente hasta el 5. A fin de mes Venus viaja con Júpiter (del 28 al 30); esto indica un bonito día de paga; un bonito beneficio imprevisto. Indica suerte en las especulaciones también. Si estás soltero o soltera, trae un fabuloso encuentro romántico.

Julio

Mejores días en general: 8, 9, 17, 18, 26, 27, 28
Días menos favorables en general: 1, 2, 14, 15, 16, 22, 23, 29, 30
Mejores días para el amor: 8, 9, 17, 18, 22, 23, 26
Mejores días para el dinero: 8, 9, 10, 11, 17, 18, 26, 27, 28
Mejores días para la profesión: 1, 2, 7, 16, 25, 29, 30

El 21 del mes pasado tuvimos otro traslado del poder planetario. Los planetas pasaron al sector occidental o social de tu carta. Este mes el traslado es más pronunciado. Aunque, como hemos dicho, no hay nada malo en el interés propio, nada malo en la independencia (son cualidades maravillosas), como estás en otra fase de tu ciclo anual, debes restar importancia a estas cualidades. Ahora es el periodo para ser un jugador de equipo, de conseguir tus objetivos mediante la colaboración con los demás, de centrar más la atención en los demás y dejar que se impongan, mientras esto no sea destructivo. El Cosmos tiene su manera de obligarte a esto. Dado que el poder planetario se va alejando de ti, no acercándose, es más difícil actuar de modo independiente o cambiar las condiciones a tu gusto. Es de esperar que en los seis meses anteriores hayas hecho los cambios deseados; ahora es el periodo de vivir con tu creación. Tú te has hecho la cama, como reza el dicho, y ahora tienes que dormir en ella. Si construiste bien, las condiciones serán agradables; si cometiste errores, te enterarás de ellos en los seis próximos meses y podrás hacer las correcciones cuando llegue el periodo de independencia personal, muy al final del año.

A veces es bueno tomarnos unas vacaciones de nosotros mismos y centrarnos en los demás. La excesiva atención a nosotros mismos es causa importante de muchos problemas.

La salud sigue delicada hasta el 23. Repasa lo que hablamos de esto el mes pasado. Después del 23, cuando el Sol entra en Leo, vuelve tu energía normal; entonces mejorará mucho la salud. Puedes fortalecerla en primer lugar manteniendo elevada la energía. Hasta el 7 da más atención a los pulmones, brazos, hombros y sistema respiratorio; si te sientes indispuesto te irá bien tomar aire fresco; procura inspirar bastante aire fresco. Después del 8, día en que tu planeta de la salud entra en Cáncer, adquiere importancia la dieta; este mes tienes tendencia a comer demasiado rápido; procura comer más lento, mastica bien, bendice los alimentos; da también más atención al estómago; si eres mujer deberías dar más atención a los pechos también. Haz todo lo posible por mantenerte en un estado anímico positivo; los trastornos emocionales o una emoción negativa prolongada afectan más al cuerpo físico que de costumbre.

Este mes aumenta mucho la actividad retrógrada. A fin de mes el 50 por ciento de los planetas estarán en movimiento retrógrado. Se enlentece el ritmo de la vida, y así es como debe ser. Es un buen periodo para tomarte unas vacaciones. No es mucho lo que ocurre en el mundo, y tu quinta casa estará más fuerte de lo habitual.

Agosto

Mejores días en general: 4, 5, 13, 14, 23, 24, 31
Días menos favorables en general: 10, 11, 12, 18, 19, 25, 26
Mejores días para el amor: 5, 14, 18, 19, 23, 24, 31
Mejores días para el dinero: 5, 6, 7, 14, 15, 23, 24, 25, 31
Mejores días para la profesión: 3, 12, 22, 25, 26, 30

Desde el 23 del mes pasado, cuando el Sol entró en tu quinta casa, estás en una de tus cimas anuales de placer personal, que sigue en vigor hasta el 23 de este mes. Es periodo de fiestas, un periodo para explorar el éxtasis de la vida. Esta cima de placer personal será más intensa que en muchos años anteriores, pues Júpiter también está en tu quinta casa hasta el 11. El 23 ya habrá salido de tu organismo gran parte del ánimo festivo y estarás preparado para ponerte más serio.

La actividad retrógrada continúa intensa, pero algo menos que el mes pasado; sólo el 40 por ciento de los planetas están en movimiento retrógrado; esto se acerca al máximo del resto del año. El movimiento retrógrado más importante para ti es el no frecuente de Venus, que se inició el 25 del mes pasado; este indica que procede hacer revisión de tu vida financiera y tu vida amorosa. No es un periodo para hacer compras o inversiones importantes ni para tomar decisiones en el amor, sino para reflexionar sobre estos asuntos.

El movimiento retrógrado de Venus no detiene los ingresos ni el amor, pero sí enlentece un poco las cosas. Un pago prometido para tal o cual día se retrasa; un cheque que has recibido es rechazado, ya sea por un error en el banco o en la cuenta del que lo envía; ese eléctrodoméstico que te pareció una fabulosa ganga resulta que no era tal, pues a las pocas semanas encuentras el mismo (o mejor) más barato; ese producto que encontraste tan increíblemente barato se abarata aún más con el tiempo. Cautela, cautela, cautela.

Pese a este movimiento retrógrado ocurren cosas buenas en los frentes financiero y romántico. Del 3 al 6 Venus viaja con Júpiter; hay un bonito día de paga o un encuentro romántico, aunque esto puede ocurrir con acción retardada debido al movimiento retrógrado. Hay suerte en las especulaciones esos días también; eso sí, si has comprado lotería cuida de no perder o extraviar el boleto.

Del 26 al 28 también hay suerte en las especulaciones; el Sol viaja con Júpiter estos días. Si estás en el mundo de las artes creativas estás particularmente inspirado. Los hijos o figuras filiales mayores son especialmente fértiles.

El 11 Júpiter hace un importante traslado, entra en tu sexta casa, en la que estará hasta bien entrado el próximo año. Este es un aspecto fabuloso si buscas trabajo; te espera el trabajo soñado. En general este mes es bueno para encontrar trabajo, en especial después del 23.

Saturno, tu planeta de la profesión, retoma el movimiento directo el 2. Vuelve la claridad y la dirección a la profesión. Muy pronto, en los dos próximos meses, puedes comenzar a actuar en esta faceta. En estos momentos los planetas continúan bajo el horizonte de tu carta y la atención sigue en el hogar y la familia.

Septiembre

Mejores días en general: 1, 9, 10, 19, 20, 28, 29
Días menos favorables en general: 7, 8, 14, 15, 22, 23
Mejores días para el amor: 1, 9, 10, 14, 15, 19, 20, 28, 29
Mejores días para el dinero: 1, 2, 3, 9, 10, 12, 19, 20, 28, 29, 30
Mejores días para la profesión: 8, 18, 19, 22, 23, 28

Este es un mes activo y frenético, Aries. Ocurren muchísimos cambios. Tu planeta del amor y del dinero retoma el movimiento directo el 6; tu planeta de la profesión cambia de signo y casa el 18, y, por último, aunque no menos importante, tenemos dos eclipses.

Los eclipses tienden a trastornar las cosas, pero tienen una finalidad cósmica. A veces la persona o una nación va descarrilada. A veces hacemos planes que no favorecen nuestros intereses cósmicos superiores. Entonces viene el eclipse y desbarata estas cosas y no nos queda otra alternativa que encarrilarnos. En este sentido son beneficiosos, aunque no agradables mientras ocurren.

El eclipse solar del 13 ocurre en tu sexta casa. Indica cambios o trastornos laborales, cambio en las condiciones de trabajo y acontecimientos dramáticos en la vida de compañeros de trabajo o empleados. Si eres empleador, señala cambio de personal, inestabilidad en la fuerza laboral. Todo esto resultará bien, pues Júpiter también está en tu sexta casa. El cambio de trabajo resultará bien. Muy pronto encontrarás uno mejor y mejor pagado. Lo mismo vale en el caso de los empleados; entran nuevos y mejores en el cuadro. Esto también podría indicar problemas de salud o sustos en la salud. Repasa lo que dijimos sobre esto en las previsiones para el año. Habrá cambios importantes en el programa de salud a lo largo de los seis próximos meses.

Todos los eclipses solares afectan a los hijos o figuras filiales, así que es aconsejable protegerlos de todo peligro en este periodo; no deben participar en actividades arriesgadas.

El eclipse lunar del 28 (el 27 en las Américas) ocurre en tu signo y continúa el trabajo del eclipse solar del 20 de marzo. Aún no has acabado de redefinirte, a ti mismo y a tu imagen. Lo que sea que haya quedado sin hacer se hace ahora. Nos conviene redefinirnos periódicamente; es saludable. Pero el eclipse fuerza la decisión. A veces nos vemos obligados porque otros nos difaman o hablan mal de nosotros. Se crean falsas impresiones y de nosotros depende crear la correcta.

Dado que este eclipse ocurre en tu signo, reduce tus actividades durante ese periodo. Evita correr riesgos y las actividades muy estresantes. Todos los eclipses lunares afectan al hogar y la familia y este no es diferente. Podría surgir la necesidad de hacer reparaciones en la casa; o tal vez descubres que hay molestos insectos o ratas en el ático o sótano. Se revelan defectos para que puedas corregirlos. Es posible que haya dramas en la vida de familiares, de aquellos que cambian la vida. Como siempre, ten más paciencia con ellos, tenderán a estar muy nerviosos.

Octubre

Mejores días en general: 6, 7, 8, 16, 17, 18, 25, 26
Días menos favorables en general: 4, 5, 11, 12, 13, 19, 20, 31
Mejores días para el amor: 8, 9, 11, 12, 13, 19, 20, 27, 28
Mejores días para el dinero: 1, 8, 9, 10, 19, 20, 27, 28
Mejores días para la profesión: 6, 16, 19, 20, 25

El poder planetario está en su mayor parte sobre el horizonte de tu carta, en la mitad superior. Tu planeta de la profesión avanza en movimiento directo. Es la mañana en tu ciclo anual. Es el periodo para levantarte y reanudar la actividad en el plano físico. Es el periodo para centrar la atención en tus objetivos externos, para actuar físicamente en la realización de tus sueños. Puedes pasar a un segundo plano los asuntos domésticos y familiares por un tiempo y concentrarte en tu profesión. Tu planeta de la profesión volvió a Sagitario el mes pasado. Por lo tanto, te irá bien hacer cursos, asistir a talleres y seminarios relacionados con tu profesión. Te conviene formarte más en tu profesión. La disposición a viajar es también un factor positivo para la profesión en este periodo.

Desde que Júpiter entró en Virgo, tu sexta casa, el 11 de agosto, ha sido un periodo bueno para encontrar trabajo. Este mes es excepcionalmente bueno (como lo fue el mes pasado). Será difícil encontrar a un Aries desempleado en este periodo. Tus habilidades están en demanda.

Las finanzas han ido bien, pero ahora que Venus vuelve a estar en movimiento directo (desde el 6 del mes pasado) irán mejor aún. El mes pasado Venus lo pasó en Leo. Esto indica dinero feliz, dinero ganado de formas agradables, placenteras. Has gastado en actividades placenteras, de diversión, has disfrutado de la riqueza que tenías. Venus continúa en Leo hasta el 8, día en que entra nuevamente en Virgo. Esto también es bueno para las finanzas, pero de otra manera. Te da juicio financiero sólido; obtendrás valor por tu dinero. Lo ganas de la manera tradicional, mediante trabajo y servicio; tu trabajo te genera la buena suerte. Del 24 al 27 Venus viaja con Júpiter y esto indica un muy buen día de paga. También hay suerte en las especulaciones esos días.

La salud ha estado más delicada desde el 23 del mes pasado, y esto continúa hasta el 23 de este mes. Tómate las cosas con calma, procura dormir lo suficiente. Repasa lo que hablamos sobre la salud en las previsiones para el año. Después del 23 la salud y la energía mejorarán espectacularmente.

El 23 del mes pasado el Sol entró en Libra y tú iniciaste una cima anual amorosa y social, en la que continúas hasta el 23. Si bien ahora no hay probabilidades de boda, estás en ánimo para el amor. Si estás soltero o soltera conoces a personas que son «material para el matrimonio». En general hay más vida social y salidas a fiestas. La conjunción de Venus con Júpiter del 24 al 27 trae felices oportunidades románticas si estás soltero o soltera, y felices experiencias sociales si estás casado o casada.

Noviembre

Mejores días en general: 3, 4, 13, 14, 22, 30
Días menos favorables en general: 1, 8, 9, 15, 16, 28, 29
Mejores días para el amor: 6, 7, 8, 9, 17, 18, 26, 27
Mejores días para el dinero: 5, 6, 7, 15, 16, 17, 18, 24, 25, 26, 27
Mejores días para la profesión: 3, 12, 15, 16, 21, 30

Este mes el poder planetario está firmemente instalado en el sector occidental o social de tu carta. Ahora no cuentan mucho tus habilidades o méritos personales; es tu capacidad para llevarte bien con los demás, el factor simpatía, lo que determina tu progreso. Estás en una fase de tu ciclo en que las cosas se hacen por consenso y con la colaboración de otros. Tus dotes sociales determinarán tu éxito o tu fracaso, así que te conviene centrar la atención en esto. Lo bueno es que lo vas a hacer. Marte, el señor de tu horóscopo, entra el 12 en tu séptima casa, la del amor. Centras la atención en los demás y los pones en primer lugar. Por lo tanto, este mes tendría que ser exitoso; esta actitud tiende a producir popularidad.

Cuando te centras en los demás descubres que, milagrosamente, están bien atendidas tus necesidades personales y financieras. Tu planeta del dinero, Venus, también estará en la séptima casa a partir del 8. Las amistades te apoyan y ofrecen oportunidades financieras.

Cuando el señor del horóscopo está en la séptima casa, se encuentra muy distante de su posición natural (la primera casa); está lejos, lejos de su casa. Tú estás muy distanciado de ti mismo y de tus asuntos personales; estás totalmente inmerso en los demás.

El cónyuge o pareja prospera este mes. El 23 del mes pasado entró en una cima financiera anual que continúa hasta el 22. Esta persona se ve más generosa contigo.

La actividad retrógrada es prácticamente nula este mes; el 18 el 90 por ciento de los planetas ya estarán en movimiento directo. Se acelera el ritmo de la vida. El progreso es más rápido.

Desde el 23 del mes pasado estás en un periodo sexualmente activo; adquirió poder tu octava casa; esto continúa hasta el 22 de este mes. Sea cual sea tu edad o etapa de la vida, la libido está más activa que de costumbre.

La octava casa es una de las casas misterio del zodiaco. Cuando está fuerte nos interesamos por las cosas más profundas de la vida. ¿Qué es la muerte? ¿Hay vida después de la muerte? ¿Qué ocurre después de morirnos? Es saludable contender con estos interrogantes y estudiar más acerca de esto. Cuando entendemos la muerte, entendemos la vida. Este es también un periodo maravilloso para la reinvención y la transformación personales. Es muy posible que estés haciendo este tipo de trabajo (Plutón está cerca de tu Medio cielo) y debería ir bien.

Diciembre

Mejores días en general: 1, 10, 11, 19, 20, 27, 28, 29
Días menos favorables en general: 5, 6, 12, 13, 25, 26
Mejores días para el amor: 5, 6, 7, 17, 18, 25, 26
Mejores días para el dinero: 2, 3, 4, 7, 12, 13, 17, 18, 21, 22, 25, 26, 30, 31
Mejores días para la profesión: 1, 10, 12, 13, 19, 20, 27, 28

La profesión ha ido bien últimamente. Del 24 al 26 del mes pasado el Sol viajó con tu planeta de la profesión, estimulando la profesión, produciendo éxito y oportunidades. Pero esto sólo fue un anuncio de las cosas por venir. El 22 el Sol cruza tu Medio cielo y entra en tu décima casa, y tú entras en un ciclo profesional anual. Entonces sí que haces verdadero progreso. Por lo general con buenos aspectos para la profesión no se consigue la totalidad de los objetivos. La profesión es un trabajo a largo plazo que requiere mucho tiempo. De todos modos verás buen progreso hacia tus objetivos.

La salud y la energía son buenas hasta el 22; después, esfuérzate en mantener elevada la energía; la salud se vuelve más delicada. Repasa lo que hablamos en las previsiones para el año. A partir del 10 puedes fortalecer la salud prestando más atención a la columna, las rodillas, la dentadura, los huesos, la piel y la alineación esquelética general. Podría convenirte una visita a un quiropráctico u osteópata; también serán buenos masajes periódicos en la espalda y las rodillas.

Del 5 al 12 el señor de tu horóscopo, Marte, forma aspectos dinámicos con Plutón y Urano. Tómate las cosas con calma esos días; evita los riesgos y los enfrentamientos. Si lees los periódicos en este periodo comprenderás por qué.

Tu planeta del dinero avanza veloz este mes. Esto indica rápido progreso financiero. Las cosas avanzan rápido. Hasta el 5 son muy importantes las dotes sociales y los demás. Será beneficioso asistir a fiestas y reuniones, u ofrecerlas. Del 5 al 30 será bueno usar el exceso de dinero para pagar deudas; y si necesitas pedir un préstamo se ve fácil también. Hay buena suerte en las reclamaciones de seguros o herencias. Es un buen periodo para desintoxicar las finanzas, eliminar el derroche y lo que sobra. Es bueno para librarte de cosas que ya no necesitas. Haz espacio para lo nuevo que quiere entrar. Habrá oportunidades para invertir en empresas o propiedades con problemas. Tienes buen ojo para ver valor en estas cosas.

El amor se expresa sexualmente la mayor parte del mes, del 5 al 30. Si estás soltero o soltera, el magnetismo sexual parece ser el factor más importante; sin embargo, como saben nuestros lectores, una verdadera relación no se puede basar solamente en eso.

El impulso planetario es arrolladoramente de avance este mes; el 26 todos los planetas ya estarán en movimiento directo, muy insólito. El mundo y los acontecimientos avanzan rápido en este periodo. Normalmente este sería un buen periodo para poner en marcha nuevos proyectos, en especial después del 21, pero para ti es mejor que esperes hasta la primavera.

Tauro

El Toro
Nacidos entre el 21 de abril y el 20 de mayo

Rasgos generales

TAURO DE UN VISTAZO

Elemento: Tierra

Planeta regente: Venus
  Planeta de la profesión: Urano
  Planeta del amor: Plutón
  Planeta del dinero: Mercurio
  Planeta de la salud: Venus
  Planeta de la suerte: Saturno

Colores: Tonos ocres, verde, naranja, amarillo
  Colores que favorecen el amor, el romance y la armonía social: Rojo violáceo, violeta
  Colores que favorecen la capacidad de ganar dinero: Amarillo, amarillo anaranjado

Piedras: Coral, esmeralda

Metal: Cobre

Aromas: Almendra amarga, rosa, vainilla, violeta

Modo: Fijo (= estabilidad)

Cualidad más necesaria para el equilibrio: Flexibilidad

Virtudes más fuertes: Resistencia, lealtad, paciencia, estabilidad, propensión a la armonía

Necesidades más profundas: Comodidad, tranquilidad material, riqueza

Lo que hay que evitar: Rigidez, tozudez, tendencia a ser excesivamente posesivo y materialista

Signos globalmente más compatibles: Virgo, Capricornio

Signos globalmente más incompatibles: Leo, Escorpio, Acuario

Signo que ofrece más apoyo laboral: Acuario

Signo que ofrece más apoyo emocional: Leo

Signo que ofrece más apoyo económico: Géminis

Mejor signo para el matrimonio y/o las asociaciones: Escorpio

Signo que más apoya en proyectos creativos: Virgo

Mejor signo para pasárselo bien: Virgo

Signos que más apoyan espiritualmente: Aries, Capricornio

Mejor día de la semana: Viernes

La personalidad Tauro

Tauro es el más terrenal de todos los signos de tierra. Si comprendemos que la tierra es algo más que un elemento físico, que es también una actitud psicológica, comprenderemos mejor la personalidad Tauro.

Los Tauro tienen toda la capacidad para la acción que poseen los Aries. Pero no les satisface la acción por sí misma. Sus actos han de ser productivos, prácticos y generadores de riqueza. Si no logran ver el valor práctico de una actividad, no se molestarán en emprenderla.

El punto fuerte de los Tauro está en su capacidad para hacer realidad sus ideas y las de otras personas. Por lo general no brillan por su inventiva, pero sí saben perfeccionar el invento de otra persona, hacerlo más práctico y útil. Lo mismo puede decirse respecto a todo tipo de proyectos. A los Tauro no les entusiasma particularmente iniciar proyectos, pero una vez metidos en uno, trabajan en él hasta concluirlo. No dejan nada sin terminar, y a no ser que se interponga un acto divino, harán lo imposible por acabar la tarea.

Muchas personas los encuentran demasiado obstinados, conservadores, fijos e inamovibles. Esto es comprensible, porque a los

Tauro les desagrada el cambio, ya sea en su entorno o en su rutina. ¡Incluso les desagrada cambiar de opinión! Por otra parte, esa es su virtud. No es bueno que el eje de una rueda oscile. Ha de estar fijo, estable e inamovible. Los Tauro son el eje de la rueda de la sociedad y de los cielos. Sin su estabilidad y su supuesta obstinación, las ruedas del mundo se torcerían, sobre todo las del comercio.

A los Tauro les encanta la rutina. Si es buena, una rutina tiene muchas virtudes. Es un modo fijado e idealmente perfecto de cuidar de las cosas. Cuando uno se permite la espontaneidad puede cometer errores, y los errores producen incomodidad, desagrado e inquietud, cosas que para los Tauro son casi inaceptables. Estropear su comodidad y su seguridad es una manera segura de irritarlos y enfadarlos.

Mientras a los Aries les gusta la velocidad, a los Tauro les gusta la lentitud. Son lentos para pensar, pero no cometamos el error de creer que les falta inteligencia. Por el contrario, son muy inteligentes, pero les gusta rumiar las ideas, meditarlas y sopesarlas. Sólo después de la debida deliberación aceptan una idea o toman una decisión. Los Tauro son lentos para enfadarse, pero cuando lo hacen, ¡cuidado!

Situación económica

Los Tauro son muy conscientes del dinero. Para ellos la riqueza es más importante que para muchos otros signos; significa comodidad, seguridad y estabilidad. Mientras algunos signos del zodiaco se sienten ricos si tienen ideas, talento o habilidades, los Tauro sólo sienten su riqueza si pueden verla y tocarla. Su modo de pensar es: «¿De qué sirve un talento si no se consiguen con él casa, muebles, coche y piscina?»

Por todos estos motivos, los Tauro destacan en los campos de la propiedad inmobiliaria y la agricultura. Por lo general, acaban poseyendo un terreno. Les encanta sentir su conexión con la tierra. La riqueza material comenzó con la agricultura, labrando la tierra. Poseer un trozo de tierra fue la primera forma de riqueza de la humanidad; Tauro aún siente esa conexión primordial.

En esta búsqueda de la riqueza, los Tauro desarrollan sus capacidades intelectuales y de comunicación. Como necesitan comerciar con otras personas, se ven también obligados a desarrollar cierta flexibilidad. En su búsqueda de la riqueza, aprenden el valor práctico del intelecto y llegan a admirarlo. Si no fuera por esa búsqueda de la riqueza, tal vez no intentarían alcanzar un intelecto superior.

Algunos Tauro nacen «con buena estrella» y normalmente, cuando juegan o especulan, ganan. Esta suerte se debe a otros factores presentes en su horóscopo personal y no forma parte de su naturaleza esencial. Por naturaleza los Tauro no son jugadores. Son personas muy trabajadoras y les gusta ganarse lo que tienen. Su conservadurismo innato hace que detesten los riesgos innecesarios en el campo económico y en otros aspectos de su vida.

Profesión e imagen pública

Al ser esencialmente terrenales, sencillos y sin complicaciones, los Tauro tienden a admirar a las personas originales, poco convencionales e inventivas. Les gusta tener jefes creativos y originales, ya que ellos se conforman con perfeccionar las ideas luminosas de sus superiores. Admiran a las personas que tienen una conciencia social o política más amplia y piensan que algún día (cuando tengan toda la comodidad y seguridad que necesitan) les gustará dedicarse a esos importantes asuntos.

En cuanto a los negocios, los Tauro suelen ser muy perspicaces, y eso los hace muy valiosos para la empresa que los contrata. Jamás son perezosos, y disfrutan trabajando y obteniendo buenos resultados. No les gusta arriesgarse innecesariamente y se desenvuelven bien en puestos de autoridad, lo cual los hace buenos gerentes y supervisores. Sus cualidades de mando están reforzadas por sus dotes naturales para la organización y la atención a los detalles, por su paciencia y por su minuciosidad. Como he dicho antes, debido a su conexión con la tierra, también pueden realizar un buen trabajo en agricultura y granjas.

En general, los Tauro prefieren el dinero y la capacidad para ganarlo que el aprecio y el prestigio públicos. Elegirán un puesto que les aporte más ingresos aunque tenga menos prestigio, antes que otro que tenga mucho prestigio pero les proporcione menos ingresos. Son muchos los signos que no piensan de este modo, pero Tauro sí, sobre todo si en su carta natal no hay nada que modifique este aspecto. Los Tauro sólo buscarán la gloria y el prestigio si están seguros de que estas cosas van a tener un efecto directo e inmediato en su billetero.

TAURO   51

Amor y relaciones

En el amor, a los Tauro les gusta tener y mantener. Son de los que se casan. Les gusta el compromiso y que las condiciones de la relación estén definidas con mucha claridad. Más importante aún, les gusta ser fieles a una sola persona y esperan que esa persona corresponda a su fidelidad. Cuando esto no ocurre, el mundo entero se les viene abajo. Cuando está enamorada, la persona Tauro es leal, pero también muy posesiva. Es capaz de terribles ataques de celos si siente que su amor ha sido traicionado. En una relación, los Tauro se sienten satisfechos con cosas sencillas. Si tienes una relación romántica con una persona Tauro, no hay ninguna necesidad de que te desvivas por colmarla de atenciones ni por galantearla constantemente. Proporciónale suficiente amor y comida y un techo cómodo, y será muy feliz de quedarse en casa y disfrutar de tu compañía. Te será leal de por vida. Hazla sentirse cómoda y, sobre todo, segura en la relación, y rara vez tendrás problemas con ella.

En el amor, los Tauro a veces cometen el error de tratar de dominar y controlar a su pareja, lo cual puede ser motivo de mucho sufrimiento para ambos. El razonamiento subyacente a sus actos es básicamente simple. Tienen una especie de sentido de propiedad sobre su pareja y desean hacer cambios que aumenten la comodidad y la seguridad generales de ambos. Esta actitud está bien cuando se trata de cosas inanimadas y materiales, pero puede ser muy peligrosa cuando se aplica a personas, de modo que los Tauro deben tener mucho cuidado y estar alertas para no cometer ese error.

Hogar y vida familiar

La casa y la familia son de importancia vital para los Tauro. Les gustan los niños. También les gusta tener una casa cómoda y tal vez elegante, algo de que alardear. Tienden a comprar muebles sólidos y pesados, generalmente de la mejor calidad. Esto se debe a que les gusta sentir la solidez a su alrededor. Su casa no es sólo su hogar, sino también su lugar de creatividad y recreo. La casa de los Tauro tiende a ser verdaderamente su castillo. Si pudieran elegir, preferirían vivir en el campo antes que en la ciudad.

En su hogar, un Tauro es como un terrateniente, el amo de la casa señorial. A los nativos de este signo les encanta atender a sus visitas con prodigalidad, hacer que los demás se sientan seguros en su casa y tan satisfechos en ella como ellos mismos. Si una persona Tauro te invita a cenar a su casa, ten la seguridad de que recibirás la mejor comida y la mejor atención. Prepárate para un recorrido por la casa, a la que Tauro trata como un castillo, y a ver a tu amigo o amiga manifestar muchísimo orgullo y satisfacción por sus posesiones.

Los Tauro disfrutan con sus hijos, pero normalmente son estrictos con ellos, debido a que, como hacen con la mayoría de las cosas en su vida, tienden a tratarlos como si fueran sus posesiones. El lado positivo de esto es que sus hijos estarán muy bien cuidados y educados. Tendrán todas las cosas materiales que necesiten para crecer y educarse bien. El lado negativo es que los Tauro pueden ser demasiado represivos con sus hijos. Si alguno de ellos se atreve a alterar la rutina diaria que a su padre o madre Tauro le gusta seguir, tendrá problemas.

Horóscopo para el año 2015*

Principales tendencias

Urano lleva unos cuantos años en tu casa doce, la de la espiritualidad, y continuará en ella unos cuantos años más. Esto indica un cambio espiritual drástico, un cambio interior. Tal vez todavía esto no sea visible a los demás, pero a su debido tiempo lo será. Estás en un periodo de enorme experimentación y descubrimiento espirituales.

Los dos últimos años Saturno ha estado en tu séptima casa, la del amor y el matrimonio. Esto ha provocado dificultades en la vida amorosa. Si estás casado o casada, la relación conyugal ha pasado por pruebas. Si estabas soltero o soltera, lo más probable es que continúes así. Ha habido decepciones con amistades y rupturas en las relaciones amorosas. Afortunadamente, las cosas me-

---

* Las previsiones de este libro se basan en el Horóscopo Solar y todos los signos que derivan de él; tu Signo Solar se convierte en el Ascendente, y las casas se numeran a partir de él. Tu horóscopo personal, el trazado concretamente para ti (según la fecha, hora y lugar exactos de tu nacimiento) podrían modificar lo que decimos aquí. Joseph Polansky

joran en este frente, ya que Saturno estará fuera de tu séptima casa la mayor parte del año. Volverá a ella retrógrado y sólo estará tres meses, para luego salir definitivamente. Volveremos a hablar de esto.

Saturno pasará la mayor parte del año en tu octava casa. Esto indica que el cónyuge, pareja o ser amado actual pasa por dificultades financieras y deberá consolidar y reordenar sus finanzas. Indica la necesidad de controlar la libido y no excederse en esto.

Júpiter entró en tu cuarta casa en julio del año pasado, y continuará en ella hasta el 11 de agosto de este año. Esto significa felicidad en los asuntos familiares y domésticos, buen apoyo familiar, y mudanzas o renovaciones felices. Estás en un periodo de gran progreso y crecimiento psíquico. Volveremos sobre este tema.

El 11 de agosto Júpiter entra en tu quinta casa. Así pues, el resto del año será un periodo feliz, de diversión. Tendrás los medios y las oportunidades para explorar el lado éxtasis de la vida. Indica fertilidad si estás en edad de concebir, y éxito y prosperidad para los hijos o figuras filiales de tu vida.

Las facetas importantes de interés este año son: el hogar y la familia (hasta el 11 de agosto); los hijos, la diversión y la creatividad personal (a partir del 11 de agosto); el amor y el romance (del 15 de junio al 18 de septiembre); la sexualidad, el dinero de otras personas, las deudas y la transformación personal (del 1 de enero al 15 de junio y del 18 de septiembre hasta fin de año); la religión, la filosofía, la metafísica y la formación superior; las amistades, los grupos y las actividades de grupo; la espiritualidad.

Los caminos para tu mayor satisfacción este año son: el hogar y la familia (hasta el 11 de agosto); los hijos, la diversión y la creatividad personal (a partir del 11 de agosto); la salud y el trabajo (hasta el 13 de noviembre).

Salud

(Ten en cuenta que esta es una perspectiva astrológica de la salud, no una médica. Antaño no había ninguna diferencia, ambas eran idénticas, pero en esta época podrían diferir muchísimo. Para una perspectiva médica, por favor, consulta a tu médico o a otro profesional de la salud.)

La salud ha sido buena estos dos últimos años y este año debería ser mejor aún. Sólo tenías un planeta lento en aspecto desfavorable y la mayor parte de este año estará lejos de ese aspecto. Si ha habido algún problema de salud, este año deberías tener buenas noticias.

El nodo norte de la Luna pasa la mayor parte del año en tu sexta casa, la de la salud. Esto indica buena suerte en esta faceta. No obstante, a veces indica una atención excesiva a la salud, aun cuando esto no esté justificado. El problema podría ser hipocondría, es decir, considerar muy importantes cosas insignificantes, hacer una montaña de un grano de arena. A veces esto lleva a un «fanatismo por la salud». La atención debe dirigirse adecuadamente hacia un estilo de vida y programa de salud sanos.

Venus es a la vez tu planeta personal y tu planeta de la salud. Esto en sí indica que la salud es importante para ti y que tiendes a centrar la atención en ella. Indica que tu estado de salud influye inmediatamente en tu apariencia. Para ti la buena salud es el mejor tratamiento estético.

Con este tipo de aspecto, si te sientes indispuesto haz algo que mejore tu apariencia, cómprate un traje nuevo, ve a la peluquería a arreglarte el pelo, compra algún accesorio bello. Comenzarás a sentirte mejor.

Por buena que sea tu salud siempre puedes fortalecerla más. Presta más atención a las siguientes zonas:

El cuello y la garganta. Estas zonas siempre son importantes para ti, Tauro. Siempre son potentes los masajes periódicos en el cuello. También es buena la terapia sacrocraneal. Trabajar los puntos reflejos de estas zonas también irá bien.

Los riñones y las caderas. Te irán bien sesiones de reflexología para trabajar los puntos reflejos de estas zonas. Deberás dar masajes periódicos a las caderas. En general te conviene una buena desintoxicación de los riñones.

Dado que Tauro rige la garganta y las cuerdas vocales, estas responden muy bien a las terapias de sonidos: entonar mantras, cantar, tararear. Entonar los sonidos de las cinco vocales, a, e, i, o, u, también será beneficioso si te sientes indispuesto. Procura entonarlas con los sonidos de las siete notas de la escala musical.

Venus, como saben nuestros lectores, es un planeta de movimiento rápido. A lo largo del año transita por todos los signos y casas del horóscopo. Por lo tanto, hay muchas tendencias a corto plazo en la salud, según dónde esté Venus y los aspectos que reciba. Estas es mejor tratarlas en las previsiones mes a mes.

Los hermanos y figuras fraternas han de seguir un estricto ré-

gimen de salud este año; deben prestar más atención a la columna, las rodillas, la dentadura y la piel.

Los padres o figuras parentales podrían haber pasado por una
operación quirúrgica en los años anteriores, y esta tendencia continúa este año. Les conviene hacer regímenes de desintoxicación
El cónyuge, pareja o ser amado actual se ve muy experimental
en asuntos de salud en este periodo. Se beneficiará de terapias
alternativas.

Hogar y vida familiar

Tu cuarta casa ha estado poderosa desde julio del año pasado,
como hemos dicho. Esta faceta es, por lo tanto, un importante
centro de atención este año (y feliz).

El año pasado podría haber habido una mudanza o renovación de la casa, pero estas cosas siguen siendo probables este año.
A veces la persona no se muda, sino que compra otra casa. Estas
son cosas felices.

Este año se amplía el círculo familiar (esto también podría haber ocurrido el año pasado). Por lo general esto ocurre por bodas
o nacimientos, pero a veces conocemos a personas que son como
familiares, personas que hacen este papel en nuestra vida.

Hay suerte en la compra o venta de una casa y en el campo
inmobiliario residencial en general.

Como hemos dicho, las mujeres Tauro en edad de concebir están mucho más fértiles que de costumbre. Esto es así todo el año.

Los padres y figuras parentales de tu vida prosperan este año y
me parece que son más generosos contigo. En general, el apoyo
familiar es bueno.

Los hijos o figuras filiales de tu vida también prosperan este
año, en especial después del 11 de agosto. Si son jóvenes, reciben
objetos caros, importantes. Si son mayores, viajan más y gozan de
la buena vida.

Los hermanos y figuras fraternas tienen un año sin novedades
ni cambios. Fundamentalmente están contentos donde están. El
eclipse lunar del 4 de abril podría sacudir un poco las cosas, pero
la consecuencia no es necesariamente una mudanza.

Los padres y figuras parentales continúan donde están. Los
hijos también. Los hijos podrían sentirse estrechos en sus casas,
pero no es aconsejable una mudanza. Hay retrasos, retrasos, retrasos.

Las mudanzas van bien hasta el 11 de agosto. Las renovaciones, sobre todo las importantes, van bien hasta el 25 de septiembre. Redecorar o embellecer la casa va bien del 5 de junio al 19 de julio. Este año hay dos eclipses solares, uno el 20 de marzo y el otro el 13 de septiembre. Tenderán a causar trastornos de corta duración en la casa y la familia. Los familiares estarán más temperamentales en estos periodos y será conveniente tener más paciencia con ellos.

Profesión y situación económica

El dinero siempre es importante para un Tauro, pero este año lo es menos que de costumbre. Tu segunda casa no está fuerte. Por el lado positivo tienes más libertad para configurar esta faceta como quieras; el Cosmos no te pone dificultades. Por otro lado, el menor interés tiende a dejar las cosas como están. Te sientes fundamentalmente satisfecho con tus finanzas y no tienes necesidad de hacer cambios drásticos.

Tauro tiene un talento natural para los asuntos de propiedades, patrimonio o herencia. Los instintos básicos son buenos. Este año este talento está mejor que nunca, sobre todo en lo relativo al sector inmobiliario residencial. Hay buena suerte en esto, en especial hasta el 11 de agosto.

Como hemos dicho, el apoyo familiar se ve extraordinariamente fuerte este año.

También me gustan las industrias que proveen a los niños: fábricas de juguetes, promotores de juegos, la industria del espectáculo y el entretenimiento. Tienes buen instinto para estas cosas a partir del 11 de agosto.

Tu planeta del dinero, Mercurio, es de movimiento muy rápido; sólo la Luna es más rápida. Así pues, los ingresos y las oportunidades de ingresos te llegan de diversas maneras y a través de diversas personas y situaciones. Todo depende de dónde está Mercurio en ese momento, y del tipo de aspectos que recibe. Estas tendencias a corto plazo es mejor tratarlas en las previsiones mes a mes.

La entrada de Júpiter en Leo en julio del año pasado fue muy buena para la profesión. Septiembre fue un mes excepcionalmente bueno. Hubo promociones y aumentos de sueldo, ya fuera en la empresa actual o en otra nueva. Hubo más reconocimiento de tus logros profesionales y tal vez incluso honores y premios. Este año hay más de esto. Marzo y junio de este año se ven especialmente fuertes para la profesión.

Júpiter forma aspectos hermosos a tu planeta de la profesión, y esto también indica que te llegan oportunidades profesionales felices.

Generalmente, la elevación profesional se traduce en mayores ingresos; pero parece que los ingresos no son tu principal consideración; son un efecto secundario.

En los últimos años ha habido varios cambios en la profesión, y tal vez alguna experiencia de «casi muerte» profesional, pero este año las cosas se ven más estables.

Tu planeta de la profesión, Urano, lleva unos años en tu casa doce, la de la espiritualidad. Así pues (como hemos dicho en años anteriores) eres más idealista en tu profesión, no te contentas sólo con ganar dinero y tener éxito. Deseas algo que tenga sentido, algo que beneficie al mundo entero. Deseas sentir la «aprobación divina» de tu camino profesional. Esto también indica que participar en obras benéficas y causas altruistas (causas que apruebas) favorece tu profesión. Estableces contactos importantes en esas actividades.

Es posible también que optes por una profesión espiritual.

La profesión de un progenitor o figura parental mejora muchísimo este año. Los dos últimos años han sido muy difíciles para esta persona.

Los hermanos y figuras fraternas han experimentado mucha inestabilidad en la profesión desde hace unos años; este año las cosas se normalizarán un poco.

Los hijos y figuras filiales tienen un año profesional sin cambios ni novedades, aunque se ven prósperos.

El cónyuge, pareja o ser amado actual debe reorganizar sus finanzas este año. Esta persona necesita trabajar más por sus ingresos, esforzarse más que de costumbre. Me parece que lleva cargas financieras adicionales, de las que no puede escapar.

Los números favorables para las finanzas son el 1, el 3, el 6, el 8 y el 11.

Amor y vida social

Como hemos dicho, los dos últimos años han sido difíciles en la faceta del amor; Saturno ha estado acampado en tu séptima casa, la del amor.

Personas Tauro han pasado por pruebas en sus matrimonios y en muchos casos el matrimonio ha acabado en ruptura. Es probable que los matrimonios que sobrevivieron estén mejor que nunca. Los problemas ya se han resuelto.

En general, la actividad social ha sido menor. Esto no es un castigo, sino un reordenamiento de la vida social. El Cosmos desea que centres la atención en las relaciones de calidad, aunque sean menos, que en un montón de relaciones tibias.

Saturno va a pasar la mayor parte del año en tu octava casa, por lo tanto se reordenará la vida sexual y la expresión sexual. Es posible que la libido no esté a la altura acostumbrada. Así pues, la tendencia será a centrarse en la relación sexual de calidad, que no en la cantidad.

La persona que esté relacionada románticamente con un Tauro debe darle más tiempo para calentarse antes de la relación sexual, hacer más juego preliminar.

Si estás soltero o soltera has tenido menos citas, pero esto mejorará este año. Podría haber una racha de «sequía» social entre el 15 de junio y el 18 de septiembre.

Habiendo tenido a Saturno en tu séptima casa los dos últimos años es posible que se te percibiera como una persona fría, distante, insensible. No eres así, pero podrías haber dado esa impresión. Era necesario entonces (y volverá a ser necesario del 15 de junio al 18 de septiembre) hacer el esfuerzo para proyectar simpatía y afecto hacia los demás.

Si bien este año el matrimonio no aparece en la carta, habrá muchísimas oportunidades románticas del tipo «menos serio»; aventuras amorosas y diversión.

La vida amorosa se hará valer realmente después del 18 de septiembre; Saturno saldrá de tu séptima casa y Júpiter le formará aspectos hermosos a tu planeta del amor. Entonces puede llegar el romance serio. También aumentará la actividad social. Los dos años y medio de sequía te habrán hecho más capaz de manejar el verdadero amor cuando llegue. Pero no hay ninguna necesidad de precipitarse a nada.

Tu planeta del amor lleva varios años en Capricornio, de ahí que seas lento para enamorarte. El amor necesita tiempo para desarrollarse. Este no es un periodo para fugarse, para casarse, ni para cosas de esa naturaleza.

Si estás soltero o soltera, hay más probabilidades de boda el próximo año que este.

Este año sales de un túnel oscuro. Aún no has salido del todo; esto ocurre después del 18 de septiembre. Pero ya antes de esta fecha verás la luz al final del túnel. El tránsito de tu planeta del amor por tu novena casa desde hace años indica que te atraen personas refinadas, muy cultas. Te atraen personas de las que puedes aprender; también te atraen personas extranjeras. Las oportunidades románticas se presentan en funciones religiosas o académicas y tal vez en otros países. Tienes (y has tenido) los aspectos de una persona que se enamora de su pastor religioso o de su profesor (catedrático).

Progreso personal

Tu vida espiritual es una de las facetas más estimulantes este año; así ha sido desde hace unos años y así continuará. Deseas experimentar, como hemos dicho, y esto es fundamentalmente bueno. Aprendemos lo que nos va bien probando, cometiendo errores y experimentando. No hay un camino espiritual «bueno o malo». En último término cada persona es su propio camino y esto se descubre mediante la experimentación. Esto es así incluso en las principales religiones. Cada persona practica su religión a su manera única; por eso hay tantas sectas dentro de cualquier religión.

Uno de los problemas de tener a Urano en la casa doce es que la persona podría exagerar o excederse en algo esencialmente bueno. La persona puede convertirse en una maníaca espiritual, que va pasando de una enseñanza a otra según lo que se estile, y así nunca tiene la posibilidad de trabajar en un camino y ver los resultados. Experimenta, faltaría más, pero date tiempo para ver cómo resulta.

Neptuno, el más espiritual de los planetas, lleva unos años en tu casa once, la de las amistades. Esto refuerza lo que acabamos de decir. Pero también indica que te atraes amistades de tipo espiritual, personas que participan en grupos y organizaciones espirituales. Tal vez creas que existe una manera «masiva» de alcanzar la salvación y la iluminación. Esta sería la tendencia en este periodo. Pero en realidad la iluminación y el progreso espirituales (de lo que habrá mucho este año) son siempre experiencias solitarias. Aunque estés en un grupo, sentado escuchando una charla, en medio de cientos de asistentes, tu experiencia personal será única. Ninguna otra persona tendrá la misma experiencia que tú.

La compatibilidad espiritual es el criterio para la amistad este año. Aquellos que no están en tu camino espiritual no son tus amigos. La persona que está en tu camino será amiga aun cuando tu encuentro con ella sea breve. Estas relaciones tienden a ser duraderas.

Saturno, como hemos dicho, pasará la mayor parte del año en tu octava casa, la de la sexualidad. Esto significa que el Cosmos va a poner orden en esta faceta de la vida. Si has sido irresponsable en esto, te pasará factura en los próximos años. Pero si has sido responsable, Saturno te enseñará a mejorar esta faceta de modos sanos.

La fuerza sexual es tal vez la más potente del Universo. Puede crear o destruir. Hay una manera correcta y una errónea de usar esta fuerza, y esta es una de las lecciones que vas a aprender en los próximos años.

Previsiones mes a mes

Enero

Mejores días en general: 9, 10, 18, 19, 27, 28
Días menos favorables en general: 6, 7, 8, 14, 15, 20, 21
Mejores días para el amor: 1, 9, 10, 12, 13, 14, 15, 18, 19, 21, 22, 27, 28, 31
Mejores días para el dinero: 1, 2, 3, 7, 8, 11, 12, 16, 17, 20, 21, 24, 25, 29, 30
Mejores días para la profesión: 6, 7, 16, 17, 20, 21, 24, 25

Comienzas el año con el 80 y a veces el 90 por ciento de los planetas sobre el horizonte de tu carta; impresionante porcentaje. Tu décima casa, la de la profesión, está a rebosar de planetas (el 50 por ciento están instalados en ella o transitan por ella este mes). El 20, cuando el Sol cruza tu Medio cielo y entra en tu décima casa, inicias una cima anual profesional. El mensaje es muy claro: el hogar y la familia son importantes, pero puedes poner estos asuntos en segundo plano y concentrarte en la profesión. Estás en el mediodía de tu año y has de dedicarte a conseguir tus objetivos externos en el mundo. Y lo harás. Puede que no consigas todos tus objetivos profesionales este mes, pero sin duda verás mucho progreso en ellos.

Lo bueno en esto es que la familia te alienta en la profesión. Los familiares también están más ambiciosos en este periodo.

El impulso planetario es arrolladoramente de avance este mes. Hasta el 21 el 90 por ciento están en movimiento directo. Normalmente este sería un periodo fabuloso para iniciar nuevos proyectos o lanzar al mundo productos nuevos. Pero a ti podría convenirte más esperar hasta tu cumpleaños. En caso de necesidad, si estás apremiado por el tiempo, este periodo es aceptable.

En realidad, la profesión es el principal titular de este mes. Incluso interviene la vida financiera; tu planeta del dinero entra en tu décima casa el 5. Esto indica aumento de sueldo. Cuentas con el favor de mayores, jefes y figuras de autoridad en tus finanzas. Los organismos gubernamentales también se ven favorablemente dispuestos hacia ti. Los padres y figuras parentales también. Este tendría que ser un mes próspero.

Las únicas dificultades que vemos en estos momentos son la salud y la energía. El exceso de trabajo es el principal peligro. Cuando baja mucho la energía la persona se hace vulnerable a invasiones oportunistas. Así pues, trabaja en hacer realidad tus ambiciones, faltaría más, pero de modo rítmico. Delega tareas importantes siempre que sea posible. Procura dormir lo suficiente. Programa masajes o un tiempo en un balneario de salud. No hagas de la noche día.

Más o menos durante los últimos seis meses el poder planetario ha estado en el sector occidental o social de tu carta. Este mes hay traslado. El 20 la mayoría de los planetas estarán ya en el independiente sector oriental. Ahora dependes menos de los demás. El poder planetario avanza hacia ti, no se aleja. Es el periodo para valerte por ti mismo y crear lo que deseas en tu vida. Si las condiciones son desagradables, haz los cambios; tienes la energía para ello.

Febrero

Mejores días en general: 5, 6, 7, 15, 16, 23, 24
Días menos favorables en general: 3, 4, 10, 11, 17, 18
Mejores días para el amor: 1, 2, 5, 6, 7, 10, 11, 15, 16, 20, 21, 23, 24
Mejores días para el dinero: 3, 4, 8, 9, 13, 14, 17, 18, 21, 22, 25, 26
Mejores días para la profesión: 3, 4, 13, 14, 17, 18, 21, 22

Este mes, como el pasado, la atención está centrada en la profesión, en especial hasta el 20. Hasta entonces continúas en tu cima profesional. Puedes, sin riesgos, desentenderte de los asuntos domésticos y familiares, y, como el mes pasado, la familia apoya tu profesión.

Mercurio, tu planeta del dinero, inició movimiento retrógrado el 21 del mes pasado y continuará retrógrado hasta el 11. Esto no impedirá que lleguen los ingresos, aunque sí enlentecerá un poco las cosas; hay más contratiempos en las finanzas; retrasos; pagos que se atrasan; gestiones o transacciones que se alargan; clientes que cambian de decisión; el banco o empresa de crédito se equivoca en algo y lleva tiempo resolver el asunto. Lo importante ahora es procurar que tus gestiones y transacciones financieras sean todo lo perfectas que puedas; comprueba que el número de tu cuenta aparece en tu talonario y está bien escrito; asegúrate de que el cliente ha entendido los detalles de su compra. Evita hacer compras o inversiones importantes en este periodo; este es un periodo para hacer revisión de las finanzas, un periodo para llegar a una claridad mental acerca de tu situación financiera o compras pendientes, un periodo para ver en qué se pueden hacer mejoras. Después del 11 puedes poner por obra tus planes.

Que Mercurio esté retrógrado no significa que no hagas ninguna compra. Lógicamente compra los alimentos y las cosas de menor importancia de la vida diaria. Las compras que has de evitar son las importantes, los artículos caros.

A veces no hay alternativa (y esto me ha ocurrido a mí). Es absolutamente necesario hacer una compra importante cuando Mercurio está retrógrado. En ese caso haz todo lo posible por protegerte. Asegúrate de que la tienda acepta devoluciones, y devuelve el dinero.

El 18 ya deberías haber conseguido muchos objetivos profesionales (o hecho un progreso satisfactorio hacia ellos) y la atención pasará a la espiritualidad y la amistad. El Sol entra en Piscis y comienza a viajar con Neptuno (ambos planetas estarán en conjunción del 23 al 27, pero esto lo sentirás antes). La familia se torna más idealista. Tanto tú como los familiares haréis avances espirituales importantes y tendréis una activa vida onírica. Habrá todo tipo de experiencias sincrónicas y sobrenaturales. Harás amistad con personas espirituales y tal vez participes en las actividades de una organización espiritual o benéfica. El reto será integrar tus creencias religiosas con tus experiencias espirituales.

Las figuras religiosas o académicas de tu vida podrían poner en tela de juicio estas cosas. La salud mejora mucho después del 18.

Marzo

Mejores días en general: 4, 5, 6, 14, 15, 22, 23
Días menos favorables en general: 2, 3, 9, 10, 16, 17, 29, 30, 31
Mejores días para el amor: 2, 3, 4, 5, 6, 9, 10, 12, 13, 14, 15, 22, 23
Mejores días para el dinero: 2, 3, 7, 8, 12, 13, 18, 19, 20, 21, 24, 25, 26, 29, 30, 31
Mejores días para la profesión: 2, 3, 12, 13, 16, 17, 20, 21, 29, 30

Ahora te encuentras en tu periodo de máxima independencia y poder personal, que continúa otros dos meses más. Es el periodo para poner la atención en ti, en el número uno, en tus intereses. Hay quienes lo considerarían «egoísmo», pero el interés propio es bueno (mientras no se dañe a nadie), en especial durante el ciclo en el que estás en estos momentos. Como reza el dicho: «Si yo no estoy por mí, ¿quién lo estará?» Tus intereses no son menos importantes que los de los demás. Tienes el poder para crearte las condiciones como las deseas, ¿por qué no emplearlo? Dentro de unos meses será más difícil hacer estos cambios, así que no desaproveches la oportunidad. Ahora tienes la felicidad en tus manos.

La salud y la energía son excelentes. Hasta el 17 puedes fortalecer aún más la salud dando más atención a la cabeza, la cara y las glándulas suprarrenales, y después al cuello y la garganta. Hasta el 17 serán potentes los masajes en el cuero cabelludo y la cara y la terapia sacrocraneal. Después serán potentes los masajes en el cuello. Si estás en el camino espiritual, este mes te beneficiará entonar mantras. La curación espiritual en general es potente hasta el 17.

Las finanzas se ven bien este mes. Mercurio, tu planeta del dinero, está en movimiento directo, así que hay claridad y buen juicio en este frente. Hasta el 13 sigues contando con el apoyo y favor financieros de jefes, mayores, padres o figuras parentales y las figuras de autoridad de tu vida. Si aún no ha habido aumento de sueldo, hasta el 13 todavía puede haberlo. Tu buena fama profesional es un factor importante hasta el 13 (y lo fue los meses pasados). Protege esa fama. El 13 Mercurio entra en Piscis, tu casa once. Esto indica una excelente intuición financiera, pero debes fiarte y actuar según ella. No hagas caso omiso de los sueños o los mensajes de videntes, astrólogos y canalizadores espirituales; tienen importante orientación financiera para ti.

El 20 hay un eclipse solar, que ocurre justo en la cúspide entre tus casas once y doce. Contigo es esencialmente benigno, tenderá a afectar más a las amistades y familiares; pero no te hará ningún daño reducir las actividades en ese periodo. Los familiares también. Si hay defectos o desperfectos en la casa, en este periodo los descubrirás para hacer las correcciones. Los familiares estarán más temperamentales en este periodo, así que ten más paciencia con ellos. Hay trastornos o reestructuración en una organización espiritual en la que participas o a la que perteneces. También hay cambios en tu actitud y práctica espiritual; normalmente esto ocurre debido a alguna crisis o trastorno.

Abril

Mejores días en general: 1, 2, 10, 11, 12, 19, 20, 28, 29
Días menos favorables en general: 6, 7, 13, 14, 25, 26, 27
Mejores días para el amor: 1, 2, 6, 7, 10, 11, 12, 13, 19, 20, 21, 22, 28, 29
Mejores días para el dinero: 8, 9, 17, 18, 19, 20, 21, 22, 25, 26, 28, 29
Mejores días para la profesión: 8, 9, 13, 14, 17, 18, 26, 27

Aunque el eclipse lunar del 4 produce algo de agitación y trastorno, el mes se ve feliz y exitoso. El eclipse sólo añadirá un poco de drama a la mezcla: impedirá que las cosas se vuelvan muy aburridas. Venus, el planeta señor de tu horóscopo, transita por tu signo desde el 17 del mes pasado. Marte estará en tu signo todo el mes. Tienes buena apariencia, tienes buen sentido de la elegancia. Hay mucha energía y carisma este mes.

Este mes se ve muy próspero también, lo que siempre es importante para Tauro. Tu planeta del dinero, Mercurio, cruza tu Ascendente el 14 y entra en tu primera casa. Esto te trae rachas de suerte y oportunidades financieras. El dinero te persigue, y no a la inversa. Las personas adineradas de tu vida se ven amistosas y colaboradoras.

El eclipse lunar del 4 ocurre en tu sexta casa, la de la salud y el trabajo. La salud es buena este mes, pero es posible que haya un susto o trastorno. Lo más probable es que sólo sea eso, un susto. Este eclipse también traería cambios en el trabajo; podrías cambiar de puesto en la empresa actual o entrar a trabajar en otra. Estando Venus en tu signo hasta el 11, las oportunidades de trabajo te buscan (y esto ocurre desde el 17 del mes pasado); esto podría ser el motivo del cambio de trabajo. Si eres empleador, el eclipse produce cambios en el personal e inestabilidad de la fuerza laboral. A veces las causas de estas cosas son dramas en la vida de los empleados.

Este eclipse hace impacto en Plutón y Urano. Esto significa cambios en la profesión, y se ven felices. Podría haber drama (de aquellos que cambian la vida) en la vida de jefes o líderes en tu profesión o industria. La cuadratura con Plutón indica pruebas en el amor y en sociedades de negocios. Ten más paciencia con el ser amado en el periodo de este eclipse, pues tenderá a estar más irritable y nervioso.

A pesar del eclipse, la vida amorosa se ve maravillosa. Desde el 17 del mes pasado Venus le forma aspectos hermosos a tu planeta del amor. Venus y Marte en tu signo te hacen atractivo al sexo opuesto. Si hay problemas en el amor deberían resolverse de buena manera.

El 20 el Sol entra en tu signo y tú entras en una de tus cimas anuales de placer personal. Ahora es cuando se mima al cuerpo. Te llega ropa o accesorios personales nuevos y de buena calidad. Este es muy buen periodo para poner en forma el cuerpo y la imagen, en la forma que los desees. La vida amorosa mejorará aún más después del 20.

Mayo

Mejores días en general: 8, 9, 16, 17, 25, 26, 27
Días menos favorables en general: 3, 4, 10, 11, 23, 24, 30, 31
Mejores días para el amor: 1, 2, 3, 4, 8, 9, 13, 16, 17, 21, 22, 25, 26, 30, 31
Mejores días para el dinero: 1, 2, 5, 6, 10, 11, 14, 15, 18, 19, 23, 24, 28, 29
Mejores días para la profesión: 5, 6, 7, 10, 11, 14, 15, 23, 24

El mes pasado hubo un traslado planetario; el poder planetario pasó a la mitad inferior de tu carta. La mitad inferior, la mitad subjetiva del horóscopo, estará fuerte más o menos los cinco próximos meses. Para ti esto representa un cambio psíquico. Es el periodo para restar importancia a la profesión y centrar más la atención en el hogar, la familia y tu bienestar emocional; es el periodo para reorganizar tus fuerzas y prepararte para el próximo empuje profesional dentro de cinco meses o algo así. La profesión sigue siendo importante, pero cuando los planetas están en la posición que están, es mejor trabajar en ella con métodos interiores, visualización controlada, meditación, oración. Entra en la sensación del lugar en que deseas estar en tu profesión. Imagínate esa situación con la mayor nitidez. Y déjalo estar. Repite esto todo cuanto sea necesario. Trabajando de esta manera imitas a la naturaleza, que hace exactamente lo mismo. En invierno se imagina lo que manifestará en primavera, y cuando llega la primavera se pone en marcha, comienza a actuar.

El impulso planetario sigue siendo principalmente de avance este mes. También lo fue el mes pasado. Dado que este mes es tu cumpleaños (o tal vez ya lo fue el mes pasado), estás en un periodo excelente para poner en marcha nuevos proyectos o lanzar nuevos productos al mundo. Tanto el ciclo solar universal como el personal están en fase creciente. Los primeros días del mes son mejores, hasta el 4, pues la Luna estará en fase creciente. La actividad retrógrada aumenta después del 14 (Mercurio lo inicia ese día), por lo tanto, ese periodo es menos favorable para estas cosas.

Cuando el Sol y Mercurio entraron en tu signo el mes pasado, tú entraste en un ciclo de prosperidad de muchos meses. Este mes la prosperidad es mayor aún que el mes pasado. El 21 comienzas una cima financiera; tu casa del dinero está muy poderosa este mes; el 50 por ciento de los planetas (y la mayoría benéficos) o están instalados o transitan por ella. Esto significa muchísimo poder financiero. Los ingresos tendrían que dispararse por las nubes.

Sólo se ve una debilidad en las finanzas, que comienza el 14, cuando Mercurio, tu planeta del dinero, inicia movimiento retrógrado. Continúas prosperando, pero tal vez de forma más lenta de lo esperado. Habrá tendencia a contratiempos y retrasos. Como dijimos cuando ocurrió el anterior movimiento retrógrado de Mercurio, es importante que tus transacciones financieras sean lo más perfectas posible; esto prevendrá algunos retrasos, tal vez no los impida todos, los reducirá al mínimo. Es probable que no puedas evitar tomar decisiones financieras importantes o hacer compras de peso, es mucha la actividad, pero sí puedes analizar más detenidamente estas cosas y hacer más reflexión.

Junio

Mejores días en general: 4, 5, 13, 14, 22, 23
Días menos favorables en general: 6, 7, 20, 21, 27,28
Mejores días para el amor: 1, 4, 5, 10, 11, 13, 14, 20, 21, 22, 23, 27, 28, 29, 30
Mejores días para el dinero: 2, 3, 6, 7, 10, 11, 15, 16, 20, 21, 24, 25, 29, 30
Mejores días para la profesión: 2, 3, 6, 7, 10, 11, 20, 21, 29, 30

El 15 Saturno vuelve a entrar en Escorpio en movimiento retrógrado. Este es un aspecto desfavorable para ti. Es posible que no lo sientas mucho, aunque si naciste en la última parte del signo, del 19 al 21 de mayo, lo sentirás fuerte. Saturno solo no basta para causar problemas de salud, pero más avanzado el mes, sobre todo después del 24, algunos planetas rápidos entrarán en aspecto desfavorable también y tendrás que tener más cuidado. Puedes fortalecer la salud de las maneras explicadas en las previsiones para el año, pero en este periodo que se aproxima puedes hacer algo más. Deberás cuidar más la dieta; come alimentos fáciles de digerir; presta más atención al estómago y, si eres mujer, también a los pechos. Después del 5 da más atención al corazón; dependiendo de tu edad deberías controlar la tensión arterial. La buena salud emocional es importante todo el mes. Mantén la armonía con la familia y los familiares. Evita la depresión como a la peste. Procura que tu estado anímico sea positivo y constructivo. La meditación te será muy útil para esto.

Continúas en tu cima financiera anual, que durará más que de costumbre. Tu planeta del dinero, Mercurio, estará todo el mes en tu casa del dinero, y el 11 retoma el movimiento directo, lo que es otro punto positivo para las finanzas. Mejora mucho el juicio financiero; también mejora la confianza social. Las buenas ventas, la mercadotecnia y las relaciones públicas son siempre importantes para tus finanzas, pero este mes lo son aún más. Es necesario que la gente conozca tu producto o servicio. El apoyo familiar fue bueno el año pasado y es bueno este mes también, en especial hasta el 21.

Este mes está poderosa tu tercera casa, la de la comunicación y los intereses intelectuales, en especial después del 21. Este es un periodo fabuloso para ponerte al día en tus lecturas y asistir a charlas y seminarios; también para ponerte al día con tu correspondencia y los e-mails que debes. Si tienes una buena base de conocimientos o experiencia en un determinado campo, este es un buen periodo para diseminar esos conocimientos. Este no es uno de tus mejores periodos en el amor. El ser amado se ve estresado o agobiado y tal vez necesita descansar y relajarse más. No has estado muy sincronizado con él o ella; se te ve distanciado. Sin embargo, este no es un periodo para tomar decisiones importantes en el amor. Plutón, tu planeta del amor, está en movimiento retrógrado desde el 17 de abril. Saturno, en tu séptima casa (desde el 15), no contribuye a mejorar las cosas. Si estás soltero o soltera es probable que tengas menos citas, que salgas menos. Esta no es una tendencia para el año ni para tu vida, así que no te asustes. El amor mejorará en los próximos meses.

Julio

Mejores días en general: 1, 2, 10, 11, 19, 20, 29, 30
Días menos favorables en general: 3, 4, 5, 17, 18, 24, 25, 31
Mejores días para el amor: 1, 2, 8, 9, 10, 11, 17, 18, 19, 20, 24, 25, 26, 29, 30
Mejores días para el dinero: 7, 8, 9, 12, 13, 17, 18, 27, 28, 29, 30
Mejores días para la profesión: 3, 4, 5, 8, 9, 17, 18, 26, 27, 31

Este mes aumenta la actividad retrógrada; a fin de mes la mitad de los planetas estarán en movimiento retrógrado, el máximo del año. Es por lo tanto un mes lento en muchas facetas de la vida. Lento no quiere decir «malo», sino sólo un ritmo más lento de la vida. Es un periodo fabuloso para hacer revisión de la imagen, de la profesión, de la vida amorosa y del programa de salud. Ve qué mejoras puedes hacer y, cuando los planetas vuelvan a estar en movimiento directo, pon por obra tus planes. Es un periodo para resolver dudas y adquirir claridad mental. Esto es lo más importante ahora. Si aprovechas bien esta «pausa cósmica» tus actos futuros tendrán más éxito.

Aunque son muchos los planetas retrógrados, Mercurio, tu planeta del dinero, está en movimiento directo y avanza raudo. El progreso financiero es rápido; la confianza social es buena. Tendría que ser un mes próspero. Las ventas, la mercadotecnia y las relaciones públicas siguen siendo importantes hasta el 22. A partir del 8 hay buen apoyo familiar. Las conexiones familiares son importantes en las finanzas. Es posible que ganes dinero desde casa, y te llegarán este tipo de oportunidades.

La vida amorosa ha estado estancada desde el mes pasado más o menos, pero hacia fin de mes deberías ver mejoría.

Este mes el poder planetario llega a su nadir (el punto más bajo) en tu carta. Tu cuarta casa, la del hogar y la familia, está poderosa todo el mes, pero en especial después del 23. Urano, tu planeta de la profesión, inicia movimiento retrógrado el 26. Así las cosas, no hay respuesta rápida para los asuntos profesionales; sólo el tiempo los resolverá. Da tu atención al hogar, la familia y tu vida emocional. Trabaja en la profesión con los métodos interiores nocturnos (te acercas al punto medianoche de tu año): visualiza, sueña, imagínate que estás donde deseas estar. Así construyes los cimientos psíquicos de tu futuro éxito profesional, y podríamos aducir que los cimientos de un edificio son tan importantes como el propio edificio.

Venus, el señor de tu horóscopo y tu planeta de la salud, inicia uno de sus infrecuentes movimientos retrógrados el 25. Por lo tanto, podrías creer que te falta dirección y confianza en ti mismo. Podrían ser deficientes la autoestima y la seguridad en ti mismo. Por eso te conviene hacer revisión para comprender por qué te sientes así y hacer las correcciones interiores.

La salud es más delicada este mes, sobre todo a partir del 23. Saturno y Júpiter están en aspectos desfavorables contigo y los planetas rápidos se les unen. Así pues, descansa y relájate más, y procura dormir todas las horas que necesitas. Repasa lo que hablamos sobre la salud en las previsiones para el año.

Agosto

Mejores días en general: 6, 7, 15, 16, 17, 25, 26
Días menos favorables en general: 1, 13, 14, 20, 21, 22, 27, 28
Mejores días para el amor: 5, 6, 7, 14, 15, 16, 20, 21, 22, 23, 24, 25, 26, 31
Mejores días para el dinero: 5, 8, 9, 15, 16, 25, 26, 27
Mejores días para la profesión: 1, 4, 5, 13, 14, 23, 24, 27, 28, 31

El mes pasado el poder planetario hizo un importante traslado, pasó del sector oriental e independiente de tu carta al sector occidental o social. Este mes, a partir del 9, se completa el traslado. El sector occidental va a dominar el resto del año. Esto significa que el poder planetario se aleja de ti, no avanza hacia ti. La atención ahora está en los demás, no en tus intereses y deseos personales. Tu bien te llega a través de los demás y no por tus méritos o actos personales. El Cosmos te impulsa a desarrollar tus dotes sociales, a conseguir tus fines por consenso y la colaboración de los demás. Como hemos dicho, no hay nada malo en el interés propio, pero ahora estás en otra fase de tu ciclo. Ahora te es más difícil hacer las cosas a tu manera y, dicha sea la verdad, tal vez tu manera no sea la mejor en este periodo. Es de esperar que hayas aprovechado tu poder para crearte circunstancias agradables. Ahora te toca vivir con tu creacion. Si es buena, disfrutarás de lo bueno; si cometiste errores, experimentarás lo desagradable. Cuando llegue tu siguiente ciclo de independencia, a comienzos del año que viene, podrás hacer los cambios apropiados.

El amor, como hemos dicho, no ha ido particularmente bien estos últimos meses. Pero esto está a punto de cambiar. El 11 Júpiter entra en tu quinta casa y comienza a formarle aspectos hermosos a Plutón, tu planeta del amor. Comienza a haber romance; pero Saturno continúa en tu séptima casa, así que todavía debes ir lento en el amor. Cuando Saturno salga de esta casa el próximo mes, la vida social comenzará a prosperar.

La entrada de Júpiter en tu quinta casa el 11 trae oportunidades de aventuras amorosas, no necesariamente de romance serio. Este vendrá más adelante. Pero comienza a derretirse el hielo de la vida amorosa.

La salud sigue necesitando atención hasta el 23. Repasa lo que hablamos el mes pasado. Después del 23 sentirás una inmensa mejoría. El próximo mes la salud estará mejor.

El 23 del mes pasado se hizo muy poderosa tu cuarta casa, la del hogar y la familia, y continuará poderosa hasta el 23 de este mes. Este es un mes para hacer progreso psíquico. Harás muchos adelantos y te llegarán percepciones importantes. Con este tránsito es muy natural sentir nostalgia, revivir el pasado, contemplar los recuerdos del pasado. Estos recuerdos surgirán espontáneamente, y si los miras desde la perspectiva actual de las cosas, habrá curación. Cosas que fueron traumáticas cuando éramos pequeños o muy jóvenes nos parecen insignificancias al mirarlas en el presente. Podemos sonreír al recordarlas. Y esto les hace perder el poder que tenían sobre nosotros, el que fuera.

Septiembre

Mejores días en general: 2, 3, 12, 13, 22, 23, 30
Días menos favorables en general: 9, 10, 17, 18, 24, 25
Mejores días para el amor: 1, 2, 3, 9, 10, 12, 13, 17, 18, 19, 20, 22, 23, 28, 29, 30
Mejores días para el dinero: 2, 4, 5, 6, 12, 14, 15, 24, 25, 30
Mejores días para la profesión: 1, 9, 10, 19, 20, 24, 25, 28, 29

Este mes el escenario está dispuesto para una mayor felicidad. Venus, el planeta señor de tu horóscopo, retoma el movimiento directo el 6, trayéndote más autoestima y seguridad en ti mismo. Saturno sale de tu séptima casa, la del amor, y Júpiter se acerca más a formar un trígono exacto con Plutón. El amor comienza a florecer. La salud y la energía mejoran mucho respecto a los meses pasados.

Incluso dos eclipses contribuyen a derribar las barreras hacia tu bien. Normalmente estas cosas no son agradables cuando ocurren, pero el resultado final es bueno. A veces el Cosmos tiene que emplear métodos drásticos para traernos el bien.

El eclipse solar del 13 ocurre en tu quinta casa; es fundamentalmente benigno contigo, pero no te hará ningún daño reducir tus actividades de todos modos. Este eclipse afecta a los hijos y figuras filiales y a los familiares; deberán mantenerse alejados de situaciones de riesgo o peligro en este periodo; evitar las actividades arriesgadas; evitar las actividades en que hay que estar absolutamente concentrado; programarlas para otro día. Si estás en el mundo de las artes creativas verás un cambio en tu creatividad. Las especulaciones no son favorables estos días. Un progenitor o figura parental se ve obligado a hacer cambios financieros drásticos.

El eclipse lunar del 28 (el 27 en las Américas) ocurre en tu casa doce, la de la espiritualidad. Habrá cambios en tu actitud y práctica espirituales; a veces la persona cambia de maestro o enseñanza. Hay dramas en la vida de tu gurú o mentor espiritual. Hay trastornos o reorganización en una organización benéfica a la que perteneces o en la que participas. También va a poner a prueba tu coche y el equipo de comunicación. Te conviene conducir con más precaución en este periodo. Afecta también a los hermanos y figuras fraternas de tu vida, que deberán reducir sus actividades; es posible que pasen por dramas de aquellos que cambian la vida.

A pesar de los eclipses, este es un mes placentero, y deberás aprovecharlo. El 23 del mes pasado entraste en una de tus cimas anuales de placer personal, que continúa hasta el 23 de este mes. Además, teniendo a Júpiter en tu quinta casa, el placer y la dicha personales deberían ser más intensos que en años anteriores. Hay suerte en las especulaciones en este periodo (el mes pasado también). Mercurio, tu planeta del dinero, inicia movimiento retrógrado el 17. Nuevamente es un periodo para hacer revisión de las finanzaws y ver en qué se pueden mejorar. Procura no hacer gestiones o compras importantes ni tomar decisiones financieras mientras no hayas logrado claridad mental, mientras no desaparezcan tus dudas.

Octubre

Mejores días en general: 1, 9, 10, 19, 20, 27, 28
Días menos favorables en general: 6, 7, 8, 14, 15, 21, 22
Mejores días para el amor: 1, 8, 9, 10, 14, 15, 19, 20, 27, 28
Mejores días para el dinero: 1, 2, 3, 9, 10, 11, 12, 13, 19, 20, 22, 23, 27, 28, 29, 30
Mejores días para la profesión: 6, 7, 16, 17, 21, 22, 25, 26

Si buscas trabajo tienes buenos aspectos desde que el Sol entró en tu sexta casa el 23 del mes pasado. Las oportunidades de trabajo llegan a través de familiares o conexiones familiares. Si eres empleador, los familiares o conexiones familiares te ofrecen buenos contactos.

Estás en un periodo más serio, un periodo orientado al trabajo. Estás de ánimo para el trabajo, lo disfrutas. Por lo tanto, este es un buen periodo para hacer esas tareas mundanas y aburridas, poner al día las cuentas, ordenar archivos o documentos en el ordenador, limpiarlo de basura.

Sigues divirtiéndote, pero el trabajo es igual de importante.

El principal titular este mes es la vida amorosa. Es más o menos una historia «de harapos a la riqueza»; pasas de la escasez de perspectivas románticas a la abundancia. Si estás entre aquellos cuyo matrimonio sobrevivió a las pruebas de los dos años anteriores, lo tienes mucho más fácil. Acabaron las pruebas y hay buena armonía con el ser amado. Si estás soltero o soltera es posible que no continúes así mucho tiempo. Este mes se hace exacto el aspecto de Júpiter a Plutón, tu planeta del amor. El 23 el Sol entra en tu séptima casa e inicias una cima amorosa y romántica anual, que continuará hasta bien entrado el mes que viene.

Del 24 al 27 Venus está en conjunción con Júpiter. Estos son unos días más activos sexualmente. Emanas más atractivo sexual que de costumbre. Este es un aspecto fabuloso para las finanzas y trae suerte en las especulaciones. Si buscas trabajo tienes maravillosas ofertas de trabajos soñados. El dinero puede proceder de reclamaciones de seguros o herencias. Es más fácil conseguir un préstamo y pagar deudas. El cónyuge, pareja o ser amado actual tiene un buen periodo financiero y es más generoso contigo.

Las finanzas mejoran de otros modos también. El 9 Mercurio retoma el movimiento directo y su presencia en tu sexta casa todo el mes indica que el dinero se gana a la manera tradicional, mediante trabajo. Tal vez haces trabajos extras y esto aumenta los ingresos.

El 23 la salud se vuelve más delicada, pero de ninguna manera tanto como en julio y agosto; será coser y cantar en comparación. De todos modos, no es uno de tus mejores periodos de salud, así que debes descansar y relajarte más. Fortalece la salud de las maneras explicadas en las previsiones para el año, y dando más atención al intestino delgado.

Noviembre

Mejores días en general: 5, 6, 15, 16, 24, 25
Días menos favorables en general: 3, 4, 10, 11, 17, 18, 30
Mejores días para el amor: 5, 6, 7, 10, 11, 15, 16, 17, 18, 24, 25, 26, 27
Mejores días para el dinero: 5, 6, 10, 11, 15, 16, 21, 24, 25, 26, 27, 30
Mejores días para la profesión: 3, 4, 13, 14, 17, 18, 21, 22, 30

Este mes se traslada el poder planetario, pasa de la mitad inferior de tu carta a la mitad superior. Para ti esto representa un cambio psíquico. Es el amanecer en tu ciclo anual, el momento de levantarte y comenzar las actividades relativas a tus objetivos externos. Es de esperar que ya hayas encontrado tu punto de armonía emocional. La vida doméstica debería estar en un orden razonable. Es el periodo para centrar la atención en la profesión y hacer realidad esos sueños y visiones. Afortunadamente, en tu caso, los familiares están de acuerdo. También están más ambiciosos en este periodo.

Hasta el 22 sigue siendo necesario estar atento a la salud, aunque la salud general es fundamentalmente buena. Puede que te sientas más fatigado, pero no estás enfermo. Si tienes algún problema de salud, hasta el 22 podrías sentirlo con más intensidad, pero no de modo grave. Te conviene descansar y relajarte más. Lo bueno es que tu sexta casa está fuerte este mes, por lo que estás atento a los asuntos de salud. Además de las maneras explicadas en las previsiones para el año, puedes fortalecer la salud con ejercicio físico vigoroso (según sea tu capacidad) y dando más atención a la cabeza, la cara y las glándulas suprarrenales. Este mes el masaje en la cabeza y la cara es más potente que de costumbre.

Este mes se acelera el ritmo de la vida y de los acontecimientos. El impulso planetario es arrolladoramente de avance. El 18 el 90 por ciento de los planetas estarán ya en movimiento directo. Solamente Urano, tu planeta de la profesión, continúa retrógrado; pero el próximo mes retomará el movimiento directo.

Las finanzas también se ven bien este mes. Tu planeta del dinero avanza raudo. Haces rápido progreso y cubres mucho terreno. Del 2 al 20 las conexiones sociales tienen un papel importantísimo en tus finanzas. Tal vez se inicie una sociedad de negocios o empresa conjunta. Te veo muy involucrado en las finanzas de tu cónyuge o ser amado actual; esta persona prospera en este periodo también. Este es un mes excelente para pagar deudas, para conseguir préstamos (si lo necesitas), para refinanciar hipotecas, hacer los trámites de asuntos de propiedades y seguros, y para ganar mediante financiamiento creativo.

Por naturaleza a Tauro le gusta coleccionar cosas; le gusta acumular posesiones. No hay nada malo en esto, pero a veces exageras. Después del 20 es un buen periodo para librarte de esas cosas que ya no usas ni necesitas. Limpia los armarios para que pueda entrar lo nuevo y mejor.

Hasta el 23 sigues en una cima amorosa y social anual.

Diciembre

Mejores días en general: 2, 3, 4, 12, 13, 21, 22, 30, 31
Días menos favorables en general: 1, 7, 8, 9, 14, 15, 16, 27, 28, 29
Mejores días para el amor: 2, 3, 7, 8, 9, 12, 13, 17, 18, 21, 22, 25, 26, 30, 31

Mejores días para el dinero: 1, 2, 3, 4, 12, 13, 21, 22, 23, 24, 30, 31

Mejores días para la profesión: 1, 10, 11, 14, 15, 16, 19, 20, 27, 28, 29

La salud y la energía mejoran muchísimo; el optimismo está elevado. Coges las rachas de suerte de la vida. Es un mes feliz y exitoso. El traslado del poder planetario a la mitad superior de tu carta se refuerza, ya que el 5 Venus cruza el horizonte. El 70 y a veces el 80 por ciento de los planetas están sobre el horizonte de tu carta. Tu planeta de la profesión, Urano, retoma el movimiento directo el 26. Llega la claridad mental respecto a la profesión. Harás mucho progreso en los próximos meses.

Aunque técnicamente ha acabado tu cima amorosa y social, siguen las buenas noticias en la faceta amor. Venus, el señor de tu horóscopo, pasa la mayor parte del mes (del 5 al 30) en tu séptima casa. Estás mucho por los demás en este periodo (y es como debe ser). Antepones a los demás. En general eres más popular. No te quedas sentado esperando que suene el teléfono, sino que actúas. Si te gusta una persona, esta se entera. Vas en pos de lo que deseas. A partir del 22 tu planeta del amor, Plutón, recibe muy buenos aspectos. Llega el romance, o si ya lo hay se desarrolla como debe.

Tu octava casa está poderosa desde el 22 del mes pasado. Esto indica prosperidad del cónyuge, pareja o ser amado actual. Esta persona está en una cima financiera anual y es más generosa contigo. Debe reorganizar sus finanzas y se ha sentido limitada, pero este es uno de sus mejores periodos financieros.

Hay cosas en nuestra vida que necesitan resucitar, tal vez un proyecto, una amistad, una parte del cuerpo. Este es el periodo para trabajar en estas cosas. La naturaleza resucita continuamente. La resurrección no nos es algo desconocido o ajeno. Muere un año viejo y nace uno nuevo. Muere un mes y nace el siguiente. Muere un día y nace uno nuevo. La muerte nunca es el final sino sólo un nacimiento muy disfrazado.

Es posible que estés trabajando en un proyecto de transformación y reinvención personal. Estos proyectos irán bien.

Del 5 al 12 Marte forma aspectos dinámicos con Plutón y Urano. Esto afecta más a tu cónyuge o pareja que a ti. Que esta persona se tome las cosas con calma esos días, que conduzca con más precaución, y que evite los enfrentamientos y las actividades difíciles o estresantes.

Géminis

II

Los gemelos
Nacidos entre el 21 de mayo y el 20 de junio

Rasgos generales

GÉMINIS DE UN VISTAZO

Elemento: Aire

Planeta regente: Mercurio
  Planeta de la profesión: Neptuno
  Planeta de la salud: Plutón
  Planeta del amor: Júpiter
  Planeta del dinero: la Luna

Colores: Azul, amarillo, amarillo anaranjado
  Colores que favorecen el amor, el romance y la armonía social:
  Azul celeste
  Colores que favorecen la capacidad de ganar dinero: Gris, plateado

Piedras: Ágata, aguamarina

Metal: Mercurio

Aromas: Lavanda, lila, lirio de los valles, benjuí

Modo: Mutable (= flexibilidad)

Cualidad más necesaria para el equilibrio: Pensamiento profundo
  en lugar de superficial

Virtudes más fuertes: Gran capacidad de comunicación, rapidez y agilidad de pensamiento, capacidad de aprender rápidamente

Necesidad más profunda: Comunicación

Lo que hay que evitar: Murmuración, herir con palabras mordaces, superficialidad, usar las palabras para confundir o malinformar

Signos globalmente más compatibles: Libra, Acuario

Signos globalmente más incompatibles: Virgo, Sagitario, Piscis

Signo que ofrece más apoyo laboral: Piscis

Signo que ofrece más apoyo emocional: Virgo

Signo que ofrece más apoyo económico: Cáncer

Mejor signo para el matrimonio y/o las asociaciones: Sagitario

Signo que más apoya en proyectos creativos: Libra

Mejor signo para pasárselo bien: Libra

Signos que más apoyan espiritualmente: Tauro, Acuario

Mejor día de la semana: Miércoles

La personalidad Géminis

Géminis es para la sociedad lo que el sistema nervioso es para el cuerpo. El sistema nervioso no introduce ninguna información nueva, pero es un transmisor vital de impulsos desde los sentidos al cerebro y viceversa. No juzga ni pesa esos impulsos; esta función se la deja al cerebro o a los instintos. El sistema nervioso sólo lleva información, y lo hace a la perfección.

Esta analogía nos proporciona una indicación del papel de los Géminis en la sociedad. Son los comunicadores y transmisores de información. Que la información sea verdadera o falsa les tiene sin cuidado; se limitan a transmitir lo que ven, oyen o leen. Enseñan lo que dice el libro de texto o lo que los directores les dicen que digan. Así pues, son tan capaces de propagar los rumores más infames como de transmitir verdad y luz. A veces no tienen muchos escrúpulos a la hora de comunicar algo, y pueden hacer un gran bien o muchísimo daño con su poder. Por eso este signo es el de los Gemelos. Tiene una naturaleza doble.

Su don para transmitir un mensaje, para comunicarse con tanta facilidad, hace que los Géminis sean ideales para la enseñanza, la literatura, los medios de comunicación y el comercio. A esto contribuye el hecho de que Mercurio, su planeta regente, también rige estas actividades.

Los Géminis tienen el don de la palabra, y ¡menudo don es ése! Pueden hablar de cualquier cosa, en cualquier parte y en cualquier momento. No hay nada que les resulte más agradable que una buena conversación, sobre todo si además pueden aprender algo nuevo. Les encanta aprender y enseñar. Privar a un Géminis de conversación, o de libros y revistas, es un castigo cruel e insólito para él.

Los nativos de Géminis son casi siempre excelentes alumnos y se les da bien la erudición. Generalmente tienen la mente llena de todo tipo de información: trivialidades, anécdotas, historias, noticias, rarezas, hechos y estadísticas. Así pues, pueden conseguir cualquier puesto intelectual que les interese tener. Son asombrosos para el debate y, si se meten en política, son buenos oradores.

Los Géminis tienen tal facilidad de palabra y de convicción que aunque no sepan de qué están hablando, pueden hacer creer a su interlocutor que sí lo saben. Siempre deslumbran con su brillantez.

Situación económica

A los Géminis suele interesarles más la riqueza del aprendizaje y de las ideas que la riqueza material. Como ya he dicho, destacan en profesiones como la literatura, la enseñanza, el comercio y el periodismo, y no todas esas profesiones están muy bien pagadas. Sacrificar las necesidades intelectuales por el dinero es algo impensable para los Géminis. Se esfuerzan por combinar las dos cosas.

En su segunda casa solar, la del dinero, tienen a Cáncer en la cúspide, lo cual indica que pueden obtener ingresos extras, de un modo armonioso y natural, invirtiendo en propiedades inmobiliarias, restaurantes y hoteles. Dadas sus aptitudes verbales, les encanta regatear y negociar en cualquier situación, pero especialmente cuando se trata de dinero.

La Luna rige la segunda casa solar de los Géminis. Es el astro que avanza más rápido en el zodiaco; pasa por todos los signos y casas cada 28 días. Ningún otro cuerpo celeste iguala la velocidad de la Luna ni su capacidad de cambiar rápidamente. Un análisis de la Luna, y de los fenómenos lunares en general, describe muy bien las actitudes geminianas respecto al dinero. Los Géminis son versátiles y flexibles en los asuntos económicos. Pueden ganar dinero de muchas maneras. Sus actitudes y necesidades en este sentido parecen variar diariamente. Sus estados de ánimo respecto al dinero son cambiantes. A veces les entusiasma muchísimo, otras apenas les importa.

Para los Géminis, los objetivos financieros y el dinero suelen ser solamente medios para mantener a su familia y tienen muy poco sentido en otros aspectos.

La Luna, que es el planeta del dinero en la carta solar de los Géminis, tiene otro mensaje económico para los nativos de este signo: para poder realizar plenamente sus capacidades en este ámbito, han de desarrollar más su comprensión del aspecto emocional de la vida. Es necesario que combinen su asombrosa capacidad lógica con una comprensión de la psicología humana. Los sentimientos tienen su propia lógica; los Géminis necesitan aprenderla y aplicarla a sus asuntos económicos.

Profesión e imagen pública

Los Géminis saben que se les ha concedido el don de la comunicación por un motivo, y que este es un poder que puede producir mucho bien o un daño increíble. Ansían poner este poder al servicio de las verdades más elevadas y trascendentales. Este es su primer objetivo: comunicar las verdades eternas y demostrarlas lógicamente. Admiran a las personas que son capaces de trascender el intelecto, a los poetas, pintores, artistas, músicos y místicos. Es posible que sientan una especie de reverencia sublime ante las historias de santos y mártires religiosos. Uno de los logros más elevados para los Géminis es enseñar la verdad, ya sea científica, histórica o espiritual. Aquellas personas que consiguen trascender el intelecto son los superiores naturales de los Géminis, y estos lo saben.

En su casa diez solar, la de la profesión, los Géminis tienen el signo de Piscis. Neptuno, el planeta de la espiritualidad y el altruismo, es su planeta de la profesión. Si desean hacer realidad su más elevado potencial profesional, los Géminis han de desarrollar su lado trascendental, espiritual y altruista. Es necesario que comprendan la perspectiva cósmica más amplia, el vasto fluir de

la evolución humana, de dónde venimos y hacia dónde vamos.
Sólo entonces sus poderes intelectuales ocuparán su verdadera
posición y Géminis podrá convertirse en el «mensajero de los dio-
ses». Es necesario que cultive la facilidad para la «inspiración»,
que no se origina «en» el intelecto, sino que se manifiesta «a través» de él. Esto enriquecerá y dará más poder a su mente.

Amor y relaciones

Los Géminis también introducen su don de la palabra y su locua-
cidad en el amor y la vida social. Una buena conversación o una
contienda verbal es un interesante preludio para el romance. Su
único problema en el amor es que su intelecto es demasiado frío y
desapasionado para inspirar pasión en otra persona. A veces las
emociones los perturban, y su pareja suele quejarse de eso. Si estás enamorado o enamorada de una persona Géminis, debes
comprender a qué se debe esto. Los nativos de este signo evitan
las pasiones intensas porque estas obstaculizan su capacidad de
pensar y comunicarse. Si adviertes frialdad en su actitud, comprende que esa es su naturaleza.

Sin embargo, los Géminis deben comprender también que una
cosa es hablar del amor y otra amar realmente, sentir el amor e
irradiarlo. Hablar elocuentemente del amor no conduce a ninguna parte. Es necesario que lo sientan y actúen en consecuencia. El
amor no es algo del intelecto, sino del corazón. Si quieres saber
qué siente sobre el amor una persona Géminis, en lugar de escuchar lo que dice, observa lo que hace. Los Géminis son muy generosos con aquellos a quienes aman.

A los Géminis les gusta que su pareja sea refinada y educada,
y que haya visto mucho mundo. Si es más rica que ellos, tanto
mejor. Si estás enamorado o enamorada de una persona Géminis,
será mejor que además sepas escuchar.

La relación ideal para los Géminis es una relación mental. Evidentemente disfrutan de los aspectos físicos y emocionales, pero
si no hay comunión intelectual, sufrirán.

Hogar y vida familiar

En su casa, los nativos de Géminis pueden ser excepcionalmente
ordenados y meticulosos. Tienden a desear que sus hijos y su pareja vivan de acuerdo a sus normas y criterios idealistas, y si estos

no se cumplen, se quejan y critican. No obstante, se convive bien con ellos y les gusta servir a su familia de maneras prácticas y útiles. El hogar de los Géminis es acogedor y agradable. Les gusta invitar a él a la gente y son excelentes anfitriones. También son buenos haciendo reparaciones y mejoras en su casa, estimulados por su necesidad de mantenerse activos y ocupados en algo que les agrada hacer. Tienen muchas aficiones e intereses que los mantienen ocupados cuando están solos. La persona Géminis comprende a sus hijos y se lleva bien con ellos, sobre todo porque ella misma se mantiene joven. Dado que es una excelente comunicadora, sabe la manera de explicar las cosas a los niños y de ese modo se gana su amor y su respeto. Los Géminis también alientan a sus hijos a ser creativos y conversadores, tal como son ellos.

Horóscopo para el año 2015*

Principales tendencias

Acabas de salir de un fuerte ciclo de prosperidad. De 2012 a 2014 han sido años felices y prósperos. En este periodo el dinero es menos importante. Es posible que ya hayas conseguido más o menos tus objetivos financieros y ahora estás en el periodo en que te dedicas a tu primer amor: la lectura, el estudio, la comunicación, la expansión de tu base de conocimientos. Júpiter entró en tu tercera casa en julio de 2014 y continuará en ella hasta el 11 de agosto de este año. Si tienes mucho conocimiento y experiencia deberías comenzar a difundir esos conocimientos mediante la palabra escrita o hablada. Volveremos sobre este tema.

La vida amorosa ha sido buena estos años pasados. Las oportunides amorosas y sociales te buscaban. Tal vez te has casado o iniciado una relación seria. Ahora se pone a prueba tu relación.

* Las previsiones de este libro se basan en el Horóscopo Solar y todos los signos que derivan de él; tu Signo Solar se convierte en el Ascendente, y las casas se numeran a partir de él. Tu horóscopo personal, el trazado concretamente para ti (según la fecha, hora y lugar exactos de tu nacimiento) podrían modificar lo que decimos aquí. Joseph Polansky

Ha acabado el periodo de luna de miel. El Cosmos te demostrará si el amor es verdadero o no. Hablaremos más de esto.

El 11 de agosto Júpiter entra en tu cuarta casa, la del hogar y la familia, y continuará en ella hasta bien entrado el próximo año. Esto suele indicar mudanza, renovación de la casa o compra de una segunda casa. La del hogar y la familia será una faceta feliz este año. Volveremos sobre esto.

Neptuno lleva unos años en tu décima casa, la de la profesión, y estará en ella muchos años más. Así pues, eres idealista respecto a la profesión. Deseas una profesión que tenga sentido, que beneficie a todo el planeta y a toda la humanidad. Se te enseñará la manera de hacer esto. Más adelante continuaremos con este tema.

Las amistades han sido inestables desde hace unos años y esta tendencia continúa este año. En esencia, vas a aprender a manejar la inestabilidad social.

Las facetas más importantes de interés este año son: la comunicación y las actividades intelectuales (sobre todo hasta el 11 de agosto); el hogar y la familia (a partir del 11 de agosto); la salud y el trabajo (del 15 de junio al 18 de septiembre); el amor, el romance y las actividades sociales (del 1 de enero al 15 de junio y del 18 de septiembre hasta fin de año); la sexualidad, la transformación y reinvención personales, los estudios ocultos, las deudas y el pago de deudas; la profesión; las amistades, los grupos y las actividades de grupo.

Tienes muchísimos intereses este año; procura no abarcar demasiado.

Las facetas para la mayor satisfacción este año son: la comunicación y los intereses intelectuales (hasta el 11 de agosto); el hogar y la familia (a partir del 11 de agosto); los hijos, la diversión y la creatividad personal (hasta el 13 de noviembre).

Salud

(Ten en cuenta que esta es una perspectiva astrológica de la salud, no una médica. Antaño no había ninguna diferencia, ambas eran idénticas, pero en esta época podrían diferir muchísimo. Para una perspectiva médica, por favor, consulta a tu médico o a otro profesional de la salud.)

La salud ha estado esencialmente buena estos últimos años. Sin duda habrá habido periodos en que ha sido menos buena que de costumbre. Esto se debe a los tránsitos de los planetas rápidos; son problemas temporales, no una tendencia.

Este año la salud debería ser buena también, aunque más delicada que en años anteriores. En diciembre del año pasado Saturno entró en Sagitario, en aspecto desfavorable para ti. Neptuno lleva unos años en aspecto desfavorable. Y el 11 de agosto Júpiter te forma aspectos difíciles. Tendrás que estar más atento a la salud este año, y en especial a partir del 18 de septiembre. Lo más importante es estar atento al grado de energía. Haz todo lo posible por mantenerla elevada. Si estás cansado, descansa. En general, trata de dormir más. Procura organizar tus actividades para hacer más con menos esfuerzo. Delega tareas siempre que sea posible.

También te conviene prestar más atención a las siguientes zonas, que son las más vulnerables este año:

Los pulmones, los brazos, los hombros y el sistema respiratorio. Estos son siempre importantes para Géminis. Sesiones de reflexología irían muy bien. Deberás dar masajes periódicos a los brazos y hombros. No dejes que se acumule un exceso de tensión en los hombros. El aire puro siempre es importante para ti, y podría convenirte invertir en un purificador del aire.

El colon, la vejiga y los órganos sexuales. Te convendrían sesiones de reflexología para trabajar los puntos reflexos de estos órganos. También podrían ser convenientes lavativas periódicas; el colon debe mantenerse limpio. También son importantes la moderación sexual y el sexo seguro.

La columna, las rodillas, la dentadura, los huesos, la piel y la alineación esquelética general. La reflexología también es buena para esto. Irán bien masajes periódicos en la espalda y las rodillas. Serán beneficiosas las visitas periódicas a un quinesiólogo u osteópata. Es necesaria una buena alineación de las vértebras; el yoga, la gimnasia Pilates, la Técnica Alexander y Feldenkreis son excelentes terapias para la columna y la postura. Protege las rodillas cuando hagas ejercicio. Para estar al aire libre, al sol, usa un buen filtro solar. También podrían convenirte visitas periódicas al dentista.

Tu planeta de la salud es Plutón, el planeta que rige las operaciones quirúrgicas. Así pues, tienes una tendencia natural hacia la cirugía, tiendes a considerarla una solución rápida. Los dos últimos años Saturno transitó por tu sexta casa, la de la salud, y este año volverá a pasar en ella unos meses, y esto reforzaría esta tendencia. Ten presente, no obstante, que esto también indica que los regímenes de desintoxicación son buenos para ti. Mirando tu carta en general, veo falta de aire en ella. Hay periodos en el año en que hay más aire de lo habitual (del 20 de enero al 18 de febrero, del 21 de mayo al 20 de junio y del 23 de septiembre al 23 de octubre), pero en el plano general este elemento es débil. Procura inspirar bastante aire. Pon atención a tu respiración; trata de hacer respiraciones profundas todo lo posible. Te beneficiará hacer ejercicios frecuentes de respiración.

Hogar y vida familiar

Tu cuarta casa, la del hogar y la familia, estará poderosa, de un modo feliz, a partir del 11 de agosto. El próximo año estará poderosa también.

Si tienes planes de mudarte (lo que es muy posible), este es el año para hacerlo (el próximo también). Si has estado pensando en comprar una segunda o tercera casa, o ese apartamento, este año es muy buen periodo.

Júpiter en la cuarta casa no siempre trae una verdadera mudanza. A veces la persona renueva o agranda la casa que tiene. O instala artículos caros en su casa. El efecto es «como si» se hubiera mudado. La casa actual es más grande y más feliz que antes.

Este tránsito expande la unidad familiar. Por lo general, esto ocurre por nacimiento o matrimonio. Pero he visto que esto ocurre al conocer a personas que son como familiares, personas que hacen ese papel en tu vida.

El apoyo familiar será bueno este año. Un progenitor o figura parental prospera y es más generoso. Aumenta el valor neto de la familia en su conjunto.

Como hemos dicho, si eres mujer y estás en edad de concebir, estarás más fértil a partir del 11 de agosto.

La cuarta casa rige otras cosas además del hogar y la familia. Rige el subconsciente, nuestros estados anímicos habituales, nuestros sentimientos y reacciones emocionales, los temas que estudian los psicólogos. Por lo tanto, este es un año para hacer importante progreso psíquico, para entender los orígenes o esas cosas. Cuando se han comprendido, se pueden cambiar de forma que sean más positivos.

Júpiter es tu planeta del amor. Su tránsito por tu cuarta casa nos da otros mensajes. Este año habrá muchas más reuniones o fiestas en casa y más relación social con familiares. También indica que embelleces la casa, compras objetos de arte y redecoras. Tal vez no sea necesario comprar objetos de arte, podrían llegarte como regalos. Pero cuando acabe el año, tu casa estará más hermosa. Todo esto se ve feliz.

Los trabajos de redecoración irán bien a partir del 11 de agosto, pero en especial desde el 8 de octubre al 8 de noviembre.

Las obras de construcción o las reparaciones importantes irán bien desde el 25 de septiembre al 8 de noviembre.

Un progenitor o figura parental prospera, como hemos dicho, pero también parece que viaja más este año. Esta persona deberá controlar su peso, en especial a partir del 11 de agosto. Este año no es recomendable una mudanza para esta persona.

Los hermanos y figuras fraternas también prosperan. Se ve boda en la carta (esto también podría haber ocurrido el año pasado). Una mudanza este año no es aconsejable para ellos.

Los hijos y figuras filiales tienen un año de tipo espiritual, un año de crecimiento interior. Se ven obras de renovación en la casa o habitación de un hijo o hija.

Profesión y situación económica

Como hemos dicho, acabas de salir de un ciclo de prosperidad de dos años. Deberías haber conseguido tus objetivos financieros, y si no del todo, habrás hecho mucho progreso en su consecución. El dinero no es un asunto importante este año; la casa del dinero está prácticamente vacía, sólo transitan por ella los planetas rápidos, y por cortos periodos.

De todos modos, a pesar de estar vacía la casa del dinero, sigo viendo prosperidad. Hasta el 11 de agosto Júpiter está en tu tercera casa, la de la comunicación. Muchas personas Géminis (un porcentaje desproporcionado) trabajáis en el campo de la comunicación, periodismo, enseñanza, escritura, ventas, mercadotecnia, relaciones públicas, y este es un año fabuloso para estas actividades. Hay éxito y buena suerte en esto.

En la carta también se ve un coche nuevo y un nuevo equipo de comunicación de la mejor calidad. Esto podría haber ocurrido el año pasado, pero si no, ocurrirá este año.

La entrada de Júpiter en tu cuarta casa el 11 de agosto indica buen apoyo familiar, como hemos dicho, pero también buena suerte en la compra o venta de una casa.

Uno de los problemas de tener vacía la casa del dinero es la falta de atención. A veces esto es buena señal: no le prestas mucha atención porque no tienes necesidad; las finanzas van bien y no hay motivos para hacer cambios drásticos ni poner mucha atención. Pero si te ves en dificultades financieras, esto podría ser la causa: no les has dedicado suficiente atención. En ese caso tendrás que obligarte a prestar más atención, aun cuando no te apetezca.

Los dos últimos años no sólo han sido buenos en las finanzas, sino también en la profesión. Es muy posible que hayas tenido un ascenso, recibido honores y reconocimiento. Se han valorado tus logros profesionales. Este año no vemos nada especial en relación a la profesión; ningún desastre tampoco.

Desde que Neptuno entró en tu décima casa en 2012 has sido idealista en los asuntos profesionales. Esta es una tendencia a largo plazo, y continuará muchos años. Si estás en una profesión mundana, puedes mejorarla participando en obras benéficas y causas altruistas, causas que apruebas. Estas cosas son buenas en sí mismas, pero en tu caso te facilitarán hacer conexiones que mejorarán tu profesión y tu prestigio público.

En realidad, es muy posible que seas más conocido por tus consecuciones benéficas y espirituales que por tus logros profesionales.

El otro mensaje que obtenemos de esta posición es la importancia de la intuición en las decisiones profesionales. La intuición está excelente y es necesario que te fíes de ella. La intuición puede llevar a gestiones que a corto plazo parecen «estrafalarias» e ilógicas, pero miradas en retrospectiva se ven muy lógicas y racionales. En realidad no hay ningún conflicto entre la lógica y la intuición. La intuición simplemente ve información que no ve la mente tridimensional.

Nuestros lectores sin duda saben que tu planeta del dinero es la Luna, el más rápido de todos los planetas. Cada mes la Luna transita por todos los signos y casas del horóscopo. Por lo tanto, el dinero te puede llegar de diversas maneras y a través de diversas personas. Todo depende de dónde está la Luna un determinado día y de los aspectos que recibe. Esto indica las tendencias a corto plazo en las finanzas, y es mejor tratarlas en las previsiones mes a mes.

Amor y vida social

La vida social ha sido activa y feliz estos últimos años. Has hecho muchas nuevas amistades y tal vez entrado en una relación amorosa seria. Ahora llega el periodo para consolidar, para separar el trigo de la paja, la fruta de su piel. Este año Saturno está principalmente en tu séptima casa; estará ausente de ella alrededor de tres meses, del 15 de junio al 18 de septiembre. Y entonces continuará dos años más en tu séptima casa.

Así pues, se ponen a prueba las relaciones y las amistades. Normalmente estas pruebas no son agradables, pero sirven a una buena finalidad. Las buenas relaciones sobreviven e incluso mejoran. Las relaciones así-así lo más probable es que se disuelvan. Y es bueno que se disuelvan; el Cosmos desea lo mejor para ti, cualquier cosa inferior la elimina.

En los buenos tiempos, cuando brilla el sol y cantan los pajarillos, y todo es como de luna de miel, no sabemos de cierto si el amor es verdadero. En esas condiciones la armonía social es natural. Sólo en los tiempos difíciles podemos enterarnos de la profundidad del amor (o su falta).

Esto es lo que ocurre en este periodo.

Si estás soltero o soltera, no se ven probabilidades de boda, ni tampoco es aconsejable. En general hay menos citas, menos fiestas, menos salidas. Este es un año (y los dos siguientes) en que debes centrar la atención en la calidad, y no en la cantidad. Son preferibles menos amistades pero buenas que un montón de amistades tibias. Son preferibles menos citas, pero de calidad, que un montón de mediocres.

Saturno en tu séptima casa podría hacerte parecer una persona fría y distante. No eres así, pero los demás te podrían percibir de esa manera; es la reacción a la energía saturnina que pasa por ti. Por lo tanto, te conviene proyectar simpatía y afecto hacia los demás. Esto te exigirá un esfuerzo consciente.

Este año tu planeta del amor, Júpiter, transita por dos signos y casas del horóscopo. Hasta el 11 de agosto estará en tu tercera casa. Esto indica que la compatibilidad mental es importante en el amor; el amor se demuestra mediante la comunicación. Necesitas una persona con la que puedas hablar e intercambiar ideas, una persona que esté en la misma onda intelectual. La facilidad de comunicación es un importante excitante en el amor. Esto indica también que las oportunidades románticas se presentan en el barrio (y tal vez con personas vecinas); no hace falta viajar lejos en busca del amor. Estas oportunidades también se presentan en ambientes intelectuales, en el centro de estudios, en la biblioteca o en una charla. Encuentras el amor cuando estás dedicado a tus intereses intelectuales.

El 11 de agosto tu planeta del amor entra en tu cuarta casa, la del hogar y la familia. Esto señala un cambio en la actitud y las necesidades en el amor. Ahora ansías apoyo emocional; deseas intimidad emocional tanto como intimidad física o intelectual. Te atraen las personas con las que se pueden expresar mutuamente los sentimientos. Las oportunidades románticas siguen cerca de casa y se pueden presentar a través de conexiones familiares o con la intervención de familiares. Te gustan las personas con fuertes valores familiares.

Con este tipo de tránsito muchas veces aparece en el cuadro un viejo amor del pasado. A veces esto ocurre de verdad, en la realidad: esa persona vuelve a entrar en tu vida. Otras veces es algo «alegórico»: conoces a una persona cuyos rasgos de personalidad o físicos son iguales o muy similares a la de aquel viejo amor; en el plano emocional es «como si» estuvieras con ese viejo amor. La finalidad de estas cosas es resolver viejos asuntos para que puedas progresar más en tu vida amorosa.

Progreso personal

El tránsito de Saturno por tu séptima casa la mayor parte del año indica, como hemos dicho, que te hace falta proyectar simpatía y afecto hacia los demás. Esto podría significar mucho trabajo en ciertas ocasiones. Tienes que proyectar simpatía y afecto aun cuando psíquicamente no lo sientas. Una buena meditación para esto es «Amor Divino circula por mí en este momento». Este ruego te quita el problema de las manos. Sientas lo que sientas personalmente, el Amor de un Poder Superior circula por ti. Si practicas esto mejorará espectacularmente tu vida amorosa.

Saturno en la séptima casa tiende a producir decepciones con el ser amado y con las amistades. Con este tipo de tránsito es importante dominar el arte del perdón. El verdadero perdón no equivale a aprobar o negar el mal o daño que se hizo. El acto estuvo mal y eso lo reconocemos, pero perdonamos a la persona. Comprendemos que esta persona que nos ha herido tenía sus asuntos y problemas, y que si hubiéramos estado en su lugar podríamos haber actuado igual. No permitas que el rencor se encone en la conciencia. De hecho, la meditación anterior irá bien en este tipo de situaciones: «Hiciste lo que hiciste, pero ahora por mi conciencia circula el Amor Divino».

Desde que Neptuno entró en tu décima casa en 2012 has experimentado la influencia de una energía espiritual muy intensa. Esto podría resultarle difícil de llevar al Géminis lógico y racional. La energía espiritual tiene su propia lógica y sus propias leyes, que suelen contradecir la tan cacareada lógica Géminis. Neptuno continúa muy cerca del Medio cielo de tu horóscopo, y esto indica que tu vida espiritual es tal vez lo más importante en este periodo. Si no estás en un camino, este es el periodo para encontrar uno. Si ya estás en un camino, este es el periodo para profundizar más.

Es posible que muchas personas Géminis opten por una profesión espiritual, por ejemplo sacerdocio o trabajo pastoral, asesoría, enseñanza o escritura espirituales. También serían atractivas las bellas artes, que exigen inspiración de arriba. Asimismo, sería atractiva la versión negocio o empresa de estas vocaciones.

Plutón lleva varios años en tu octava casa, por lo tanto te enfrentas a la muerte o a asuntos relacionados con la muerte. Es posible que hayas tenido encuentros con ella últimamente. Tal vez han muerto personas que conocías o personas cercanas a ti han tenido experiencias de casi muerte o muerte temporal. Nada de esto es un castigo, es simple información. Enfrentas estas cosas para tener una mayor comprensión de la muerte. El miedo a la muerte, el miedo primordial de la psique, es lo que impide a las personas realizar sus sueños y alcanzar todo su potencial. Una vez que hayas comprendido y superado eso, y esto va a ocurrir en este periodo, comenzarás a volar, a elevarte.

En general no soy partidario de la regresión al pasado o a vidas anteriores. Pero este año, sobre todo después del 11 de agosto, podría convenirte. Estás en un periodo en que necesitas hacer las paces con tu pasado, asimilar su sabiduría y avanzar a partir de ahí.

Previsiones mes a mes

Enero

Mejores días en general: 2, 3, 11, 12, 13, 20, 21, 29, 30
Días menos favorables en general: 9, 10, 16, 17, 22, 23
Mejores días para el amor: 1, 7, 8, 12, 13, 16, 17, 21, 22, 24, 25, 31
Mejores días para el dinero: 1, 4, 5, 7, 8, 16, 17, 20, 21, 29, 30, 31
Mejores días para la profesión: 4, 14, 22, 23, 31

Comienzas el año con un abrumador porcentaje de poder en la mitad superior de tu horóscopo. Hasta el 17 el 80 por ciento de los planetas están sobre el horizonte de tu carta. Del 17 al 28 el porcentaje sube a 90. Tu décima casa está fuerte, el 40 por ciento de los planetas están instalados en ella o transitan por ella. En cambio, tu cuarta casa, la del hogar y la familia, está vacía; sólo la Luna le hace una breve visita del 9 al 10. Tenemos, pues, un mensaje muy claro. Centra la atención en la profesión y en tus objetivos externos. No hay riesgo en poner en segundo plano los asuntos domésticos y familiares. Sirves mejor a tu familia consiguiendo tus objetivos profesionales. Los familiares te apoyan en esto.

Este mes el poder planetario está principalmente en el sector occidental o social de tu carta, como lo ha estado los últimos cinco meses más o menos. El mes que viene esto cambiará, pero por ahora sigues con la atención en los demás y restando importancia a tus intereses personales. Para conseguir tus fines sigues necesitando consenso, que no tu voluntad. Te conviene tomar nota de las condiciones de tu vida que te desagradan. Aunque aún no es el momento para hacer cambios, por lo menos puedes hacer los planes. Hacer los cambios será más fácil en los próximos meses. No hay nada malo en el interés propio (mientras no sea destructivo), pero aún no estás en ese ciclo. Centra la atención en las necesidades de los demás.

La relación amorosa pasará por pruebas todo el año, pero este mes se ve particularmente difícil. Mucho de lo que ocurre no es culpa tuya; el ser amado está muy estresado y esto te afecta a ti. Esta persona debería descansar y relajarse más este mes.

El poder adquisitivo será más fuerte del 1 al 5 y del 20 en adelante, cuando la Luna está en fase creciente. Los días 9, 10, 18, 19, 24 y 25 son difíciles para las finanzas; podría presentarse un gasto extra o inesperado, pero lo resuelves. Tal vez te ves obligado a hacer cambios financieros drásticos en estos días, pero los cambios serán buenos.

La salud y la energía son fundamentalmente buenas este mes, sobre todo después del 20. Puedes fortalecer aún más la salud de las maneras explicadas en las previsiones para el año.

Hasta el 20 está muy poderosa tu octava casa. Esto favorece la desintoxicación física, emocional, mental y financiera. Te irá bien librarte de la materia de desecho del cuerpo y de las posesiones que ya no usas ni necesitas. Limpia y haz espacio para lo nuevo y mejor que quiere entrar.

Febrero

Mejores días en general: 8, 9, 17, 18, 25, 26
Días menos favorables en general: 5, 6, 7, 13, 14, 19, 20
Mejores días para el amor: 1, 2, 3, 4, 10, 11, 13, 14, 20, 21, 22
Mejores días para el dinero: 1, 3, 4, 13, 14, 17, 18, 27, 28
Mejores días para la profesión: 1, 10, 19, 20

El 18 el poder planetario hace un importante traslado, sale del sector occidental, donde ha estado unos seis meses, y entra en el sector oriental o independiente. Ha llegado a su fin el periodo en que era necesario «complacer a los demás». Ahora empezará a aumentar tu poder personal y podrás tener las cosas a tu manera. Este cambio se hará más fuerte aún el próximo mes. Estás en un periodo de independencia. Comienza a hacer los cambios en las condiciones que no te agradan; te resultará más fácil hacerlos. Los demás estarán de acuerdo. Es maravilloso pensar en los demás y anteponer sus intereses a los nuestros, pero también es maravilloso pensar en nuestros intereses, y esta es la fase en la que entras este mes.

El 18 ocurren otras cosas también. El Sol cruza tu Medio cielo y entra en tu décima casa, la de la profesión. Entonces inicias una cima profesional anual. Verás mucho progreso en tu profesión, porque obtenemos aquello en que ponemos la atención. Claro que hay retos profesionales. Hay que superar obstáculos, pero tienes toda la energía que necesitas para esto. Puedes disminuir la atención al hogar y centrarla en la profesión.

Un progenitor o figura parental podría pasar por una intervención quirúrgica este mes. A partir del 18 debes estar más atento a tu salud y energía. Repasa lo que dijimos sobre esto en las previsiones para el año. Es bueno tener ambiciones, pero trabaja por ellas poco a poco. Procura descansar lo suficiente. El poder adquisitivo es más fuerte del 1 al 3 y del 18 al 28. Las finanzas son menos fáciles los días 8, 9, 15, 16, 21 y 22. Puedes programarte de acuerdo con esto. Dificultad financiera no significa necesariamente carencia ni fracaso, sólo significa que es necesario trabajar más para conseguir los objetivos. Si pones el trabajo, habrá ingresos.

El amor mejora en relación al mes pasado, pero aún no es lo que debería ser. Tendrás que esforzarte más en proyectar simpatía y afecto hacia los demás. Júpiter, tu planeta del amor está retrógrado desde diciembre del año pasado, así que la vida amorosa está en revisión. Si estás soltero o soltera, imagínate a la persona con la que te gustaría relacionarte, las cualidades que te agradarían, las actividades que haríais juntos; ve qué se puede hacer para mejorar la actual vida amorosa. Lo mismo vale si estás casado o casada. ¿Qué se puede hacer para mejorar las cosas? No hace falta tomar ninguna decisión importante todavía, sólo hacer revisión.

Marzo

Mejores días en general: 7, 8, 16, 17, 24, 25, 26
Días menos favorables en general: 4, 5, 6, 12, 13, 18, 19
Mejores días para el amor: 2, 3, 12, 13, 20, 21, 22, 23
Mejores días para el dinero: 1, 2, 3, 10, 11, 12, 13, 18, 19, 20, 21, 27, 28, 29, 30
Mejores días para la profesión: 1, 9, 10, 18, 19, 27

Sigue siendo necesario estar atento a la salud y la energía, sobre todo hasta el 20. Repasa lo que dijimos sobre esto el mes pasado y en las previsiones para el año. Del 9 al 12 la salud estará especialmente delicada ya que Marte le forma aspectos desfavorables a Plutón, tu planeta de la salud. Esto podría indicar intervención quirúrgica, ya sea que pases por ella o simplemente te la recomienden. Este es un aspecto muy dinámico; controla el genio esos días, y evita los enfrentamientos y las actividades arriesgadas. La salud y la energía mejoran después del 20, una gran mejoría.

Sigues en tu cima profesional anual y, como el mes pasado, domina el hemisferio superior de tu carta. Continúa con la atención centrada en la profesión, pero procura descansar también. El 20 hay un eclipse solar que te afectará, aunque más si naciste en la última parte de tu signo, del 19 al 21 de junio. Si naciste uno de estos días, reduce tus actividades y tómate las cosas con calma durante el periodo del eclipse. Pasa más tiempo tranquilo en casa, lee un libro, mira una película, invita a amistades a orar y a meditar.

Este eclipse es fuerte en ti. Te convendrá conducir con más precaución esos días. Se ponen a prueba el coche y el equipo de comunicación. A veces la persona ha tenido que reemplazarlos. Este eclipse hace impacto en dos casas, la diez y la once, por lo tanto podría producir dramas en la vida de amistades, jefes, mayores y figuras de autoridad; el Gobierno podría cambiar leyes y normas que afectan a tu profesión o a la industria en que trabajas. Tu equipo de alta tecnología pasa por pruebas, así que te convendría hacer copias de seguridad de todos tus archivos.

Aparte del excelente progreso profesional, hay más buenas noticias este mes. Después del 20 comienza a mejorar la vida amorosa; Júpiter, tu planeta del amor, empieza a recibir aspectos muy buenos. Tendría que mejorar el estado mental del ser amado y las cosas irían mejor entre vosotros. Si no estás en una relación, o al menos no en una seria, hay probabilidades de encuentros románticos. Es dudoso que estos lleven a boda, no este año en todo caso, pero estas personas son material para el matrimonio. No hay ninguna prisa en el amor en este periodo, aunque podrías sentirla. Deja que el amor se desarrolle a su aire; Saturno está en tu séptima casa y tu planeta del amor continúa retrógrado. Disfruta de esos encuentros por lo que son sin proyectar nada hacia el futuro.

El poder y la independencia personales son más fuertes que el mes pasado. Aún no estás en el máximo; esto ocurrirá dentro de unos meses, pero va aumentando día a día. Crea las condiciones como las deseas. Asume el mando y la responsabilidad de tu felicidad.

Abril

Mejores días en general: 3, 4, 5, 13, 14, 21, 22
Días menos favorables en general: 1, 2, 8, 9, 15, 16, 28, 29
Mejores días para el amor: 1, 2, 8, 9, 13, 17, 18, 21, 22, 25, 26
Mejores días para el dinero: 8, 9, 17, 18, 19, 23, 24, 25, 26, 28
Mejores días para la profesión: 6, 7, 15, 16, 23, 24

El principal titular de este mes es el eclipse lunar del 4. Este eclipse es muy fuerte y afecta también a otros planetas: Urano y Plutón. Todos los eclipses lunares afectan a tus finanzas, pues el planeta eclipsado, la Luna, es tu planeta del dinero. En cierto sentido esto es bueno; las finanzas son algo dinámico, siempre cambiantes. Dos veces al año tienes la oportunidad de revisar tus planteamientos y tus estrategias en estos asuntos, lo quieras o no; las circunstancias causadas por el eclipse te obligan.

El eclipse ocurre en tu quinta casa, por lo tanto afecta a los hijos y las figuras filiales de tu vida. Deberán reducir sus actividades en este periodo, tomarse las cosas con calma y hacer lo posible por evitar situaciones de peligro o riesgo. Este no es buen periodo para especulaciones o viajes. A veces debemos viajar, en ese caso trata de programar el viaje en torno al periodo del eclipse, unos cuantos días antes y otros tantos después. Los hijos y figuras filiales de tu vida se redefinen, cambian el concepto de sí mismos, cambian la imagen que presentan al mundo. Esto será un proceso de seis meses.

El impacto del eclipse en Plutón indica sustos en la salud y cambios importantes en tu programa de salud. La salud y la energía son buenas este mes, así que es de esperar que sólo sea un susto. También indica cambio de trabajo y cambios en las condiciones de trabajo. Hay dramas en la vida de compañeros de trabajo o de los empleados (si eres empleador). Hay inestabilidad en el lugar de trabajo y cambio de personal (esto también podría ocurrir a lo largo de seis meses).

Este mes está muy poderosa tu casa doce, la de la espiritualidad, en especial después del 20; el 50 por ciento de los planetas o están instalados en ella o transitan por ella. Así pues, este es un mes para el crecimiento espiritual e interior. Géminis es una persona racional, pero este mes comprendes que la vida es algo más de lo que puede explicar el intelecto. Como siempre, cuando está fuerte la casa doce, la vida onírica es hiperactiva y profética. Los sueños tienden a ser en tecnicolor, no en blanco y negro. Tendrás corazonadas e intuiciones que resultarán ciertas. Llegarás a conclusiones correctas sin el laborioso proceso de pensar. Serás más idealista acerca de la vida; te gustará participar en obras y causas benéficas. Te atraerán más los estudios espirituales y la literatura inspirada en ellos. Si estás en el camino, harás importantes adelantos espirituales.

Hasta el 20 va mejor la vida amorosa, faceta difícil este año; Júpiter, tu planeta del amor, retoma el movimiento directo el 8, después de muchos meses de movimiento retrógrado; y recibe buenos aspectos también. Pero después del 20 las cosas vuelven a ponerse difíciles.

Mayo

Mejores días en general: 1, 2, 10, 11, 18, 19, 28, 29
Días menos favorables en general: 5, 6, 7, 12, 13, 25, 26, 27
Mejores días para el amor: 1, 2, 5, 6, 7, 14, 15, 21, 22, 23, 24, 30, 31
Mejores días para el dinero: 5, 6, 8, 9, 14, 15, 17, 18, 21, 22, 23, 24, 28, 29
Mejores días para la profesión: 3, 4, 12, 13, 21, 22, 30, 31

Hasta el 21 continúa fuerte tu casa doce, la de la espiritualidad. Repasa lo que hablamos sobre esto el mes pasado. Cumplirás años este mes, y si no este el próximo. Hasta el 21 harás muy bien en revisar el año transcurrido. Tu cumpleaños (que en astrología llamamos Retorno Solar) es tu día de año nuevo personal. Comienzas un nuevo ciclo. El año viejo ha muerto, ya pasó, y comienza un nuevo año. Conviene, entonces, ver qué se ha logrado y qué no, expiar los errores pasados, prometer no volver a cometerlos, y formular los objetivos para el año que comienza. ¿Cuánto dinero te gustaría hacer? ¿Cómo lo harías? ¿Qué tipo de vida amorosa deseas? ¿Qué estilo de vida? Esto será un mapa de carreteras para el año. Escribe tus objetivos y míralos cada noche antes de dormirte. Imagínate que los has conseguido.

Este mes el poder planetario está en su posición oriental máxima, y el mes que viene también. Estás en el punto máximo de poder e independencia personales. Los demás son siempre importantes y debes respetarlos, pero puedes tener las cosas a tu manera, y en realidad debes (mientras no sea destructivo). Puede que en último término tu manera no sea la mejor, pero sí es la mejor para ti. Crea felicidad en tu vida; diseña tu vida según tus especificaciones. Más adelante será más difícil hacerlo.

Si tu cumpleaños es este mes estás en un periodo excelente para iniciar nuevos proyectos o lanzar nuevos productos al mundo. El periodo mejor es desde el día de tu cumpleaños a fin de mes. El único inconveniente es que el señor de tu horóscopo, Mercurio, estará retrógrado. De todos modos, si has hecho bien tus planes y das más tiempo al proyecto podría resultar bien. El próximo mes podría ser aún mejor, a partir del 25; entonces Mercurio ya estará en movimiento directo

El mes es fundamentalmente feliz. El 21 entras en una de tus cimas de placer personal. Marte está en tu signo a partir del 12, así que estás a rebosar de energía y carisma. La salud debería ser buena. Después del 21 mejoran mucho la autoestima y la seguridad en ti mismo. Y la problemática vida amorosa también mejora en ese periodo.

El 7 Venus entra en tu casa del dinero; es un tránsito feliz, trae buena intuición financiera y dinero «feliz»; puedes ganar dinero de modos placenteros. Las especulaciones son favorables; disfrutas de la riqueza que tienes; gastas en actividades de ocio y placer. El poder adquisitivo será más fuerte del 1 al 4 y del 18 en adelante, cuando la Luna está en fase creciente. Tienes buenos días financieros después del 4, pero los posteriores al 18 serán mejores.

Junio

Mejores días en general: 6, 7, 15, 16, 24, 25
Días menos favorables en general: 2, 3, 8, 9, 22, 23, 29, 30
Mejores días para el amor: 1, 2, 3, 10, 11, 20, 21, 29, 30
Mejores días para el dinero: 2, 3, 6, 7, 10, 11, 15, 16, 17, 18, 19, 20, 21, 27, 29, 30
Mejores días para la profesión: 8, 9, 17, 18, 27, 28

Hasta el 21 sigues en tu cima anual de placer personal. Es el periodo en que el cuerpo se complace en sus placeres. El cuerpo es feliz. Es muy buen periodo para ponerlo en forma (también la imagen). La Luna nueva del 25 se ve particularmente feliz, ya que ocurre en tu signo. Trae dinero y placer personal.

El 21 entras en una cima financiera anual. La atención se centra en las finanzas y esto tiende a la prosperidad. Obtenemos aquello en que centramos la atención.

La vida amorosa continúa mejorando este mes. Saturno sale de tu séptima casa el 15, y hacia fin de mes Venus viaja con tu planeta del amor. Si estás soltero o soltera tienes excelentes oportunidades románticas (en especial del 28 al 30). La vida amorosa dista mucho de ser perfecta, pero es mejor durante un tiempo. Ten presente que cualquier relación que entables en este periodo será puesta a prueba dentro de unos meses; continúa dando más importancia a la calidad que a la cantidad.

Este mes los retos están principalmente en el trabajo; esta es una faceta problemática. Plutón, tu planeta del trabajo, recibe aspectos desfavorables, y Saturno entra en tu sexta casa el 15. El lugar de trabajo es más restrictivo; las normas son más estrictas; los compañeros de trabajo están más temperamentales y es difícil llevarse bien con ellos. Paciencia, paciencia, paciencia.

Aunque la salud general y la energía son buenas, hay problemas en el programa general de salud. Es posible que las personas relacionadas con tu salud estén agobiadas. Podrían recomendarte una intervención quirúrgica, pero busca otras opiniones.

El mes pasado el poder planetario se trasladó de la mitad superior de tu carta a la inferior. Llega el periodo de restar importancia a los objetivos profesionales y externos. Tu planeta de la profesión, Neptuno, inicia movimiento retrógrado el 12, lo que refuerza lo dicho. Sólo el tiempo resolverá los asuntos profesionales, no hay ninguna solución rápida en ese periodo. Es un periodo en que conviene la actitud «esperar a ver qué pasa», un periodo para adquirir claridad mental acerca de la situación profesional; las cosas no son lo que parecen. Así pues, está bien centrar la atención en el hogar, la familia y tu bienestar emocional. Sin unos buenos cimientos psíquicos, no puede haber éxito, un éxito duradero en todo caso.

Julio

Mejores días en general: 3, 4, 5, 12, 13, 22, 23, 31
Días menos favorables en general: 6, 7, 19, 20, 26, 27, 28
Mejores días para el amor: 8, 9, 17, 18, 26, 27, 28
Mejores días para el dinero: 6, 7, 9, 14, 15, 16, 18, 26, 27, 28
Mejores días para la profesión: 6, 7, 14, 15, 24, 25

Muchas de las tendencias de las que escribimos el mes pasado continúan muy en vigor. Sigues en una cima financiera hasta el 23. No es de sorprender que tus dotes de comunicación tengan un importante papel en tus finanzas. Las amistades también te apoyan y se ven serviciales. Cuando la casa del dinero está fuerte parece que todo el Universo conspira para darte riqueza. Del 8 al 23 Mercurio estará en tu casa del dinero. Esto es otra buena señal en las finanzas. El señor de tu horóscopo es siempre benéfico. Este aspecto indica que gastas en ti, que proyectas la imagen de la riqueza, te vistes con ropa y accesorios caros, etcétera. La apariencia y el comportamiento en general son un importante factor en los ingresos.

Continúan los problemas que vimos en el lugar de trabajo, pero después del 23 deberían disminuir un poco. Del 14 al 17 es un periodo especialmente difícil. Esos días evita los enfrentamientos o discusiones con los compañeros de trabajo; las reacciones podrían ser exageradas.

Entre el 14 y el 17 podrías pasar por una intervención quirúrgica, o te recomendarían una. Como el mes pasado, es aconsejable que busques otras opiniones. El ordenador y el equipo de alta tecnología estarán más temperamentales estos días también.

Del 24 al 27 Marte forma un aspecto desfavorable con Urano; este es un aspecto muy dinámico. Nuevamente se ponen a prueba el ordenador y el equipo de alta tecnología. Te conviene poner orden en tus archivos y hacer copias de seguridad. No es un periodo particularmente bueno para viajar al extranjero.

La salud y la energía son buenas este mes. Los planetas rápidos o te ayudan o te dejan en paz, y Saturno ha salido temporalmente de su aspecto desfavorable. Este mes son buenos los regímenes de desintoxicación.

El 23 entras en el cielo de Géminis. Estará muy poderosa tu tercera casa, la de la comunicación y los intereses intelectuales. Ha estado fuerte desde julio del año pasado, pero ahora lo estará más. Tu mente siempre aguda se agudiza más aún; tus dotes de comunicación, siempre buenas, mejoran más aún. Absorbes la información como una esponja; los hechos están siempre a tu disposición. Eres natural e inconscientemente elocuente en lo que dices y escribes. Las musas están contigo.

El único peligro es el exceso de algo bueno. Tu mente siempre activa podría volverse hiperactiva; la tendencia será pensar y hablar demasiado. Esto puede ser causa de insomnio u otros problemas nerviosos; también gasta energía que el cuerpo necesita para otras cosas.

Agosto

Mejores días en general: 1, 8, 9, 18, 19, 27, 28
Días menos favorables en general: 2, 3, 15, 16, 17, 23, 24, 29, 30
Mejores días para el amor: 5, 14, 15, 23, 24, 25, 31
Mejores días para el dinero: 4, 5, 10, 11, 12, 13, 14, 15, 25
Mejores días para la profesión: 2, 3, 10, 11, 20, 21, 29, 30

El mes pasado la actividad retrógrada llegó a su punto máximo del año, y esto sigue los primeros días de este mes. Incluso después del 2, cuando Saturno retoma el movimiento directo, quedamos cerca del máximo de actividad retrógrada. Las cosas van más lentas en el mundo en general. Lo interesante es que a ti no te afecta mucho todo esto en lo personal. Mercurio, el señor de tu horóscopo, ha avanzado raudo, más rápido que de costumbre, lo que indica que cubres muchísimo terreno y haces mucho progreso personal. Para ti las cosas no se han enlentecido tanto.

El rapidísimo movimiento de Mercurio indica que están bien la autoestima y la seguridad en ti mismo. Nunca te quedas en un mismo lugar mucho tiempo; siempre estás haciendo, realizando.

El otro titular importante este mes es la entrada de Júpiter en Virgo el 11. La última vez que estuvo en este signo fue hace doce años; es un tránsito importante. Júpiter es tu planeta del amor, así que este tránsito indica cambios notables en esta faceta; van a cambiar tus necesidades en el amor. La comunicación es siempre importante para ti en el amor, pero ahora deseas intimidad emocional, buena comunicación mutua de los sentimientos y emociones. Demuestras el amor ofreciendo apoyo emocional y así es como te sientes amado. Olvida las bromas ingeniosas y las agudezas y da apoyo emocional.

El planeta del amor en Virgo produce otras dificultades. Es posible que tanto tú como el ser amado (y otras personas conocidas) seáis demasiado perfeccionistas en el amor. Esto suele llevar a críticas destructivas, que son mortales para el romance. La crítica no te va a acercar más a la perfección. Será difícil limitarse a críticas constructivas, y callar cuando no es el momento oportuno.

Este mes mejora el amor. El periodo del 3 al 8 trae oportunidades románticas; del 3 al 6 tu planeta del amor está en conjunción con Venus, y del 6 al 8 con Mercurio. No es probable que haya boda, no este año en todo caso, pero las citas son felices. Tu cuarta casa estará muy poderosa después del 23. Hay probabilidades u oportunidades de mudanza. Habrá más fiestas con invitados en casa y más relación social con los familiares. Trabaja en la profesión con los métodos de la noche: visualiza, sueña, haz afirmaciones. Haz lo posible por entrar en la sensación o sentimiento de estar en el lugar que deseas estar en la profesión. Más adelante, cuando se traslade el poder planetario, podrás actuar en el mundo externo para conseguir estas cosas.

Septiembre

Mejores días en general: 4, 5, 6, 14, 15, 24, 25
Días menos favorables en general: 12, 13, 19, 20, 26, 27
Mejores días para el amor: 1, 2, 9, 10, 12, 19, 20, 28, 29, 30
Mejores días para el dinero: 2, 3, 7, 8, 12, 13, 24, 30
Mejores días para la profesión: 7, 17, 26, 27

Este es un mes azaroso. Saturno vuelve a tu séptima casa y tenemos dos eclipses. Habrá mucha reestructuración y cambio. Es comprensible que te sientas desorientado, en especial después del 17. Deja que se asiente el polvo de los eclipses y espera a tener claridad para hacer gestiones importantes.

El eclipse solar del 13 ocurre en tu cuarta casa, la del hogar y la familia. Esto combinado con el tránsito de Júpiter por esta casa desde el mes pasado, sugiere mudanza. Las mudanzas son muy trastornadoras, y esto encaja en el simbolismo del eclipse. Las cosas felices pueden trastornar tanto como las desagradables. Pero hay otras posibilidades también. Podría indicar el nacimiento de un bebé, ya sea tuyo, si tienes la edad, o de otra persona de la familia. Esto también es feliz, pero tiende a producir grandes cambios. Los familiares están más temperamentales en el periodo del eclipse, así que ten más paciencia con ellos. Tal vez se encuentre algún defecto en la casa y te ves obligado a hacer renovaciones y agrandarla. El trastorno se convierte en oportunidad para hacer mejoras.

Todos los eclipses solares ponen a prueba el equipo de comunicación y los coches, y este no es diferente. Conduce con más precaución en este periodo. Los eclipses solares también afectan a los hermanos y figuras fraternas; producen dramas en sus vidas;

además, se ven obligados a redefinirse, a cambiar el concepto de sí mismos y la imagen.

A veces los eclipses solares traen cambios radicales en el barrio. Vemos obras importantes de construcción, cierre o bloqueo de calles o carreteras.

El eclipse lunar del 28 (el 27 en las Américas) ocurre en tu casa once, la de las amistades, así que las pone a prueba. Las buenas sobrevivirán y mejorarán, las defectuosas podrían terminar. Hay dramas en la vida de amistades también. Muchas veces son estos dramas, aquellos que cambian la vida, los que ponen a prueba la relación. También se ponen a prueba los ordenadores y el equipo de alta tecnología. Te conviene comprobar que esté actualizado tu programa antivirus, y que todo funcione y esté al día; también te conviene hacer copias de seguridad de tus archivos.

Todos los eclipses lunares afectan a tus finanzas, y este no es diferente. Se producen importantes cambios financieros; en último término serán buenos, pero normalmente no son agradables mientras ocurren.

La salud y la energía están más delicadas hasta el 23. Procura descansar lo suficiente. Repasa lo que hablamos sobre esto en las previsiones para el año.

Octubre

Mejores días en general: 2, 3, 11, 12, 13, 21, 22, 29, 30
Días menos favorables en general: 9, 10, 16, 17, 18, 23, 24
Mejores días para el amor: 1, 8, 9, 10, 16, 17, 18, 19, 20, 27, 28
Mejores días para el dinero: 1, 2, 3, 4, 5, 9, 10, 12, 13, 19, 20, 22, 23, 27, 28, 29, 31
Mejores días para la profesión: 4, 5, 14, 15, 23, 24, 31

La salud y la energía mejoraron muchísimo después del 23 del mes pasado. Saturno sigue en aspecto desfavorable contigo, pero los planetas rápidos te forman aspectos favorables. La salud debería ser buena. Además, tu planeta de la salud retomó el movimiento directo el 25 del mes pasado; hay más claridad en estos asuntos. Ahora no hay riesgo de hacer los cambios que sean necesarios en el programa de salud.

El 23 del mes pasado el Sol entró en tu quinta casa y comenzaste otra de tus cimas anuales de placer personal, que sigue en vigor hasta el 23 de este mes. La situación laboral no se ve muy feliz, así que bien podrías divertirte un poco; un poco de recreación te permitirá concentrarte mejor en el trabajo más adelante, después del 23.

Hace dos meses el poder planetario se trasladó a tu sector occidental o social, y este mes este sector está más fuerte aún. Siempre son importantes los méritos y los logros personales, pero en este periodo lo son menos. El factor importante es la simpatía, la habilidad para caer bien, tus dotes sociales, tu capacidad para llevarte bien con los demás. En este ciclo te resulta más difícil tener la vida según tus condiciones o cambiarlas. Ahora te irá mejor adaptándote a las circunstancias lo mejor que puedas. Toma nota de lo que te desagrada y cuando llegue el próximo ciclo de independencia, el año que viene, estarás en situación de hacer los cambios necesarios. Adaptarse a las cosas es también una habilidad útil. Teniendo a Saturno en tu séptima casa necesitas proyectar simpatía y afecto hacia los demás; tienes que hacer un esfuerzo especial, pues esto no se te da por naturaleza.

El amor no es como debiera en este periodo; continúan las pruebas al amor y a las relaciones románticas. Desde una perspectiva a largo plazo estas cosas son muy buenas, pero a corto plazo no son agradables. Entre el 15 y el 18 una persona amiga entra en el cuadro romántico; esta persona es amiga y parece que desea ser algo más. Del 24 al 27 es otro periodo romántico feliz, pero parece que es más una relación de diversión y juegos, no algo serio.

El mes se ve próspero. Tu planeta del dinero, la Luna, pasa cuatro días en tu signo (el doble de lo normal) y tres días en tu casa del dinero (también más de lo normal). En tu signo te trae dinero contante y sonante y oportunidades financieras. No necesitas hacer nada especial. En la casa del dinero indica un poder adquisitivo más fuerte. En general, tu poder adquisitivo es más fuerte del 1 al 13 y del 27 en adelante, los periodos en que la Luna está en fase creciente.

Noviembre

Mejores días en general: 8, 9, 17, 18, 26, 27
Días menos favorables en general: 5, 6, 13, 14, 19, 20
Mejores días para el amor: 5, 6, 7, 13, 14, 15, 16, 17, 18, 24, 25, 26, 27

Mejores días para el dinero: 1, 5, 6, 10, 11, 21, 22, 24, 25, 28, 29, 30

Mejores días para la profesión: 10, 19, 20, 28

Sigues divirtiéndote este mes, pero el trabajo también es una prioridad. Si buscas trabajo tienes mejores aspectos que en los meses pasados; estás en modalidad trabajo, y los empleadores captan la vibración. Si tienes trabajo la situación también se ve más fácil. Estando fuerte tu sexta casa hasta el 23, este es un buen periodo para hacer esos trabajos meticulosos, aburridos, que es necesario hacer. Ordena tus archivos, pon al día las cuentas, clasifica los recibos. Estas tareas irán mejor y serán más fáciles en este periodo.

El poder planetario hace otro traslado importante este mes. El 22 pasa de la mitad inferior de tu carta a la superior. Es el amanecer en tu ciclo anual, es la hora de levantarse y emprender las actividades del día. Es el periodo para trabajar en tus objetivos mundanos, externos, de manera física; es el periodo para hacer realidad todos esos sueños y visiones. Júpiter continuará en tu cuarta casa hasta bien entrado el próximo año, de modo que no vas a desatender el hogar y la familia, pero vas a servir a tu familia teniendo éxito en el mundo. Esto lo harás tanto en forma de servicio como asistiendo al partido de fútbol o a la obra de teatro del colegio. La profesión va a ser un importante centro de atención el resto del año y hasta bien avanzado el próximo. Sumamos a esto el movimiento directo de Neptuno, tu planeta de la profesión, que ha estado muchos meses retrógrado; el 18 retoma el movimiento directo. Los asuntos profesionales se aclaran y puedes acelerar.

El amor dista mucho de ser perfecto y necesita tiempo para desarrollarse, aunque es más activo durante un periodo corto. El 23 entras en una cima amorosa y social. Si estás soltero o soltera tienes más citas; hay encuentros románticos pero son muy complicados; no son fáciles. Ve despacio y tómatelo con calma; da más importancia a la calidad que a la cantidad. Si estás casado o casada asistes a más fiestas y reuniones. Continúa proyectando simpatía y afecto a los demás; esto es un trabajo de larga duración. Si no te esfuerzas, te considerarán frío y distante.

Del 24 al 26 evita los riesgos y los enfrentamientos.

Las finanzas se ven bien este mes también. Tu planeta del dinero pasará tres días en tu casa del dinero, más de lo habitual. El poder adquisitivo es más fuerte del 11 al 25 y del 25 en adelante, cuando la Luna está en fase creciente. Los días 8, 9, 15 y 16 podría haber dificultades financieras, pero son de corta duración. Los ingresos se ven buenos el 21 y el 22, pero tienes que trabajar más por ellos.

Diciembre

Mejores días en general: 5, 6, 14, 15, 16, 23, 24
Días menos favorables en general: 2, 3, 4, 10, 11, 17, 18, 30, 31
Mejores días para el amor: 2, 3, 4, 7, 10, 11, 12, 13, 17, 18, 21, 22, 25, 26, 30, 31
Mejores días para el dinero: 1, 2, 3, 4, 10, 11, 12, 13, 20, 21, 22, 25, 26, 30, 31
Mejores días para la profesión: 7, 8, 17, 18, 25, 26

La salud y la energía están más delicadas desde el 22 del mes pasado, y hasta el 22 de este mes siguen necesitando atención. Repasa lo que hablamos sobre esto en las previsiones para el año. Cuando la energía está baja, las cosas que normalmente son fáciles se vuelven un trabajo pesado. Y si la actividad entraña peligro, como subir una escalera o manejar cuchillos u objetos afilados, puede haber lesiones. Como siempre, haz todo lo posible por mantener elevada la energía. Después del 22 mejorará la salud. Si eres atleta o deportista, es probable que tu rendimiento no esté a la altura acostumbrada; esto no refleja tu capacidad o habilidad, sino simplemente la falta de tu energía normal.

Del 5 al 12 Marte forma aspectos dinámicos con Urano y Plutón, así que estos días evita las actividades que entrañen riesgo o peligro, y los enfrentamientos o discusiones; con estos aspectos las personas pueden reaccionar de forma exagerada. Podrían recomendarte una intervención quirúrgica en estos días. Como siempre, busca otras opiniones.

Estos aspectos de Marte afectan al ordenador y al equipo de alta tecnología. Comprueba que tienes copias de seguridad de tus archivos y mantén al día el contrato de tu programa antivirus. Las amistades podrían pasar por experiencias dramáticas, encuentros con la muerte o casi muerte.

Hasta el 22 continúas en la cima amorosa y social, pero, como el mes pasado, las cosas no se dan fáciles. Podría haber dificultades y contratiempos. Después del 10 tendría que mejorar la vida amorosa, ya que ese día Mercurio comienza a formar mejores aspectos a tu planeta del amor. Entre el 24 y el 26 hay una cita o experiencia romántica feliz. Si tienes pareja, hay más armonía con ella estos días.

La vida doméstica y familiar continúa feliz. El apoyo de la familia es bueno y te relacionas más con familiares. Pero sigue siendo necesario que la atención esté centrada en la profesión. El progreso profesional será bueno todo el mes, pero en especial después del 10.

Tu octava casa estará poderosa a partir del 22. Ese es un periodo maravilloso para regímenes de desintoxicación y adelgazamiento. También es bueno para atender los asuntos de impuestos, seguros y propiedades o patrimonio. El cónyuge, pareja o ser amado actual prospera este mes. Si tienes buenas ideas, es un buen periodo para atraer inversores a tus proyectos.

Después del 22 es un buen periodo también para hacer limpieza de la casa; la limpieza tendría que ser física, pero también mental y emocional. Líbrate de las posesiones que no usas o no necesitas. Libérate de los pensamientos y las emociones que no sirven a tus intereses. Estos sólo bloquean el funcionamiento e impiden hacer más progreso.

Cáncer

El Cangrejo
Nacidos entre el 21 de junio y el 20 de julio

Rasgos generales

CÁNCER DE UN VISTAZO

Elemento: Agua

Planeta regente: Luna
   Planeta de la profesión: Marte
   Planeta de la salud: Júpiter
   Planeta del amor: Saturno
   Planeta del dinero: el Sol
   Planeta de la diversión y los juegos: Plutón
   Planeta del hogar y la vida familiar: Venus

Colores: Azul, castaño rojizo, plateado
   Colores que favorecen el amor, el romance y la armonía social: Negro, azul índigo
   Colores que favorecen la capacidad de ganar dinero: Dorado, naranja

Piedras: Feldespato, perla

Metal: Plata

Aromas: Jazmín, sándalo

Modo: Cardinal (= actividad)

Cualidad más necesaria para el equilibrio: Control del estado de ánimo

Virtudes más fuertes: Sensibilidad emocional, tenacidad, deseo de dar cariño

Necesidad más profunda: Hogar y vida familiar armoniosos

Lo que hay que evitar: Sensibilidad exagerada, estados de humor negativos

Signos globalmente más compatibles: Escorpio, Piscis

Signos globalmente más incompatibles: Aries, Libra, Capricornio

Signo que ofrece más apoyo laboral: Aries

Signo que ofrece más apoyo emocional: Libra

Signo que ofrece más apoyo económico: Leo

Mejor signo para el matrimonio y/o las asociaciones: Capricornio

Signo que más apoya en proyectos creativos: Escorpio

Mejor signo para pasárselo bien: Escorpio

Signos que más apoyan espiritualmente: Géminis, Piscis

Mejor día de la semana: Lunes

La personalidad Cáncer

En el signo de Cáncer los cielos han desarrollado el lado sentimental de las cosas. Esto es lo que es un verdadero Cáncer: sentimientos. Así como Aries tiende a pecar por exceso de acción, Tauro por exceso de inacción y Géminis por exceso de pensamiento, Cáncer tiende a pecar por exceso de sentimiento.

Los Cáncer suelen desconfiar de la lógica, y tal vez con razón. Para ellos no es suficiente que un argumento o proyecto sea lógico, han de «sentirlo» correcto también. Si no lo sienten correcto lo rechazarán o les causará irritación. La frase «sigue los dictados de tu corazón» podría haber sido acuñada por un Cáncer, porque describe con exactitud la actitud canceriana ante la vida.

Sentir es un método más directo e inmediato que pensar. Pensar es un método indirecto. Pensar en algo jamás toca esa cosa.

Sentir es una facultad que conecta directamente con la cosa o tema en cuestión. Realmente la tocamos y experimentamos. El sentimiento es casi otro sentido que poseemos los seres humanos, un sentido psíquico. Dado que las realidades con que nos topamos durante la vida a menudo son dolorosas e incluso destructivas, no es de extrañar que Cáncer elija erigirse barreras de defensa, meterse dentro de su caparazón, para proteger su naturaleza vulnerable y sensible. Para los Cáncer se trata sólo de sentido común.

Si se encuentran en presencia de personas desconocidas o en un ambiente desfavorable, se encierran en su caparazón y se sienten protegidos. Los demás suelen quejarse de ello, pero debemos poner en tela de juicio sus motivos. ¿Por qué les molesta ese caparazón? ¿Se debe tal vez a que desearían pinchar y se sienten frustrados al no poder hacerlo? Si sus intenciones son honestas y tienen paciencia, no han de temer nada. La persona Cáncer saldrá de su caparazón y los aceptará como parte de su círculo de familiares y amigos.

Los procesos del pensamiento generalmente son analíticos y separadores. Para pensar con claridad hemos de hacer distinciones, separaciones, comparaciones y cosas por el estilo. Pero el sentimiento es unificador e integrador. Para pensar con claridad acerca de algo hay que distanciarse de aquello en que se piensa. Pero para sentir algo hay que acercarse. Una vez que un Cáncer ha aceptado a alguien como amigo, va a perseverar. Tendrías que ser muy mala persona para perder su amistad. Un amigo Cáncer jamás te abandonará, hagas lo que hagas. Siempre intentará mantener cierto tipo de conexión, incluso en las circunstancias más extremas.

Situación económica

Los nativos de Cáncer tienen una profunda percepción de lo que sienten los demás acerca de las cosas, y del porqué de esos sentimientos. Esta facultad es una enorme ventaja en el trabajo y en el mundo de los negocios. Evidentemente, es indispensable para formar un hogar y establecer una familia, pero también tiene su utilidad en los negocios. Los cancerianos suelen conseguir grandes beneficios en negocios de tipo familiar. Incluso en el caso de que no trabajen en una empresa familiar, la van a tratar como si lo fuera. Si un Cáncer trabaja para otra persona, entonces su jefe o jefa se convertirá en la figura parental y sus compañeros de trabajo en sus hermanas y hermanos. Si la persona Cáncer es el jefe o la jefa, entonces considerará a todos los empleados sus hijos. A los cancerianos les gusta la sensación de ser los proveedores de los demás. Disfrutan sabiendo que otras personas reciben su sustento gracias a lo que ellos hacen. Esta es otra forma de proporcionar cariño y cuidados.

Leo está en la cúspide de la segunda casa solar, la del dinero, de Cáncer, de modo que estas personas suelen tener suerte en la especulación, sobre todo en viviendas, hoteles y restaurantes. Los balnearios y las salas de fiesta son también negocios lucrativos para los nativos de Cáncer. Las propiedades junto al mar los atraen. Si bien básicamente son personas convencionales, a veces les gusta ganarse la vida de una forma que tenga un encanto especial.

El Sol, que es el planeta del dinero en la carta solar de los Cáncer, les trae un importante mensaje en materia económica: necesitan tener menos cambios de humor; no pueden permitir que su estado de ánimo, que un día es bueno y al siguiente malo, interfiera en su vida laboral o en sus negocios. Necesitan desarrollar su autoestima y un sentimiento de valía personal si quieren hacer realidad su enorme potencial financiero.

Profesión e imagen pública

Aries rige la cúspide de la casa 10, la de la profesión, en la carta solar de los Cáncer, lo cual indica que estos nativos anhelan poner en marcha su propia empresa, ser más activos en la vida pública y política y más independientes. Las responsabilidades familiares y el temor a herir los sentimientos de otras personas, o de hacerse daño a sí mismos, los inhibe en la consecución de estos objetivos. Sin embargo, eso es lo que desean y ansían hacer.

A los Cáncer les gusta que sus jefes y dirigentes actúen con libertad y sean voluntariosos. Pueden trabajar bajo las órdenes de un superior que actúe así. Sus líderes han de ser guerreros que los defiendan.

Cuando el nativo de Cáncer está en un puesto de jefe o superior se comporta en gran medida como un «señor de la guerra». Evidentemente sus guerras no son egocéntricas, sino en defensa de aquellos que están a su cargo. Si carece de ese instinto luchador, de esa independencia y ese espíritu pionero, tendrá muchísimas dificultades para conseguir sus más elevados objetivos profesionales. Encontrará impedimentos en sus intentos de dirigir a otras personas.

Debido a su instinto maternal, a los Cáncer les gusta trabajar con niños y son excelentes educadores y maestros.

Amor y relaciones

Igual que a los Tauro, a los Cáncer les gustan las relaciones serias y comprometidas, y funcionan mejor cuando la relación está claramente definida y cada uno conoce su papel en ella. Cuando se casan, normalmente lo hacen para toda la vida. Son muy leales a su ser amado. Pero hay un profundo secretillo que a la mayoría de nativos de Cáncer les cuesta reconocer: para ellos casarse o vivir en pareja es en realidad un deber. Lo hacen porque no conocen otra manera de crear la familia que desean. La unión es simplemente un camino, un medio para un fin, en lugar de ser un fin en sí mismo. Para ellos el fin último es la familia.

Si estás enamorado o enamorada de una persona Cáncer debes andar con pies de plomo para no herir sus sentimientos. Te va a llevar un buen tiempo comprender su profunda sensibilidad. La más pequeña negatividad le duele. Un tono de voz, un gesto de irritación, una mirada o una expresión puede causarle mucho sufrimiento. Advierte el más ligero gesto y responde a él. Puede ser muy difícil acostumbrarse a esto, pero persevera junto a tu amor. Una persona Cáncer puede ser una excelente pareja una vez que se aprende a tratarla. No reaccionará tanto a lo que digas como a lo que sientas.

Hogar y vida familiar

Aquí es donde realmente destacan los Cáncer. El ambiente hogareño y la familia que crean son sus obras de arte personales. Se esfuerzan por hacer cosas bellas que los sobrevivan. Con mucha frecuencia lo consiguen.

Los Cáncer se sienten muy unidos a su familia, sus parientes y, sobre todo, a su madre. Estos lazos duran a lo largo de toda su vida y maduran a medida que envejecen. Son muy indulgentes con aquellos familiares que triunfan, y están apegados a las reliquias de familia y los recuerdos familiares. También aman a sus hijos y les dan todo lo que necesitan y desean. Debido a su naturaleza cariñosa, son muy buenos padres, sobre todo la mujer Cáncer, que es la madre por excelencia del zodiaco.

Como progenitor, la actitud de Cáncer se refleja en esta frase: «Es mi hijo, haya hecho bien o mal». Su amor es incondicional. Haga lo que haga un miembro de su familia, finalmente Cáncer lo perdonará, porque «después de todo eres de la familia». La preservación de la institución familiar, de la tradición de la familia, es uno de los principales motivos para vivir de los Cáncer. Sobre esto tienen mucho que enseñarnos a los demás.

Con esta fuerte inclinación a la vida de familia, la casa de los Cáncer está siempre limpia y ordenada, y es cómoda. Les gustan los muebles de estilo antiguo, pero también les gusta disponer de todas las comodidades modernas. Les encanta invitar a familiares y amigos a su casa y organizar fiestas; son unos fabulosos anfitriones.

Horóscopo para el año 2015*

Principales tendencias

En 2013, cuando Júpiter entró en tu signo, iniciaste un ciclo de prosperidad. Este ciclo continúa en vigor buena parte de este año. Júpiter, el planeta de la riqueza y la abundancia, está en tu casa del dinero hasta el 11 de agosto. Este día sale de esta casa y entra en tu tercera casa, la de la comunicación y los intereses intelectuales. Por lo tanto, adquieren principal importancia el aprendizaje y la enseñanza (según sea la etapa en que estás de la vida). Volveremos sobre este tema.

Saturno pasará la mayor parte de este año en tu sexta casa, la de la salud y el trabajo. En lo relativo a la salud, esto indica la necesidad de adoptar un estilo de vida sano y un disciplinado programa diario de salud. Dado que Saturno es tu planeta del amor, su tránsito desde la quinta casa (donde ha estado los dos

* Las previsiones de este libro se basan en el Horóscopo Solar y todos los signos que derivan de él; tu Signo Solar se convierte en el Ascendente, y las casas se numeran a partir de él. Tu horóscopo personal, el trazado concretamente para ti (según la fecha, hora y lugar exactos de tu nacimiento) podrían modificar lo que decimos aquí. Joseph Polansky

últimos años) a la sexta indica cambios importantes en la vida amorosa y en la actitud hacia el amor. Volveremos sobre esto.

Urano lleva ya varios años en tu décima casa, la de la profesión, y este año continúa en ella. Esto indica muchos cambios profesionales. Inestabilidad en la profesión, pero también estímulo. Te veo dispuesto a cambiar de profesión en un abrir y cerrar de ojos. También hablaremos más de esto.

Neptuno, el más espiritual de los planetas, está en tu novena casa desde 2012. Esto trae un refinamiento de las creencias religiosas y filosóficas; estas se espiritualizan, se les añade una perspectiva espiritual. Este tránsito también indica un viaje por mar, cruceros, este año y en años venideros.

Tus intereses más importantes este año son: las finanzas (hasta el 11 de agosto); la comunicación y las actividades intelectuales (a partir del 11 de agosto); los hijos, la diversión y la creatividad personal (del 15 de junio al 18 de septiembre); la salud y el trabajo (del 1 de enero al 15 de junio y del 18 de septiembre hasta fin de año); el amor, el romance y las actividades sociales; la religión, la filosofía, la formación superior, viajes al extranjero; la profesión.

Los caminos para tu mayor satisfacción este año son: las finanzas (hasta el 11 de agosto); la comunicación y los intereses intelectuales (a partir del 11 de agosto); el hogar y la familia (hasta el 13 de noviembre).

Salud

(Ten en cuenta que esta es una perspectiva astrológica de la salud, no una médica. Antaño no había ninguna diferencia, ambas eran idénticas, pero en esta época podrían diferir muchísimo. Para una perspectiva médica, por favor, consulta a tu médico o a otro profesional de la salud.)

La salud está mucho mejor en relación a 2011 y 2012 (entonces las cosas eran realmente peligrosas), pero sigue siendo necesario estar atento a ella. Este año sigues teniendo a dos planetas lentos y poderosos, Urano y Plutón, en aspectos desfavorables. Además, Saturno, que estos dos últimos años estuvo en aspecto armonioso contigo, ahora sale de ese aspecto. Afortunadamente, tu sexta casa está fuerte la mayor parte del año, así que estarás atento a la salud. El principal peligro sería descuidarla.

Hay más buenas nuevas. Es mucho lo que puedes hacer para

mejorar la salud y la energía general. Da más atención a las siguientes zonas, que son las vulnerables en tu carta:

El estómago y los pechos (si eres mujer). Estas zonas son siempre importantes para ti. Te irían bien sesiones de reflexología para trabajar estos puntos reflejos. Como siempre, la dieta es importante para la salud. Procura comer con lentitud y calma; mastica bien la comida; mientras comes escucha una música agradable y tranquilizadora; bendice la comida (con tus palabras) y da las gracias por tenerla. Esto no sólo cambiará las vibraciones de los alimentos, sino también (como ha demostrado Maseru Emoto) las vibraciones de todo el sistema digestivo.

El corazón. También será bueno trabajar los puntos reflejos del corazón. Evita la preocupación y la ansiedad, que son las principales causas de los problemas cardiacos.

El hígado y los muslos. Estas zonas son siempre importantes para ti. Te irán bien unas sesiones de reflexología para trabajar estos puntos reflejos. Serán buenos los masajes en los muslos. También será buena una desintoxicación del hígado natural, con infusiones de hierbas.

El intestino delgado. Este adquiere importancia después del 11 de agosto. Irán bien sesiones de reflexología.

La columna, las rodillas, la dentadura, los huesos, la piel y la alineación esquelética general. También es recomendable la reflexología. Irán bien masajes periódicos en la espalda y las rodillas; y visitas periódicas a un quiropráctico u osteópata. El yoga, la gimnasia Pilates, la Técnica Alexander y Feldenkreis son terapias excelentes para la columna y la postura. Te conviene hacerte controles dentales periódicos. Cuando estés al aire libre, al sol, usa un buen filtro solar. Da especial protección a las rodillas cuando hagas ejercicio.

Saturno es tu planeta del amor. Su posición en tu sexta casa, la de la salud, nos da todo tipo de mensajes. En primer lugar, indica que estás muy interesado en la salud de amistades, cónyuge o ser amado actual. Este año buena salud significa buena salud social, una vida amorosa y romántica sana, y esta tendencia continúa otros dos años. Si hay algún problema en la vida amorosa, influirá en la salud física. Si surge algún problema de salud, no lo permita Dios, revisa esta faceta y restablece la armonía cuanto antes.

La buena salud mental siempre es algo positivo, pero este año es un asunto de salud, en especial hasta el 11 de agosto. Buena salud también significa buena salud mental. Este es un año para

tratar de alcanzar la pureza intelectual. Después del 11 de agosto
es importante la buena salud emocional. Los estados de ánimo
deben ser positivos, estimulantes y constructivos. Debes evitar la
depresión como a la peste, y ha de considerarse el primer síntoma
de enfermedad. La meditación será muy útil en esto. Con mucha
frecuencia los problemas tienen su origen en la memoria celular.
Se reestimulan viejos traumas y producen síntomas de enfermedad. Si surgiera un problema de salud, no lo permita Dios, deberás revisar esos traumas y limpiarte de ellos. La meditación también es útil para esto.

Hogar y vida familiar

El hogar y la familia son siempre importantes para Cáncer, pero
este año lo son menos que de costumbre. Tu cuarta casa no está
fuerte este año. Sin embargo, el nodo norte de la Luna pasa la
mayor parte del año en esta casa. A veces eso indica una fuerza
exagerada, más de lo que es necesario. Podrías exagerar las cosas
este año, imaginar dramas que en realidad no existen, o hacer
cambios que no es necesario hacer.

Habrá unos pocos dramas reales en el hogar y la familia. Tenemos dos eclipses lunares, que van a generar crisis o trastorno
familiar. Me parece que el primero, el 4 de abril, es el más fuerte,
porque ocurre en tu cuarta casa. El segundo, el 28 de septiembre, ocurre en tu décima casa y podría afectar a la profesión y a
personas relacionadas con tu profesión, además de a la familia.
Hablaremos de esto con más detalle en las previsiones mes a
mes.

Tu planeta de la familia, Venus, avanza rápido, por lo tanto
hay muchas tendencias a corto plazo en el hogar y la familia que
es mejor tratar en las previsiones mes a mes.

Del 25 de julio al 6 de septiembre Venus hace movimiento retrógrado, cosa que no hace cada año. Este será un periodo para
hacer revisión de los asuntos domésticos y familiares, no para tomar decisiones. Cuando Venus está retrógrado, la situación o
condiciones del hogar y la familia podrían no ser como te las imaginas, ni tan malas ni tan buenas.

Si tienes pensado redecorar, renovar o reparar cosas importantes en la casa, del 8 de noviembre hasta fin de año es un buen periodo. La decoración irá mejor hasta el 5 de diciembre.

Me parece que los padres o figuras parentales de tu vida hacen reparaciones importantes en su casa. Podría haber habido mudanza en 2013-2014. Los hermanos y figuras fraternas entran en un ciclo de prosperidad el 11 de agosto. Viajan y gozan de la buena vida. Las mudanzas no son aconsejables para ellos este año, ni los próximos. Los hijos y figuras filiales de tu vida enfrentan ciertos retos financieros este año. Deben consolidar y reorganizar su vida financiera. Alguno podría haberse mudado el año pasado, pero esto podría ocurrir este año también. Los nietos tienen un año familiar sin cambios ni novedades. Si están en edad, tienen fabulosas oportunidades de trabajo. Además, después del 11 de agosto tienen un periodo social muy fuerte. Si están en edad, hay probabilidades de boda o de relación seria.

Profesión y situación económica

El 27 de junio de 2013 entraste en un ciclo de prosperidad, que sigue muy en vigor este año. Júpiter, el planeta de la abundancia, está en tu casa del dinero desde el 16 de julio del año pasado y continuará en ella hasta el 11 de agosto de este año. Esto es la clásica señal de prosperidad.

Este tránsito indica a la persona que coge las rachas de suerte financiera. Las especulaciones fueron favorables el año pasado y continúan siéndolo hasta el 11 de agosto. Así pues, podría ser prudente invertir sumas inocuas de dinero en una lotería u otro tipo de especulación. Como siempre, esto debes hacerlo guiado por la intuición, no de forma automática. El Cosmos tiene muchas maneras de hacerte prosperar.

Teniendo a Júpiter en la casa del dinero, los bienes que posees aumentan de valor. Algo que creías que no valía nada vale más de lo que imaginas. Júpiter también trae felices oportunidades financieras, formas de hacer dinero tal vez ni soñadas. Se ensanchan tus horizontes económicos.

Dado que Júpiter es tu planeta de la salud y el trabajo, su posición en tu casa del dinero indica que te llegan felices oportunidades de empleo (y esto podría haber ocurrido el año pasado también). Los compañeros de trabajo apoyan tus objetivos financieros. Gastas más en salud, pero puedes ganar en este campo también.

Las industrias que proveen a los niños (espectáculo, entretenimiento y música) siempre son interesantes inversiones para ti, pero este año lo son más. Este año también se ven buenas las inversiones en el campo de la salud, y hay muchas empresas públicas relacionadas con esto. Son buenas también las agencias de viajes, la formación superior pagada y las inversiones en otros países o en empresas extranjeras. Podrían presentársete oportunidades de trabajo en el extrajero o en empresas extranjeras. El nuevo empleo entraña muchísimo trabajo. Trabajas más que de costumbre, pero esto es lucrativo. El tránsito de Júpiter por tu tercera casa indica coche y equipo de comunicación nuevos. Los números favorables en las finanzas son el 5, el 6, el 8 y el 19. La profesión, como hemos dicho, es estimulante pero inestable. Han ocurrido cambios drásticos, tanto en lo personal como en la vida de personas relacionadas con tu profesión. En la industria en que trabajas también. Cada vez que piensas que tienes la profesión o la situación ideal, se te revela una nueva idea, un nuevo ideal, y vuelves a hacer cambios. Es un proceso constante de mejorar la profesión, los objetivos y el camino profesionales. La vas mejorando más o menos de la misma manera que modernizas tus programas de ordenador o sus aplicaciones portátiles o móviles. Tus habilidades y pericia en alta tecnología son muy importantes en la profesión. Es muy posible que optes por este tipo de profesión, pero sea cual sea la que tienes ahora, es muy importante que te mantengas al día en las últimas tecnologías y aparatos. También te conviene mucho participar en grupos y organizaciones profesionales. Esto también favorece la profesión.

Amor y vida social

Plutón lleva varios años en tu séptima casa, la del amor. Esto significa que en tu vida amorosa y social se está produciendo una desintoxicación cósmica. Esto continuará durante muchos años más. Se eliminan los elementos impuros (personas, actitudes, relaciones) y la vida amorosa y social se «renueva», resucita en un plano mejor y más sano.

Estos últimos años ha habido muchas rupturas en matrimonios y amistades. Los matrimonios buenos, las relaciones buenas, han pasado por experiencias de «casi muerte», y después se han renovado.

Plutón en la séptima casa también indica que las amistades y parejas han pasado por intervenciones quirúrgicas en los últimos años, y que es probable que haya más de esto. Tu planeta del amor, Saturno, hizo un importante tránsito en diciembre del año pasado. Pasó de tu quinta casa a la sexta, en la que pasará la mayor parte del año. Esto indica un importante cambio en la actitud hacia el amor. Durante los dos últimos años el amor iba de diversión y pasarlo bien. Todo tenía que ser tipo luna de miel, siempre. Era difícil, tanto para ti como para el ser amado, arreglárselas bien en los malos tiempos. Ahora las cosas son diferentes. El amor va de servicio al ser amado. El amor se demuestra mediante servicios prácticos. Si amas a una persona, la sirves, y esto es lo que esperas a cambio. Es una perspectiva más seria, más sobria, de las cosas.

Si estás soltero o soltera hay oportunidades románticas y sociales en el lugar de trabajo y con compañeros de trabajo. En realidad, parte del atractivo de cualquier trabajo son las oportunidades sociales que se encuentran ahí. Este año hay interesantes oportunidades de empleo, pero lo más probable es que elijas el que ofrece las mejores oportunidades sociales.

También hay oportunidades románticas y sociales cuando estás atendiendo a tus objetivos de salud y con personas relacionadas con tu salud. Los profesionales de la salud son particularmente atractivos este año.

Saturno en Sagitario indica que personas extranjeras y lugares de otros países son conducentes al amor. Si hay problemas en tu matrimonio o relación amorosa actual, un viaje al extranjero podría restablecer la armonía.

Las oportunidades románticas y sociales podrían presentarse en tu lugar de culto, en funciones religiosas o en un ambiente universitario.

No hay nada en contra de una boda este año, pero tampoco hay nada que la favorezca especialmente. Hay mucha libertad en esta faceta.

Si estás con miras a un segundo matrimonio, tuviste fabulosas oportunidades en 2013 y 2014. Este año los aspectos se ven deslustrados. De todos modos hay oportunidades en ambientes espirituales, en funciones benéficas o seminarios o charlas espirituales.

Si estás con miras a un tercer matrimonio tienes un año sin novedades. Las cosas tienden a continuar como están.

Los padres y figuras parentales pasan por pruebas en su matrimonio. Esto viene ocurriendo desde hace un tiempo. Los hijos o figuras filiales en edad casadera hacen muchas amistades y tienen mucha actividad social, pero no se ve boda en sus cartas.

Progreso personal

Como hemos dicho, Júpiter entra en tu tercera casa el 11 de agosto. Ese es un periodo fabuloso para hacer cursos en temas que te interesan, para leer más y aumentar tu base de conocimientos. La mente se expande mucho este año; su capacidad es mayor de lo que crees. Si tienes conocimientos y experiencia en un determinado campo deberías comenzar a diseminar esos conocimientos en este periodo. Enseñar, escribir, dar seminarios, organizar talleres.

Neptuno en tu novena casa está refinando y elevando tu filosofía personal, tus creencias religiosas y tu visión del mundo. Esto es muy interesante. La religión es algo muy importante; toda persona tiene una religión, sea consciente o inconscientemente. Las prácticas religiosas tienen muchos puntos buenos y válidos. Por desgracia hay mucho en ellas que es poco más que superstición. Esta elevación te capacitará para ver lo que es válido y lo que no lo es. Esto ocurre mediante experiencias espirituales y revelaciones interiores.

Como hemos dicho, Plutón lleva varios años en tu séptima casa, la del amor. Las penas y decepciones en el amor que sientes son realmente como dolores de parto. Estás dando a luz la vida amorosa de tus sueños, tu vida amorosa ideal. Pero un parto no es fácil. Por lo general se derrama mucha sangre. Pero el resultado final es bueno, y por ese motivo muchas mujeres pasan por él muy bien dispuestas. Eso ocurre en tu vida amorosa. Ten presente el resultado final y no las dificultades temporales que ocurren.

Todos los cambios que ocurren en tu profesión tienen detrás un programa cósmico. Está ocurriendo una liberación. Cuando Urano haya acabado su trabajo contigo (en los próximos años) estarás libre para seguir la profesión de tus sueños. En este periodo se eliminan muchos viejos apegos y obstrucciones.

El cambio repentino, aunque suele ser estimulante, tiende a producir inseguridad. Aprender a arreglártelas con la inseguridad y la inestabilidad profesional es la principal lección en este periodo. Necesitas llegar a sentirte cómodo con el cambio; debes considerarlo amistoso.

Previsiones mes a mes

Enero

Mejores días en general: 4, 5, 14, 15, 22, 23, 31
Días menos favorables en general: 11, 12, 13, 18, 19, 24, 25
Mejores días para el amor: 1, 6, 12, 13, 16, 18, 19, 21, 22, 24, 31
Mejores días para el dinero: 1, 6, 7, 8, 9, 10, 16, 17, 20, 21, 24, 25, 29, 30
Mejores días para la profesión: 2, 3, 14, 22, 23, 24, 25, 31

Comienzas el año con el poder planetario situado principalmente en el sector occidental o social de tu carta. Esto significa que el poder planetario se distancia, se va alejando de ti. Y así ocurre en tu vida. Disminuye la importancia de los intereses y deseos personales; la independencia personal es menor. El Cosmos centra la atención en los demás y sus necesidades, y eso debes hacer tú. No hay nada malo en el interés propio, pero ahora estás en otra fase de tu ciclo anual. Es a través de los demás que aprendes acerca de ti mismo, y a través de los demás que consigues hacer realidad tus deseos. Por lo tanto, este es un periodo para cultivar las dotes sociales y conseguir tus fines mediante consenso y colaboración. Si las condiciones te irritan, toma nota y dentro de unos meses, cuando entres en el ciclo de independencia personal, harás los cambios con más facilidad. Ahora adáptate lo mejor que puedas.

El mes pasado el poder planetario se trasladó de la mitad inferior de tu carta a la mitad superior. La familia siempre es importante para ti, pero hay muchas maneras de servirla. En este periodo la sirves teniendo éxito en el mundo externo; la atención está en la profesión y en tus objetivos en el mundo exterior.

El 21 del mes pasado entraste en una cima amorosa y social, que continúa hasta el 20. Tu séptima casa, la del amor, está muy fuerte en este periodo; el 50 por ciento de los planetas o están instalados en ella o transitan por ella este mes. Esto es muchísimo poder. Si estás soltero o soltera esto indica demasiadas oportunidades amorosas, más que pocas. Demasiadas opciones. Si estás casado o casada, significa muchas, muchas fiestas y reuniones, tal vez más de a las que puedes asistir. Este es un año próspero. Pero a partir del 20 los ingresos llegan con más trabajo y esfuerzo. Llegan con mucha mayor facilidad antes del 20. Si haces el trabajo necesario habrá prosperidad. Del 2 al 4 hay un drama financiero, un trastorno, pues tu planeta del dinero forma aspectos desfavorables con Urano y Plutón. Evita las especulaciones estos días. Hay cambios que era necesario hacer y este es el momento para hacerlos. Hasta el 20 los ingresos llegan de tus contactos sociales. El cónyuge, pareja o ser amado actual te apoya (y el apoyo es mutuo). A esta persona le conviene asistir a fiestas y reuniones, ya que en esto hay beneficios. Después del 20 entra en una cima financiera anual y es más generosa contigo.

Febrero

Mejores días en general: 1, 10, 11, 19, 20, 27, 28
Días menos favorables en general: 8, 9, 15, 16, 21, 22
Mejores días para el amor: 1, 2, 3, 10, 11, 13, 15, 16, 20, 21
Mejores días para el dinero: 3, 4, 8, 9, 13, 14, 17, 18, 21, 22, 27, 28
Mejores días para la profesión: 1, 2, 10, 11, 20, 21, 22

Las dificultades financieras que enfrentas son temporales, baches en el camino. Haz la milla extra y pon el trabajo necesario. Los ingresos llegan con más facilidad después del 18. El cónyuge, pareja o ser amado actual continúa en una cima financiera, y me parece que estás muy involucrado en sus finanzas.

Desde que tu planeta del dinero, el Sol, entró en tu octava casa el 20 del mes pasado, estás en una fase de desintoxicación de las finanzas. Es un buen periodo para eliminar el derroche y lo que está de más. Revisa tus posesiones, haz el inventario. Líbrate de lo que no necesitas ni usas. Si estas cosas están en buenas condiciones, véndelas o regálalas a una institución benéfica. Si no, tíralas. El Cosmos desea darte más, pero no hay espacio. El Cosmos es muy rico y siempre nos da; no hay ninguna necesidad de acumular cosas; el criterio es la utilidad. Si estás en edad, te beneficiará hacer planes para los impuestos y el testamento. Este es un buen mes para canalizar el exceso de dinero hacia el pago de deudas. Pero si necesitas un préstamo, también hay buena suerte. Si tienes

buenas ideas, es un buen mes para buscar inversores. Estáte atento a las oportunidades de invertir en empresas o propiedades con
problemas. Hay beneficios en esto. Claro que antes analiza detenidamente y reflexiona sobre el asunto.

El 18 tu planeta del dinero, el Sol, entra en Piscis, tu novena
casa; este es un tránsito favorable para las finanzas. Según los hin-
dúes la novena casa es la más benéfica de todas las casas. Por lo
tanto este es un periodo de prosperidad. Piscis es el más espiritual
de todos los signos, por lo que la intuición financiera es súper este
mes y, en especial, del 23 al 27. Presta atención a los sueños y corazonadas. Si tienes dudas o preguntas, consulta a un buen viden-
te, adivino, astrólogo, sacerdote o pastor, canalizador espiritual o
experto en el tarot. Estas personas tienen importante orientación
financiera para ti. Este es un periodo de «dinero milagroso», que
no de dinero «natural», principalmente si estás en el camino espiritual. Es un periodo en que ahondas más en las fuentes espirituales de la riqueza. Es un muy buen mes para asistir a seminarios
sobre inversión o finanzas, para ampliar tu base de conocimientos
en este tema.

Estando prominente tu novena casa después del 15 es muy probable que viajes. Eso sí, te encontrarás con retrasos y contratiempos. Procura programar las conexiones de vuelo con bastante
margen de tiempo. Tómate más tiempo en llegar a tu destino.

La salud y la energía son excelentes a partir del 18.

Marzo

Mejores días en general: 1, 9, 10, 18, 19, 27, 28
Días menos favorables en general: 7, 8, 14, 15, 20, 21
Mejores días para el amor: 2, 3, 12, 13, 14, 15, 20, 22, 23, 29, 30
Mejores días para el dinero: 1, 2, 3, 10, 11, 12, 13, 18, 19, 20, 21,
    29, 30, 31
Mejores días para la profesión: 2, 3, 12, 13, 20, 21, 30, 31

Este mes tenemos dos titulares principales. El primero es el poder
que hay en tu décima casa, la de la profesión, a partir del 20. El
segundo es el eclipse solar del 20.

La profesión ha sido prominente desde el comienzo del año,
pero ahora, el 20, entras en una cima profesional anual. Tu décima
casa es con mucho la más fuerte este mes; el 50 por ciento de los
planetas o están instalados en ella o transitan por ella. En cambio

tu cuarta casa, la del hogar y la familia, está vacía (sólo la visita la Luna los días 7 y 8). Así pues, centra la atención en la profesión y pon en un segundo plano los asuntos familiares. Haces mucho progreso este mes. Una cima profesional no significa que se consigan todos los objetivos; la profesión es un asunto a largo plazo; a veces no se acaba nunca. Por eso nunca lo conseguimos todo en un mes. Pero si se hace buen progreso, eso es éxito. A fin de mes estarás más cerca que antes de tus principales objetivos.

Es interesante que tu cima profesional anual coincida con un eclipse solar. Esto podría indicar cambio profesional. Si naciste en la primera parte del signo, del 21 al 23 de junio, este eclipse te afectará más, así que en ese caso tómate las cosas con calma y reduce las actividades durante el periodo del eclipse. Atiende la profesión, por supuesto, pero poco a poco. Si puedes cambiar de fecha las actividades difíciles o estresantes, te conviene hacerlo. El eclipse ocurre justo en el límite (cúspide) de las casas novena y décima, por lo tanto afecta a los asuntos de ambas casas. Si eres estudiante, podría significar cambio de centro de estudios o trastornos en el colegio. También hay trastornos en el lugar de trabajo. Podría haber dramas en la industria o empresa en que trabajas y en la vida de jefes, padres, figuras parentales o figuras de autoridad de tu vida.

Estando Urano en tu décima casa desde hace varios años, ya te estás acostumbrando a los cambios y la inestabilidad en la profesión. Este eclipse será más fácil de sobrellevar.

Todos los eclipses solares afectan a tu vida financiera, y este no es diferente, pues el Sol, el planeta eclipsado, es tu planeta del dinero. Habrá cambios financieros, cambios en tus planteamientos y en tu estrategia. Por lo general esto ocurre debido a algún trastorno o crisis. Normalmente no cambiamos las cosas a no ser que se nos obligue. Los cambios serán buenos, pero suelen no ser agradables mientras ocurren.

A partir del 20 deberás estar más atento a la salud. Repasa lo que hablamos sobre esto en las previsiones para el año.

Abril

Mejores días en general: 6, 7, 15, 16, 23, 24
Días menos favorables en general: 3, 4, 5, 10, 11, 12, 17, 18
Mejores días para el amor: 1, 2, 8, 10, 11, 12, 13, 17, 21, 22, 25, 26

Mejores días para el dinero: 8, 9, 17, 18, 19, 25, 26, 27, 28
Mejores días para la profesión: 1, 2, 10, 11, 12, 17, 18, 19, 20, 28, 29

El 4 hay un eclipse lunar que es fuerte en ti, así que reduce tus actividades en ese periodo, unos cuantos días antes y otros tantos después. Si eres sensible sentirás este eclipe unos siete o diez días antes de que ocurra. El mensaje cósmico que recibirás será algún incidente extraño que te ocurra, una noticia rara que leas en el diario o algo que oigas decir a algún amigo. Este eclipse es fuerte en ti por muchos motivos. Ocurre en Libra, que es un aspecto desfavorable para ti. El planeta eclipsado es la Luna, el señor de tu horóscopo. Además, hace impacto en dos poderosos planetas, Urano y Plutón. No lo tomes a broma, evita las actividades estresantes o arriesgadas.

Todos los eclipses lunares te obligan a redefinirte. Si no te redefines tú lo harán otras personas, y eso podría no ser agradable. Es maravilloso que dos veces al año tengas la oportunidad de hacer esto. Por lo general esta redefinición entraña cambio en la forma de vestir, cambio de imagen. Presentas una nueva imagen al mundo. Deseas que los demás te vean de un modo nuevo. Esto será un proceso que durará los seis próximos meses.

Todos los eclipses lunares afectan al hogar y la familia porque la Luna es el planeta regente natural de esta faceta. Pero este tiene un efecto mayor aún, pues ocurre en tu cuarta casa. Así pues, hay dramas en la vida de familiares y/o figuras parentales, en la vida de personas que son como familiares para ti. A veces este eclipse revela defectos o problemas en la casa, para que puedas corregirlos. A veces es necesario hacer reparaciones. Esto no es agradable, claro está, pero el resultado final es bueno.

Y dado que sigues en una cima profesional y debes concentrar la atención en tu profesión, este eclipse te distrae esa atención. Es necesario, en lo posible, evitar que los hijos y figuras filiales se encuentren en situaciones de peligro. Esto es más fácil cuando son pequeños; los hijos mayores podrían no hacer caso, pero puedes hacerles discretas sugerencias; no los asustes, sólo sugiéreles moderación en su comportamiento.

Este mes continúan los problemas y cambios en las finanzas. Del 4 al 7 el Sol viaja con Urano y forma cuadratura con Plutón (el eclipse es un factor en esto también). Podrían presentarse gastos u obligaciones repentinas, pero también puede llegar dinero repentino e inesperado. Tu prosperidad general no se ve afectada; los cambios sólo la favorecerán. Del 4 al 7 podría haber una experiencia de «casi muerte» financiera. Ten presente, eso sí, que después de la muerte o casi muerte viene la resurrección. Hasta el 20 continúa prestando más atención a la salud.

Mayo

Mejores días en general: 3, 4, 12, 13, 21, 22, 30, 31
Días menos favorables en general: 1, 2, 8, 9, 14, 15, 28, 29
Mejores días para el amor: 1, 2, 5, 8, 9, 12, 13, 14, 21, 22, 23, 30, 31
Mejores días para el dinero: 5, 6, 8, 9, 14, 15, 17, 18, 23, 24, 28, 29
Mejores días para la profesión: 9, 14, 15, 18, 19, 28, 29

La salud y la energía han mejorado mucho desde que el Sol entró en Tauro el 20 del mes pasado. Puedes fortalecer aún más la salud de las formas explicadas en las previsiones para el año.

El mes pasado hubo otros cambios además del eclipse. El poder planetario pasó de tu sector occidental (donde estaba desde comienzos del año) al oriental o independiente. Esto significa que la energía cósmica, el poder planetario, se mueve hacia ti, no va alejándose. Día a día se acerca más. Entras, pues, en un ciclo de independencia y poder personales. Necesitas menos de los demás. El Cosmos respalda tus intereses y deseos personales. La generosidad y el desinterés son muy buenos, pero ha llegado el periodo para atender a tus intereses, el periodo para imponerte y tener las cosas a tu manera. Es el periodo para cambiar las condiciones a tu gusto, para diseñar tu vida de acuerdo a tus especificaciones. Aprovecha esta oportunidad, ya que dentro de unos meses será más difícil hacerlo.

El 20 del mes pasado se hizo poderosa tu casa once, y lo estará hasta el 21 de este mes. Estás, por lo tanto, en un periodo social, no necesariamente romántico, sino social. La atención está en las amistades, grupos y actividades de grupo. Este es un periodo para aumentar los conocimientos en alta tecnología, ciencias, astronomía y astrología. Estos estudios van mucho mejor este mes. He descubierto que personas que nunca se hacen hacer sus horóscopos suelen pedirlo cuando está fuerte su casa once, o cuando el señor de esa casa está muy estimulado.

La atención a las amistades es agradable de por sí, pero también tiene consecuencias económicas. Hay oportunidades financieras; las amistades te apoyan en las finanzas. La alta tecnología adquiere importancia en el plano financiero también. Es probable que gastes en esto, pero también puedes ganar de ello. Los amigos se ven prósperos y te ayudan en la profesión también.

A la casa once se la suele llamar «casa de las esperanzas y los deseos más acariciados». Así pues, te ocurren estas cosas, en especial en las finanzas y la profesión. Pero «las esperanzas y los deseos más acariciados» no son estáticos. Cuando hacemos realidad algunos, formamos otros. Ocurre como con los objetivos profesionales, rara vez los conseguimos del todo, pero hacemos progresos.

Te gustan los adornos y los accesorios de plata, te gusta el metal y el color. Este mes, con Venus en tu signo desde el 7, el verde es también un buen color. Las esmeraldas son piedras hermosas para llevar.

Junio

Mejores días en general: 8, 9, 17, 18, 19, 27, 28
Días menos favorables en general: 4, 5, 10, 11, 24, 25
Mejores días para el amor: 1, 4, 5, 10, 11, 19, 20, 21, 28, 29, 30
Mejores días para el dinero: 2, 3, 6, 7, 10, 11, 15, 16, 20, 21, 27, 29, 30
Mejores días para la profesión: 8, 9, 10, 11, 17, 18, 19, 27, 28

El 21 del mes pasado entraste en uno de los periodos más espirituales del año; el 50 por ciento de los planetas estaban instalados o transitando por tu casa doce, que sigue fuerte hasta el 21, aunque algo menos. Este es un mes para crecimiento espiritual, interior. Es muy bueno para la meditación, la oración y la expansión de tu vida interior. Te irá muy bien participar en obras benéficas o causas que apruebas. Teniendo también a tu planeta del dinero en la casa doce, desde el 21 del mes pasado, haces más donaciones a obras y causas benéficas, y, curiosamente, al hacer esto tienes más para dar; no merman tus finanzas. En febrero y marzo tu intuición financiera era excelente y comprendiste su valor. Lo mismo vale para este mes (y el pasado).

Estás en un periodo de experiencias interiores; lo interior es más interesante que lo exterior. Cáncer siempre ha tenido una vida onírica muy activa; ahora lo es más. Comienzas a experimentar cosas sobrenaturales, alógicas. Piensas en una persona y esta te llama. Necesitas información de un libro o de un listín de teléfonos, y este se abre justo por la página que necesitas, no tienes que hojearlo. Tus corazonadas tienden a ser acertadas. Entras en el aparcamiento de unos grandes almacenes, que está absolutamente lleno, y en el mismo momento queda un espacio libre. El mundo invisible te hace saber su existencia.

Somos mucho más que nuestros cuerpos e identidades; estos sólo son una mínima parte de lo que somos. Somos una unidad del Cosmos, del todo, en una determinada expresión. Y este es un periodo fabuloso para conectar con esto. Las cosas que ocurren no se producen necesariamente por nosotros como individuos, sino por el Todo, que mueve y configura las cosas de acuerdo a su plan.

Este periodo, del 21 del mes pasado al 21 de este, es fabuloso para hacer revisión del año que ha transcurrido, para evaluar tu progreso o falta de progreso, para corregir errores pasados y fijar objetivos para el año que comienza. A fines de este mes o el mes que viene será tu cumpleaños. En astrología, el cumpleaños (o Retorno Solar) es el día de año nuevo personal, y deberías considerarlo así. Empieza un nuevo ciclo y debes estar preparado para él. Te conviene hacer esta revisión durante los días que faltan para tu cumpleaños.

La salud y la energía son maravillosas este mes, en especial a partir del 21. Tienes muchísima energía y puedes realizar lo que sea que te propongas. Tu poder e independencia personales están en su grado máximo del año (el mes pasado también). Aprovecha este poder para crear lo que deseas en tu vida.

Además, este es un mes muy próspero. El 21 tu planeta del dinero cruza el Ascendente y entra en tu primera casa. Esto siempre trae dinero y oportunidades financieras. Lo mejor de todo es que esto llega sin esfuerzo. No necesitas hacer nada especial. A partir del 21 estás en un ciclo de prosperidad que dura muchos meses.

Julio

Mejores días en general: 6, 7, 14, 15, 16, 24, 25
Días menos favorables en general: 1, 2, 8, 9, 22, 23, 29, 30
Mejores días para el amor: 1, 2, 7, 8, 9, 16, 17, 18, 25, 26, 29, 30
Mejores días para el dinero: 6, 7, 9, 14, 15, 16, 17, 18, 26, 27, 28
Mejores días para la profesión: 6, 7, 8, 9, 14, 15, 16, 24, 25

Este es un mes feliz y sano, Cáncer. Que lo disfrutes. El 21 del mes pasado entraste en una cima anual de placer personal. Gozas de todos los placeres del cuerpo, buena comida, buen vino, ropa, accesorios, masajes, etcétera. Es una especie de nirvana físico. Además, te ves bien. Rebosas energía, elegancia y carisma. Esto es muy bueno para la vida amorosa, ya que el sexo opuesto se fija. Marte en tu signo todo el mes indica que te ves como una persona de éxito, se te considera exitoso. Indica el favor de jefes, mayores, padres y figuras parentales. Las oportunidades profesionales te buscan. No es mucho lo que necesitas hacer.

El poder planetario se traslada una vez más, el 8. Esta vez da energía a la mitad inferior de tu carta. La profesión disminuye en importancia. En los seis próximos meses, más o menos, la atención estará en el hogar, la familia y el bienestar emocional. Llegan oportunidades profesionales, pero puedes examinarlas con más detenimiento. Por lucrativas que sean no deben vulnerar tu armonía emocional ni la armonía familiar. Este es un periodo en que sirves a tu familia estando por ellos de forma física. En lugar de negociar la próxima transacción o ir a la caza de la próxima promoción, mejor asistes al partido de fútbol o a la obra de teatro del colegio.

Ya has conseguido muchos objetivos profesionales, y si no del todo, has hecho mucho progreso hacia ellos, así que ahora es el periodo para reunir las fuerzas para tu siguiente empuje profesional dentro de unos seis meses.

Las finanzas son excepcionalmente buenas este mes. Júpiter sigue en tu casa del dinero, y esta casa está muy poderosa; el 50 por ciento de los planetas (todos benéficos) o están instalados en ella o transitan por ella. Hay una conspiración cósmica para enriquecerte. El 23 entras en una cima financiera anual. Este es un año de muchas cimas financieras, y es posible que para ti esta sea una de las mejores de tu vida.

El amor va bien pero está más complicado. Saturno, tu planeta del amor, está retrógrado desde marzo. Esto no impide que llegue el amor, pero lo enlentece un poco. Si estás soltero o soltera sales y tienes citas, pero la confianza social, y tal vez las opciones, no son lo que debieran. Te conviene hacer revisión de tu vida amorosa para ver qué mejoras puedes hacer. No te precipites en la relación actual, deja que se desarrolle. Disfruta de la relación por lo que es sin proyectarla al futuro, sin demasiadas expectativas. La claridad llegará el mes que viene.

Agosto

Mejores días en general: 2, 3, 10, 11, 12, 20, 21, 22, 29, 30
Días menos favorables en general: 4, 5, 18, 19, 25, 26, 31
Mejores días para el amor: 3, 5, 12, 14, 22, 23, 24, 25, 26, 30, 31
Mejores días para el dinero: 4, 5, 13, 14, 15, 25
Mejores días para la profesión: 3, 4, 13, 23, 24, 31

Tu casa del dinero aún se hace más fuerte este mes; el 60 por ciento de los planetas o están instalados en ella o transitan por ella. ¡Guau! Esto significa mucho poder adquisitivo. Este es el principal titular del mes.

Marte, tu planeta de la profesión, y también el que rige a jefes, padres y figuras parentales, entra el 9 en tu casa del dinero, donde estará todo el mes. Esto indica que cuentas con el favor de esas personas en tus finanzas. El dinero también podría proceder de organismos gubernamentales. También podría haber aumento de sueldo.

El 23 ya tendrás conseguidos tus objetivos financieros o hecho progreso hacia ellos; estás saciado y preparado para pasar la atención a otros intereses.

Si bien disminuye el interés en las finanzas, hay un día muy bonito de paga entre el 26 y el 28. También podría ser la oportunidad de un trabajo con mejor paga.

Júpiter, que ha estado en tu casa del dinero desde julio del año pasado, entra el 11 en tu tercera casa. Después entra el Sol, el 23. Esto nos da muchos mensajes. En primer lugar, es posible que compres un coche nuevo (y bueno) y un equipo de comunicación (esto ocurrirá este año o el siguiente). Gastas en comunicación y puedes ganar con eso también. Si trabajas en ventas, mercadotecnia, publicidad o relaciones públicas, o si eres profesor o escritor, tienes un año financiero fabuloso. Sea cual sea la empresa o negocio en que trabajas, son muy importantes las buenas ventas, buenas relaciones públicas y la mercadotecnia.

Empiezan a prosperar hermanos y figuras fraternas, y parece que te apoyan financieramente. El dinero se gana cerca de casa, en el barrio, y tal vez a través de vecinos. Los hermanos y vecinos se ven receptivos a tus ideas, a tus planteamientos financieros.

Estás en una fase intelectual de tu vida. La riqueza intelectual también es riqueza y esto es lo que te ocurre. Armas tu carpeta de propiedad intelectual en este periodo.

Este poder de la tercera casa es maravilloso si eres estudiante, ya sea de enseñanza media o universitaria. Hay éxito en los estudios. Si solicitas la admisión en una universidad, deberías tener buenas noticias.

Como hemos dicho, comienza la claridad en el amor. El 2 Saturno retoma el movimiento directo después de estar retrógrado muchos meses. Ya estás preparado para avanzar también. La confianza social es más fuerte, y el juicio también estará mejor. El amor es más fácil después del 23 que antes.

La salud y la energía siguen excelentes, no perfectas, pero buenas. Puedes fortalecer más la salud de las maneras explicadas en las previsiones para el año.

Septiembre

Mejores días en general: 7, 8, 17, 18, 26, 27
Días menos favorables en general: 1, 14, 15, 22, 23, 28, 29
Mejores días para el amor: 1, 8, 9, 10, 18, 19, 20, 22, 23, 28, 29
Mejores días para el dinero: 2, 3, 9, 10, 12, 13, 24, 30
Mejores días para la profesión: 1, 9, 10, 20, 28, 29, 30

El principal titular este mes son dos eclipses, que aseguran un mes azaroso.

Los eclipses siempre producen trastorno, confusión y cambios. Traen acontecimientos o incidentes de los que no se puede hacer caso omiso. Son cosas que no se pueden meter debajo de la alfombra. Hay que ocuparse de ellas y suelen ocuparnos mucho tiempo y energía.

El eclipse solar del 13 ocurre en tu tercera casa. Siendo eclipse solar, es moderado para ti. De todos modos no te hará ningún daño reducir las actividades y evitar las difíciles o estresantes. Puede que para las personas que te rodean no sea tan moderado. Si eres estudiante esto podría significar cambio de colegio, cambio de la asignatura principal, o reorganización en la administración del centro. Hay dramas, tal vez buenos, en la vida de hermanos, figuras fraternas y vecinos. Los coches y el equipo de comunicación pasan por pruebas y podría ser necesario reemplazarlos. Te conviene conducir con precaución durante el periodo del eclipse. Podría convenirte contratar un seguro para tu teléfono móvil.

Todos los eclipses solares traen drama y cambio en las finanzas, y este no es diferente. Como hemos dicho, las finanzas son algo dinámico, algo siempre cambiante, y es bueno aceptar los cambios. Es posible que estos cambios debieran haberse hecho hace tiempo, y ahora el eclipse te obliga a hacerlos.

El eclipse lunar del 28 (el 27 en las Américas) es mucho más fuerte en ti, así que tómate las cosas con calma, reduce tus actividades y haz todo lo posible por no ponerte en situación de peligro o riesgo. Este eclipse ocurre en tu décima casa, la de la profesión, y señala cambios en la profesión; esto no significa necesariamente que vayas a cambiar de profesión (aunque a veces ocurre); pero los cambios en la industria en que trabajas o en tu profesión pueden ser drásticos y cambian las reglas del juego. Suele haber reorganización en la jerarquía de la empresa y la industria en que trabajas (y esto ha estado ocurriendo desde hace unos años); a veces cambian las normas en el organismo gubernamental que regula tu industria o profesión. Hay dramas, de aquellos que cambian la vida, en la vida de jefes, padres, figuras parentales y de autoridad de tu vida.

Todos los eclipses lunares, como hemos dicho, te obligan a redefinir tu personalidad y concepto de ti mismo. Nuevamente te redefines y cambias tu guardarropa y apariencia.

La salud estará más delicada después del 23. Procura descansar y dormir lo suficiente. Repasa lo que hablamos sobre esto en las previsiones para el año.

Octubre

Mejores días en general: 4, 5, 14, 15, 23, 24, 31
Días menos favorables en general: 11, 12, 13, 19, 20, 25, 26
Mejores días para el amor: 6, 8, 9, 16, 19, 20, 25, 27, 28
Mejores días para el dinero: 1, 2, 3, 6, 7, 8, 9, 10, 12, 13, 19, 20, 22, 23, 27, 28, 29
Mejores días para la profesión: 1, 9, 10, 19, 20, 25, 26, 27, 28

Tu planeta del amor cambió de signo el mes pasado; salió de Escorpio, donde estuvo tres meses, y entró en Sagitario, donde continuará los dos próximos años. Eres una persona práctica tratándose de asuntos del corazón, y ahora lo serás más aún. Valoras a la persona que hace algo por ti, que sirve a tus intereses. Para ti, en este periodo, el servicio es amor en acción. Las oportunidades amorosas se presentan en el lugar de trabajo o cuando estás atendiendo a tus objetivos de salud. Lo bueno ahora es que hay claridad en el amor. Saturno está en movimiento directo y continuará avanzando en los meses venideros. Las relaciones avanzan. El 23 del mes pasado entraste en el cielo de Cáncer. Se hizo muy poderosa tu cuarta casa, y lo estará hasta el 23 de este mes. El Cosmos te impulsa a hacer lo que más te gusta: dedicarte a la familia y ocuparte de la rutina doméstica. Ahora el poder planetario está en su nadir, que es el punto más bajo de tu carta. Es medianoche en tu año. La medianoche es la hora en que ocurren todo tipo de cosas mágicas y milagrosas. La actividad externa está más o menos apagada, pero la actividad interior es intensa. Ahora la atención está en la vida interior. Este mes vas a tener felices oportunidades profesionales, sobre todo del 15 al 18, pero esto será un «efecto secundario» de tu trabajo interior. Continúa trabajando en tu profesión con los métodos de la noche. Sueña, visualiza lo que deseas que ocurra y el lugar en que deseas estar. Entra en la sensación de cómo sería haber conseguido un objetivo. Si logras esa sensación, el hecho externo está muy cerca.

A Cáncer siempre le interesa el pasado; es el más nostálgico de los signos. Este mes lo eres más aún. Esto tiene una lógica cósmica. A medida que nos hacemos mayores el pasado se redefine, según el estado de nuestra conciencia en el presente. Por lo tanto, los recuerdos que nos vienen se resuelven, se redefinen, se curan.

Desde el 23 del mes pasado la salud está más delicada, así que procuras descansar lo suficiente. Repasa lo que hablamos sobre la salud en las previsiones para el año. Después del 23 mejorarán la salud y la energía.

Las finanzas van bien este mes, aunque hay algunos baches en el camino. Del 5 al 7 el Sol forma cuadratura con Plutón; evita las especulaciones esos días. Los gastos relacionados con los hijos (o figuras filiales) podrían agobiar. El 11 y el 12 el Sol está en oposición con Urano, lo que produce un trastorno financiero, tal vez repentino e inesperado. Esto traerá cambios, lo cual será bueno.

Noviembre

Mejores días en general: 1, 10, 11, 19, 20, 28, 29
Días menos favorables en general: 8, 9, 15, 16, 22
Mejores días para el amor: 3, 6, 7, 12, 15, 16, 17, 18, 21, 26, 27, 30

CÁNCER   133

Mejores días para el dinero: 1, 3, 4, 5, 6, 10, 11, 15, 16, 21, 22, 24, 25, 30
Mejores días para la profesión: 6, 7, 8, 17, 18, 21, 22, 26,27

El 23 de septiembre el poder planetario hizo otro importante traslado; los planetas pasaron de tu sector oriental o independiente al sector occidental o social. Este mes, cuando Venus y Marte se muevan hacia el oeste, el dominio del sector occidental será más fuerte aún. El poder planetario se aleja de ti, se distancia, moviéndose hacia los demás, y deberías imitarlo (y probablemente lo harás). El interés propio es algo fabuloso, pero ahora estás en otra fase de tu ciclo. Tus intereses son importantes, pero también lo son los de los demás. Es el período para que te tomes unas vacaciones de ti mismo y centres la atención en los otros. Ahora es mejor que te adaptes a las situaciones lo mejor posible, en lugar de intentar cambiarlas. Es el periodo para cultivar las dotes sociales. Tu bien te llega a través de la buena voluntad de los demás.

El 23 del mes pasado el Sol entró en tu quinta casa y tú entraste en una cima de placer personal, que continúa hasta el 22. Este es el periodo para divertirte, para explorar el lado éxtasis de la vida. Si estás en el mundo de las artes creativas serás especialmente creativo. Ahora la atención se centra en los hijos. Nadie sabe disfrutar de la vida mejor que un niño. Es mucho lo que podemos aprender de los niños.

Las finanzas son fuertes este mes. Las especulaciones son favorables hasta el 22. El dinero se gana de modos felices, y gastas en cosas felices, placenteras. Los hijos y las figuras filiales motivan tus ingresos. Si están en edad, te apoyan. Gastas en los hijos, pero también puedes ganar gracias a ellos. Estás en el periodo para disfrutar de tu riqueza. Hacia fines de mes (29-30) podría formarse una sociedad de negocios o una empresa conjunta. El cónyuge, pareja o ser amado actual te apoya económicamente. Podrías gastar en una fiesta o reunión.

El 12 entra en tu cuarta casa tu planeta de la profesión, Marte; entonces es probable que trabajes desde casa. Esto también refuerza lo que hemos dicho antes: que el hogar y la familia son tu profesión en este periodo. Están muy arriba en tus prioridades.

El amor va bien este mes. Saturno, tu planeta del amor, recibe estimulación positiva después del 20. Aumentará la actividad social.

La salud es buena todo el mes, pero en especial hasta el 22. Puedes fortalecerla más de las maneras explicadas en las previsiones para el año. Después del 20 da más atención a los pulmones, instestino delgado, brazos, hombros y sistema respiratorio. El masaje en los brazos y hombros será potente.

Diciembre

Mejores días en general: 7, 8, 9, 17, 18, 25, 26
Días menos favorables en general: 5, 6, 12, 13, 19, 20
Mejores días para el amor: 1, 7, 10, 12, 13, 17, 18, 19, 25, 26, 27, 28
Mejores días para el dinero: 1, 2, 3, 4, 10, 11, 12, 13, 20, 21, 22, 27, 28, 29, 30, 31
Mejores días para la profesión: 5, 6, 14, 15, 16, 19, 20, 23, 24

El 22 del mes pasado se hizo muy poderosa tu sexta casa, y este mes estará más fuerte aún. Este es un aspecto muy bueno si buscas trabajo o eres empleador; abundan las oportunidades de trabajo, como también las solicitudes de trabajo. En este periodo te irá muy bien centrar la atención en tu salud, en tu programa de salud y en los conocimientos sobre la salud.

El lugar de trabajo sigue siendo el escenario para el romance. El romance va bien este mes. Saturno recibe mucha estimulación positiva. Los encuentros y oportunidades románticas ocurrirán con más probabilidad en los mejores días para el amor que enumeramos arriba. El 22 el Sol entra en tu séptima casa y tú comienzas una cima amorosa y social.

Las finanzas también se ven bien. Hasta el 22 tu planeta del dinero está en Sagitario; esto es energía expansiva; deberían aumentar tus ingresos. Hay optimismo y fe financieros. Gastas despreocupadamente (en especial del 13 al 15), pero también ganas más. Me parece que el dinero llega de la manera tradicional, del trabajo. Es posible que tomes un segundo trabajo o uno secundario; estos abundan. Después del 22, cuando tu planeta del dinero entra en Capricornio, eres más conservador con el dinero, menos despreocupado para gastar. Deseas valor por tu dinero. Adoptas una perspectiva a largo plazo de las finanzas, y esto es bueno. Después del 22 también adquieren mucha importancia las conexiones sociales. Alternas con personas ricas, y parece que te apoyan. Tu bien financiero (como los demás bienes) dependen de la buena voluntad de otros, por lo tanto las dotes sociales son ultra importantes.

Los padres o figuras parentales de tu vida deberán protegerse de situaciones peligrosas del 5 al 12. Marte forma aspectos dinámicos con Plutón y Urano. No estará de más tampoco proteger del peligro a los hijos y figuras filiales del 5 al 8. La salud se vuelve más delicada después del 22. Fortalécela de las maneras explicadas en las previsiones para el año. Lo importante es que descanses lo suficiente, que mantengas elevada la energía. El 22 vuelve a trasladarse el poder planetario. Esta vez pasa de la mitad inferior de tu carta a la superior. Este cambio en el dominio será mucho más fuerte el mes que viene. Pero ya comenzarás a sentir el tirón de tus ambiciones. La profesión se vuelve más importante.

Leo

♌

El León

Nacidos entre el 21 de julio y el 21 de agosto

Rasgos generales

LEO DE UN VISTAZO

Elemento: Fuego

Planeta regente: Sol
  Planeta de la profesión: Venus
  Planeta de la salud: Saturno
  Planeta del amor: Urano
  Planeta del dinero: Mercurio

Colores: Dorado, naranja, rojo
  Colores que favorecen el amor, el romance y la armonía social: Negro, azul índigo, azul marino
  Colores que favorecen la capacidad de ganar dinero: Amarillo, amarillo anaranjado

Piedras: Ámbar, crisolita, diamante amarillo

Metal: Oro

Aroma: Bergamota, incienso, almizcle

Modo: Fijo (= estabilidad)

Cualidad más necesaria para el equilibrio: Humildad

Virtudes más fuertes: Capacidad de liderazgo, autoestima y confianza en sí mismo, generosidad, creatividad, alegría

Necesidad más profunda: Diversión, alegría, necesidad de brillar

Lo que hay que evitar: Arrogancia, vanidad, autoritarismo

Signos globalmente más compatibles: Aries, Sagitario

Signos globalmente más incompatibles: Tauro, Escorpio, Acuario

Signo que ofrece más apoyo laboral: Tauro

Signo que ofrece más apoyo emocional: Escorpio

Signo que ofrece más apoyo económico: Virgo

Mejor signo para el matrimonio y/o las asociaciones: Acuario

Signo que más apoya en proyectos creativos: Sagitario

Mejor signo para pasárselo bien: Sagitario

Signos que más apoyan espiritualmente: Aries, Cáncer

Mejor día de la semana: Domingo

La personalidad Leo

Cuando pienses en Leo, piensa en la realeza; de esa manera te harás una idea de cómo es Leo y por qué los nativos de este signo son como son. Es verdad que debido a diversas razones algunos Leo no siempre expresan este rasgo, pero aun en el caso de que no lo expresen, les gustaría hacerlo.

Un monarca gobierna no por el ejemplo (como en el caso de Aries) ni por consenso (como hacen Capricornio y Acuario), sino por su voluntad personal. Su voluntad es ley. Sus gustos personales se convierten en el estilo que han de imitar todos sus súbditos. Un rey tiene en cierto modo un tamaño más grande de lo normal. Así es como desea ser Leo.

Discutir la voluntad de un Leo es algo serio. Lo considerará una ofensa personal, un insulto. Los Leo nos harán saber que su voluntad implica autoridad, y que desobedecerla es un desacato y una falta de respeto.

Una persona Leo es el rey, o la reina, en sus dominios. Sus subordinados, familiares y amigos son sus leales súbditos. Los Leo reinan con benevolente amabilidad y con miras al mayor bien para los demás. Su presencia es imponente, y de hecho son personas poderosas. Atraen la atención en cualquier reunión social. Destacan porque son los astros en sus dominios. Piensan que, igual que el Sol, están hechos para brillar y reinar. Creen que nacieron para disfrutar de privilegios y prerrogativas reales, y la mayoría de ellos lo consiguen, al menos hasta cierto punto.

El Sol es el regente de este signo, y si uno piensa en la luz del Sol, es muy difícil sentirse deprimido o enfermo. En cierto modo la luz del Sol es la antítesis misma de la enfermedad y la apatía. Los Leo aman la vida. También les gusta divertirse, la música, el teatro y todo tipo de espectáculos. Estas son las cosas que dan alegría a la vida. Si, incluso en su propio beneficio, se los priva de sus placeres, de la buena comida, la bebida y los pasatiempos, se corre el riesgo de quitarles su voluntad de vivir. Para ellos, la vida sin alegría no es vida.

Para Leo la voluntad humana se resume en el poder. Pero el poder, de por sí, y al margen de lo que digan algunas personas, no es ni bueno ni malo. Únicamente cuando se abusa de él se convierte en algo malo. Sin poder no pueden ocurrir ni siquiera cosas buenas. Los Leo lo saben y están especialmente cualificados para ejercer el poder. De todos los signos, son los que lo hacen con más naturalidad. Capricornio, el otro signo de poder del zodiaco, es mejor gerente y administrador que Leo, muchísimo mejor. Pero Leo eclipsa a Capricornio con su brillo personal y su presencia. A Leo le gusta el poder, mientras que Capricornio lo asume por sentido del deber.

Situación económica

Los nativos de Leo son excelentes líderes, pero no necesariamente buenos jefes. Son mejores para llevar los asuntos generales que los detalles de la realidad básica de los negocios. Si tienen buenos jefes, pueden ser unos ejecutivos excepcionales trabajando para ellos. Tienen una visión clara y mucha creatividad.

Los Leo aman la riqueza por los placeres que puede procurar. Les gusta llevar un estilo de vida opulento, la pompa y la elegancia. Incluso aunque no sean ricos, viven como si lo fueran. Por este motivo muchos se endeudan, y a veces les cuesta muchísimo salir de esa situación.

Los Leo, como los Piscis, son generosos en extremo. Muchas veces desean ser ricos sólo para poder ayudar económicamente a otras personas. Para ellos el dinero sirve para comprar servicios y capacidad empresarial, para crear trabajo y mejorar el bienestar general de los que los rodean. Por lo tanto, para los Leo, la riqueza es buena, y ha de disfrutarse plenamente. El dinero no es para dejarlo en una mohosa caja de un banco llenándose de polvo, sino para disfrutarlo, distribuirlo, gastarlo. Por eso los nativos de Leo suelen ser muy descuidados con sus gastos.

Teniendo el signo de Virgo en la cúspide de su segunda casa solar, la del dinero, es necesario que los Leo desarrollen algunas de las características de análisis, discernimiento y pureza de Virgo en los asuntos monetarios. Deben aprender a cuidar más los detalles financieros, o contratar a personas que lo hagan por ellos. Tienen que tomar más conciencia de los precios. Básicamente, necesitan administrar mejor su dinero. Los Leo tienden a irritarse cuando pasan por dificultades económicas, pero esta experiencia puede servirles para hacer realidad su máximo potencial financiero.

A los Leo les gusta que sus amigos y familiares sepan que pueden contar con ellos si necesitan dinero. No les molesta e incluso les gusta prestar dinero, pero tienen buen cuidado de no permitir que se aprovechen de ellos. Desde su «trono real», a los Leo les encanta hacer regalos a sus familiares y amigos, y después disfrutan de los buenos sentimientos que estos regalos inspiran en todos. Les gusta la especulación financiera y suelen tener suerte, cuando las influencias astrales son buenas.

Profesión e imagen pública

A los Leo les gusta que los consideren ricos, porque en el mundo actual la riqueza suele equivaler a poder. Cuando consiguen ser ricos, les gusta tener una casa grande, con mucho terreno y animales.

En el trabajo, destacan en puestos de autoridad y poder. Son buenos para tomar decisiones a gran escala, pero prefieren dejar los pequeños detalles a cargo de otras personas. Son muy respetados por sus colegas y subordinados, principalmente porque tienen el don de comprender a los que los rodean y relacionarse bien con ellos. Generalmente luchan por conquistar los puestos más elevados, aunque hayan comenzado de muy abajo, y trabajan muchísimo por llegar a la cima. Como puede esperarse de un signo tan carismático, los Leo siempre van a tratar de mejorar su situación laboral, para tener mejores oportunidades de llegar a lo más alto.

Por otro lado, no les gusta que les den órdenes ni que les digan lo que han de hacer. Tal vez por eso aspiran a llegar a la cima, ya que allí podrán ser ellos quienes tomen las decisiones y no tendrán que acatar órdenes de nadie.

Los Leo jamás dudan de su éxito y concentran toda su atención y sus esfuerzos en conseguirlo. Otra excelente característica suya es que, como los buenos monarcas, no intentan abusar del poder o el éxito que consiguen. Si lo llegan a hacer, no será voluntaria ni intencionadamente. En general a los Leo les gusta compartir su riqueza e intentan que todos los que los rodean participen de su éxito.

Son personas muy trabajadoras y tienen buena reputación, y así les gusta que se les considere. Es categóricamente cierto que son capaces de trabajar muy duro, y con frecuencia realizan grandes cosas. Pero no olvidemos que, en el fondo, los Leo son en realidad amantes de la diversión.

Amor y relaciones

En general, los Leo no son del tipo de personas que se casan. Para ellos, una relación es buena mientras sea agradable. Cuando deje de serlo, van a querer ponerle fin. Siempre desean tener la libertad de dejarla. Por eso destacan por sus aventuras amorosas y no por su capacidad para el compromiso. Una vez casados, sin embargo, son fieles, si bien algunos tienen tendencia a casarse más de una vez en su vida. Si estás enamorado o enamorada de un Leo, limítate a procurar que se lo pase bien, viajando, yendo a casinos y salas de fiestas, al teatro y a discotecas. Ofrécele un buen vino y una deliciosa cena; te saldrá caro, pero valdrá la pena y os lo pasaréis muy bien.

Generalmente los Leo tienen una activa vida amorosa y son expresivos en la manifestación de su afecto. Les gusta estar con personas optimistas y amantes de la diversión como ellos, pero acaban asentándose con personas más serias, intelectuales y no convencionales. Su pareja suele ser una persona con más conciencia política y social y más partidaria de la libertad que ellos mismos. Si te casas con una persona Leo, dominar su tendencia a la libertad se convertirá ciertamente en un reto para toda la vida, pero ten cuidado de no dejarte dominar por tu pareja.

Acuario está en la cúspide de la casa siete, la del amor, de Leo. De manera, pues, que si los nativos de este signo desean realizar al máximo su potencial social y para el amor, habrán de desarrollar perspectivas más igualitarias, más acuarianas, con respecto a los demás. Esto no es fácil para Leo, porque «el rey» sólo encuentra a sus iguales entre otros «reyes». Pero tal vez sea esta la solución para su desafío social: ser «un rey entre reyes». Está muy bien ser un personaje real, pero hay que reconocer la nobleza en los demás.

Hogar y vida familiar

Si bien los nativos de Leo son excelentes anfitriones y les gusta invitar a gente a su casa, a veces esto es puro espectáculo. Sólo unos pocos amigos íntimos verán el verdadero lado cotidiano de un Leo. Para este, la casa es un lugar de comodidad, recreo y transformación; un retiro secreto e íntimo, un castillo. A los Leo les gusta gastar dinero, alardear un poco, recibir a invitados y pasárselo bien. Disfrutan con muebles, ropa y aparatos de última moda, con todas las cosas dignas de reyes.

Son apasionadamente leales a su familia y, desde luego, esperan ser correspondidos. Quieren a sus hijos casi hasta la exageración; han de procurar no mimarlos ni consentirlos demasiado. También han de evitar dejarse llevar por el deseo de modelar a los miembros de su familia a su imagen y semejanza. Han de tener presente que los demás también tienen necesidad de ser ellos mismos. Por este motivo, los Leo han de hacer un esfuerzo extra para no ser demasiado mandones o excesivamente dominantes en su casa.

Horóscopo para el año 2015*

Principales tendencias

Desde que Júpiter entró en tu signo en julio del año pasado estás en un ciclo de felicidad y prosperidad. Sin duda has pasado por algunas dificultades, pero has tenido ayuda para arreglártelas con ellas. El tono del año es prosperidad y dicha. Pero junto con toda esta diversión, ahora tienes a Saturno en tu quinta casa la mayor parte del año. Pásalo bien, pero no te excedas. Diviértete sin evadir tus responsabilidades.

La prosperidad será buena todo el año, pero será mejor aún a partir del 11 de agosto, cuando Júpiter entra en tu casa del dinero.

El tránsito de Júpiter por tu signo es excelente para el amor también. Hay romance serio; esto podría haber ocurrido ya, pero si no, podría ocurrir este año. Volveremos sobre este tema.

La salud fue fundamentalmente buena el año pasado y debería ser mejor este año, ya que Saturno sale de su aspecto desfavorable y te forma aspectos hermosos. Hablaremos más de esto.

Urano lleva unos años en tu novena casa. Esto entraña mucho cambio, efervescencia y actualización de tus creencias religiosas y filosóficas. Parece que exploras diferentes religiones y filosofías en este periodo.

La vida sexual se refina y espiritualiza más. El simple placer fisiológico no te basta. Desde que Neptuno entró en tu octava casa en 2012 has explorado dimensiones más profundas de la relación sexual.

Los intereses más importantes para ti este año son: el cuerpo, la imagen y el placer personal (hasta el 11 de agosto); las finanzas (a partir del 11 de agosto); el hogar y la familia (del 15 de junio al 18 de septiembre); los hijos, la diversión y la creatividad (del 1 de enero al 15 de junio y del 18 de septiembre hasta fin de año); la salud y el trabajo; la sexualidad, la reinvención personal, los estu-

* Las previsiones de este libro se basan en el Horóscopo Solar y todos los signos que derivan de él; tu Signo Solar se convierte en el Ascendente, y las casas se numeran a partir de él. Tu horóscopo personal, el trazado concretamente para ti (según la fecha, hora y lugar exactos de tu nacimiento) podrían modificar lo que decimos aquí. Joseph Polansky

dios ocultos, las deudas y el pago de deudas; la religión, la filosofía, la formación superior y los viajes al extranjero.

Los caminos para tu mayor satisfacción este año son: el cuerpo, la imagen y el placer personal (hasta el 11 de agosto); las finanzas (a partir del 11 de agosto); la comunicación y los intereses intelectuales (hasta el 13 de noviembre).

Salud

(Ten en cuenta que esta es una perspectiva astrológica de la salud, no una médica. Antaño no había ninguna diferencia, ambas eran idénticas, pero en esta época podrían diferir muchísimo. Para una perspectiva médica, por favor, consulta a tu médico o a otro profesional de la salud.)

Tu sexta casa ha estado fuerte varios años y este año continúa fuerte. Estás atento a tu salud, alerta. Le das la atención que se merece (y tal vez demasiada).

Como hemos dicho, la salud se ve bien este año, mucho mejor que el año pasado. Los planetas lentos o están en aspectos armoniosos contigo o te dejan en paz. (Saturno volverá a entrar en Escorpio, retrógrado, y estará unos meses ahí, del 15 de junio al 18 de septiembre, pero este no es un tránsito serio, es sólo un coqueteo. Es posible que no sientas esto, a no ser que hayas nacido en el último periodo de tu signo, del 19 al 22 de agosto.)

Por buena que sea tu salud siempre puedes mejorarla. Presta más atención a las siguientes zonas, que son vulnerables en tu carta.

El corazón siempre es importante para Leo. Come alimentos sanos para el corazón y evita la preocupación y la ansiedad, las dos emociones que lo estresan. Te irá bien que te trabajen los puntos reflejos del corazón.

El colon, la vejiga y los órganos sexuales. Estos órganos son importantes desde hace unos años. Podría convenirte hacerte lavativas; es necesario mantener limpio el colon. La moderación sexual y el sexo seguro también son importantes en este periodo. En general, te benefician los regímenes de desintoxicación. También serán buenas sesiones de reflexología en que te trabajen los puntos reflejos.

La columna, las rodillas, la dentadura, los huesos, la piel y la alineación esquelética general. Estas zonas son siempre importantes para Leo y este año no es diferente. Los masajes en la espalda y las rodillas son beneficiosos; también te convienen visitas periódicas a un quiropráctico o un osteópata. El yoga, la gimnasia Pilates, la Técnica Alexander y Feldenkreis son excelentes terapias para la columna. Protege bien las rodillas cuando hagas ejercicio. Procura tomar suficiente calcio y vitamina K. Cuando salgas al sol usa un buen filtro solar. También te irá bien que te trabajen los puntos reflejos de estas zonas.

El hígado y los muslos. Estas zonas han adquirido importancia desde diciembre del año pasado y serán importantes los dos próximos años. Masajes periódicos en los muslos harán maravillas. También te conviene una desintoxicación del hígado; hay varios métodos con hierbas para hacerlo. La acción del hígado está más perezosa en este periodo.

Mantener sanas y en forma estas zonas va a prevenir muchos problemas, porque es muy probable que los problemas de salud comiencen en ellas.

Los dos últimos años fue muy importante la buena salud emocional. Este año será importante unos meses, del 15 de junio al 18 de septiembre. Evita la depresión; haz todo lo posible por controlar tus estados anímicos y mantenerlos constructivos. No se ha estipulado que seas víctima de tus estados de ánimo, sino que seas su amo; mediante la meditación y otras técnicas espirituales es posible dominarlos y lograr que te sirvan.

Eres uno de los signos más creativos del zodiaco. Es muy importante que mantengas en circulación los jugos creativos para que se expresen como deben expresarse. La represión puede ser causa importante de problemas de salud. Siempre te sienta bien tener una afición de tipo creativo, algo que hagas simplemente por el placer de hacerlo. Este año esto es más importante de lo habitual.

Tu planeta de la salud estuvo en Escorpio unos años, y este año volverá estar ahí unos meses. Plutón está en tu sexta casa, la de la salud; es posible que en los dos últimos años hayas pasado por una intervención quirúrgica, aunque esto podría ocurrir este año. Tienes la tendencia. Siempre busca otras opiniones e investiga si una desintoxicación daría el mismo resultado. A veces lo hace, pero lleva más tiempo.

Este año deberás estar atento al peso, sobre todo hasta el 11 de agosto.

La dieta es menos importante de lo que lo ha sido en los dos años anteriores; volverá a ser importante unos meses, del 15 de junio al 18 de septiembre.

Hogar y vida familiar

La faceta hogar y familia ha sido importante los dos últimos años, y volverá a ser importante unos meses este año, del 15 de junio al 18 de septiembre. Ha habido dificultades estos dos años pero la mayoría ya han pasado.

Saturno en tu cuarta casa indicaba la necesidad de tomar más responsabilidades familiares, tal vez gravosas; no había manera de evitarlas. La vida emocional en general estaba bloqueada; te sentías inseguro de expresar tus sentimientos. Tal vez había problemas en la salud de un familiar. Tal vez deseabas mudarte, sentías estrechez en la casa, pero no podías. Gran parte de esto va a cambiar para mejor este año.

Sigue habiendo problemas de salud en la familia, pero se trata más bien de la salud de un hijo o figura filial de tu vida. La vida emocional en general es mucho más feliz. Ocurra lo que ocurra en la familia, no se puede aplastar tu natural optimismo Leo; simplemente burbujea.

Cuando Júpiter entre en Virgo el 11 de agosto comenzará a formarle aspectos hermosos a tu planeta de la familia. Hay probabilidades de mudanza o renovaciones a partir de esta fecha, y se ven felices. Como saben nuestros lectores, cuando el horóscopo muestra una mudanza, no se trata necesariamente de un traslado; puede ser una renovación o la compra de una segunda casa. El efecto es «como si» la persona se hubiera mudado. La casa se ve más amplia y más feliz.

Si estás en edad de concebir, este año eres mucho más fértil que de costumbre; pero me parece que tienes emociones contradictorias respecto a esto. En general te gustan los niños, pero este año algo menos.

Desde hace unos años has estado haciendo de la casa un lugar más sano para vivir. Es posible que hayas instalado un equipo para ejercicios u otros aparatos para la salud. Esta tendencia continúa este año. La casa tiene tanto de balneario de salud como de hogar.

Después del 11 de agosto podrías comenzar a hacer de la casa un lugar para juegos, un centro de entretenimiento tanto como un hogar. Es muy posible que compres un teatro casero caro, equipo de música estéreo y cosas de esa naturaleza.

Se ensancha el círculo familiar este año, a partir del 11 de agosto. Generalmente esto ocurre por nacimientos o bodas, pero no

siempre. Podrías conocer a personas que son como familiares
para ti.
Este año los hijos (o figuras filiales) te resultan más una carga
de lo habitual. Será un reto darles la disciplina adecuada. Aplica
el término medio, ni excesiva ni muy poca.
Un progenitor o figura parental se siente mejor este año, menos pesimista. Esta persona comienza a prosperar y a gozar más
de la buena vida a partir del 11 de agosto. Podría haberse mudado
últimamente, pero si no es así, esto podría ocurrir este año.
No es probable que los hermanos o figuras fraternas se muden
este año; no se ve aconsejable.

Profesión y situación económica

Tienes un año financiero fabuloso, Leo, ¡disfrútalo! Júpiter transita por tu signo desde el 16 de julio del año pasado. Esto es maravilloso para las finanzas. Trae mayores ingresos, seguro, pero lo
que verdaderamente trae es un nivel de vida más elevado. Ganes
lo que ganes, vives «como si» fueras rico. Con esto no queremos
decir que vayas a vivir como un multimillonario, sino más de
acuerdo a lo que según tu criterio interior es la «buena vida».
Comes alimentos más selectos en los mejores restaurantes; viajas
más; te vistes mejor; te compras artículos personales caros: ropa,
joyas, accesorios. Tienes los medios para disfrutar de todas las
actividades de ocio que desees.
En tu carta vemos una hermosa lección espiritual. Primero vienen el optimismo, la sensación de riqueza, la apariencia de riqueza, el comportamiento de rico; esto es Júpiter en tu primera casa.
Después viene la riqueza real, tangible, cuando Júpiter entra en tu
casa del dinero. Fíjate en el orden: lo uno es el efecto secundario
natural de lo otro.
Este es también un tránsito afortunado para las especulaciones. Podría no ser mala idea invertir sumas inocuas de dinero en
la lotería o en algún otro tipo de especulación. No creas que el
dinero tiene que llegar de esa manera. La buena suerte se manifiesta de muchas otras maneras también. Guíate por tu intuición.
Si hay algún fallo financiero este año podría deberse a que te
has excedido en las especulaciones. Has sido arriesgado. Leo es
muy arriesgado. Ahora, teniendo a Júpiter en tu signo esta tendencia aumenta muchísimo. Tal vez sería aconsejable que apartes
sólo un cierto porcentaje de ingresos o bienes para este tipo de

cosas, un 10 % máximo. Esto pondrá límites a cualquier tipo de daño, pero de todos modos te permite beneficiarte de la Dama Fortuna que está contigo este año.

Lo que me gusta este año es que tu carta muestra «dinero feliz», dinero que ganas de forma placentera. Tal vez estás en el club y haces un importante contacto financiero; esto también puede ocurrir en el campo de golf, la pista de tenis o un teatro. También indica que disfrutas de la riqueza que tienes; gastas en cosas placenteras.

Este año se ven importantes en el plano financiero los hijos y las figuras filiales de tu vida. Es posible que gastes más en ellos; pero también puedes ganar gracias a ellos. Muchas veces los hijos sirven de motivadores para los padres. A veces tienen buenas ideas o buenas conexiones financieras (me parece que si andas en busca de trabajo ellos tienen contactos útiles). En este periodo se ven lucrativas las inversiones en empresas o industrias que proveen a los niños: música, espectáculos, fábricas de juguetes, de juegos, cosas de esta naturaleza.

Siendo el raudo Mercurio tu planeta del dinero, hay muchas tendencias a corto plazo según dónde esté Mercurio y los aspectos que reciba; estas tendencias es mejor tratarlas en las previsiones mes a mes.

Los números financieros favorables son el 1, el 6, el 8 y el 9.

Si bien la vida financiera es buena y distendida, la profesión no está particularmente fuerte este año. Tu décima casa, la de la profesión, está prácticamente vacía; sólo transitan por ella los planetas rápidos, y por cortos periodos. Este es un año profesional sin cambios ni novedades; las cosas tienden a continuar como están. Por lo general esto indica que estás más o menos satisfecho en el frente profesional y no tienes necesidad de hacer cambios importantes.

Tu profesión la rige otro planeta rápido, Venus. Hay, por lo tanto, muchas tendencias a corto plazo de las que hablaremos en las previsiones mes a mes.

Amor y vida social

Desde julio del año pasado has tenido un periodo fabuloso en el amor y en lo social, y la tendencia continúa este año. Es mejor hasta el 11 de agosto. Después, se consiguen más o menos los objetivos amorosos y hay menos énfasis.

Como hemos dicho, Júpiter, el planeta de la abundancia, del placer y la creatividad, en tu signo, forma aspectos hermosos a tu planeta del amor, así que no cabe duda de que hay amor en el ambiente. Tienes muchas opciones. Hay muchas oportunidades para relaciones de «diversión y juego», de entretenimiento, y muchas para relaciones serias comprometidas. Tú eliges la que prefieres. Tienes dónde elegir.

A veces, una relación que comienza como una aventura amorosa se vuelve más seria, o a veces en una relación comprometida hay mucha diversión. En tu caso, este año, es difícil ver la diferencia entre los dos tipos de relación.

Si estás soltero o soltera con miras a un primer o segundo matrimonio, este año tienes excelentes perspectivas de boda. En realidad, podría ser que no te casaras, lo que se llama casarse, pero tendrás una relación que será como un matrimonio. Conocerás a una persona a la que considerarás «material para el matrimonio». Los astros impulsan pero no obligan. La persona nunca pierde su libre albedrío.

Tu planeta del amor, Urano, lleva unos años en Aries, tu novena casa. Por lo tanto, muchas de las tendencias en el amor sobre las que hemos escrito en los años anteriores continúan muy en vigor. Te atraen personas cultas, refinadas, personas de tipo mentor. Tienes los aspectos de una persona que se enamora del pastor religioso, del rabí, del imán o del profesor universitario. Encuentras muy atractivas a las personas extranjeras, y es muy fácil que el amor se te presente en otro país. Los ambientes religiosos y formativos son conducentes al romance. Podrías conocer a esa persona especial en la universidad o en una función de la universidad, en servicios o funciones religiosas, tal vez alguien que asiste también a tu lugar de culto. Este año los pastores religiosos o las personas de tu lugar de culto disfrutan haciendo el papel de casamenteros. Lo mismo puede decirse de los profesores universitarios.

Como en los años anteriores, son importantes la diversión y la intimidad física, pero tal vez igual de importante es la compatibilidad filosófica. Tú y el ser amado necesitáis compartir una visión del mundo y una filosofía similares. No hace falta que estéis de acuerdo en cada punto, pero sí en lo elemental. Si falta esto, es dudoso que la relación sobreviva mucho tiempo.

Si estás casado o casada o en una relación, puedes mejorar las cosas y suavizar las asperezas haciendo juntos cosas placenteras y viajando. Si hay problemas, haced un viaje a algún lugar lejano;

las cosas mejorarán. Si sois de inclinación religiosa podría conveniros asistir juntos, como pareja, a los servicios de culto o a clases o charlas metafísicas.

Si estás con miras a un tercer matrimonio, tendrás mucha vida social este año, pero ninguna novedad en cuanto a boda. Si aspiras a un cuarto matrimonio tienes excelentes aspectos para boda y romance.

Aun cuando este es un buen año amoroso, que lo tienes, algunos meses serán mejores que otros. Esto se debe a los tránsitos de los planetas rápidos y a los aspectos que forman a tu planeta del amor. De estas tendencias a corto plazo hablaremos en las previsiones mes a mes.

Progreso personal

La salida de Saturno de tu cuarta casa (de la que estará ausente la mayor parte del año) no sólo alivia la situación familiar, sino que también contribuye a tu crecimiento espiritual. Para ti, más que para la mayoría, el estado anímico es un elemento importante en tu práctica espiritual. Si no participan tus sentimientos hay poco éxito en tu vida de oración o meditación. Este año puedes esperar más crecimiento espiritual y más experiencias espirituales. Los estados de humor negro prácticamente han acabado.

Neptuno, como hemos dicho, está en tu octava casa desde 2012. Así pues, el Cosmos te llama a elevar el acto sexual (y esto ocurrirá de manera gradual). No te llama a abstenerte, sino a elevar las vibraciones del acto desde la mera pasión animal a un acto de culto. El sexo seguro ha sido importante para la salud desde hace unos años. La elevación (o sublimación) del acto sexual es el único sexo seguro que existe. Los condones y otras cosas artificiales te protegen de los virus y bacterias físicos, pero no cambian las vibraciones. Las vibraciones bajas encuentran otras maneras de expresarse. Tal vez ahora seas un buen candidato para las enseñanzas esotéricas de la sexualidad: el tantra y el yoga kundalini en Oriente, o la ciencia hermética en Occidente. Deberías leer todo cuanto pudieras sobre el tema.

Neptuno en la octava casa influye en las finanzas del cónyuge, pareja o ser amado actual. A esta persona se la llama a profundizar en las dimensiones espirituales de la riqueza, a explorar las fuentes sobrenaturales del aprovisionamiento, que no las naturales. Sería conveniente instar a esta persona a leer todo lo posible sobre el tema y a comenzar a aplicarlo. Esto transformará toda su vida financiera.

Teniendo a Urano en tu novena casa desde hace unos años, tu vida religiosa y filosófica es muy estimulante. Descubrimientos científicos modernos ponen en tela de juicio muchas de tus creencias religiosas y filosóficas. Esto no significa necesariamente que sean erróneas. La ciencia es un proceso evolutivo y hay muchas cosas que aún no se entienden. De todos modos estos retos son saludables. Te obligan a profundizar en tu credo, a examinarlo con más detenimiento y tal vez a revisar o descartar algunas creencias. En muchos casos la creencia es errónea; en muchos otros la creencia es correcta, pero no de la manera que pensabas. Todo esto aportará claridad a esta faceta de la vida. Una filosofía de la vida revisada, una visión del mundo revisada, cambiará todas las demás facetas de un modo positivo.

Previsiones mes a mes

Enero

Mejores días en general: 6, 7, 8, 16, 17, 24, 25
Días menos favorables en general: 14, 15, 20, 21, 27, 28
Mejores días para el amor: 1, 6, 7, 12, 13, 16, 17, 20, 21, 22, 24, 25, 31
Mejores días para el dinero: 1, 7, 8, 9, 10, 11, 12, 16, 17, 20, 21, 24, 25, 29, 30
Mejores días para la profesión: 1, 12, 13, 21, 22, 27, 28, 31

Comienzas el año con el sector occidental o social arrolladoramente dominante. Del 1 al 15 el 80 por ciento de los planetas están en este sector; del 15 al 27 será el 90 por ciento. Esto es un poquitín difícil para Leo. Vas a tener que olvidarte de ti y dedicarte a los demás, permitirles que hagan su voluntad (mientras esto no sea destructivo) y dirigir obedeciendo. El poder del líder, que tú eres por naturaleza, proviene de los gobernados, y esto es lo que vas a aprender este mes. El liderazgo es una forma de servicio a los demás. No va de pompas, ego ni poder personal. Cuando centras la atención en los demás descubres que se satisfacen tus necesidades.

Además, este mes ocurre un traslado importante. El 20 el poder planetario se traslada desde la mitad inferior de tu carta a la superior, donde ha estado los seis meses anteriores más o menos. Simbólicamente, es la aurora en tu año. Sale el Sol. Ahora el enfoque de la vida es el mundo externo y tus objetivos externos. Comienza a ser importante la profesión. Puedes poner en segundo plano los asuntos domésticos y familiares. El 20 entras en una cima amorosa y social anual. Esta será mucho más fuerte que en años anteriores. Urano, tu planeta del amor, recibe aspectos maravillosos. El amor es muy feliz. Si no tienes pareja (si queda algún Leo que no la tenga), pronto la tendrás. Este es un mes fabuloso para el amor de un año fabuloso para el amor.

Las finanzas también se ven fuertes este mes. Júpiter continúa en tu signo y Mercurio, tu planeta del dinero, está en movimiento directo hasta el 21. Estando poderosa tu sexta casa hasta el 20, si buscas trabajo tienes suerte. El dinero podría venir de un segundo trabajo o trabajo secundario, especialmente hasta el 5. Después del 5, cuando Mercurio entra en tu séptima casa, son importantes las conexiones sociales. Te encanta asistir a fiestas, pero ahora hay beneficios económicos en esto también. Alternas con personas ricas que te apoyan y ofrecen oportunidades.

Después del 21 evita tomar decisiones financieras y hacer compras o inversiones importantes. Deberás hacer revisión de tu vida financiera; es el periodo para adquirir claridad en las finanzas, no para hacer gestiones.

La salud y la energía están bien hasta el 20; después, descansa y relájate más. Fortalece la salud de las maneras explicadas en las previsiones para el año. Del 2 al 4 conduce con más precaución; también evita las actividades difíciles o arriesgadas. Además, no te conviene hacer viajes largos esos días.

Febrero

Mejores días en general: 3, 4, 13, 14, 21, 22
Días menos favorables en general: 10, 11, 17, 18, 23, 24
Mejores días para el amor: 1, 2, 3, 4, 10, 11, 13, 14, 17, 18, 20, 21, 22
Mejores días para el dinero: 3, 4, 5, 6, 7, 8, 9, 13, 14, 17, 18, 21, 22, 25, 26
Mejores días para la profesión: 1, 2, 10, 11, 20, 21, 23, 24

Hasta el 18 sigue siendo necesario estar atento a la salud y la energía; después deberías ver una gran mejoría. También podrían ser más fuertes la autoestima y la confianza en ti mismo, pero en esto vemos una ventaja: en este periodo no te conviene hacer valer tu voluntad; continúa dejando que los demás se impongan, mientras esto no sea destructivo.

Tu planeta del dinero, Mercurio, sigue retrógrado hasta el 11, así que sé más cauteloso al tomar decisiones financieras. Hasta ese día es mejor evitar hacer compras o inversiones importantes. Si debes hacer una compra, estúdiala bien y comprueba que en la tienda aceptan devoluciones. Después del 11 vuelve la claridad y la confianza financieras. Tu bien te viene de la buena voluntad de los demás; tus dotes sociales y tus conexiones siguen siendo importantes en las finanzas. Este (y el que viene) es un mes en que antepones los intereses financieros de los demás a los tuyos; esto no quiere decir que te conviertas en víctima de los demás, sino que tienes muy presentes sus intereses.

Mercurio pasa el mes en Acuario. Esto refuerza la dimensión social en las finanzas de que hemos hablado (esto ha sido importante desde el 5 del mes pasado); también favorece hacer dinero *online*, mediante empresas o negocios *online*. La alta tecnología también es importante en general; es probable que gastes más en esto durante este periodo.

Hasta el 18 continúas en una cima amorosa y social. Eres mucho más popular que de costumbre. Estás del lado del ser amado, muy presente en sus asuntos; esta persona lo nota y responde. Entre el 1 y el 3 y el 23 y 27 podría haber un excitante encuentro sexual. El 18 el Sol entra en tu octava casa y esto hace más sexualmente activo el resto del mes. La tendencia es a excederse, pero la cuadratura de Saturno con tu planeta de la sexualidad hace necesaria la moderación.

El cónyuge, pareja o ser amado actual entra en una cima financiera el 18. Me parece que tú te involucras mucho en esto; tienes un papel activo.

Si eres estudiante debería irte bien este mes, en especial después del 11, cuando Mercurio retoma el movimiento directo. Tienes la mente despejada y aguda; esto favorece el aprendizaje y las dotes de comunicación. Si eres universitario te irá mejor después del 20; estarás más serio y concentrado en tus estudios.

Marzo

Mejores días en general: 2, 3, 12, 13, 20, 21, 29, 30, 31
Días menos favorables en general: 9, 10, 16, 17, 22, 23
Mejores días para el amor: 2, 3, 12, 13, 16, 17, 20, 21, 22, 23, 29, 30
Mejores días para el dinero: 2, 3, 4, 5, 6, 7, 8, 12, 13, 18, 19, 20, 21, 29, 30, 31
Mejores días para la profesión: 2, 3, 12, 13, 22, 23

Del 9 al 12 Marte forma aspectos dinámicos con Plutón y Urano; estos no son días particularmente buenos para viajar, aunque sientes el impulso. Procura programar el viaje en torno a este periodo. Y deberás proteger del peligro a los nietos (si los tienes). Tu octava casa se hizo poderosa el 18 del mes pasado y lo estará hasta el 20. El 13 tu planeta del dinero entra también en esta casa. Así pues, como el mes pasado, es importantísimo tener muy presentes los intereses de los demás. Ganas al enriquecer a otros. La intuición financiera es excelente este mes, en especial después del 13. Entre el 17 y el 19 una corazonada financiera es buena, pero necesita verificación.

El 20 hay un eclipse solar que ocurre justo en el límite (cúspide) de las casas octava y novena. Técnicamente ocurre en la octava casa, pero tan cerca de la cúspide con la novena que afecta a los asuntos de ambas casas. A ti más que a la mayoría te afectan fuertemente todos los eclipses solares; el Sol es tu planeta regente. Así pues, reduce tus actividades y haz todo lo posible por evitar situaciones peligrosas. Lo que es necesario hacer debes hacerlo, pero lo opcional deberás reprogramarlo. Si no has tenido cuidado en los asuntos dietéticos podrías experimentar una desintoxicación física. Con este eclipse comienzas a redefinirte, a redefinir tu personalidad, tu concepto de ti mismo y tu imagen. Esto es saludable. A lo largo de los seis próximos meses vas a adoptar una nueva apariencia; cambiarás la forma de vestirte, el corte de pelo y la imagen. Esta nueva apariencia reflejará con más veracidad quién eres en esta fase de tu vida.

Este eclipse te afecta si eres universitario o estudiante de posgrado. Podría haber cambio de asignatura principal, cambio de centro de estudios y reorganización en él. Cambian las normas del centro y esto te afecta. También produce dramas en la vida de profesores de la universidad, mentores o consejeros. Hay trastornos o reorganización en tu lugar de culto. Este es otro periodo en que es mejor evitar viajar al extranjero.

Dado que este eclipse también afecta a los asuntos de la octava casa, el cónyuge, pareja o ser amado actual harán cambios financieros importantes, cambios en sus planteamientos y estrategia. El eclipse revelará defectos en su forma de pensar en lo financiero. La salud es buena, pero reduce tus actividades durante el periodo del eclipse.

Abril

Mejores días en general: 8, 9, 17, 18, 25, 26, 27
Días menos favorables en general: 6, 7, 13, 14, 19, 20
Mejores días para el amor: 1, 2, 8, 9, 13, 14, 17, 18, 21, 22, 26, 27
Mejores días para el dinero: 1, 2, 8, 9, 17, 18, 19, 20, 25, 26, 28, 29
Mejores días para la profesión: 1, 2, 13, 19, 20, 21, 22

El 4 hay un eclipse que trae cambios y trastornos, pero a pesar de esto el mes es feliz y próspero. Este mes ocurren muchas, muchas cosas.

El 20 el Sol cruza tu Medio cielo y entra en tu décima casa, y tú comienzas una cima profesional anual. Habrá mucho éxito y progreso profesional.

También el 20 el poder planetario empieza a trasladarse de tu sector occidental o social al oriental o independiente. Y aunque el sector oriental nunca será verdaderamente dominante este año, tienes mucha más independencia y poder personales que antes. Ya no necesitas adaptarte a las situaciones, sino que puedes cambiarlas o crearlas a tu gusto. Entras en un periodo en que, más o menos, tienes las cosas a tu manera. Te sientes mucho más a gusto con un sector oriental fuerte que con uno occidental fuerte.

El amor se calienta al rojo vivo este mes (ha ido bien en lo que va de año). El Sol viaja con tu planeta del amor hasta el 7. Esto indica un importante encuentro romántico si estás soltero o soltera, y si estás casado o casada o en una relación, mejor entendimiento con tu pareja. Sí, el eclipse va a sacar a relucir algunos trapos sucios, pero el amor está presente. A veces un eclipse señala una boda, y bien que esto podría ocurrir este mes.

El eclipse lunar del 4 ocurre en tu tercera casa y afecta a hermanos, figuras fraternas y vecinos; les ocurren experiencias dramáticas, de aquellas que cambian la vida. Pasan por pruebas el coche y el equipo de comunicación. Si eres estudiante de enseñanza media podrías cambiar de colegio o de planes de estudios; hay reorganización en la administración del colegio, o cambian las normas. Te conviene conducir con más preocupación durante el periodo del eclipse.

El eclipse afecta a la familia también, ya que le forma un aspecto desfavorable a Plutón, tu planeta de la familia. Será pues conveniente que los familiares se protejan del peligro o el daño, en especial un progenitor o figura parental. Si hay defectos en tu casa los descubres para poder corregirlos. Ten más paciencia con los familiares, pues están más temperamentales durante el periodo del eclipse. Y podría haber conflicto entre tu pareja y tu familia.

Será necesario dar más atención a la salud a partir del 20. En general la salud es buena, pero este no es uno de tus mejores periodos. Procura descansar lo suficiente.

Mayo

Mejores días en general: 5, 6, 14, 15, 23, 24
Días menos favorables en general: 3, 4, 10, 11, 16, 17, 30, 31
Mejores días para el amor: 1, 2, 5, 6, 7, 10, 11, 12, 13, 14, 15, 21, 22, 23, 24, 30, 31
Mejores días para el dinero: 1, 2, 5, 6, 10, 11, 14, 15, 18, 19, 23, 24, 25, 26, 27, 28, 29
Mejores días para la profesión: 1, 2, 12, 13, 16, 17, 21, 22, 30, 31

Hasta el 21 continúas en una cima profesional anual, y tienes mucho éxito. Estás donde te corresponde estar, al mando, por encima de todas las personas de tu mundo. Se te honra y valora, no sólo por tus logros profesionales, sino también por ser quien eres. La apariencia es un factor importante en la profesión, así que préstale atención.

Hasta el 21 debe continuar la atención a la salud; puedes fortalecerla de las maneras explicadas en las previsiones para el año. Después del 21 mejorarán espectacularmente la salud y la energía general.

El sector oriental de tu carta es técnicamente más fuerte que el occidental, pero no por mucho tiempo. El 1 y el 2 y del 16 al 29 sí está más fuerte el sector oriental o independiente; en estos periodos eres más independiente y tienes más poder para hacer las cosas a tu manera. Del 3 al 15 y del 29 en adelante, los dos sectores están equilibrados, no es dominante ninguno de los dos. Esto indica equilibrio en la actuación; es necesario equilibrar tus necesidades y las necesidades de los demás. No eres dependiente ni independiente, sino una mezcla de ambas cosas. Si deseas crear condiciones, el primer periodo es mejor.

El 21 se hace fuerte tu casa once, la de las amistades. Entonces entras en un periodo social, aunque no necesariamente romántico; hay romance y va muy bien, pero tu atención está más centrada en las amistades y en las actividades de grupo. Este es un periodo excelente para ampliar tus conocimientos y aumentar tu destreza en alta tecnología. También es bueno para el estudio de las ciencias, astrología y astronomía.

Tu planeta del dinero pasa el mes en tu casa once. Es muy probable que gastes en alta tecnología; si es así, haz la compra antes del 14, día en que Mercurio inicia movimiento retrógrado. Esa ganga que se ve tan seductora no te lo parecerá tanto el mes que viene. Como siempre, cuando el planeta del dinero está retrógrado se inicia un periodo para hacer revisión de la vida financiera, un periodo para alcanzar claridad en las finanzas. Las cosas no son lo que parecen o como crees que son.

Las finanzas siguen bien a pesar del movimiento retrógrado de Mercurio; podría haber retrasos y contratiempos, pero tu prosperidad general es fuerte.

Siempre te van bien los adornos y accesorios de oro, por el metal y por el color. Ahora podría convenirte añadir algo azul. El azul ha sido un buen color desde comienzos del año.

Junio

Mejores días en general: 2, 3, 10, 11, 20, 21
Días menos favorables en general: 6, 7, 13, 14, 27, 28
Mejores días para el amor: 1, 2, 3, 6, 7, 10, 11, 20, 21, 29, 30
Mejores días para el dinero: 2, 3, 6, 7, 10, 11, 15, 16, 20, 21, 22, 23, 27, 29, 30
Mejores días para la profesión: 1, 10, 11, 13, 14, 20, 21, 29, 30

Venus entra en tu signo el 5 trayendo oportunidades amorosas y profesionales. Te ves próspero y te vistes próspero; la gente te ve próspero; esta es la imagen que tienes este mes. Venus se reúne con Júpiter en tu signo, así que es un periodo de fiestas, muy bueno tanto para las finanzas como para la diversión. Técnicamente esto no es una cima de placer personal, lo será el próximo mes, pero es un preludio.

Venus en tu signo hace este mes excelente para comprar ropa y accesorios. Tu sentido de la elegancia es excepcionalmente bueno. Además del azul y el oro, este mes es bueno el color verde. Después del 24 podría convenirte el rojo también.

Aunque Saturno vuelve a entrar en Escorpio el 15, lo que es un aspecto desfavorable para ti, la salud general es buena. Este aspecto no te afectará mucho; los planetas rápidos o están en alineación armoniosa o te dejan en paz. Puedes fortalecer la salud de las maneras explicadas en las previsiones para el año.

La presencia del planeta de la salud en Escorpio los próximos meses acentúa más el poder de los regímenes de desintoxicación en la salud. También es importante la buena salud emocional; si hubiera alguna discordia en el hogar, resuélvela lo más pronto posible.

Hasta el 11 sigue poderosa tu casa once, la de las amistades y grupos. Repasa lo que hablamos sobre esto el mes pasado.

La casa once es una casa feliz. Es la casa en que se hacen realidad los deseos y esperanzas más acariciados; y esto es lo que ocurre en este periodo. Este es un proceso de nunca acabar; a medida que se hacen realidad los deseos y esperanzas, surgen otros nuevos.

El 21 el Sol entra en tu casa doce y tú entras en un periodo espiritual. Si estás en el mundo de las artes creativas, en este periodo te viene mucha inspiración. A Leo no le gusta particularmente la soledad, pero es posible que en este periodo la desees, y no te pasa nada malo. Hay ocasiones en que necesitamos estar a solas para sentir nuestras energías y conectar con nuestro verdadero yo. Tomarse unas vacaciones del mundo no es mala idea; un retiro espiritual sería atractivo.

Tu planeta del dinero retoma el movimiento directo el 11, y con esto te llegan la claridad y la confianza financieras. Es un buen periodo para comprar ese nuevo Ipad o Iphone o programa de ordenador. Las actividades *online* son beneficiosas. Las amistades también te ayudan en las finanzas.

Julio

Mejores días en general: 8, 9, 17, 18, 26, 27, 28
Días menos favorables en general: 3, 4, 5, 10, 11, 24, 25, 31
Mejores días para el amor: 3, 4, 5, 8, 9, 17, 18, 26, 27, 31
Mejores días para el dinero: 7, 8, 9, 17, 18, 19, 20, 27, 28, 29, 30
Mejores días para la profesión: 8, 9, 10, 11, 17, 18, 26

El poder planetario está en su posición oriental máxima este mes y el próximo. Estás en el punto máximo de tu poder e independencia personales. Este es un periodo para hacer esos cambios que necesitas hacer. El único problema es que la actividad retrógrada también está en su punto máximo. El progreso tenderá a ser más lento, así que tómate tu tiempo.

Hasta el 21 continúa poderosa tu casa doce, la de la espiritualidad. Estás en el periodo preparatorio para tu nuevo año, que comienza el día de tu cumpleaños, que es o este mes o el próximo. El año nuevo personal es muy importante, y conviene comenzarlo con buen pie. Está a punto de llegar tu Retorno Solar, y lo que diga tu carta para este retorno indicará las pautas del año. Los pasos que des tendrán una profunda influencia en todo el año (hasta tu próximo cumpleaños), por lo tanto, te conviene hacer revisión del año transcurrido, ver qué has realizado y qué no. Reconoce los errores y corrígelos (este es el significado de expiación). Date una palmadita en la espalda por lo bueno que has hecho y, más importante aún, fija objetivos para el año. Repasa tus objetivos cada noche antes de dormirte.

Este mes hay importantes avances espirituales. Tu casa doce está poderosa y lo interesante es que el planeta señor de tu casa doce, la Luna, este mes estará dos veces llena, lo que no es frecuente. Recibirás muchas revelaciones acerca de tu futuro.

El 23, cuando el Sol cruza tu ascendente y entra en tu primera casa, tú entras en una cima anual de placer personal. Has vivido la buena vida en lo que va de año y ahora más aún. Eso sí, debes tener cuidado con el exceso de complacencia, sobre todo este mes, pues será fácil que te eches kilos encima. Este periodo no sólo es bueno para disfrutar de todos los placeres del cuerpo, sino que también es excelente para poner en buena forma el cuerpo y la imagen.

Este es un mes próspero también. Tu planeta del dinero, Mercurio, avanza raudo, lo que indica un progreso financiero rápido.

Indica confianza en ti mismo, indica a la persona que cubre mucho terreno financiero. Hasta el 8 el dinero llega a través de amistades, de actividades *online* y la participación en grupos y organizaciones. Del 8 al 23 llega a través de la intuición. Este es un periodo para el «dinero milagroso» en lugar del dinero «natural». El 23 Mercurio viaja con el Sol y cruza tu ascendente; es un periodo financiero potente. Te llegan beneficios imprevistos y hay suerte en las especulaciones. Las oportunidades financieras te buscan.

Agosto

Mejores días en general: 4, 5, 13, 14, 23, 24, 31
Días menos favorables en general: 1, 6, 7, 20, 21, 22, 27, 28
Mejores días para el amor: 1, 4, 5, 13, 14, 23, 24, 27, 28, 31
Mejores días para el dinero: 5, 15, 16, 17, 25, 26, 27
Mejores días para la profesión: 5, 6, 7, 14, 23, 24, 31

El 23 del mes pasado el poder planetario hizo un importante traslado: pasó al sector inferior o subjetivo de su carta, haciéndolo poderoso. Por ahora ya has conseguido más o menos tus objetivos profesionales. Ha llegado el periodo para reunir tus fuerzas para tu próximo empuje profesional del año que viene. Simbólicamente, este es el periodo para tener una buena noche de sueño para que ese próximo empuje resulte bien. Así pues, es bueno centrar ahora la atención en tu familia, la situación doméstica y tu bienestar emocional. Si esto está bien, la profesión cuidará de sí misma de forma natural.

Este mes se ve próspero. Júpiter entra en tu casa del dinero el 11; tu planeta del dinero, Mercurio, entra el 7, y el Sol entra el 23. Comienzas una cima financiera anual; esta podría ser una cima de toda la vida, o tal vez una en muchos años. Tu casa del dinero está a rebosar de planetas benéficos este mes. Hay una conspiración cósmica para hacerte prosperar. Hay suerte en las especulaciones en este periodo, en especial del 26 al 28.

Me parece que también podría haber un viaje al extranjero. Marte, el señor de tu novena casa, entra en tu signo el 9 y pasa el resto del mes en él. Del 26 al 28 el Sol viaja con Júpiter, lo cual también señala viaje.

Estos aspectos son también muy favorables si eres estudiante universitario o de posgrado. Si solicitas la admisión en una universidad tienes buenas noticias.

La vida amorosa ha sido buena en lo que va de año y es súper buena desde el 23 del mes pasado. Ya tendrías que estar en una relación feliz y hay menos necesidad de centrar la atención en esta faceta. Tu planeta de la profesión viaja con Júpiter del 3 al 6. Esto trae progreso y oportunidades profesionales. No obstante, como hemos dicho, la atención comienza a desviarse. Cuando se presente una oportunidad profesional deberás sentirla cómoda, agradable emocionalmente, y no debe desestabilizar a la familia. Si no cumple estos requisitos, déjala pasar.

La salud y la energía son excelentes en este periodo, a pesar del aspecto desfavorable de Saturno. Te ves bien, tienes muchísimo carisma y destacas en gimnasia y atletismo. Estás en tu mejor forma este mes.

Septiembre

Mejores días en general: 1, 9, 10, 19, 20, 28, 29
Días menos favorables en general: 2, 3, 17, 18, 24, 25, 30
Mejores días para el amor: 1, 9, 10, 19, 20, 24, 25, 28, 29
Mejores días para el dinero: 2, 4, 5, 12, 13, 14, 15, 24, 25, 30
Mejores días para la profesión: 1, 2, 3, 9, 10, 19, 20, 28, 29, 30

Este mes ocurren muchas cosas. Saturno sale de su aspecto desfavorable el 18; Marte entra en tu casa del dinero el 25, una buena señal para las finanzas. Más importante aún, hay dos eclipses. Esto garantiza cambios y reestructuración de las cosas y trae dramas. A Leo le encantan el drama y el alboroto. Un día sin drama es como un día sin sol. Sin duda tendrás mucho de esto este mes.

El eclipse solar del 13 ocurre en tu casa del dinero, en medio de una cima financiera anual. Hay, pues, cambios financieros. Mi interpretación de esto es que tal vez te has infravalorado respecto a las finanzas y el eclipse lo rectifica. Los cambios que hagas (en tus planteamientos, en la estrategia) serán buenos; el eclipse derriba barreras y obstáculos; el Cosmos hace lo que sea necesario para derribar estas cosas; puede ser bastante impresionante. Hay dramas en la vida de las personas adineradas que conoces, dramas de aquellos que cambian la vida. Todos los eclipses solares traen una redefinición de tu imagen, personalidad y concepto de ti mismo, y este no es diferente; esto será un proceso de seis meses. Al final te vestirás y adornarás de modo diferente; vas a proyectar una nueva apariencia. Los eclipses solares son siempre potentes en ti, ocurran donde ocurran, así que durante este periodo reduce tus actividades y tómate las cosas con calma. No hace ninguna falta que tientes al destino entregándote a actividades arriesgadas o estresantes.

El eclipse lunar del 28 (el 27 en las Américas) es más benigno contigo, pero no te hará ningún daño reducir tus actividades de todos modos. Este ocurre en tu novena casa. Si eres estudiante universitario o de posgrado, indica cambio de centro de estudios, o tal vez de asignatura personal, o cambio en los planes o programa. Podría haber reorganización en la universidad, cambio en la reglamentación o normas. Si tienes pendiente algún asunto jurídico o legal hay un avance espectacular; el asunto se pone en marcha y avanza en uno u otro sentido; en tu carta se ve positivo. Todos los eclipses lunares afectan a tu vida espiritual; ocurren cosas que te impulsan a cambiar de profesor o maestro, de enseñanza o de práctica. A veces el eclipse indica trastornos o reestructuración en una organización espiritual con la que te relacionas. O indica dramas importantes en la vida de un gurú o mentor de tu vida. La vida onírica tiende a ser más activa con este tipo de eclipse, pero no les des demasiado valor a tus sueños; el plano astral se enturbia durante los eclipses y las visiones no son fiables. Ten más paciencia con los familiares durante el periodo del eclipse, podrían estar más temperamentales. No es aconsejable un viaje al extranjero en este periodo; si debes viajar programa el viaje en torno al periodo del eclipse.

Octubre

Mejores días en general: 6, 7, 8, 16, 17, 18, 25, 26
Días menos favorables en general: 1, 14, 15, 21, 22, 27, 28
Mejores días para el amor: 6, 7, 8, 9, 16, 17, 19, 20, 21, 22, 25, 26, 27, 28
Mejores días para el dinero: 1, 2, 3, 9, 10, 11, 12, 13, 19, 20, 22, 23, 27, 28, 29
Mejores días para la profesión: 1, 8, 9, 19, 20, 27, 28

Aunque el mes pasado terminó tu cima financiera, tu casa del dinero continúa muy poderosa. Este es un mes próspero. Tu planeta del dinero está retrógrado desde el 17 del mes pasado y retoma el movimiento directo el 9. Por lo tanto, hay claridad y confianza financieras. Marte, que en tu horóscopo es muy benéfico, estará todo el mes en tu casa del dinero, y Venus, otro planeta benéfico, entra en ella el 8. El dinero puede llegarte de muchas maneras. Las especulaciones siguen favorables, en especial del 15 al 18 y del 24 al 27. El tránsito de Venus por tu casa del dinero indica que en las finanzas cuentas con el favor de jefes, padres o figuras parentales, organismos gubernamentales y figuras de autoridad. Apoyan tus objetivos financieros. Podría haber aumento de sueldo y ascenso este mes. El dinero podría proceder de pagos gubernamentales; el Gobierno podría cambiar normas de una manera que te beneficia económicamente.

Si bien la profesión no es muy importante en este periodo, sigue habiendo éxito, en especial del 24 al 27. El poder planetario bajo el horizonte de tu carta no significa que te desentiendes totalmente de la profesión, sino sólo que no está toda tu atención centrada en ella.

El 23 del mes pasado se hizo poderosa tu tercera casa, la de la comunicación y los intereses intelectuales, y continúa poderosa hasta el 23 de este mes. Te va bien dedicarte a tus intereses intelectuales, tanto desde el punto de vista personal como del financiero. Tu planeta del dinero pasa el mes en tu tercera casa. Este es, pues, un buen mes para comprar equipos de comunicación, e incluso un coche si lo necesitas; es muy bueno para hacer cursos y asistir a seminarios sobre los temas que te interesan; es bueno para ponerte al día en las lecturas y gastar en ampliar tu formación. Las ventas, la publicidad y las relaciones públicas son siempre importantes para ti, pero este mes lo son aún más. Si trabajas en estas profesiones deberías tener éxito, un mes próspero.

El 23 el Sol entra en tu cuarta casa, la del hogar y la familia; así pues, la atención está en la familia, como debe ser.

Pero la cuarta casa trae otros intereses, intereses de tipo psicológico. Este es un periodo fabuloso para hacer progreso psíquico, para comprender mejor por qué nos sentimos como nos sentimos.

Cuando está poderosa la cuarta casa afloran viejos recuerdos para que los analicemos. Es un proceso natural de curación y asimilación. Cuando evaluamos estos viejos recuerdos, los miramos desde nuestro punto de vista actual, ocurre una redefinición. Lo que parecía un desastre cuando ocurrió (tal vez en la infancia), lo vemos como una bendición en nuestro estado actual. El sufrimiento que nos causó la ruptura de una relación, ahora, mirado en retrospectiva, nos ayudó. Es maravilloso que esa relación se haya roto; el Cosmos nos hizo un gran favor. Así pues, este es un mes para curación psíquica y emocional.

Noviembre

Mejores días en general: 3, 4, 13, 14, 22, 30
Días menos favorables en general: 10, 11, 17, 18, 24, 25
Mejores días para el amor: 3, 4, 6, 7, 13, 14, 17, 18, 21, 22, 26, 27, 30
Mejores días para el dinero: 5, 6, 10, 11, 12, 15, 16, 21, 24, 25, 30
Mejores días para la profesión: 6, 7, 17, 18, 24, 25, 26, 27

La salud general es excelente, pero desde el 23 del mes pasado está un poquitín delicada; este no es uno de tus mejores periodos para la salud. Procura descansar lo suficiente. Fortalece la salud de las maneras explicadas en las previsiones para el año. Cuando está baja la energía viejos achaques se exacerban, parecen haber empeorado. Eleva la energía y el achaque desaparecerá. A partir del 22 la salud y la energía mejorarán espectacularmente.

Las finanzas continúan excelentes, pero ya no dominan tanto como en los meses anteriores; tu casa del dinero está menos activa en este periodo.

El 23 del mes pasado el poder planetario pasó de tu sector oriental o independiente al occidental o social. Este mes este dominio se refuerza, pues el 2 Mercurio pasa al sector occidental. Ahora el poder planetario se va alejando de ti y avanzando hacia los demás, y este deberá ser tu enfoque. El interés propio es maravilloso (mientras no sea destructivo). El progreso, los nuevos inventos, las nuevas tecnologías siempre proceden de personas dedicadas a sus propios intereses. Pero ahora tú estás en otra fase de tu ciclo. Tu bien te llega gracias a la buena voluntad de otros y no tanto de tu iniciativa o esfuerzo personales. Es el periodo para cultivar las dotes sociales. Te cuesta más cambiar las condiciones a tu gusto. Es mejor que te adaptes a ellas lo mejor posible. Si has creado bien durante los meses anteriores, las condiciones tendrían que ser agradables; si no, toma nota de las mejoras que se pueden hacer y podrás hacer los cambios durante tu próximo ciclo independiente el año que viene.

Tu cuarta casa, la del hogar y la familia, continúa poderosa hasta el 22. Repasa lo que hablamos de esto el mes pasado.

El 22 el Sol entra en tu quinta casa y comienzas otra de tus cimas anuales de placer personal. Es periodo de fiestas y diversión, una especie de paraíso Leo. El Cosmos te impulsa a hacer lo que más te gusta hacer. Si estás en edad de concebir has sido muy fértil los dos años anteriores y después del 22 lo serás más aún. Entre el 29 y el 30 se presenta una feliz oportunidad de trabajo. Procura evitar situaciones de peligro o daño estos días. Reduce tus actividades y evita los enfrentamientos.

Diciembre

Mejores días en general: 1, 10, 11, 19, 20, 27, 28, 29
Días menos favorables en general: 7, 8, 9, 14, 15, 16, 21, 22
Mejores días para el amor: 1, 7, 10, 11, 14, 15, 16, 17, 18, 19, 20, 25, 26, 27, 28, 29
Mejores días para el dinero: 1, 2, 3, 4, 12, 13, 21, 22, 30, 31
Mejores días para la profesión: 7, 17, 18, 21, 22, 25, 26

Si andas buscando trabajo tuviste maravillosas oportunidades el mes pasado y este mes hay más, especialmente después del 21. El 21 se acaba el periodo de fiestas y adoptas una actitud más seria ante la vida (seria según Leo). Estás en modalidad trabajo y los empleadores lo captan.

A Leo no le gustan los detalles, pero en este periodo, después del 21, los llevas mejor. Si tienes pendientes tareas minuciosas, ordenar archivos, limpiar el disco duro, poner al día las cuentas, este es buen periodo para hacerlas.

Es posible que viajes este mes, es temporada de vacaciones. Pero del 5 al 12 procura evitarlo; programa el viaje en torno a estas fechas.

La salud y la energía están bien este mes. Después del 21 pareces más enfocado en la salud, le prestas atención. Es de esperar que no exageres. Este es buen periodo para iniciar un programa de salud y dieta. Mira por la prevención y un estilo de vida sano. Puedes fortalecer más la salud de las maneras indicadas en las previsiones para el año.

En general estás en un ciclo de prosperidad que continuará hasta bien avanzado el año que viene. Pero hasta el 20 podría haber ciertos baches en el camino. El principal peligro es el de gastar en exceso. Del 18 al 20 Mercurio estará en conjunción con Plutón; esto indica que gastas en la casa y la familia; es posible que haya un desacuerdo financiero con un progenitor o figura parental; pero estos días son buenos para solicitar un préstamo si lo necesitas y también son buenos para pagar deudas. Del 20 al 21 Mercurio estará en cuadratura con Urano; esto indica un trastorno en las finanzas; tal vez se te presenta un gasto inesperado que te obliga a hacer un cambio; estos días me parece que también tienes un desacuerdo financiero con tu cónyuge, pareja o ser amado actual; pero este es un problema de corta duración. La prosperidad general no se ve afectada. Después del 21, cuando Mercurio sale de su cuadratura con Urano, comienza a formar buenos aspectos a Júpiter. Esto trae prosperidad e incremento económico. No vas a carecer de ninguna cosa material este mes.

El amor ha sido maravilloso todo el año y continúa excelente hasta el 21; después de esta fecha necesitarás ser más transigente con el ser amado. Parece que estáis en desacuerdo.

Tu planeta del amor, Urano, ha estado retrógrado muchos meses; el 26 retoma el movimiento directo. Hay más claridad en el amor. La vida amorosa irá mucho más sobre ruedas el mes que viene.

Virgo

♍

La Virgen

Nacidos entre el 22 de agosto y el 22 de septiembre

Rasgos generales

VIRGO DE UN VISTAZO

Elemento: Tierra

Planeta regente: Mercurio
   Planeta de la profesión: Mercurio
   Planeta de la salud: Urano
   Planeta del dinero: Venus
   Planeta del hogar y la vida familiar: Júpiter
   Planeta del amor: Neptuno
   Planeta de la sexualidad: Marte

Colores: Tonos ocres, naranja, amarillo
   Color que favorece el amor, el romance y la armonía social: Azul
   Colores que favorecen la capacidad de ganar dinero: Jade, verde

Piedras: Ágata, jacinto

Metal: Mercurio

Aromas: Lavanda, lila, lirio de los valles, benjuí

Modo: Mutable (= flexibilidad)

Cualidad más necesaria para el equilibrio: Ver el cuadro completo

Virtudes más fuertes: Agilidad mental, habilidad analítica, capacidad para prestar atención a los detalles, poderes curativos

Necesidad más profunda: Ser útil y productivo

Lo que hay que evitar: Crítica destructiva

Signos globalmente más compatibles: Tauro, Capricornio

Signos globalmente más incompatibles: Géminis, Sagitario, Piscis

Signo que ofrece más apoyo laboral: Géminis

Signo que ofrece más apoyo emocional: Sagitario

Signo que ofrece más apoyo económico: Libra

Mejor signo para el matrimonio y/o las asociaciones: Piscis

Signo que más apoya en proyectos creativos: Capricornio

Mejor signo para pasárselo bien: Capricornio

Signos que más apoyan espiritualmente: Tauro, Leo

Mejor día de la semana: Miércoles

La personalidad Virgo

La virgen es un símbolo particularmente adecuado para los nativos de este signo. Si meditamos en la imagen de la virgen podemos comprender bastante bien la esencia de la persona Virgo. La virgen, lógicamente, es un símbolo de la pureza y la inocencia, no ingenua sino pura. Un objeto virgen es fiel a sí mismo; es como siempre ha sido. Lo mismo vale para una selva virgen: es prístina, inalterada.

Aplica la idea de pureza a los procesos de pensamiento, la vida emocional, el cuerpo físico y las actividades y proyectos del mundo cotidiano, y verás cómo es la actitud de los Virgo ante la vida. Desean la expresión pura del ideal en su mente, su cuerpo y sus asuntos. Si encuentran impurezas tratarán de eliminarlas.

Las impurezas son el comienzo del desorden, la infelicidad y la inquietud. El trabajo de los Virgo es eliminar todas las impurezas y mantener solamente lo que el cuerpo y la mente pueden aprovechar y asimilar.

Aquí se revelan los secretos de la buena salud: un 90 por ciento del arte del bienestar es mantener puros la mente, el cuerpo y las emociones. Cuando introducimos más impurezas de las que el cuerpo y la mente pueden tratar, tenemos lo que se conoce por malestar o enfermedad. No es de extrañar que los Virgo sean excelentes médicos, enfermeros, sanadores y especialistas en nutrición. Tienen un entendimiento innato de la buena salud y saben que no sólo tiene aspectos físicos. En todos los ámbitos de la vida, si queremos que un proyecto tenga éxito, es necesario mantenerlo lo más puro posible. Hay que protegerlo de los elementos adversos que tratarán de socavarlo. Este es el secreto subyacente en la asombrosa pericia técnica de los Virgo.

Podríamos hablar de las capacidades analíticas de los nativos de Virgo, que son enormes. Podríamos hablar de su perfeccionismo y su atención casi sobrehumana a los detalles. Pero eso sería desviarnos de lo esencial. Todas esas virtudes son manifestaciones de su deseo de pureza y perfección; un mundo sin nativos de Virgo se habría echado a perder hace mucho tiempo.

Un vicio no es otra cosa que una virtud vuelta del revés, una virtud mal aplicada o usada en un contexto equivocado. Los aparentes vicios de Virgo proceden de sus virtudes innatas. Su capacidad analítica, que debería usarse para curar, ayudar o perfeccionar un proyecto, a veces se aplica mal y se vuelve contra la gente. Sus facultades críticas, que deberían utilizarse constructivamente para perfeccionar una estrategia o propuesta, pueden a veces usarse destructivamente para dañar o herir. Sus ansias de perfección pueden convertirse en preocupación y falta de confianza; su humildad natural puede convertirse en autonegación y rebajamiento de sí mismo. Cuando los Virgo se vuelven negativos tienden a dirigir en su contra sus devastadoras críticas, sembrando así las semillas de su propia destrucción.

Situación económica

Los nativos de Virgo tienen todas las actitudes que crean riqueza: son muy trabajadores, diligentes, eficientes, organizados, ahorrativos, productivos y deseosos de servir. Un Virgo evolucionado es el sueño de todo empresario. Pero mientras no dominen algunos de los dones sociales de Libra no van ni a acercarse siquiera a hacer realidad su potencial en materia económica. El purismo y el perfeccionismo pueden ser muy molestos para los demás si no se los maneja con corrección y elegancia. Los roces en las relaciones humanas pueden ser devastadores, no sólo para nuestros más queridos proyectos, sino también, e indirectamente, para nuestro bolsillo.

A los Virgo les interesa bastante su seguridad económica. Dado que son tan trabajadores, conocen el verdadero valor del dinero. No les gusta arriesgarse en este tema, prefieren ahorrar para su jubilación o para los tiempos de escasez. Generalmente hacen inversiones prudentes y calculadas que suponen un mínimo riesgo. Estas inversiones y sus ahorros normalmente producen buenos dividendos, lo cual los ayuda a conseguir la seguridad económica que desean. A los Virgo ricos, e incluso a los que no lo son tanto, también les gusta ayudar a sus amigos necesitados.

Profesión e imagen pública

Los nativos de Virgo realizan todo su potencial cuando pueden comunicar sus conocimientos de manera que los demás los entiendan. Para transmitir mejor sus ideas, necesitan desarrollar mejores habilidades verbales y maneras no críticas de expresarse. Admiran a los profesores y comunicadores; les gusta que sus jefes se expresen bien. Probablemente no respetarán a un superior que no sea su igual intelectualmente, por mucho dinero o poder que tenga. A los Virgo les gusta que los demás los consideren personas educadas e intelectuales.

La humildad natural de los Virgo suele inhibirlos de hacer realidad sus grandes ambiciones, de adquirir prestigio y fama. Deberán consentirse un poco más de autopromoción si quieren conseguir sus objetivos profesionales. Es necesario que se impulsen con el mismo fervor que emplearían para favorecer a otras personas.

En el trabajo les gusta mantenerse activos. Están dispuestos a aprender a realizar cualquier tipo de tarea si les sirve para lograr su objetivo último de seguridad económica. Es posible que tengan varias ocupaciones durante su vida, hasta encontrar la que realmente les gusta. Trabajan bien con otras personas, no les asusta el trabajo pesado y siempre cumplen con sus responsabilidades.

Amor y relaciones

Cuando uno es crítico o analítico, por necesidad tiene que reducir su campo de aplicación. Tiene que centrarse en una parte y no en el todo, y esto puede crear una estrechez de miras temporal. A los

Virgo no les gusta este tipo de persona. Desean que su pareja tenga un criterio amplio y una visión profunda de las cosas, y lo desean porque a veces a ellos les falta.

En el amor, los Virgo son perfeccionistas, al igual que en otros aspectos de la vida. Necesitan una pareja tolerante, de mentalidad abierta y de manga ancha. Si estás enamorado o enamorada de una persona Virgo, no pierdas el tiempo con actitudes románticas nada prácticas. Haz cosas prácticas y útiles por tu amor Virgo; eso será lo que va a apreciar y lo que hará por ti.

Los nativos de Virgo expresan su amor con gestos prácticos y útiles, de modo que no te desanimes si no te dice «Te amo» cada dos días. No son ese tipo de persona. Cuando aman lo demuestran de modos prácticos. Siempre estarán presentes; se interesarán por tu salud y tu economía; te arreglarán el fregadero o la radio. Ellos valoran más estas cosas que enviar flores, bombones o tarjetas de san Valentín.

En los asuntos amorosos, los Virgo no son especialmente apasionados ni espontáneos. Si estás enamorado o enamorada de una persona Virgo, no interpretes esto como una ofensa. No quiere decir que no te encuentre una persona atractiva, que no te ame o que no le gustes. Simplemente es su manera de ser. Lo que les falta de pasión lo compensan con dedicación y lealtad.

Hogar y vida familiar

No hace falta decir que la casa de un Virgo va a estar inmaculada, limpia y ordenada. Todo estará en su lugar correcto, ¡y que nadie se atreva a cambiar algo de sitio! Sin embargo, para que los Virgo encuentren la felicidad hogareña, es necesario que aflojen un poco en casa, que den más libertad a su pareja y sus hijos y que sean más generosos y de mentalidad más abierta. Los miembros de la familia no están para ser analizados bajo un microscopio; son personas que tienen que expresar sus propias cualidades.

Una vez resueltas estas pequeñas dificultades, a los Virgo les gusta estar en casa y recibir a sus amigos. Son buenos anfitriones y les encanta hacer felices a amigos y familiares y atenderlos en reuniones de familia y sociales. Aman a sus hijos, pero a veces son muy estrictos con ellos, ya que quieren hacer lo posible para que adquieran un sentido de la familia y los valores correctos.

Horóscopo para el año 2015*

Principales tendencias

Desde que Júpiter entró en tu casa doce en julio del año pasado estás en un intenso periodo espiritual. Estás creciendo de modo espiritual, interior. Aumentan tus capacidades; muchos de los objetivos que parecían inalcanzables en el pasado ahora te parecen muy alcanzables. Aumenta muchísimo tu comprensión de la vida y de ti mismo. Esto aún no se ve en la superficie, todo es secreto. Pero llegado el 11 de agosto comenzarán a hacerse visibles estos cambios interiores. Entras en un ciclo de prosperidad de varios años.

Cuando ocurre un descubrimiento o progreso espiritual (y has tenido muchos el año pasado y tendrás más este año) es una experiencia muy dichosa. El alma se libera. Cambia toda la actitud ante la vida. Se superan ciertos pensamientos o sentimientos opresivos, y nunca volverán a darte problemas. Quedas libre para conseguir objetivos personales y financieros.

Saturno estuvo algo más de dos años en tu tercera casa. Era un aspecto difícil si eres estudiante; tenías que esforzarte más en los estudios. Aprender no era una alegría (como debe ser), sino una disciplina, un quehacer pesado. Afortunadamente, este año Saturno ya no está en esa posición y el aprendizaje tendría que ser más fácil.

La entrada de Saturno en Sagitario a fines del año pasado indica que necesitas estar más atento a tu energía. El grado de energía no es aquel a que estabas acostumbrado. Volveremos sobre este tema.

Neptuno transita por tu séptima casa, la del amor, desde febrero de 2012. Esto te está refinando y elevando toda la vida amorosa. La vida amorosa se espiritualiza. Hablaremos más de esto.

Urano lleva unos años en tu octava casa. Hay, por lo tanto, mucha experimentación sexual en este periodo. Abandonas los

---

* Las previsiones de este libro se basan en el Horóscopo Solar y todos los signos que derivan de él; tu Signo Solar se convierte en el Ascendente, y las casas se numeran a partir de él. Tu horóscopo personal, el trazado concretamente para ti (según la fecha, hora y lugar exactos de tu nacimiento) podrían modificar lo que decimos aquí. Joseph Polansky

libros de reglas y, probando y equivocándote, te enteras de lo que
te da buen resultado.

Las facetas de interés importantes para ti este año son: el cuerpo, la imagen y el placer personal (a partir del 11 de agosto); la
comunicación y las actividades intelectuales (del 15 de junio al 18
de septiembre); el hogar y la familia (del 1 de enero al 15 de junio
y del 18 de septiembre hasta fin de año); los hijos, la diversión y la
creatividad; el amor y el romance; la sexualidad, la reinvención
personal, los estudios ocultos, las deudas y el pago de deudas; la
espiritualidad (hasta el 11 de agosto).

Los caminos para tu mayor satisfacción este año son: la espiritualidad (hasta el 11 de agosto); el cuerpo, la imagen y el placer
personal (a partir del 11 de agosto); las finanzas (hasta el 13 de
noviembre).

Salud

(Ten en cuenta que esta es una perspectiva astrológica de la salud,
no una médica. Antaño no había ninguna diferencia, ambas eran
idénticas, pero en esta época podrían diferir muchísimo. Para una
perspectiva médica, por favor, consulta a tu médico o a otro profesional de la salud.)

Virgo está siempre pendiente de la salud, pero este año lo está
menos; tu sexta casa no es casa de poder.

Saturno, como hemos dicho, está la mayor parte del año en
aspecto desfavorable contigo; Neptuno también. Ellos solos no
bastan para causar enfermedad, pero cuando se les unen los planetas rápidos eres más vulnerable a los problemas. Este año esos
periodos más vulnerables serán: del 18 de febrero al 20 de marzo;
del 21 de mayo al 20 de junio, y del 22 de noviembre al 21 de diciembre. Procura descansar y relajarte más en esos periodos. Pasa
más tiempo en un balneario de salud y regálate sesiones de masaje o reflexología.

Lo importante es mantener elevada la energía. El cuerpo,
como lo entendemos en astrología, es un sistema energético dinámico. Reacciona a las leyes de la energía y las obedece. Debido a
esto, los cambios de energía causados por los movimientos de los
planetas lo afectan de forma positiva o negativa. Cuando la energía cósmica está más baja de lo habitual, necesitamos más descanso. Esto nos obliga a tomar decisiones difíciles, a centrar la
atención en las cosas que son verdaderamente importantes, y a

dejar de lado las menos importantes. Se trata de aprovechar al máximo la energía y no malgastarla en cosas no esenciales.

Es mucho lo que puedes hacer para fortalecer la salud y prevenir problemas. Da más atención a las siguientes zonas: El intestino delgado. Este es siempre importante para ti. Este órgano lo rige Virgo. Irán bien sesiones de reflexología en que te trabajen sus puntos reflejos. Desintoxicarlo siempre es algo saludable para ti.

Los tobillos y las pantorrillas. También estas zonas son importante para ti, Virgo. Deberías darles masajes periódicos. Protege y da buena sujeción a los tobillos cuando hagas ejercicio.

La cabeza y la cara. Masajes periódicos en el cuero cabelludo y la cara serán maravillosos. También irá bien la terapia sacrocraneal. Al dar masaje en la cabeza y la cara no sólo fortaleces esas zonas, sino también todo el cuerpo. En el cuero cabelludo y la cara hay puntos reflejos de todo el cuerpo.

Las suprarrenales. Te irán bien sesiones de reflexología. Evita la ira y el miedo, las dos emociones que agotan a estas glándulas.

Tu planeta de la salud está en tu octava casa, la de la sexualidad. Por lo tanto, también son importantes la moderación sexual y el sexo seguro. Por lo general la tendencia es a excederse. Pero si escuchas a tu cuerpo (y no a tu mente) sabrás cuando suficiente es suficiente.

Esta posición también indica el poder de los regímenes de desintoxicación en este periodo. Respondes muy bien a estas cosas. La octava casa también rige la cirugía, y me parece que tienes una tendencia a que te operen, pero la desintoxicación suele hacer lo mismo, aunque lleva más tiempo. Busca una segunda opinión.

Hogar y vida familiar

Este año está prominente tu cuarta casa, la del hogar y la familia, y dificultosa. Esta faceta es tal vez la más difícil de tu carta.

Saturno entró en tu cuarta casa muy al final del año pasado y pasará en ella la mayor parte del año (volverá a entrar en tu tercera casa retrógrado y estará en ella unos meses, pero el resto del año lo pasará en tu cuarta casa).

Este año vas a asumir más responsabilidades familiares; estas responsabilidades se ven pesadas, gravosas, y no puedes eludirlas. Debes sonreír y asumirlas. Estas responsabilidades pueden venir de hijos o figuras filiales de tu vida. Si estás en edad de concebir, eres extraordinariamente fértil después del 11 de agosto.

Me parece que tienes una relación de amor-odio con un progenitor o figura parental. Por un lado, esta persona te quiere mucho y es generosa contigo (en especial después del 11 de agosto). Por otro lado, te trae más responsabilidades y tal vez te controla más.

Aunque habrá oportunidades para mudarte este año, después del 11 de agosto, no se ve aconsejable todavía. Tal vez sientes estrecha la casa y deseas más espacio, pero será mejor que aproveches con más creatividad el espacio que tienes en lugar de mudarte. Una mudanza se ve mejor dentro de unos años.

Este año el Cosmos va a poner en orden correcto a toda la familia y la situación doméstica. Esto continuará hasta bien entrado el próximo año. Se reorganizan las relaciones familiares; también la rutina doméstica.

La situación familiar no se ve muy placentera este año, así que es comprensible que intentes inyectar cierta diversión en el hogar. Parece que compras aparatos de entretenimiento, tal vez una instalación o equipo para deporte. Trabajas en hacer de la casa un centro de diversión a la vez que un hogar.

Un progenitor o figura parental podría irse a vivir contigo este año o muy cerca (a partir del 11 de agosto). El matrimonio de un progenitor o figura parental se ve con dificultades y pasa por severas pruebas.

Un hijo, hija o figura filial de tu vida parece muy desasosegado y podría mudarse muchas veces.

Un hermano o figura fraterna podría mudarse este año; tiene buenas oportunidades.

Un nieto (si tienes nietos) también podría mudarse; la mudanza se ve feliz.

Profesión y situación económica

Este año se ve próspero, Virgo, disfrútalo.

El nodo Norte de la Luna va a pasar la mayor parte del año en tu casa del dinero. Esto indica que las actividades financieras aportan satisfacción. A veces indica «exceso», pero es agradable tener ese problema.

El cónyuge, pareja o ser amado actual podría sentir lo contrario: deficiencia en los ingresos o en su situación financiera. Esta persona se ve inestable en esta faceta, corre riesgos importantes, toma una nueva dirección, y eso suele producir la sensación de inseguridad.

También hay otros indicadores de prosperidad en tu carta. Júpiter, como hemos dicho, entra en tu signo el 11 de agosto. Esto de suyo no produce riqueza tangible, pero sí la sensación de riqueza, el estilo de vida de la riqueza (cada persona según la etapa en que esté en su vida y su posición o situación), la imagen de riqueza. La persona vive a una escala más grande; vive «como si» fuera rica. Y generalmente le llegan los medios para hacerlo. El apoyo familiar se ve fuerte a partir del 11 de agosto. Un progenitor o figura parental parece generoso.

Te vestirás con ropa y accesorios más caros. Proyectarás una imagen de riqueza, y los demás te verán como una persona próspera.

Venus es tu planeta del dinero, y, como saben nuestros lectores, es un planeta de movimiento rápido. A lo largo del año transita por todos los signos y casas del horóscopo. Así pues, el dinero y las oportunidades financieras te llegan de muchas maneras y a través de muchas personas y situaciones. Todo depende de dónde está Venus en un determinado momento y de los aspectos que recibe. Estas tendencias a corto plazo es mejor tratarlas en las previsiones mes a mes.

Del 25 de julio al 6 de septiembre Venus hace movimiento retrógrado, cosa que sólo hace cada dos años más o menos. Este movimiento retrógrado no es bueno para hacer gestiones financieras ni para tomar decisiones, pero es excelente para hacer revisión de la situación financiera. Después, cuando haya llegado la claridad mental estarás preparado para avanzar en cuanto Venus esté en movimiento directo. Entonces las decisiones financieras serán mejores y más realistas.

El 4 de abril hay un eclipse lunar en tu casa del dinero. Esto, necesariamente, producirá cambios en las finanzas, normalmente a causa de un trastorno o crisis. El Cosmos te obliga a hacer cambios que era necesario hacer desde hacía tiempo.

El cónyuge, pareja o ser amado actual hará muchos cambios en sus finanzas este año. Los ingresos, como hemos dicho, serán inestables. A veces serán muy elevados, mucho más de lo que se podría imaginar, y otras veces serán muy bajos, también más bajos de lo que podría haberse imaginado. Esta persona deberá reservar dinero en los tiempos de abundancia para cubrir los gastos en los tiempos de escasez.

Si buscas trabajo tienes aspectos excelentes desde julio del año pasado, y la tendencia continúa este año, en especial hasta el 11 de agosto. Si aún no se ha materializado un buen empleo, este año podría presentarse la oportunidad. También podría convenirte participar en alguna obra o causa benéfica, ya que esto podría llevar a encontrar empleo.

La profesión se ve sin novedades; algunos años son así. No ocurre nada especial, ni en un sentido ni en otro. Al parecer estás satisfecho con las cosas como están.

Amor y vida social

Los años 2013, en especial la segunda mitad, y 2014 fueron años excelentes para el amor. Tal vez entablaste una relación seria, o tal vez te casaste. Este año tu relación pasará por pruebas. Saturno forma aspectos difíciles a tu planeta del amor la mayor parte del año. Habrá un periodo de cierto respiro, del 15 de junio al 18 de septiembre, pero en general Saturno afecta a tu planeta del amor la mayor parte del año.

Estas pruebas rara vez son agradables, pero son buenas. Tienden a disolver las relaciones no sólidas o débiles. Esto es bueno. Sólo lo mejor es bueno para ti. Las pruebas revelarán si el amor es verdadero. Y si no lo es, ¿para qué lamentarse cuando se disuelve?

Si el amor es verdadero, las pruebas sólo lo harán más fuerte. Las dificultades revelarán los puntos débiles para que se corrijan. Si la relación es fundamentalmente sólida, sólo mejorará.

Si estás soltero o soltera es probable que no salgas con parejas tanto como de costumbre. Estás más selectivo. Tal vez esto es bueno. Tu atención se centrará más en la calidad que en la cantidad. La actividad social en general es menor, y por los mismos motivos.

Si perteneces a una sociedad de negocios, esta también pasará por pruebas este año, y si hay puntos débiles podría disolverse.

Si estás soltero o soltera no hay probabilidades de boda este año, y tal vez no es aconsejable en este periodo. El amor, si es verdadero, necesita tiempo para desarrollarse; dale el tiempo que necesita. No hay ninguna prisa.

Por naturaleza te atraen personas espirituales y creativas: poeta o poetisa, actor o actriz, bailarín o bailarina. Te atrae la persona canalizadora psíquica o espiritual, el yogui o yoguina. Y desde que Neptuno entró en Piscis, esta atracción es más fuerte.

Siempre eres idealista en el amor; siempre has deseado y buscado el amor perfecto. Y en este periodo ese idealismo es más fuerte que de costumbre. El problema es que tu criterio es tan elevado que pocos mortales están a esa altura. Por lo tanto, siempre sientes una sutil insatisfacción, incluso en relaciones fundamentalmente buenas. Este problema también se exacerba en este periodo. El Cosmos le ha puesto signos de exclamación. Es posible que conozcas a muchas personas que te parezcan la ideal. Lo bueno es que Saturno te demostrará, y muy rápido, si de verdad es ideal o no.

Los números favorables para el amor son el 1, el 12 y el 18.

Progreso personal

Ya hemos dicho que este año estás en un periodo muy espiritual, y el año pasado también. Así pues, si no estás en un camino espiritual, es un buen periodo para empezar. Si ya estás en el camino, haces mucho progreso. Si no te interesas por la espiritualidad podrías caer en las drogas o el alcohol, los falsos apoderados del desarrollo espiritual.

Este año la vida onírica será hiperactiva y tal vez profética. Presta atención a tus sueños y escríbelos por la mañana cuando te despiertes. En los sueños se te instruye acerca de muchos temas muy importantes.

Este año aumentan los fenómenos psíquicos y de percepción extrasensorial. Si estás en el camino espiritual comprendes estas cosas, pues son bastante comunes. Pero si no estás en el camino experimentarás lo que llaman extrañas coincidencias: piensas en una persona y a los cinco minutos esa persona te llama por teléfono; sientes la urgencia de evitar cierta carretera y después te enteras de que en ella hubo un accidente; abres un libro y encuentras justo la página que buscabas. El mundo invisible te hace saber que existe, que está ahí. En la vida hay más de lo que ven los ojos.

Muchas personas se sienten bloqueadas en el deseo de hacer realidad sus sueños. A veces es por falta de dinero, a veces por falta de conexiones, y otras veces por sentirse incapaces. La belleza del progreso espiritual que vas a tener es que comprenderás que esas llamadas obstrucciones no eran otra cosa que creencias que tenías. Estas se manifestaban como obstrucciones físicas. Cuando te liberas de esas creencias limitadoras desaparecen esas obstrucciones externas.

Virgo tiende de manera natural hacia el enfoque solar de la espiritualidad. El lado esotérico del cristianismo es muy atractivo. Esto es bueno, pero este año te atrae también un enfoque más bhakti. Hay una necesidad de exaltar los sentimientos, de involucrar los sentimientos en la práctica espiritual. Cuando estás en el estado anímico adecuado, es fácil conectar con lo Divino. La vida amorosa irá mejor cuando adoptes una visión más realista de la perfección. En la Tierra la perfección no se nos da en una bandeja de plata; es algo que tenemos que crear. Si el amor todavía no es perfecto haz algo que mejore la situación. Poco a poco te irás acercando a tu ideal. Estarás en el camino a la perfección, y eso es lo que importa. Si la vida amorosa es hoy mejor que ayer, has tenido éxito, aun cuando el ideal siga pareciendo lejano.

Saturno en la cuarta casa la mayor parte del año suele indicar la tendencia a reprimir los sentimientos. Y por lo general esto lleva a la depresión. Tal vez encuentras peligroso expresar lo que de verdad sientes. La represión no es la manera correcta de abordar las cosas. Sería fabuloso si encontraras un consejero o terapeuta. Si no, te conviene aprender maneras de expresar tus sentimientos negativos sin riesgos. Recurre a mi libro *A technique for meditation*, en el que explico diversas técnicas para hacer esto.

Previsiones mes a mes

Enero

Mejores días en general: 9, 10, 18, 19, 27,28
Días menos favorables en general: 2, 3, 16, 17, 22, 23, 29, 30
Mejores días para el amor: 1, 4, 12, 13, 14, 21, 22, 23, 31
Mejores días para el dinero: 1, 7, 8, 11, 12, 13, 16, 17, 21, 22, 24, 25, 31
Mejores días para la profesión: 4, 14, 22, 23, 31

Tu ciclo solar personal está en su fase creciente. También lo está el ciclo solar universal. El 90 por ciento de los planetas están en movimiento directo (después del 21 será el 80 por ciento). Este es un mes excelente para poner en marcha nuevos proyectos o lanzar nuevos productos al mundo. Del 1 al 5 sería mejor, pero después del 21 es muy aceptable también; tendrás un potente apoyo e impulso cósmico para el lanzamiento.

Comienzas el año con el sector occidental o social totalmente dominante. El 80 y a veces el 90 por ciento de los planetas están en este sector. El poder planetario está alejado de ti y favorece a los demás. Te encuentras, por lo tanto, en una fase «desinteresada» de tu ciclo. Los demás están en primer lugar. Tu manera no es tal vez la mejor en este periodo. Deja que los demás se impongan mientras eso no sea destructivo. Si las condiciones te fastidian, toma nota de las mejoras que se pueden hacer, y cuando más adelante llegue tu ciclo de independencia será más fácil hacer los cambios. Este es un periodo en que te conviene tomarte unas vacaciones de ti mismo y de tus intereses y necesidades personales.

Comienzas el año en medio de una cima anual de placer personal, de una de ellas; tendrás otra cerca de tu cumpleañños. Así pues, hasta el 20, diviértete, pásalo bien, explora el lado éxtasis de la vida.

Este mes está poderosa tu sexta casa, la de la salud y el trabajo, sobre todo después del 20; el 50 por ciento de los planetas o están instalados en ella o transitan por ella este mes. Esto es bueno en el caso de que busques trabajo; se presentan muchas oportunidades. Virgo siempre es un trabajador productivo, y este mes lo es aún más.

La mayoría de los planetas están bajo el horizonte de tu carta, en la mitad inferior. Mercurio, tu planeta de la profesión (y planeta personal) inicia movimiento retrógrado el 21. Mantén la atención en la familia y en tu bienestar emocional. La profesión puede pasar a un segundo lugar; si los asuntos emocionales están bien la profesión irá bien.

La salud y la energía son buenas este mes; la salud está mejor antes del 20, pero después es aceptable. Virgo siempre está interesado en su salud, pero este mes más que de costumbre. El verdadero peligro ahora es una hipersensibilidad a los asuntos de salud; guárdate de crearte un problema cuando no hay ninguno.

Febrero

Mejores días en general: 5, 6, 7, 15, 16, 23, 24
Días menos favorables en general: 13, 14, 19, 20, 25, 26
Mejores días para el amor: 1, 2, 10, 11, 19, 20, 21

Mejores días para el dinero: 1, 2, 3, 4, 8, 9, 10, 11, 13, 14, 20, 21, 22

Mejores días para la profesión: 8, 9, 17, 18, 25, 26

Después del 18 la salud y la energía estarán más delicadas; procura dormir lo suficiente. Repasa lo que hablamos sobre la salud en las previsiones para el año. Cuando la energía está baja se activan ciertos achaques ya existentes, parece que se agravan. Eleva la energía y desaparecerán estos achaques.

Si bien la energía no es lo que debiera o será, este mes ocurren muchas cosas buenas. El 18 entras en una cima amorosa y social. Esto significa más citas, más fiestas, más reuniones, más romance. Entre el 23 y el 27 hay un encuentro romántico o social especialmente interesante. Esto parece ser algo espiritual, algo significativo, serio. Pero no hace falta que te precipites a nada; deja que el amor se desarrolle a su aire.

Los hijos y figuras filiales de tu vida se ven más temperamentales este mes. Además, es necesario que presten más atención a su salud.

El 18 el poder planetario se traslada de la mitad inferior de tu carta a la superior. Es de esperar que en los seis meses anteriores hayas puesto en orden tu vida familiar y emocional. Ahora es el periodo para ocuparte de tus objetivos externos, mundanos. Tu planeta de la profesión, Mercurio, retoma el movimiento directo el 11, así que hay más claridad respecto al camino profesional. Tu planeta de la profesión estará todo el mes en tu sexta casa; el mensaje es claro. Consigue tus objetivos de la manera tradicional, mediante trabajo y productividad. Tu ética profesional causa buena impresión a las figuras de autoridad de tu vida.

Venus, tu planeta del dinero, pasa gran parte del mes en Piscis, su posición más exaltada. Por lo tanto, el poder adquisitivo es fuerte; la intuición financiera es excelente. Aplica tu comprensión espiritual a tu vida financiera. Tu bien económico, como todo en tu vida en este periodo, te llega por la buena voluntad de otros. Las dotes sociales y los contactos son muy importantes. Ten muy presentes los intereses financieros de los demás. Atiende más a sus intereses que a los tuyos, y verás como tus necesidades financieras se satisfacen de modo muy natural.

El 20 tu planeta del dinero entra en tu octava casa. Entras en un periodo fabuloso para hacer limpieza en las finanzas. Elimina la basura; líbrate de posesiones que ya no necesitas ni usas. Despeja el terreno para que entre lo nuevo que desea entrar. Es un buen periodo para pagar deudas o para contraerlas, dependiendo de tus necesidades.

Marzo

Mejores días en general: 4, 5, 6, 14, 15, 22, 23
Días menos favorables en general: 12, 13, 18, 19, 24, 25, 26
Mejores días para el amor: 1, 2, 3, 9, 10, 12, 13, 18, 19, 22, 23, 27
Mejores días para el dinero: 2, 3, 7, 8, 12, 13, 20, 21, 22, 23
Mejores días para la profesión: 7, 8, 18, 19, 24, 25, 26, 29, 30, 31

Tu vida espiritual ha sido prominente desde julio del año pasado. Has hecho mucho progreso y aún harás más en los meses venideros. El 20 hay un eclipse solar que precipitará cambios espirituales. Mi impresión es que recibes nuevas revelaciones que te impulsan a cambiar tu práctica, actitud y tal vez incluso de enseñanza.

Este eclipse te afectará con más fuerza si naciste en la última parte del signo, entre el 20 y 23 de septiembre. Si es así, tómate las cosas con calma y reduce tus actividades durante el periodo del eclipse, y evita las actividades estresantes o que entrañan riesgo. Si no entras en esta categoría no te hará ningún daño reducir tus actividades de todos modos.

Este eclipse ocurre justo en el límite (cúspide) de las casas séptima y octava, por lo tanto afecta a ambas casas. La relación amorosa o el matrimonio ha pasado por pruebas en lo que va de año, y en este periodo habrá más pruebas aún. Esto no significa necesariamente ruptura, pero si la relación es defectuosa podría disolverse. Ocurren incidentes dramáticos en la vida del cónyuge, pareja o ser amado actual y amistades. Estas personas van a hacer cambios importantes en sus finanzas, y es posible que afronten una crisis financiera. Podrían pasar por sustos en la salud también. Si tienes pendientes asuntos de patrimonio o seguros, estos comienzan a avanzar de modo espectacular.

Hasta el 20 es necesario estar atento a la salud y la energía. Repasa lo que hablamos en las previsiones para el año. Después del 20 mejora la salud.

Del 9 al 12 Marte forma aspectos dinámicos con Plutón y Urano. Evita los enfrentamientos en el trabajo y con vecinos esos días; las personas podrían reaccionar de forma exagerada. Te conviene conducir con más precaución. Como el mes pasado, prosperas haciendo prosperar a otros. El interés financiero de los demás ha de ser tu primera consideración. El cónyuge, pareja o ser amado actual entra en una cima financiera anual el 20, y parece que tú estás muy involucrado en esto. Esta persona es más generosa. Como hemos dicho, hay cambios importantes en las finanzas de esta persona.

Del 3 al 6 tu planeta del dinero está en conjunción con Plutón; esto puede traer un cambio financiero repentino, inesperado, tal vez un gasto imprevisto. Llegará el dinero para esto y el problema es de corta duración.

Del 17 al 19 alternas con personas de posición elevada. Hay la oportunidad para un romance de oficina.

Abril

Mejores días en general: 1, 2, 10, 11, 12, 29, 20, 28, 29
Días menos favorables en general: 8, 9, 15, 16, 21, 22
Mejores días para el amor: 1, 2, 6, 7, 13, 15, 16, 21, 22, 23, 24
Mejores días para el dinero: 1, 2, 3, 4, 5, 8, 9, 13, 17, 18, 21, 22, 25, 26
Mejores días para la profesión: 8, 9, 19, 20, 21, 22, 28, 29

El eclipse lunar del 4 se ve fuerte, así que tómate las cosas con calma en ese periodo, unos cuantos días antes y otros tantos después. Ocurre en tu casa del dinero, así que vendrán cambios importantes en las finanzas, cambios que eran necesarios desde hacía tiempo; el eclipse fuerza la decisión. Los cambios serán buenos, pero normalmente no son muy agradables mientras ocurren. Este eclipse hace impacto en Urano y Plutón, los señores de tu sexta y tercera casa respectivamente. Podría haber, entonces, cambio de trabajo o cambios en las condiciones de trabajo. Si eres empleador hay intestabilidad en la fuerza laboral y tal vez cambio de personal. Se ponen a prueba el equipo de comunicación y los coches; a veces es necesario repararlos o reemplazarlos. Ten más prudencia al conducir. Los hermanos y figuras fraternas podrían pasar por experiencias dramáticas, de aquellas que cambian la vida; lo mismo vale para las amistades. Ten más paciencia con ellos en este periodo, es probable que estén muy nerviosos, crispados.

Aunque vas a hacer cambios en tus finanzas, tu vida financiera se ve bien. Hasta el 11 tu planeta del dinero está en tu novena casa, casa benéfica; el poder adquisitivo es fuerte. Las oportunidades financieras podrían venir del extranjero, o de inversiones en el extranjero o en empresas extranjeras. Los extranjeros en general tienen un papel prominente en tu vida financiera. El juicio financiero es muy sólido en este periodo; Venus está en Tauro, su casa natural. El 11 Venus cruza tu Medio cielo y entra en tu décima casa, la de la profesión. Esto es bueno, pues indica una intensa atención en las finanzas; están muy arriba en tus prioridades. Muchas veces este aspecto indica dinero que llega por aumento de sueldo, de organismos gubernamentales y por la buena fama profesional. Protege tu fama profesional, tiene consecuencias económicas. En este periodo cuentas con el favor de jefes, mayores, padres y figuras parentales. Me parece que te apoyan.

El 19 y el 20 Venus está en cuadratura con Neptuno; esto podría producir desacuerdos financieros con el cónyuge, pareja o ser amado actual. Las transacciones financieras, compras o inversiones importantes, necesitan más análisis y reflexión estos días. Las cosas no son lo que parecen.

El cónyuge, pareja o ser amado actual continúa en su cima financiera anual. Parece que esta persona sigue siendo generosa contigo.

La salud y la energía son buenas todo el mes, y después del 20 mejoran aún más. Todavía tienes dos planetas lentos en alineación desfavorable, pero los planetas rápidos te favorecen.

El amor continúa complicado y puesto a prueba, pero después del 20 las cosas se calman y se vuelven más fáciles.

El 20 se hace poderosa tu novena casa; el 50 por ciento de los planetas o están instalados en ella o transitan por ella después de esta fecha. Esto es maravilloso si eres estudiante universitario; te concentras en los estudios y tendría que irte bien. Este mes te llaman otras tierras; hay viaje en el ambiente.

Del 1 al 7 hay interesantes progresos espirituales.

Mayo

Mejores días en general: 8, 9, 16, 17, 25, 26, 27
Días menos favorables en general: 5, 6, 7, 12, 13, 18, 19
Mejores días para el amor: 1, 2, 3, 4, 12, 13, 21, 22, 30, 31

Mejores días para el dinero: 1, 2, 5, 6, 12, 13, 14, 15, 21, 22, 23, 24, 28, 29, 30, 31
Mejores días para la profesión: 1, 2, 10, 11, 18, 19, 28, 29

Este es un mes activo y ajetreado, pero de éxito.

La profesión es el principal titular este mes; tu décima casa es con mucho la más poderosa; el 50 por ciento de los planetas o están instalados en ella o transitan por ella en mayo. La familia y el bienestar emocional son importantes, pero ahora es el periodo para centrar la atención en la profesión. El 21 entras en una cima profesional anual; entonces es cuando haces el mayor progreso del año. Puede que no consigas tus objetivos en su totalidad, pero verás un buen avance hacia su realización; estarás más cerca de tus objetivos que el mes pasado.

La única complicación en la profesión es que Mercurio inicia movimiento retrógrado el 14. Esto no impedirá tu progreso, sino que sólo enlentecerá un poco las cosas. Trata de ser perfecto en tus comunicaciones profesionales, en dar o recibir órdenes o instrucciones, en las conversaciones con jefes. La mala comunicación es el principal peligro ahora.

A partir del 21 tendrás al Sol transitando por tu décima casa y entonces puedes avanzar tu profesión participando en actividades benéficas. El tránsito de Marte por esta casa a partir del 12 indica mucho trabajo y osadía en los asuntos profesionales. Te ves obligado a competir con otros y tienes que trabajar más arduo; los jefes podrían mostrarse impacientes; quieren las cosas hechas antes de dar las órdenes.

Esto hace más delicada la salud este mes, en especial después del 21. Trabaja por tus objetivos profesionales, faltaría más, pero hazlo de modo más rítmico. No olvides programarte momentos para el descanso y la relajación. Deja estar las cosas menos importantes y concéntrate en lo que verdaderamente importa. Achaques, dolores y otros síntomas podrían deberse a que tienes baja la energía. Elévala y desaparecerán.

Las finanzas se ven más delicadas este mes. Tienes que trabajar más para lograr tus objetivos. Venus pasa la mayor parte del mes en tu casa once, la de las amistades; esto indica la importancia de las conexiones sociales en las finanzas. En esencia, cuentas con el favor financiero de las amistades. A partir del 7 te irá muy bien participar en organizaciones comerciales o profesionales. Las actividades *online* producen beneficios.

Del 21 al 26 Venus forma aspectos dinámicos con Urano y Plutón; este es un periodo turbulento en las finanzas. Podría haber gastos imprevistos y cambios repentinos en los puntos de vista y planes financieros. Pero estos problemas son de corta duración, no tendencias para el año. Esos días no es aconsejable viajar al extranjero.

Junio

Mejores días en general: 4, 5, 13, 14, 22, 23
Días menos favorables en general: 2, 3, 8, 9, 15, 16, 29, 30
Mejores días para el amor: 1, 8, 9, 10, 11, 17, 18, 20, 21, 27, 28, 29, 30
Mejores días para el dinero: 1, 2, 3, 10, 11, 20, 21, 24, 25, 29, 30
Mejores días para la profesión: 6, 7, 15, 16, 24, 25

Continúa atento a la salud y la energía durante la primera mitad del mes. Poco a poco irás notando mejoría. El 15 Saturno sale de sus aspectos desfavorables, y el 21 el Sol empieza a formar aspectos armoniosos. Después del 21 estarás bien de salud y energía.

Hasta el 21 sigues en una cima profesional anual. Las cosas continúan agitadas en este frente. El exceso de trabajo es el principal problema. El 24 deberían calmarse las cosas; Marte sale de tu casa de la profesión.

Un progenitor o figura parental debe tener mas cuidado hasta el 24 (y esto valía para el mes pasado también). Esta persona debe evitar las prisas y controlar su genio. Las personas pueden reaccionar mal a un arranque de mal genio, y las prisas pueden llevar a accidentes o lesiones.

El 21 ya has conseguido más o menos tus objetivos profesionales. Si no del todo, has hecho un buen progreso. Tu interés empieza a desviarse hacia las amistades, los grupos y las actividades de grupo. El mundo *online* te llama; la red de contactos sociales es más interesante. Este es un periodo en que amplías tus conocimientos de alta tecnología, informática, ciencias y astrología.

Además, la vida amorosa va muy bien en este periodo. Neptuno recibe aspectos positivos y Saturno sale de su aspecto desfavorable a tu planeta del amor. Mejora la relación actual. Si estás soltero o soltera y sin compromiso tienes encuentros románticos. La actividad en grupos favorece la vida amorosa. También puede llegar el amor vía *online*.

El mes se ve próspero. El 5 Venus comienza a viajar con Júpiter, el planeta de la abundancia; este aspecto es más exacto del 28 al 30. Esto indica un bonito día de paga. La intuición financiera es excelente a partir del 5. Y la intuición, como saben nuestros lectores, es el atajo a la riqueza. Teniendo a tu planeta del dinero en la casa doce es un buen periodo para profundizar en las dimensiones espirituales de la riqueza; también para acceder a las fuentes sobrenaturales del aprovisionamiento, que no a las naturales. Los familiares son más prósperos este mes y me parece que te apoyan más, y en especial un progenitor o figura parental. Esta persona se ve menos pesimista.

El mes pasado el poder planetario pasó de tu sector occidental al oriental, y este mes el dominio del sector oriental es más pronunciado. Te encuentras, pues, en un ciclo de independencia y poder personales. Haz esos cambios que es necesario hacer. Créate felicidad, toma las medidas necesarias para esto. Tienes el apoyo del Cosmos. Los demás siempre son importantes, pero, si es necesario, puedes lanzarte solo este mes; no necesitas su aprobación.

Julio

Mejores días en general: 1, 2, 10, 11, 19, 20, 29, 30
Días menos favorables en general: 6, 7, 12, 13, 26, 27, 28
Mejores días para el amor: 6, 7, 8, 9, 14, 15, 16, 17, 18, 24, 25, 26
Mejores días para el dinero: 8, 9, 17, 18, 22, 23, 26, 27, 28
Mejores días para la profesión: 7, 8, 12, 13, 17, 18, 29, 30

Los dos próximos meses el poder planetario estará en su posición oriental máxima del año. Este es el periodo en que son más fuertes tu independencia y poder personales. Aprovéchalo; no volverás a ver esto hasta el próximo año. Puedes tener la vida más o menos según tus condiciones. Tienes el poder para crear las condiciones a tu gusto; no dependes de los demás para tu bien o tu felicidad. Tus propios intereses son tan importantes como los de cualquiera, y el Cosmos te respalda. El único problema es que este mes hay muchos planetas en movimiento retrógrado, el máximo del año. Puede que el cambio sea más lento, pero ocurrirá.

Las oportunidades de trabajo han sido abundantes en lo que va de año. Es posible que el año pasado hayas encontrado un trabajo muy bueno, pero si no ha sido así, las posibilidades siguen siendo excelentes este mes.

Las finanzas van bien, aunque este mes se complican. Venus pasa la mayor parte del mes en tu casa doce, lo que indica buena intuición financiera y buena comprensión de las dimensiones espirituales de la riqueza. Eres más generoso, más caritativo. En general gastas con más despreocupación, y puedes permitírtelo. El 19 Venus cruza tu Ascendente y entra en tu primera casa; este es muy buen aspecto para las finanzas; en realidad, a partir del 19 Venus acampa en tu Ascendente (se detiene); esto te trae dinero, ropa y accesorios; gastas en ti. Te sientes rico y tienes la apariencia de rico, más que de costumbre. El único problema es que Venus inicia movimiento retrógrado el 25, así que tal vez esas compras necesiten más análisis y reflexión. A partir del 25 es periodo para hacer revisión de la vida financiera; no es buen periodo para hacer compras o inversiones importantes. Dentro de unos meses (octubre) Venus volverá a cruzar tu Ascendente, y ese podría ser el mejor periodo para gastar en ti.

La permanencia de Venus en tu Ascendente es buena para la vida amorosa. Te ves bien, tienes sentido de la elegancia, rezumas más elegancia y encanto, y el sexo opuesto se fija. Dado que Mercurio le forma buenos aspectos a tu planeta del amor después del 8, hay armonía en tu relación amorosa, y si no estás en ninguna relación tienes felices encuentros románticos.

La salud y la energía son buenas y serán mejores aún el mes que viene.

Del 14 al 17 ten más prudencia al conducir; evita también las discusiones. Será difícil.

Del 24 al 27 evita los enfrentamientos en el lugar de trabajo.

Agosto

Mejores días en general: 6, 7, 15, 16, 17, 25, 26
Días menos favorables en general: 2, 3, 8, 9, 23, 24, 29, 30
Mejores días para el amor: 2, 3, 5, 10, 11, 14, 20, 21, 23, 24, 29, 30, 31
Mejores días para el dinero: 5, 14, 15, 18, 19, 23, 24, 25, 31
Mejores días para la profesión: 5, 8, 9, 15, 16, 26, 27

Este mes es novedoso y feliz, Virgo, disfrútalo.

El 11 Júpiter entra en tu signo y estará en él el resto del año y hasta bien avanzado el año que viene. Comienzas un ciclo de prosperidad de varios años. La Dama Suerte se sienta a tu lado.

Coges las rachas afortunadas de la vida. Llevas la buena vida, experimentas los placeres físicos y sensuales, y te llegan los medios para hacerlo.

Dado que estás en un largo ciclo de prosperidad te conviene tener claros tus objetivos y planes financieros. Venus, tu planeta del dinero, continúa retrógrado todo el mes; puede que tu prosperidad llegue con reacción retardada, pero llega.

Del 3 al 6 Venus viaja con Júpiter; esto indica buena suerte financiera, pero puede llegar con retraso. Este aspecto también produciría la tendencia a gastar en exceso, lo que podría no ser aconsejable todavía.

Del 6 al 8 Mercurio viaja con Júpiter; esto trae éxito financiero y profesional. También podría producir la tendencia a gastar en exceso. Un progenitor o figura parental tiene un bonito día de paga.

El 23 el Sol cruza tu Ascendente y entra en tu primera casa; comienzas una de tus cimas de placer personal. Complaces al cuerpo. El único problema es el peso, pues ahora (y el resto del año) aparece la tendencia a echarse kilos encima.

Como hemos dicho, si estás en edad de concebir, eres más fértil, en especial este mes.

Estás en un fuerte periodo espiritual desde comienzos del año (en realidad, desde julio del año pasado), pero el mes de julio y hasta el 23 de este mes es más fuerte aún. Es posible que tu vida onírica sea más interesante que tu vida de vigilia, y podría resultarte difícil salir de ella. Todo el año has tenido experiencias sobrenaturales, y estas aumentan en este periodo. Hay avances espirituales que son de lo más placenteros. Tus límites financieros no son lo que parecen. Se expande enormemente tu capacidad para conseguir tus objetivos; eres muy consciente del Poder Superior que te orienta en tus asuntos.

La salud y la energía son excelentes este mes, mejor que nunca en lo que va de año.

Septiembre

Mejores días en general: 2, 3, 12, 13, 22, 23, 30
Días menos favorables en general: 4, 5, 6, 19, 20, 26,27
Mejores días para el amor: 1, 7, 9, 10, 17, 19, 20, 26, 27, 28, 29
Mejores días para el dinero: 1, 2, 9, 10, 12, 14, 15, 19, 20, 28, 29, 30
Mejores días para la profesión: 4, 5, 6, 14, 15, 24, 25

El Cosmos ha decretado un largo ciclo de felicidad y prosperidad para ti. Por lo tanto, es lógico que se derriben los bloqueos, internos y externos. Este mes dos eclipses te allanan el camino. El eclipse solar del 13 es el más fuerte; ocurre en tu signo. Tómate las cosas con calma en ese periodo. Este eclipse va a producir una redefinición de tu personalidad y tu imagen. Vas a pensar diferente acerca de ti y desearás que los demás también piensen diferente. Por lo tanto, a los largo de los seis próximos meses vas a cambiar tu modo de vestir, el corte de pelo y la imagen general que presentas al mundo. Vas a presentar una imagen más elegante, más próspera. Todos los eclipses solares producen cambios espirituales, y este no es diferente. Una causa son las muchas revelaciones que has tenido en los meses anteriores; cambias de práctica, de actitud, de maestro y tal vez de enseñanza. Una parte de esto tiene que ver con experiencias dramáticas en la vida de tu gurú o mentor. También podría deberse a trastornos y cambios en una organización espiritual o benéfica a la que perteneces.

El eclipse lunar del 28 (el 27 en las Américas) ocurre en tu octava casa. Harás bien en reducir tus actividades en este periodo también. Este eclipse podría traer encuentros con la muerte, no muerte física necesariamente; podría ser una experiencia de casi muerte, o la muerte de una persona conocida. A veces la persona tiene sueños con la muerte; la visita el ángel negro, le hace saber que anda por ahí; viene a recordarle que la vida en la Tierra es corta, especialmente desde la perspectiva cósmica; un abrir y cerrar de ojos. No hay tiempo que perder; debemos hacer algo valioso, significativo, en la vida. Con este tipo de eclipse a veces hay una intervención quirúrgica, o se recomienda una. En este caso, como siempre, busca otras opiniones. Todos los eclipses lunares ponen a prueba las amistades y provocan dramas en la vida de personas amigas; esto también forma parte de la remodelación cósmica que ocurre con el eclipse; se mueven las piezas sobre el tablero. Comienza una nueva fase de la partida. Se ponen a prueba los ordenadores y equipos de alta tecnología; muchas veces es necesario repararlos o cambiarlos. Te conviene hacer copias de seguridad de tus archivos importantes antes de que empiece el periodo del eclipse. Comprueba si está actualizado tu programa antivirus y antipiratería.

La salud general y la energía continúan bien, pero el 15 Saturno vuelve a su aspecto desfavorable para ti. No hace ninguna falta que hagas de la noche día.

Octubre

Mejores días en general: 1, 9, 10, 19, 20, 27, 28
Días menos favorables en general: 2, 3, 16, 17, 18, 23, 24, 29, 30
Mejores días para el amor: 4, 5, 8, 9, 14, 15, 19, 20, 23, 24, 27,
    28, 31
Mejores días para el dinero: 1, 8, 9, 10, 11, 12, 13, 19, 20, 27, 28
Mejores días para la profesión: 2, 3, 11, 12, 13, 21, 22, 29, 30

El 23 del mes pasado entraste en una cima financiera anual, que continúa hasta el 23 de este mes. Este mes es próspero. Además de encontrarte en tu cima financiera, tu planeta del dinero, Venus, que ya está en movimiento directo, cruza tu Ascendente y entra en tu primera casa. Esto indica golpes de suerte, beneficios inesperados. Das la imagen de riqueza y te sientes rico; la gente te ve así. El dinero te busca con ardor, e igualmente las oportunidades financieras. En tu casa del dinero tienes al Sol, tu planeta de la espiritualidad, y esto indica una excelente intuición financiera (hay quienes llaman «sensación visceral» a esto, pero es mucho más intuición). Mercurio en tu casa del dinero (y en movimiento directo desde el 9) indica el favor financiero de jefes, mayores, padres y figuras parentales. Tu buena fama profesional es importante para los ingresos. Tu planeta del dinero viaja con Júpiter del 24 al 27, clásico indicador de éxito en las finanzas. Hay un bonito día de paga en esos días.

Venus cruzó tu Ascendente hace unos meses, pero entonces inició movimiento retrógrado. Ahora está en movimiento directo; es un excelente periodo para comprar ropa, joyas y accesorios personales.

Venus en tu signo tiende a ser bueno para el amor. Te ves bien, rezumas más elegancia y encanto; atraes al sexo opuesto. Pero para ti la vida amorosa es complicada; tu planeta del amor está retrógrado. Pareces distanciado del ser amado. Los problemas que hay en tu relación no tienen nada que ver con tu apariencia o magnetismo personales.

Si estás soltero o soltera y sin compromiso tienes muchas oportunidades románticas este mes, pero ninguna de ellas se ve seria.

La salud y la energía son buenas este mes y puedes fortalecerlas más de las maneras explicadas en las previsiones para el año.

El mes pasado el poder planetario se trasladó de la mitad superior de tu carta a la inferior. El 8 el 70 y a veces el 80 por ciento de los planetas estarán bajo el horizonte de tu carta. Ya se han conseguido más o menos los objetivos profesionales. Ahora es el periodo para reunir la energía para tu próximo empuje profesional, que comenzará en marzo del año que viene. Es el periodo para poner en orden la vida familiar y la emocional.

Noviembre

Mejores días en general: 5, 6, 15, 16, 24, 25
Días menos favorables en general: 13, 14, 19, 20, 26, 27
Mejores días para el amor: 6, 7, 10, 17, 18, 19, 20, 26, 27, 28
Mejores días para el dinero: 5, 6, 7, 8, 9, 15, 16, 17, 18, 24, 25, 26, 27
Mejores días para la profesión: 10, 11, 21, 26, 27, 30

Marte está en tu signo desde fines de septiembre y continúa en él hasta el 12 de este mes. Venus y Júpiter también han estado en tu signo. Esto es como una especie de vértigo, que si es excesivo puede llevar a descuidos en el plano físico, puede ser causa de accidentes o lesiones. Disfruta de la vida, pero ten cuidado. Las prisas y la impaciencia provocadas por Marte también podrían ser causa de lesiones si no tienes cuidado. Y controla el genio.

Si bien tu cima financiera anual terminó el mes pasado, las finanzas siguen fuertes. Venus entra en tu casa del dinero el 8 y Marte el 12. Marte en la casa del dinero indica la generosidad del cónyuge, pareja o ser amado actual; indica que el dinero puede proceder de propiedades, fondos de fideicomiso o reclamaciones de seguros. El dinero remanente debería emplearse en pagar deudas, pero si necesitas un préstamo los aspectos también son buenos para eso. Puedes ganar mediante financiación creativa o comprando propiedades con problemas que están subvaloradas. Los extranjeros son importantes en la vida financiera, como también las inversiones en el extranjero o en empresas extranjeras.

El 23 del mes pasado se hizo fuerte tu tercera casa, la de la comunicación y los intereses intelectuales, y continúa fuerte hasta el 22. Este es buen tránsito si eres estudiante de enseñanza media; te concentras en los estudios y debería irte bien. Es un buen tránsito también para los hermanos y figuras fraternas; tienen más energía, autoestima y seguridad en sí mismos; también tienen más éxito en el plano mundano y se les presentan felices oportunidades profesionales.

Para ti, este es un buen mes para asistir a charlas, seminarios y cursos en temas que te interesan. Va bien para ponerte al día en las lecturas; es bueno para dar al cuerpo mental la nutrición y ejercicio que necesita.

A partir del 22 has de estar más atento a la salud y la energía; este no es tu mejor periodo para la salud; esto no significa que vayas a enfermar, sino sencillamente más cuidado preventivo. Repasa lo que hablamos sobre esto en las previsiones para el año. Procura descansar lo suficiente.

El amor es agridulce este mes. El 6 o el 7 hay un agradable encuentro romántico. Tu planeta del amor recibe buenos aspectos hasta el 22; después se intensifican las pruebas para la relación actual. En estas pruebas se conoce si el amor es verdadero.

El impulso planetario es de avance este mes. El 90 por ciento de los planetas estarán en movimiento directo a partir del 18. Tu ciclo solar personal está en fase creciente. Este sería un buen periodo para poner en marcha nuevos proyectos o lanzar nuevos productos al mercado. Pero después del Año Nuevo podría ser mejor aún; mucho depende de tu necesidad.

Diciembre

Mejores días en general: 2, 3, 4, 12, 13, 21, 22, 30, 31
Días menos favorables en general: 10, 11, 17, 18, 23, 24
Mejores días para el amor: 7, 8, 17, 18, 25, 26
Mejores días para el dinero: 2, 3, 4, 5, 6, 7, 12, 13, 17, 18, 21, 22, 25, 26, 30, 31
Mejores días para la profesión: 1, 12, 21, 22, 23, 24, 30, 31

El 22 del mes pasado se hizo muy poderosa tu cuarta casa, la del hogar y la familia, y continúa poderosa hasta el 22. Esto indica la importancia de la familia y el bienestar emocional. Esto deberá ser el centro de atención. El poder planetario está en su nadir (el punto más bajo) en tu carta. Simbólicamente, es medianoche en tu año. Disminuye la actividad externa, es prominente la actividad interior. Las victorias de la vida se ganan a medianoche, que es cuando realmente ocurren y durante el día sólo se hacen visibles, manifiestas.

Cuando hay poder en la cuarta casa tenemos la oportunidad de hacer curación y limpieza emocional. Este es un periodo en que podemos hacer las paces con el pasado. Los traumas y sufrimientos del pasado no tienen por qué configurar nuestro futuro. En muchos casos (no en todos) el llamado trauma sólo fue la interpretación infantil de un acontecimiento o incidente. Cuando se recuerda, se reexperimenta mirado desde la perspectiva de la conciencia actual, el trauma pierde su poder. Por eso el Cosmos ha organizado las cosas de modo que el pasado se pueda mirar, revisar, de formas naturales. Esto ocurre todos los años. Este mes surgirán viejos recuerdos aun cuando no estés viendo a un psicoterapeuta. Hay un método en esta aparente locura; debes mirar estas cosas para resolverlas. La mayoría de las veces vas a reinterpretar el incidente o acontecimiento desde la perspectiva de tu conciencia actual; se produce una asimilación cósmica de la experiencia. Se extrae la nutrición (la sabiduría) de la experiencia y se elimina la basura (la interpretación errónea y el sufrimiento). Este mes es para adelantos psíquicos.

Este mes sigues necesitando estar atento a la salud, más aún que el mes pasado. Pero si te programas masajes u otros tratamientos naturales deberías salir de este mes con muy pocos problemas. Después del 22 la salud y la energía mejoran espectacularmente.

El 22, cuando el Sol, señor del Sistema Solar, entra en tu quinta casa, inicias otra de tus cimas anuales de placer personal. Es un periodo de fiestas en tu año.

El amor sigue pasando por pruebas; esta es una tendencia de larga duración, pero después del 22 se vuelve mucho más fácil. Las vacaciones de Año Nuevo tendrían que ser felices en la faceta social.

Tu planeta del dinero pasa la mayor parte del mes en Escorpio, y Marte, el señor de tu octava casa, pasa el mes en tu casa del dinero. El mensaje es muy claro: reduce la basura y lo superfluo; líbrate de posesiones que ya no necesitas ni usas, y del material de desecho que obstruye la vida financiera. Paga las deudas. Si necesitas un préstamo este es buen periodo para conseguirlo. Es probable que este mes aumente tu crédito. Ten presente en primer lugar los intereses de los demás.

Libra

Ω

La Balanza

Nacidos entre el 23 de septiembre y el 22 de octubre

Rasgos generales

LIBRA DE UN VISTAZO

Elemento: Aire

Planeta regente: Venus
 Planeta de la profesión: la Luna
 Planeta de la salud: Neptuno
 Planeta del amor: Marte
 Planeta del dinero: Plutón
 Planeta del hogar y la vida familiar: Saturno
 Planeta de la suerte: Mercurio

Colores: Azul, verde jade
 Colores que favorecen el amor, el romance y la armonía social: Carmín, rojo, escarlata
 Colores que favorecen la capacidad de ganar dinero: Borgoña, rojo violáceo, violeta

Piedras: Cornalina, crisolita, coral, esmeralda, jade, ópalo, cuarzo, mármol blanco

Metal: Cobre

Aromas: Almendra, rosa, vainilla, violeta

Modo: Cardinal (= actividad)

Cualidades más necesarias para el equilibrio: Sentido del yo, confianza en uno mismo, independencia

Virtudes más fuertes: Buena disposición social, encanto, tacto, diplomacia

Necesidades más profundas: Amor, romance, armonía social

Lo que hay que evitar: Hacer cosas incorrectas para ser aceptado socialmente

Signos globalmente más compatibles: Géminis, Acuario

Signos globalmente más incompatibles: Aries, Cáncer, Capricornio

Signo que ofrece más apoyo laboral: Cáncer

Signo que ofrece más apoyo emocional: Capricornio

Signo que ofrece más apoyo económico: Escorpio

Mejor signo para el matrimonio y/o las asociaciones: Aries

Signo que más apoya en proyectos creativos: Acuario

Mejor signo para pasárselo bien: Acuario

Signos que más apoyan espiritualmente: Géminis, Virgo

Mejor día de la semana: Viernes

La personalidad Libra

En el signo de Libra, la mente universal (el alma) expresa el don de la relación, es decir, el poder para armonizar diversos elementos de modo unificado y orgánico. Libra es el poder del alma para expresar la belleza en todas sus formas. Y ¿dónde está la belleza si no es dentro de las relaciones? La belleza no existe aislada; surge de la comparación, de la correcta relación de partes diferentes. Sin una relación justa y armoniosa no hay belleza, ya se trate de arte, modales, ideas o asuntos sociales o políticos.

Los seres humanos tenemos dos facultades que nos elevan por encima del reino animal. La primera es la facultad racional, como se expresa en los signos de Géminis y Acuario. La segunda es la facultad estética, representada por Libra. Sin sentido estético seríamos poco más que bárbaros inteligentes. Libra es el instinto o impulso civilizador del alma.

La belleza es la esencia de lo que son los nativos de Libra. Están aquí para embellecer el mundo. Podríamos hablar de la buena disposición social de este signo, de su sentido del equilibrio y del juego limpio, de su capacidad de ver y amar el punto de vista de los demás, pero eso sería desviarnos de su bien principal: su deseo de belleza.

Nadie existe aisladamente, no importa lo solo o sola que parezca estar. El Universo es una vasta colaboración de seres. Los nativos de Libra, más que la mayoría, lo comprenden y comprenden las leyes espirituales que hacen soportables y placenteras las relaciones.

Un nativo de Libra es un civilizador, armonizador y artista inconsciente, y en algunos casos consciente. Este es el deseo más profundo de los Libra y su mayor don. Por instinto les gusta unir a las personas, y están especialmente cualificados para hacerlo. Tienen el don de ver lo que puede unir a la gente, las cosas que hacen que las personas se atraigan en lugar de separarse.

Situación económica

En materia económica, muchas personas consideran a los nativos de Libra frívolos e ilógicos, porque parecen estar más interesados en ganar dinero para otros que para ellos mismos. Pero esta actitud tiene una lógica. Los Libra saben que todas las cosas y personas están relacionadas, y que es imposible ayudar a alguien a prosperar sin prosperar también uno mismo. Dado que colaborar para aumentar los ingresos y mejorar la posición de sus socios o su pareja va a fortalecer su relación, Libra decide hacerlo. ¿Qué puede ser más agradable que estrechar una relación? Rara vez nos encontraremos con un Libra que se enriquezca a expensas de otra persona.

Escorpio es el signo que ocupa la segunda casa solar de Libra, la del dinero, lo cual da a este signo una perspicacia no habitual en asuntos económicos y el poder de centrarse en ellos de un modo aparentemente indiferente. De hecho, muchos otros signos acuden a Libra para pedirle consejo y orientación en esta materia.

Dadas sus dotes sociales, los nativos de Libra suelen gastar grandes sumas de dinero invitando a los demás y organizando

198 AÑO 2015: TU HORÓSCOPO PERSONAL

acontecimientos sociales. También les gusta pedir ayuda a otros cuando la necesitan. Harán lo imposible por ayudar a un amigo en desgracia, aunque tengan que pedir un préstamo para ello. Sin embargo, también tienen mucho cuidado en pagar todas sus deudas y procuran que jamás haya necesidad de recordárselo.

Profesión e imagen pública

En público a los Libra les gusta parecer paternales. Sus amigos y conocidos son su familia, y ejercen el poder político de manera paternal. También les gustan los jefes que son así.

Cáncer está en la cúspide de su casa diez, la de la profesión, por lo tanto, la Luna es su planeta de la profesión. La Luna es con mucho el planeta más rápido y variable del horóscopo; es el único entre todos los planetas que recorre entero el zodiaco, los 12 signos, cada mes. Nos da una clave importante de la manera como los Libra enfocan su profesión y también de algunas de las cosas que necesitan hacer para sacar el máximo rendimiento de su potencial profesional. La Luna es el planeta de los estados de ánimo y los sentimientos, y los Libra necesitan una profesión en la cual tengan libertad para expresar sus emociones. Por eso muchos se dedican a las artes creativas. Su ambición crece y mengua como la Luna. Tienden a ejercer el poder según su estado de ánimo.

La Luna «rige» las masas, y por eso el mayor objetivo de los Libra es obtener una especie de aplauso masivo y popularidad. Los que alcanzan la fama cultivan el amor del público como otras personas cultivan el cariño de un amante o amigo. En su profesión y sus ambiciones, los Libra suelen ser muy flexibles, y muchas veces volubles. Por otro lado, son capaces de conseguir sus objetivos de muchas y diversas maneras. No se quedan estancados en una sola actitud ni en una sola manera de hacer las cosas.

Amor y relaciones

Los nativos de Libra expresan su verdadero genio en el amor. No podríamos encontrar una pareja más romántica, seductora y justa que una persona Libra. Si hay algo que con seguridad puede destruir una relación, impedir el flujo de la energía amorosa, es la injusticia o el desequilibrio entre amante y amado. Si uno de los dos miembros de la pareja da o recibe demasiado, seguro que en uno u otro momento surgirá el resentimiento. Los Libra tienen mucho cuidado con esto. Si acaso, podrían pecar por el lado de dar más, jamás por el de dar menos.

Si estás enamorado o enamorada de una persona Libra, procura mantener vivo el romance. Preocúpate de las pequeñas atenciones y los detalles: cenas iluminadas con velas, viajes a lugares exóticos, flores y obsequios. Regálale cosas hermosas, aunque no necesariamente tienen que ser caras; envíale tarjetas; llámala por teléfono con regularidad aunque no tengas nada especial que decirle. Los detalles son muy importantes. Vuestra relación es una obra de arte: hazla hermosa y tu amor Libra lo apreciará. Si además muestras tu creatividad, lo apreciará aún más, porque así es como tu Libra se va a comportar contigo.

A los nativos de Libra les gusta que su pareja sea dinámica e incluso voluntariosa. Saben que esas son cualidades de las que a veces ellos carecen y por eso les gusta que su pareja las tenga. Sin embargo, en sus relaciones sí que pueden ser muy dinámicos, aunque siempre de manera sutil y encantadora. La «encantadora ofensiva» y apertura de Gorbachov a fines de la década de 1980, que revolucionó a la entonces Unión Soviética, es típica de un Libra.

Los nativos de este signo están resueltos a hechizar al objeto de su deseo, y esta determinación puede ser muy agradable si uno está en el puesto del receptor.

Hogar y vida familiar

Dado que los Libra son muy sociales, no les gustan particularmente las tareas domésticas cotidianas. Les encanta que su casa esté bien organizada, limpia y ordenada, que no falte nada de lo necesario, pero los quehaceres domésticos les resultan una carga, una de las cosas desagradables de la vida, que han de hacerse cuanto más rápido mejor. Si tienen dinero suficiente, y a veces aunque no lo tengan, prefieren pagar a alguien para que les haga las tareas domésticas. Pero sí les gusta ocuparse del jardín y tener flores y plantas en casa.

Su casa será moderna y estará amueblada con excelente gusto. Habrá en ella muchas pinturas y esculturas. Dado que les gusta estar con amigos y familiares, disfrutan recibiéndolos en su hogar y son muy buenos anfitriones.

Capricornio está en la cúspide de su cuarta casa solar, la del hogar y la familia. Sus asuntos domésticos los rige pues Saturno, el planeta de la ley, el orden, los límites y la disciplina. Si los Libra desean tener una vida hogareña feliz, deberán desarrollar algunas de las cualidades de Saturno: orden, organización y disciplina. Al ser tan creativos y necesitar tan intensamente la armonía, pueden tender a ser demasiado indisciplinados en su casa y demasiado permisivos con sus hijos. Un exceso de permisividad no es bueno: los niños necesitan libertad, pero también límites.

Horóscopo para el año 2015*

Principales tendencias

Los dos últimos años Saturno los pasó en tu casa del dinero. Las finanzas han estado difíciles; te sentías limitado, ceñido; había una necesidad de reorganizar tu vida financiera. Esto no suele ser agradable. Afortunadamente, Saturno salió de tu casa del dinero y estará fuera de ella la mayor parte del año. Tendrías que ver una enorme mejoría en esta faceta. Volveremos sobre este tema.

Urano lleva unos años en tu séptima casa, la del amor y el matrimonio. Esto conduce a inestabilidad social y romántica. Sin duda ha habido muchos divorcios y rupturas de relaciones románticas estos años. La inestabilidad continúa este año. Es necesario aprender a arreglárselas con esto. Hablaremos más de esto.

Plutón lleva varios años en tu cuarta casa, la del hogar y la familia, y continuará en ella este año. Es posible que últimamente hayas experimentado la muerte de un familiar, o tal vez no muerte sino una experiencia de casi muerte o una intervención quirúrgica. La relación familiar está experimentando una desintoxicación cósmica, y normalmente estas cosas no son agradables. Pero el resultado final es bueno. El círculo familiar se acercará más al ideal, aunque mediante todo tipo de dramas. Volveremos sobre este tema.

* Las previsiones de este libro se basan en el Horóscopo Solar y todos los signos que derivan de él; tu Signo Solar se convierte en el Ascendente, y las casas se numeran a partir de él. Tu horóscopo personal, el trazado concretamente para ti (según la fecha, hora y lugar exactos de tu nacimiento) podrían modificar lo que decimos aquí. Joseph Polansky

Neptuno está en tu sexta casa desde febrero de 2012. Esto indica interés en la curación espiritual, y este interés continuará muchos años más. Si buscas trabajo tendrás que trabajar más arduo para encontrarlo este año. El trabajo está, pero es necesario más esfuerzo para encontrarlo. También hablaremos de esto.

El 11 de agosto Júpiter entra en tu casa doce, la de la espiritualidad. Esto inicia un fuerte periodo espiritual para ti, un periodo de crecimiento interior. Aumentan muchísimo la vida onírica y las facultades extrasensoriales. Participarás más en actividades benéficas también.

Las facetas más importantes de tu vida este año son: las finanzas (del 15 de junio al 18 de septiembre); la comunicación y los intereses intelectuales (del 1 de enero al 15 de junio y del 18 de septiembre hasta fin de año); el hogar y la familia; la salud y el trabajo; el amor, el romance y las actividades sociales; las amistades, los grupos y las actividades de grupo (hasta el 11 de agosto); la espiritualidad (a partir del 11 de agosto).

Los caminos hacia tu mayor satisfacción este año son: el cuerpo, la imagen y el placer personal (hasta el 13 de noviembre); las amistades, los grupos y las actividades de grupo (hasta el 11 de agosto); la espiritualidad (a partir del 11 de agosto).

Salud

(Ten en cuenta que esta es una perspectiva astrológica de la salud, no una médica. Antaño no había ninguna diferencia, ambas eran idénticas, pero en esta época podrían diferir muchísimo. Para una perspectiva médica, por favor, consulta a tu médico o a otro profesional de la salud.)

La salud continúa delicada este año; dos poderosos planetas, Urano y Plutón, te forman aspectos desfavorables, y esto lleva unos años. Afortunadamente, está fuerte tu sexta casa, la de la salud, y por lo tanto le prestas atención. Esta atención extra es positiva para la salud.

Como saben nuestros lectores, es mucho lo que se puede hacer para fortalecer la salud y prevenir problemas. Lo primero y más importante es mantener elevada la energía; esto es la mejor defensa contra la enfermedad. Un aura fuerte, un campo energético fuerte, repele la mayoría de las enfermedades. Así pues, harás bien en descansar y relajarte más. Procura dormir lo suficiente. Planificar el día te permitirá hacer más con menos energía. Delega tareas siempre que sea posible. Podría convenirte pasar algún tiempo en un balneario de salud y procurar tener más sesiones de masaje y reflexología. Todo lo que aumente la energía general es bueno.

Aparte de esto, te conviene dar más atención a las siguientes zonas, que son las vulnerables en tu carta este año.

El corazón. Te irá bien que te trabajen los puntos reflejos del corazón. Una dieta adecuada es útil para los problemas cardiacos, pero más importante que eso es evitar la preocupación y la ansiedad. Según muchos sanadores espirituales estas son las causas principales de los problemas cardiacos.

Los riñones y las caderas. Estas zonas son siempre importantes para Libra. Irán bien sesiones de reflexología. Te convendría una desintoxicación de los riñones, y hay muchas maneras de hacerlo con infusiones de hierbas. También te convienen masajes periódicos en las caderas.

Los pies. Estos siempre son importantes para ti, pero lo son más desde 2012. Procura mantener los pies calientes en invierno. Usa zapatos que te queden cómodos y no te hagan perder el equilibrio. Libra es muy dado a ir a la moda, pero en lo relativo a los pies, la comodidad es más importante. Si puedes tener ambas cosas, mejor que mejor. El masaje a los pies siempre es potente para ti, pero en especial en este periodo. También es potente la hidroterapia podal, y hay muchos aparatos para esto en el mercado. Podría convenirte invertir en uno.

Neptuno, tu planeta de la salud, está en su signo y casa, por lo tanto está más poderoso por tu bien. Otro punto positivo para la salud.

Neptuno es el más espiritual de los planetas, y su papel como planeta de la salud nos da muchos mensajes. Respondes bien a todo tipo de terapias espirituales: meditación, reiki, imposición de manos y la manipulación de las energías sutiles. Si surgiera un problema (no lo permita Dios) ve a un sanador espiritual. En general esta persona tendría que poder resolverlo.

Siempre va bien hacer oración y mantenerse en estado de gracia con el Poder Superior que está en tu interior, pero para ti esto es en realidad un asunto de salud. Los problemas de salud podrían deberse a desconexión con el Poder Superior (todos los problemas de salud tienen su origen en esto, pero para ti es más riguroso).

La curación espiritual siempre ha sido un tema de enorme interés para ti, y ahora vas a profundizar más en ella. Lee todo lo que puedas sobre esta cuestión y pon en práctica lo que lees. (Volveremos a hablar de esto.)

Neptuno, tu planeta de la salud, rige los mares; además es un signo de agua. Por eso tienes una conexión muy fuerte con los poderes curativos del elemento agua. Desde el punto de vista de la salud, es muy bueno pasar más tiempo cerca de mares, ríos y lagos. La navegación en barca, la natación y los deportes acuáticos son ejercicios saludables. También irían bien el yoga y el tai chi. Si te sientes indispuesto, date un buen baño en la bañera durante una hora más o menos. Te relajará el cuerpo y te sentirás mucho mejor.

Hogar y vida familiar

Como hemos dicho, Plutón lleva varios años en tu cuarta casa, la del hogar y la familia, y continuará en ella muchos años más. Este es un tránsito de muy larga duración. El movimiento de Plutón muestra su meticulosidad. No descansará mientras tu situación familiar no sea la ideal. Hará lo que sea que tenga que hacer para alcanzar este ideal, aun cuando esto entrañe dramas importantes. Va a modernizar el hogar físico, la casa, hasta que esté como la desea, aunque esto signifique echarla abajo primero, o hacer obras importantes de renovación (una experiencia de tipo casi muerte o intervención quirúrgica).

Lo mismo vale respecto a la relación familiar. Plutón es implacable. Si los familiares no tienen la mentalidad o actitudes correctas, les enviará dramas (experiencias de casi muerte), para encarrilarlos. Sabe hacer su trabajo.

Cuando Plutón transita por la cuarta casa muere el estilo de vida familiar, y puesto que a la muerte siempre le sigue la resurrección, este renace en un plano mejor y superior. El resultado final de los actos de Plutón siempre es bueno, las cosas mejoran muchísimo, pero no es agradable mientras ocurre.

Vas a dar a luz una nueva relación familiar y una nueva dinámica. Por mucho que la tecnología moderna lo higienice, el parto es un asunto sucio: hay mucha sangre. Sin embargo, cuando nace el bebé, la madre se siente dichosa; considera que valió la pena pasar por todo ese dolor. Y así ocurre con tu situación familiar y doméstica en este periodo. Este, como hemos dicho, es un proceso de larga duración, pero es lo que el Cosmos tiene planeado para ti.

Así pues, en muchos casos han fallecido familiares; en otros casos han tenido experiencias de casi muerte o una intervención quirúrgica. La casa ha pasado por renovaciones profundas (y esto todavía podría ocurrir este año o los años venideros); en algunos casos se ha roto la unidad familiar, ya sea por muerte, divorcio o disputas. Pero no temas, las cosas se arreglarán para mejor.

Además, Plutón es tu planeta del dinero; su posición en la cuarta casa nos da muchos mensajes. Gastas más en la casa y en la familia. Un progenitor o figura parental es prominente en la vida financiera. Es posible que inicies una empresa o negocio con sede en la casa, o que trabajes desde la casa. Las conexiones familiares tienen un importante papel en las finanzas.

Todo el año es bueno para obras de renovación o construcción en la casa. Pero si lo que deseas es redecorarla, embellecerla, mejorarla estéticamente, son buenos los periodos del 1 al 3 de enero, del 20 de febrero al 17 de marzo, del 5 de junio al 19 de julio y del 29 al 31 de diciembre.

No se ven probabilidades de mudanza este año.

Parece que un progenitor o figura parental da más atención a un hermano tuyo, o hermana, que a ti. Esta misma persona lleva muchos años desasosegado, y o bien se ha mudado de casa muchas veces o ha vivido en diferentes lugares durante largos periodos. Esta tendencia continúa este año. Hermanos o figuras fraternas podrían haberse mudado en los dos años anteriores, pero este año permanecen donde están. Los hijos y figuras filiales tienen un año familiar sin novedades; no se ven probabilidades de mudanza. Algún nieto podría mudarse después del 11 de agosto (una mudanza feliz).

Profesión y situación económica

Urano lleva unos años haciendo impacto en tu planeta del dinero y esto ha causado cambios drásticos e importantes en tus finanzas, cambios que producen trastornos. Este año las cosas serán más tranquilas, menos dramáticas, ya que Urano ha salido de su aspecto cuadratura (sigue haciendo impacto, pero no tan directamente como en años anteriores).

Hasta el 11 de agosto las finanzas van bien, normales, nada especial en un sentido ni en otro; no hay desastre, pero tampoco una prosperidad especial. Pero después de esta fecha, cuando Júpiter entra en Virgo, comienza a formar aspectos hermosos a tu

planeta del dinero. Deberían aumentar los ingresos. También la
riqueza en general. Los últimos meses del año serán mucho más
prósperos que los primeros.

Plutón es tu planeta del dinero. Eres, por lo tanto, una persona
a la que le gusta hacer ricos a otros, una persona que cuida de los
intereses financieros de otras personas, buena para administrar
dinero ajeno, una persona que ve valor donde otros sólo ven
muerte, deterioro o ruina. Así pues, eres una persona que sabe
sacar provecho de empresas o propiedades con problemas y sa-
nearlas, restablecerlas, darle la vuelta a la situación.

Si estás en edad, te ocupas de hacer planes para tu patrimonio
o haces testamento. Es posible también que heredes dinero o alguien te nombre en su testamento (esto podría haber ocurrido en
alguno de los últimos años).

Tu planeta del dinero en Capricornio desde hace varios años
indica un enfoque conservador hacia la riqueza y los gastos. Esto
lo considero positivo. Tienes buen juicio financiero; no eres especulador ni te arriesgas. Tienes una perspectiva a largo plazo en
relación a la riqueza. Tienes buen sentido de lo que va a valer algo
dentro de muchos años. Administras bien tu dinero.

Este es un tránsito maravilloso para atenerse a un programa
financiero disciplinado, hacer planes de ahorro y de inversión, y
para vivir de acuerdo con tus posibilidades. A la larga estos hábi-
tos llevan a la riqueza.

La presencia del planeta del dinero en la cuarta casa indica
buen apoyo familiar, como hemos dicho, y a la persona que gasta
en la familia, que invierte en los familiares y gana a través de conexiones familiares o empresa o negocio de tipo familiar.

También es bueno para invertir en bienes inmobiliarios, tanto
comerciales como residenciales (los residenciales los rige la cuarta
casa y los comerciales los rige Capricornio).

Cuando Júpiter comience a formar su aspecto afortunado a tu
casa del dinero lo hará desde tu casa doce, la de la espiritualidad.
Esto indica una buena intuición financiera, de la que debes fiarte.
También indica que la persona va a profundizar más en las dimensiones espirituales de la riqueza. Esta no proviene de dinero
natural sino de dinero sobrenatural, dinero milagroso. Parece
darse de forma natural, pero en tu interior sabes que es milagroso.
Lee todo cuanto puedas sobre los aspectos espirituales de la riqueza. Las obras de Emmet Fox y de Ernest Holmes son un buen
material para comenzar.

Júpiter rige tu tercera casa, por lo tanto los ingresos llegan del comercio, venta al por menor, compraventa. El buen uso de los medios adquiere importancia en este periodo. La gente debe enterarse de tu producto o servicio; es necesario que organices un servicio de propaganda comercial para publicitar tu producto o servicio. Un hermano o figura parental te ayuda en las finanzas; también tus vecinos.

Amor y vida social

Hemos dicho que la vida amorosa ha sido complicada y muy inestable desde hace unos años; esta tendencia continúa este año. Hay noticias buenas y malas acerca de esto. Por un lado, la vida amorosa es más libre que antes. Conoces a personas interesantes, que te entusiasman, personas fuera de lo común, y al parecer esto te gusta en este periodo. El amor puede presentarse de las maneras más inesperadas, en cualquier momento, en cualquier lugar. Cada vez que conoces a alguien piensas que es la persona ideal, y no tardas en conocer a otra que es más ideal. Te resulta difícil sentar cabeza en este periodo.

La parte mala es que tal vez has pasado por una ruptura matrimonial o de una relación seria. Esto nunca es agradable. Urano en tu séptima casa pone a prueba incluso al genio social Libra.

Si estás soltero o soltera no hay probabilidades de boda ni de relación seria, y tal vez tampoco es aconsejable. Tanto tú como el ser amado necesitáis mucha libertad. Necesitas tu libertad social, y la otra persona también.

Si estás casado o casada, tu relación pasa por severas pruebas (sobre todo si este es tu primer matrimonio). Conozco matrimonios que han sobrevivido a este tipo de tránsito, pero entraña muchísimo trabajo y compromiso. Muchas personas no están dispuestas a pagar este precio.

Este es un año para disfrutar de las relaciones tal como son, sin intentar hacer muchos proyectos con ellas. Las personas van y vienen, pero el amor siempre permanece. Tu amor y desapego te atraerá todo lo que necesitas en el amor. Puede que las caras cambien, pero satisfarás tus necesidades.

Te atraen personas de tipo no tradicional. Esta tendencia lleva unos años. Lo normal y corriente, lo mismo de antes, no es para ti. Tu amor ha de ser una persona tipo genio; una persona experta en alta tecnología, programadora, ingeniero, científico o matemático, eso cumple los requisitos. También astrólogos, astrónomos, inventores y periodistas. El mundo *online* es conducente a oportunidades románticas este año.

Si bien el romance es complicado, la vida social en general es muy feliz, sobre todo las amistades. Desde julio del año pasado Júpiter está en tu casa once, la de las amistades, y continuará en ella hasta el 11 de agosto. Por lo tanto, conoces a personas importantes, haces amistades duraderas. Las amistades que haces en este periodo son como hermanos o hermanas para ti, y tal vez hermanos o figuras fraternas te las presentan.

Progreso personal

Como hemos dicho, la curación espiritual es uno de los principales centros de atención este año y muchos por venir. Hay muchas revelaciones sobre este tema. Para ti no hay programa de salud que sea completo a no ser que incluya la dimensión espiritual.

La curación espiritual difiere un tanto de la curación mente-cuerpo. La curación mente-cuerpo es muy buena, pero tiene sus limitaciones. Puesto que, para empezar, es la mente la que ha creado el problema de salud, nos encontramos en la situación en que la mente enferma debe sanarse. Lo que creó el problema intenta resolverlo.

La curación espiritual va de invocar a un poder que está por encima de la mente, por encima del proceso mental, y se le permite sanar la mente y finalmente el cuerpo. La mente se usa para establecer el contacto inicial con este poder, pero después se queda quieta. Cuanto menos intromisión mental, mejor. Es importante comprender que aunque tú pones en movimiento ese poder, quien hace el trabajo no eres tú ni tu mente.

Después del 11 de agosto adquieren importancia las dimensiones espirituales de las finanzas, como hemos dicho. Este también es un tema importantísimo. Tal como en la curación física, va de invocar a un poder que está por encima de la mente y permitirle que actúe en tus asuntos financieros.

En teoría, todos tenemos igual acceso al aprovisionamiento espiritual, sobrenatural. Pero en la práctica no es así. Hay que limpiarse de mucha confusión o desorden psíquico, de enseñanzas y creencias falsas, y de negaciones interiores, para tener un buen acceso. Esto entraña un trabajo espiritual. Pero vale la pena.

Una buena comprensión de la naturaleza del aprovisionamiento espiritual, o Providencia, como la llaman también, no sólo resuelve problemas financieros personales, sino también los problemas financieros del mundo en general.

Piense y hágase rico, de Napoleon Hill, es un clásico en este campo, es un buen libro y te conviene leerlo, pero de todos modos trata principalmente de los aspectos mentales de la riqueza. El aprovisionamiento espiritual es algo superior a esto.

En esencia, el enfoque espiritual de la riqueza va de reconocer a Una y Única fuente de aprovisionamiento: la Divinidad. Cuando invocas al aprovisionamiento divino no interviene nadie más. La transacción es estrictamente entre tú y la Divinidad. Si lo concede (y lo concede), nada ni nadie puede impedirlo, solamente tú, por tu incredulidad o negación. La Divinidad suele actuar a través de instrumentos humanos para darte el aprovisionamiento, pero no necesariamente. Puede actuar directamente con poca o ninguna ayuda externa si es necesario.

Lee todo lo que puedas sobre el tema y, más importante aún, estáte atento a las revelaciones interiores que recibirás este año, a través de sueños, intuiciones y corazonadas.

Previsiones mes a mes

Enero

Mejores días en general: 2, 3, 11, 12, 13, 20, 21, 29, 30
Días menos favorables en general: 4, 5, 18, 19, 24, 25, 31
Mejores días para el amor: 1, 2, 3, 12, 13, 14, 21, 22, 23, 24, 25, 31
Mejores días para el dinero: 7, 8, 9, 10, 14, 15, 16, 17, 18, 19, 24, 25, 27, 28
Mejores días para la profesión: 1, 4, 5, 9, 10, 20, 21, 29, 30, 31

Este mes el impulso planetario es de avance, arrolladoramente de avance. Hasta el 21 el 90 por ciento de los planetas están en movimiento directo; después el 80 por ciento. Tu ciclo solar personal está en fase creciente, como también el ciclo solar universal. Este es un excelente periodo para poner en marcha un nuevo proyecto o empresa o lanzar un nuevo producto al mundo. Del 1 al 5 y el

20 son los mejores días para esto. Pero después del 21 es muy bueno también. Comienzas el año con el poder planetario principalmente bajo el horizonte de tu carta. El poder está en el hemisferio inferior. Estás, pues, en un periodo en que son importantes el bienestar familiar y doméstico, y el emocional. Los objetivos externos pueden pasar a un segundo lugar; son importantes, pero si tu situación doméstica y emocional es buena, esas cosas cuidarán de sí mismas. Este es el periodo en que fortaleces los cimientos psíquicos del futuro éxito profesional.

El mes pasado, en el solsticio de invierno, el poder planetario se trasladó del sector oriental o independiente de tu carta al sector occidental o social, tu sector favorito. Terminó tu periodo de independencia personal. Ahora tienes que adaptarte a las situaciones; es más difícil crear las condiciones a tu gusto. Ahora y en los seis próximos meses, más o menos, vas a perfeccionar y cultivar tus dotes sociales ya fuertes.

Hasta el 20 está muy fuerte tu cuarta casa, la del hogar y la familia. En esta faceta debes centrar tu atención. Rememorarás el pasado en este periodo; surgirán espontáneamente viejos recuerdos y experiencias. Esta es la manera que tiene la naturaleza de asimilar, digerir, el pasado, extraer la nutrición de esas experiencias pasadas y eliminar los desechos. Es bueno mirar estas cosas cuando surgen y contemplarlas desde la perspectiva de tu comprensión actual. Esto resuelve naturalmente muchas cosas negativas. Si estás en psicoterapia, harás mucho progreso este mes.

El 20 entras en una de tus cimas anuales de placer personal. Es periodo de fiestas, el periodo para explorar la diversión, lo placentero de la vida. Una vez que hayas satisfecho estos deseos estarás en mejor estado mental para volver al trabajo, el próximo mes.

La salud y la energía están delicadas hasta el 20. Procura descansar y dormir lo suficiente. Fortalece la salud de las maneras explicadas en las previsiones para el año. Además, a partir del 12, procura hacer bastante ejercicio. Los masajes en la cabeza y la cara serán potentes.

Febrero

Mejores días en general: 8, 9, 17, 18, 25, 26
Días menos favorables en general: 1, 15, 16, 21, 22, 27, 28
Mejores días para el amor: 1, 2, 10, 11, 20, 21, 22
Mejores días para el dinero: 3, 4, 5, 6, 7, 10, 11, 13, 14, 15, 16, 21, 22, 23, 24
Mejores días para la profesión: 1, 8, 9, 17, 18, 27, 28

Este mes sigue siendo un excelente periodo para iniciar nuevos proyectos o empresas o lanzar nuevos productos al mercado. A partir del 11 el 90 por ciento de los planetas estarán en movimiento directo; antes será el 80 por ciento. Del 18 en adelante será el mejor periodo este mes; la Luna estará en fase creciente. Este es un mes fundamentalmente feliz. Sigues en un ciclo anual de placer personal, un periodo cima para esto. La salud y la energía están mucho mejor que el mes pasado. Si ha habido problemas de salud prolongados, se ven más débiles, como algo del pasado. Con más energía se te abren todo tipo de nuevas posibilidades, cosas que no eran posibles cuando la energía estaba baja.

Las finanzas también se ven mucho mejor. Saturno ya salió de tu casa del dinero; tu planeta del dinero está en movimiento directo y recibe buenos aspectos todo el mes, aunque en especial después del 18. Si buscas trabajo tienes buena suerte después del 18 también; hay muchas oportunidades. A comienzos del mes también hay una feliz oportunidad de trabajo, pero podría haber retrasos.

Libra detesta los detalles; pero son parte de la vida. Con tu sexta casa fuerte después del 18 el periodo es bueno para hacer ese tipo de tareas delicadas: poner al día las cuentas, ordenar archivos, limpiar el disco duro, etcétera.

La vida amorosa se ve feliz también. Marte y Venus entran en tu séptima casa el 20; me parece que le vas detrás a una persona, y el 21 ya le habrás dado caza. El único problema es la estabilidad de esta relación. Urano lleva ya unos años en tu séptima casa. Marte viajando con Venus es un indicador clásico de amor, y especialmente en tu carta; Venus es tu planeta personal y Marte es tu planeta del amor. El próximo mes estos dos planetas pasarán por encima de Urano y la relación pasará por pruebas.

Libra siempre es socialmente popular y en este periodo lo es aún más. El poder planetario está principalmente en tu sector occidental y el 20 Venus entra en tu séptima casa, la del amor. Te dedicas a los demás, antepones sus intereses a los tuyos. Estás totalmente de parte del ser amado (y de las amistades en general). Estás por ellos. Esto favorece tu popularidad.

Marzo

Mejores días en general: 7, 8, 16, 17, 24, 25, 26
Días menos favorables en general: 1, 14, 15, 20, 21, 27, 28
Mejores días para el amor: 2, 3, 12, 13, 20, 21, 22, 23, 30,31
Mejores días para el dinero: 2, 3, 4, 5, 6, 9, 10, 11, 12, 13, 14, 15, 20, 21, 22, 23
Mejores días para la profesión: 1, 10, 11, 18, 19, 20, 27, 28, 29, 30

El 20 hay un eclipse solar que ocurre muy cerca de la cúspide de tu séptima casa, aunque técnicamente ocurre en tu sexta casa. Afecta a los asuntos de ambas casas. Habrá, pues, trastornos en el amor. Las cosas buenas, una boda, un compromiso o una nueva relación, suelen causar tanto trastorno como las cosas malas. Se pone a prueba una relación actual. Salen a la luz los trapos sucios, los asuntos no resueltos, para que se pueda hacer limpieza. Podría haber cambio de trabajo también, ya sea cambio de puesto en la empresa cn que trabajas, o cambio a otra empresa. Hay molestias o disturbios en el ambiente laboral. También hay cambios importantes en tu programa de salud. Todos los eclipses solares ponen a prueba las amistades, y este no es diferente. Podría haber defectos en la relación de amistad y con el eclipse los descubres; o tal vez la persona amiga pasa por una experiencia dramática, de aquellas que cambian la vida, y esto complica la relación. También pasan por pruebas los ordenadores, programas y equipos de alta tecnología. Muchas veces es necesario reemplazarlos. Te conviene hacer copias de seguridad de tus archivos importantes y comprobar que estén actualizados tus programas antivirus y antipiratería. La tecnología es maravillosa cuando funciona bien, pero es una pesadilla cuando surgen fallos técnicos.

Este eclipse solar es más potente en ti si naciste en los primeros días del signo, del 22 al 24 de septiembre; si es así, tómate las cosas con calma en el periodo del eclipse y reduce tus actividades. Haz todo lo posible para evitar situaciones de riesgo o de peligro.

Este eclipse solar coincide con el comienzo de una cima amorosa y social. Así pues, la vida amorosa es interesante este mes, aunque turbulenta e inestable; hay muchos altibajos, jamás un momento aburrido. Aparte del eclipse, del 3 al 6 Venus viaja con Urano; esto suele producir cambios en los afectos; la persona encantadora de ayer se convierte en la antipática de hoy, y a la inversa. Marte pasa por este punto del 9 al 12, causando más de lo mismo. Por otro lado, las sorpresas en el amor pueden ser agradables. Entra una persona nueva en el cuadro, aparece como salida de la nada, inesperadamente. Repito, el único problema es la estabilidad de estas cosas.

Siempre eres arriesgado en el amor, y este mes lo eres aún más. Te precipitas a entablar la relación, tal vez demasiado pronto. Eres persona de amor a primera vista en este periodo (mucho más que de costumbre).

La salud y la energía no están como debieran después del 20, así que procura descansar lo suficiente. Repasa lo que hablamos sobre la salud en las previsiones para el año. Además de lo que aconsejamos ahí, puedes fortalecer la salud dando más atención a los pulmones, el intestino delgado, los brazos, los hombros y el sistema respiratorio. Los masajes en brazos y hombros son potentes.

Abril

Mejores días en general: 3, 4, 5, 13, 14, 21, 22
Días menos favorables en general: 10, 11, 12, 17, 18, 23, 24
Mejores días para el amor: 1, 2, 10, 11, 12, 13, 17, 18, 19, 20, 21, 22, 28, 29
Mejores días para el dinero: 1, 2, 6, 7, 8, 9, 10, 11, 12, 17, 18, 19, 20, 25, 26, 28, 29
Mejores días para la profesión: 8, 9, 18, 19, 23, 24, 28

El eclipse lunar del 4 ocurre en tu signo y es, por lo tanto, muy fuerte en ti. Evita las actividades estresantes o arriesgadas durante ese periodo. En todo caso la salud y la energía no son favorables, y menos aún durante el periodo del eclipse; podría convenirte pasar un tiempo tranquilo en casa o programar un masaje ese día (y unos cuantos días antes o después).

Si no has tenido cuidado en los asuntos dietéticos, podrías experimentar una desintoxicación física; esto no es una enfermedad, aun cuando a veces los síntomas sean similares; el cuerpo simplemente se libera de material de desecho. Este eclipse anuncia una redefinición de tu personalidad y del concepto de ti mismo. A veces nos vemos obligados; otros nos definen de una manera desagradable y entonces debemos definirnos. Esto es un proceso de seis meses; al final vas a presentar una nueva imagen, una nueva apariencia, al mundo. Te vestirás y adornarás de otra manera.

Todos los eclipses lunares afectan a tu profesión; la Luna, el planeta eclipsado, es tu planeta de la profesión. Así pues, se preparan cambios. Habrá trastornos y reorganización en la jerarquía de tu empresa, industria o profesión; podrían cambiar las normas. Jefes, mayores, padres y figuras parentales podrían tener experiencias dramáticas, de aquellas que cambian la vida (sería aconsejable que también redujeran sus actividades durante el periodo del eclipse).

Este eclipse lunar en particular es más fuerte de lo habitual porque hace impacto en dos poderosos planetas, Urano y Plutón. Hay, por lo tanto, dramas y cambios en tus finanzas; se revelan defectos en tus planteamientos y estrategia financieras y te ves obligado a modificarlos. Si tienes pendientes asuntos de patrimonio, impuestos o seguros, hay novedades drásticas; estos asuntos avanzan, en uno u otro sentido, y te ves obligado a afrontar los hechos. El impacto del eclipse en Urano significa que afecta a los hijos y figuras filiales de tu vida; también van a redefinirse; también deben tener un programa de actividades más relajado.

El 21 del mes pasado el poder planetario pasó de la mitad inferior de tu carta a la superior. Simbólicamente, es la mañana en tu año. Es el momento de levantarse y centrar la atención en tus objetivos mundanos. Comienza a tomar medidas para avanzar en tus objetivos profesionales. Es de esperar que hayas tenido una buena noche de sueño y tengas la energía para darte otro impulso profesional.

Mayo

Mejores días en general: 1, 2, 10, 11, 18, 19, 28, 29
Días menos favorables en general: 8, 9, 14, 15, 21, 22
Mejores días para el amor: 1, 2, 9, 12, 13, 14, 15, 18, 19, 21, 22, 28, 29, 30, 31
Mejores días para el dinero: 3, 4, 5, 6, 8, 9, 14, 15, 16, 17, 23, 24, 25, 26, 30, 31
Mejores días para la profesión: 8, 9, 17, 18, 21, 22, 28, 29

La salud y la energía están mucho mejor que el mes pasado; de todos modos, continúa atento, pues dos importantes planetas están en aspecto desfavorable. Pero lo peor ya pasó. La profesión es importante desde el mes pasado y me parece que tienes mucho éxito. El 7 Venus cruza tu Medio cielo y entra en tu décima casa. Estás en la cumbre, en las alturas de lo que te imaginas para ti. Se te ve próspero, te vistes y te ves en ese papel. La apariencia y comportamiento general son importantes en la profesión. Se te honra y valora en este periodo, no sólo por tus logros profesionales, sino también por quien eres.

La profesión va bien y aún no has llegado a tu cima del año; esta comienza el mes que viene.

El 20 del mes pasado el Sol entró en tu octava casa y estará ahí hasta el 21 de este mes. Este es un periodo fabuloso para hacer regímenes de adelgazamiento y de desintoxicación. Es también un periodo sexualmente activo. Sea cual sea tu edad o etapa de la vida, la libido está más fuerte de lo habitual.

La octava casa va de renovación y resurrección. Pero estas cosas no ocurren mientras no se limpien de impurezas la mente y el cuerpo. Así pues, este es un mes para librarte de esas viejas posesiones que ya no necesitas y para librarte de los viejos pensamientos y pautas emocionales que ya no sirven a tus intereses. Si estás interesado en la regresión a vidas pasadas encontrarás éxito en estas actividades.

La vida amorosa se ve feliz este mes, en especial a partir del 12. Marte en tu novena casa indica una expansión de la vida social, más citas, más oportunidades. Hasta el 12 son importantes los aspectos físicos del amor, sobre todo el magnetismo sexual; pero también atrae la riqueza. Después del 12 te atraen personas de tipo mentor, profesor universitario, pastor religioso, o personas similares. Las oportunidades románticas se presentan en ambientes académicos o religiosos, en tu lugar de culto, en una fiesta o reunión religiosa o en una función en la universidad. También puede presentarse el amor en otro país o con personas extranjeras.

Del 13 al 16 y del 22 al 24 ten más paciencia con los familiares, en especial con un progenitor o figura parental; este progenitor parece sentirse agobiado.

Del 21 al 26 evita las actividades que entrañen riesgo.

Junio

Mejores días en general: 6, 7, 15, 16, 24, 25
Días menos favorables en general: 4, 5, 10, 11, 17, 18, 19
Mejores días para el amor: 1, 8, 9, 10, 11, 17, 18, 19, 20, 21, 27,
    28, 29, 30
Mejores días para el dinero: 2, 3, 4, 5, 10, 11, 13, 14, 20, 21, 22,
    23, 27, 28, 29, 30
Mejores días para la profesión: 6, 7, 15, 16, 17, 18, 19, 27

El principal titular este mes es tu profesión, que se ve muy activa
y exitosa. El 21 entras en una cima profesional anual, que continúa hasta el 23 del mes que viene. La familia es importante, pero
ahora es necesario que te concentres en la profesión; las exigencias son intensas. Trabajas mucho, tienes que hacer frente a competidores. El mes pasado podría haber habido ascenso, de lo contrario, todavía puede haberlo este mes. El cónyuge, pareja o ser
amado actual también tiene éxito este mes y apoya tus objetivos
profesionales. Las amistades también.

Siempre eres bueno en las relaciones sociales, y este mes es bueno para conseguir objetivos profesionales por medios sociales. Te
irá bien asistir a las fiestas y reuniones convenientes y también
ofrecerlas. En ellas conoces a las personas que pueden ayudarte,
en especial después del 24. Esto no va a reemplazar el trabajo arduo y el buen rendimiento, pero te abre puertas.

La profesión va maravillosamente este mes, pero las finanzas
se ven más difíciles. Tu planeta del dinero está en movimiento retrógrado desde el 17 de abril y después del 21 de este mes recibe
aspectos desfavorables. El 15 Saturno vuelve a entrar, retrógrado,
en tu casa del dinero. Todavía no has completado la reorganización de tus finanzas; gastos extras y retrasos financieros te obligan a hacerlo. Si haces unos cuantos cambios aquí y allá tendrás
lo que necesitas. Estos problemas son de corta duración; se aca-
barán.

La vida amorosa continúa bien este mes. Tu planeta del amor,
Marte, pasa buena parte del mes en tu novena casa; repasa lo que
dijimos sobre esto el mes pasado. El 24 Marte cruza tu Medio
cielo y entra en tu décima casa. Esto indica un cambio en tu actitud hacia el amor. Ahora te atraen el poder y el prestigio; alternas
con personas poderosas, de elevada posición; te atraen personas
que puedan ayudarte en la profesión. Podría haber romance con

jefes o personas relacionadas con tu profesión. Tienes los aspectos para un romance de oficina. Tu Medio cielo es el punto más poderoso en tu carta, incluso más que tu Ascendente. Por lo tanto, la presencia de tu planeta del amor ahí indica que tu magnetismo social y atractivo son excepcionalmente potentes. Otro punto positivo para el amor.

La salud y la energía son más delicadas después del 21, así que duerme y descansa lo suficiente. Fortalece la salud de las maneras indicadas en las previsiones para el año. Sí, la profesión es exigente, activísima, y es muy importante, pero puedes trabajar en ella de un modo más tranquilo; alterna el trabajo con ratos de descanso; delega tareas siempre que sea posible; deja estar las cosas menos importantes y concéntrate en lo que es realmente importante para ti.

Julio

Mejores días en general: 3, 4, 5, 12, 13, 22, 23, 31
Días menos favorables en general: 1, 2, 8, 9, 14, 15, 16, 29, 30
Mejores días para el amor: 6, 7, 8, 9, 14, 15, 16, 17, 18, 24, 25, 26
Mejores días para el dinero: 1, 2, 9, 10, 11, 18, 19, 20, 24, 25, 27, 28, 29, 30
Mejores días para la profesión: 6, 7, 14, 15, 16, 26

Podría convenirte tomar las vacaciones este mes. La actividad retrógrada está en su punto máximo; el 40 por ciento de los planetas estarán retrógrados hasta el 25, y después el 50 por ciento. Venus, tu planeta personal inicia uno de sus infrecuentes movimientos retrógrados el 25. No es mucho lo que ocurre en el mundo ni en muchas facetas de tu vida, y no es mucho tampoco lo que puedes hacer para acelerar las cosas. Un periodo de vacaciones es aconsejable por otro motivo también: tu salud y energía siguen debilitadas por el estrés, sobre todo hasta el 25, y necesitas más descanso. Muchas cosas de tu vida se enderezarán solas en los próximos meses. No hay ninguna necesidad de que fuerces las cosas y aumentes tu agobio y estrés.

Uno de los problemas para tomarte vacaciones es que hasta el 23 estás en una cima profesional anual, pero con la tecnología actual se puede trabajar desde cualquier parte; podría ser factible.

Las finanzas mejoran después del 23, pero van lentas. Los dos planetas relacionados con tus finanzas, Saturno y Plutón, están retrógrados. Lo importante ahora es conseguir claridad mental en este frente. Esta viene de hacer tu trabajo, analizar los hechos, resolver las dudas. Entonces las decisiones financieras serán acertadas.

El amor continúa importante en el programa; siguen en vigor muchas de las tendencias del mes pasado. Tu planeta del amor, Marte, pasa el mes en tu décima casa. El cónyuge, pareja o ser amado actual tiene éxito y apoya tus objetivos profesionales. En muchos casos esto indica que el amor, la relación actual, es la profesión y la principal prioridad. También podría indicar el avance en la profesión por medios sociales. Si estás soltero o soltera te atraen personas poderosas y de prestigio. Como el mes pasado, el poder sigue siendo tu afrodisiaco, y, como el mes pasado, siguen las probabilidades de romance de oficina.

Uno de los problemas de esta situación es que es fácil entrar en relaciones de conveniencia, no por amor. Puede que la conveniencia procure cierta comodidad, pero no es amor.

El mes pasado el poder planetario hizo un importante traslado; pasó de tu sector occidental al oriental, del sector social al independiente. Este mes el dominio oriental es más fuerte. Es el periodo para poner la atención en ti, el número uno. Es el periodo para complacerte a ti mismo, no para tratar de complacer a los demás. Es el periodo para hacer esos cambios necesarios en tus condiciones o circunstancias. La independencia y el poder personales irán aumentando día a día. El único problema en esto es el movimiento retrógrado de Venus. Tienes que tener muy claro qué condiciones debes cambiar; por el momento esto se ve confuso, así que comienza a hacer tus planes ya. Cuando Venus esté en movimiento directo, dentro de dos meses, los cambios serán más fáciles.

Agosto

Mejores días en general: 1, 8, 9, 18, 19, 27, 28
Días menos favorables en general: 4, 5, 10, 11, 12, 25, 26, 31
Mejores días para el amor: 3, 4, 5, 13, 14, 23, 24, 31
Mejores días para el dinero: 5, 6, 7, 15, 16, 20, 21, 22, 25, 26
Mejores días para la profesión: 4, 5, 10, 11, 12, 13, 14, 25

Júpiter está transitando por tu casa once desde julio del año pasado. El 23 de este mes tu casa once se hace más poderosa aún; el

60 por ciento de los planetas o están instalados en ella o transitan por ella este mes. Es, por lo tanto, un fuerte mes social. En lo que va de año has hecho nuevas e importantes amistades, y este mes haces más. Se han ampliado muchísimo tus conocimientos en informática, ciencias y tecnología, y este mes se amplían aún más. Cuando está fuerte la casa once, la persona suele pedir que le hagan el horóscopo. Tus conocimientos en astrología y astronomía aumentan muchísimo.

En la casa once es donde se hacen realidad «los deseos y esperanzas más acariciados». Este es un mes feliz.

El 11 Júpiter entra en tu espiritual casa doce; Mercurio entra en ella el 7, y el Sol el 23. Así pues, este mes (y el resto del año) es muy espiritual.

Prepárate para todo tipo de experiencias que no se pueden explicar racionalmente (estas cosas sí son racionales, pero no desde la perspectiva tridimensional). Comenzarás a leer más libros sobre espiritualidad, fenómenos psíquicos y percepción extrasensorial; explorarás tus capacidades en estas cosas. Es posible que ya estés en el camino espiritual. Si es así, tus dones espirituales se harán más fuertes aún. Tal vez empieces a dar clases sobre esto.

Las finanzas todavía no son lo que debieran o serán, pero van mejorando. Saturno retoma el movimiento directo el 2; el 11 Júpiter empieza a formar aspectos fabulosos a tu planeta del dinero. Entras en un periodo de prosperidad, que aún no ha llegado a su máximo; tu planeta del dinero continúa retrógrado. Continúa buscando la claridad mental sobre las finanzas. En realidad las cosas están mucho mejor de lo que parecen.

La salud y la energía están mucho mejor este mes, y el próximo estarán aún mejor. Fortalece la salud de las maneras explicadas en las previsiones para el año.

Marte, tu planeta del amor, sale de tu décima casa el 9 y entra en la casa once. Esto trae un cambio de actitud en el amor. Si en los meses anteriores te atraían el poder y el prestigio, ahora deseas amistad e igualdad. Necesitas a una persona con la que te puedas divertir. Este mes tienes los aspectos para el romance *online*. Si estás soltero o soltera encuentras oportunidades románticas *online*. Estas oportunidades también se presentan en actividades de grupo. Los amigos hacen de casamenteros.

Septiembre

Mejores días en general: 4, 5, 6, 14, 15, 24, 25
Días menos favorables en general: 1, 7, 8, 22, 23, 28, 29
Mejores días para el amor: 1, 9, 10, 19, 20, 28, 29, 30
Mejores días para el dinero: 2, 3, 12, 13, 17, 18, 22, 23, 30
Mejores días para la profesión: 2, 3, 7, 8, 12, 13, 24

Este mes tenemos dos eclipses que van a producir trastornos, cambios y reorganizaciones en el mundo y en tu vida. Pese al alboroto, ocurren muchas cosas positivas para ti.

En primer lugar, Saturno sale de tu casa del dinero el 18, lo que alivia enormemente el agobio financiero. Venus, el señor de tu horóscopo, retoma el movimiento directo el 6, lo que aporta claridad a tus asuntos personales. El 3 el Sol cruza tu Ascendente y entra en tu primera casa, iniciando una cima anual de placer personal. Además, la salud y la energía son buenas este mes.

El eclipse solar del 13 ocurre en tu casa doce, y produce cambios en tu vida espiritual, en tu perspectiva, opiniones, actitud y práctica. Júpiter entró en esta casa el 11 del mes pasado, así que estos cambios no son sorprendentes. Te llegan nuevas revelaciones y comprensión, por lo que este cambio es de lo más natural. Este eclipse también significa trastornos y reestructuración en una organización benéfica o espiritual a la que perteneces o con la que tienes relación. Las personas espirituales de tu vida (gurú o mentor) pasan por dramas de esos que cambian la vida. Las amistades son puestas a prueba; todos los eclipses solares hacen esto. También son puestos a prueba ordenadores, programas y aparatos de alta tecnología, y podría ser necesario reemplazarlos. Como en todos los eclipses solares, te conviene hacer copias de seguridad de tus archivos importantes y comprobar que están actualizados tus programas antivirus y antipiratería. Este eclipse solar es fundamentalmente benigno contigo, pero no te hará ningún daño tomarte las cosas con calma y reducir tus actividades de todos modos; podría no ser tan benigno con las personas que te rodean.

El eclipse lunar del 28 (el 27 en las Américas) es más fuerte en ti. Decididamente tienes que tomarte las cosas con calma y reducir tus actividades en el periodo de este eclipse. Será mejor que reprogrames las actividades estresantes, sobre todo si son opcionales. Este eclipse ocurre en tu séptima casa y pone a prueba el matrimonio o la relación amorosa actual. Salen a la luz los asuntos no resueltos, las cosas que se han metido debajo de la alfombra, para que se limpien y arreglen. Si hay defectos ocultos en la relación, ahora los descubres y puedes tomar medidas para corregirlos. Si la relación es buena sobrevivirá a esto, si es defectuosa podría disolverse. Ten más paciencia con el ser amado (y con las amistades) en este periodo; están más nerviosos y temperamentales. Todos los eclipses lunares afectan a tu profesión, así que vienen cambios importantes en ella también. Muchas veces este tipo de eclipse indica trastornos y reorganización en la cumbre, en la jerarquía de la empresa; a veces indica cambios en la industria y la profesión; a veces el organismo gubernamental que regula tu industria o profesión cambia las normas y las reglas. Personas relacionadas con tu profesión tienen experiencias dramáticas: jefes, padres o figuras parentales.

Todo esto se resolverá al final, pero mientras ocurren puede ser desagradable.

Octubre

Mejores días en general: 2, 3, 11, 12, 13, 21, 22, 29, 30
Días menos favorables en general: 4, 5, 19, 20, 25, 26, 31
Mejores días para el amor: 1, 8, 9, 10, 19, 20, 25, 26, 27, 28
Mejores días para el dinero: 1, 9, 10, 14, 15, 19, 20, 27, 28
Mejores días para la profesión: 2, 3, 4, 5, 12, 13, 21, 22, 29, 30, 31

El 11 de agosto comenzaste un ciclo anual de prosperidad; este mes se intensifica. Plutón, tu planeta del dinero, retomó el movimiento directo el mes pasado después de meses de movimiento retrógrado. Saturno, que ponía dificultades en las finanzas, salió de tu casa del dinero el 18 del mes pasado. El 23 el Sol entra en tu casa del dinero, iniciando una cima financiera anual. Del 24 al 27 Venus viajará con Júpiter, lo que trae un bonito día de paga o un beneficio inesperado. Este es un mes próspero de un año próspero.

El 23 del mes pasado entraste en una cima anual de placer personal, que continúa hasta el 23 de este mes. Este es un periodo para gozar de todos los placeres del cuerpo, para complacerlo. Llegarán las oportunidades para esto. Es muy buen periodo para poner en buena forma el cuerpo y la imagen.

Venus ya está en movimiento directo y el poder planetario está en su posición oriental máxima. Estás en tu ciclo de máximo poder e independencia personales. Libra tiende a ser demasiado sociable y a depender mucho de los demás. Es bueno practicar periódicamente lo de plantarse firme sobre los dos pies y ser más autosuficiente. Los objetivos personales ya están más claros. Estás en el periodo para hacerlos ocurrir. No hace falta que te preocupes mucho por los demás, ellos estarán más o menos de acuerdo contigo.

El impulso planetario es de avance este mes: el 80 por ciento de los planetas están en movimiento directo. Tu cumpleaños, que será este mes o el próximo, marca el comienzo de tu ciclo solar personal. Si tienes la urgente necesidad de poner en marcha un nuevo proyecto o empresa, o de lanzar un nuevo producto, este es buen mes para hacerlo (del 13 al 27 es el mejor periodo). Si tienes libertad para ponerlo en marcha, será mejor que esperes hasta después de tu año nuevo.

La salud y la energía están bien este mes. Se han aligerado mucho las presiones planetarias de los meses anteriores. Puedes fortalecer más la salud de las maneras explicadas en las previsiones para el año.

El amor se ve feliz este mes. El 25 del mes pasado tu planeta del amor cambió de signo; entró en tu espiritual casa doce y estará en ella todo este mes. Ahora el amor es idealista; te atraen personas de tipo creativo o espiritual (músicos, poetas, bailarines, canalizadores espirituales, yoguis). Lo práctico sale volando por la ventana; lo que te importa es la pasión del momento, el sentimiento de amor. Nuevamente me parece que le vas detrás a una persona y a fin de mes ya le habrás dado caza. El amor y las oportunidades sociales se presentan en ambientes espirituales: funciones benéficas, la sala de yoga, el retiro, la charla o el seminario.

Noviembre

Mejores días en general: 8, 9, 17, 18, 26, 27
Días menos favorables en general: 1, 15, 16, 22, 28, 29
Mejores días para el amor: 6, 7, 8, 17, 18, 21, 22, 26, 27
Mejores días para el dinero: 5, 6, 10, 11, 15, 16, 24, 25
Mejores días para la profesión: 1, 10, 11, 21, 22, 28, 29, 30

El mes pasado eras el perseguidor en el amor, este mes se invierte la situación. El amor te persigue y te encuentra. No tienes que hacer nada especial. El amor te encontrará. Limítate a ocuparte de tus asuntos diarios. El ser amado se ve muy dedicado a ti este mes, a partir del 12. Esta persona antepone tus intereses a los suyos; está totalmente de tu parte y te apoya. Este mes tienes el amor según tus condiciones.

Venus entra en tu signo el 8. Si eres mujer esto indica más belleza y elegancia en la imagen. Siempre tienes un fabuloso sentido de la elegancia, pero en este periodo está aumentando. Si eres hombre, indica que atraes a mujeres jóvenes; te relacionas más con chicas jóvenes.

Los dos planetas del amor de tu carta, Marte y Venus, están en tu signo a partir del 12. Así pues, seas mujer u hombre, atraes más al sexo opuesto. Este es un periodo fabuloso para comprar ropa y accesorios y para embellecer el cuerpo.

El poder planetario se traslada este mes. El traslado comenzó el mes pasado, pero ahora se confirma. Ahora domina la mitad inferior de tu carta. Los objetivos profesionales ya se han conseguido más o menos; si no del todo, se ha hecho buen progreso. Ahora comienzas el periodo de preparación para tu próximo empuje profesional, que será el próximo año; es el periodo para preparar los cimientos psíquicos del éxito futuro; el periodo para poner en orden la vida familiar, doméstica y emocional. Si estas cosas están bien, la profesión cuidará de sí misma.

Hasta el 22 continúas en una cima financiera anual. Júpiter sigue formando buenos aspectos a tu planeta del dinero. Tu planeta del dinero sigue en movimiento directo. Es un mes próspero. El Sol en tu casa del dinero, desde el 23 del mes pasado, indica la importancia de las actividades *online* y de la tecnología en general. Es bueno gastar en estas cosas; es bueno mantenerse al día. Mercurio en tu casa del dinero del 2 al 20 indica la importancia de las ventas, la mercadotecnia y las buenas relaciones públicas; también indica oportunidades financieras procedentes de fuentes extranjeras, personas o empresas. Dado que en tu carta Mercurio rige la novena casa, se comporta como Júpiter: expande. Indica mayores ingresos.

La salud es buena este mes, pero hay algunas señales de advertencia. Teniendo a Marte en tu signo a partir del 12 podrías estar impaciente y precipitarte, y esto puede llevar a accidentes o lesiones. Date prisa, faltaría más, pero de modo consciente, con cuidado. Del 19 al 24 Venus forma aspectos dinámicos con Plutón y Urano; evita las actividades que entrañan riesgo esos días, y ten más cuidado en el plano físico.

Diciembre

Mejores días en general: 5, 6, 14, 15, 16, 23, 24
Días menos favorables en general: 12, 13, 19, 20, 25, 26
Mejores días para el amor: 5, 6, 7, 14, 15, 16, 17, 18, 19, 20, 23, 24, 25, 26
Mejores días para el dinero: 2, 3, 4, 7, 8, 9, 12, 13, 21, 22, 30, 31
Mejores días para la profesión: 1, 10, 11, 20, 25, 26, 30, 31

Marte, tu planeta del amor, forma aspectos dinámicos con Plutón y Urano del 5 al 12. Ten más paciencia con el ser amado estos días, pues podría tener algún drama personal. Esta persona deberá protegerse de situaciones que entrañen daño o peligro. Hay que evitar los enfrentamientos, las rabietas y las actividades arriesgadas. Pero el amor sigue bien y tu pareja sigue afectuosa.

Este mes se ve próspero. El 5 Venus entra en tu casa del dinero y transita por ella hasta el 30; esto indica atención personal a las finanzas. Deseas dar la imagen de riqueza; vistes ropa más cara. Entre el 10 y el 12 se presenta una muy buena oportunidad de trabajo. A partir del 22 tu planeta del dinero recibe aspectos positivos. El mes que viene será mejor aún.

Tu tercera casa, la de la comunicación y los intereses intelectuales, se hizo poderosa el 22 del mes pasado y continúa fuerte hasta el 22 de este mes. Es el periodo para dar a tu mente la nutrición que necesita. Es un buen periodo para ponerte al día en tus lecturas, hacer cursos y asistir a seminarios o talleres sobre temas que te interesan. Este es buen aspecto si eres estudiante de enseñanza media; el trabajo escolar ha sido difícil este año, pero este mes las cosas van a ser más fáciles.

La salud necesita más atención después del 22. Como siempre, procura descansar lo suficiente. Fortalece la salud de las maneras indicadas en las previsiones para el año.

Muchas personas dicen que se sienten deprimidas en torno a las vacaciones. Hay diversos motivos que explican esto: mucho depende de su signo astrológico y de los movimientos de los planetas, pero aparte de eso, las vacaciones reestimulan recuerdos de viejos asuntos no resueltos; se remueve el viejo bagaje familiar. Es posible que experimentes esto también; el Sol entra en tu cuarta casa el 22. En lugar de deprimirte puedes aprovechar esta remoción para que te sirva. Observa los recuerdos que surgen, y observa tus opiniones y juicios acerca de ellos; sé el observador o espectador. Si las emociones son muy intensas y notas que pierdes la objetividad, escribe tus sentimientos (sin censurar nada) y después tira el papel a la basura. Te sentirás mucho mejor y los viejos recuerdos perderán su poder.

Escorpio

♏

El Escorpión

Nacidos entre el 23 de octubre y el 22 de noviembre

Rasgos generales

ESCORPIO DE UN VISTAZO

Elemento: Agua

Planeta regente: Plutón
Planeta corregente: Marte
Planeta de la profesión: el Sol
Planeta de la salud: Marte
Planeta del amor: Venus
Planeta del dinero: Júpiter
Planeta del hogar y la vida familiar: Urano

Color: Rojo violáceo
Color que favorece el amor, el romance y la armonía social: Verde
Color que favorece la capacidad de ganar dinero: Azul

Piedras: Sanguinaria, malaquita, topacio

Metales: Hierro, radio, acero

Aromas: Flor del cerezo, coco, sándalo, sandía

Modo: Fijo (= estabilidad)

226 AÑO 2015: TU HORÓSCOPO PERSONAL

Cualidad más necesaria para el equilibrio: Visión más amplia de las cosas

Virtudes más fuertes: Lealtad, concentración, determinación, valor, profundidad

Necesidades más profundas: Penetración y transformación

Lo que hay que evitar: Celos, deseo de venganza, fanatismo

Signos globalmente más compatibles: Cáncer, Piscis

Signos globalmente más incompatibles: Tauro, Leo, Acuario

Signo que ofrece más apoyo laboral: Leo

Signo que ofrece más apoyo emocional: Acuario

Signo que ofrece más apoyo económico: Sagitario

Mejor signo para el matrimonio y/o las asociaciones: Tauro

Signo que más apoya en proyectos creativos: Piscis

Mejor signo para pasárselo bien: Piscis

Signos que más apoyan espiritualmente: Cáncer, Libra

Mejor día de la semana: Martes

La personalidad Escorpio

Un símbolo del signo de Escorpio es el ave fénix. Si meditamos sobre la leyenda del fénix podemos comenzar a comprender el carácter de Escorpio, sus poderes, capacidades, intereses y anhelos más profundos.

El fénix de la mitología era un ave capaz de recrearse y reproducirse a sí misma. Lo hacía de la manera más curiosa: buscaba un fuego, generalmente en un templo religioso, se introducía en él y se consumía en las llamas, y después renacía como un nuevo pájaro. Si eso no es la transformación más profunda y definitiva, ¿qué es entonces?

Transformación, eso es lo que los Escorpio son en todo, en su mente, su cuerpo, sus asuntos y sus relaciones (son también transformadores de la sociedad). Cambiar algo de forma natural, no artificial, supone una transformación interior. Este tipo de cambio es radical, en cuanto no es un simple cambio cosmético. Algunas personas creen que transformar sólo significa cambiar la apariencia, pero no es ese el tipo de cambio que interesa a los Escorpio. Ellos buscan el cambio profundo, fundamental. Dado que el verdadero cambio siempre procede del interior, les interesa mucho el aspecto interior, íntimo y filosófico de la vida, y suelen estar acostumbrados a él.

Los Escorpio suelen ser personas profundas e intelectuales. Si quieres ganar su interés habrás de presentarles algo más que una imagen superficial. Tú y tus intereses, proyectos o negocios habréis de tener verdadera sustancia para estimular a un Escorpio. Si no hay verdadera sustancia, lo descubrirá y ahí terminará la historia.

Si observamos la vida, los procesos de crecimiento y decadencia, vemos funcionar todo el tiempo los poderes transformadores de Escorpio. La oruga se convierte en mariposa, el bebé se convierte en niño y después en adulto. Para los Escorpio esta transformación clara y perpetua no es algo que se haya de temer. La consideran una parte normal de la vida. Esa aceptación de la transformación les da la clave para entender el verdadero sentido de la vida.

Su comprensión de la vida (incluidas las flaquezas) hace de los nativos de Escorpio poderosos guerreros, en todos los sentidos de la palabra. A esto añadamos su profundidad y penetración, su paciencia y aguante, y tendremos una poderosa personalidad. Los Escorpio tienen buena memoria y a veces pueden ser muy vengativos; son capaces de esperar años para conseguir su venganza. Sin embargo, como amigos, no los hay más leales y fieles. Poca gente está dispuesta a hacer los sacrificios que hará una persona Escorpio por un verdadero amigo.

Los resultados de una transformación son bastante evidentes, aunque el proceso es invisible y secreto. Por eso a los Escorpio se los considera personas de naturaleza reservada. Una semilla no se va a desarrollar bien si a cada momento se la saca de la tierra y se la expone a la luz del día. Debe permanecer enterrada, invisible, hasta que comience a crecer. Del mismo modo, los Escorpio temen revelar demasiado de sí mismos o de sus esperanzas a otras personas. En cambio, se van a sentir más que felices de mostrar el producto acabado, pero sólo cuando esté acabado. Por otro lado, les encanta conocer los secretos de los demás, tanto como les disgusta que alguien conozca los suyos.

Situación económica

El amor, el nacimiento, la vida y la muerte son las transformaciones más potentes de la Naturaleza, y a los Escorpio les interesan. En nuestra sociedad el dinero es también un poder transformador y por ese motivo los Escorpio se interesan por él. Para ellos el dinero es poder, produce cambios y gobierna. Es el poder del dinero lo que los fascina. Pero si no tienen cuidado, pueden ser demasiado materialistas y dejarse impresionar excesivamente por el poder del dinero, hasta el punto de llegar a creer que el dinero gobierna el mundo. Incluso el término plutocracia viene de Plutón, que es el regente de Escorpio. De una u otra manera los nativos de este signo consiguen la posición económica por la que luchan. Cuando la alcanzan, son cautelosos para manejar su dinero. Parte de esta cautela es en realidad una especie de honradez, porque normalmente los Escorpio trabajan con el dinero de otras personas, en calidad de contables, abogados, agentes de Bolsa, asesores bursátiles o directivos de empresa, y cuando se maneja el dinero de otras personas hay que ser más prudente que al manejar el propio.

Para lograr sus objetivos económicos, los nativos de Escorpio han de aprender importantes lecciones. Es necesario que desarrollen cualidades que no tienen naturalmente, como la amplitud de visión, el optimismo, la fe, la confianza y, sobre todo, la generosidad. Necesitan ver la riqueza que hay en la Naturaleza y en la vida, además de las formas más obvias del dinero y el poder. Cuando desarrollan esta generosidad, su potencial financiero alcanza la cima, porque Júpiter, señor de la opulencia y de la buena suerte, es el planeta del dinero en su carta solar.

Profesión e imagen pública

La mayor aspiración de los nativos de Escorpio es ser considerados fuente de luz y vida por la sociedad. Desean ser dirigentes, estrellas. Pero siguen un camino diferente al de los nativos de Leo, las otras estrellas del zodiaco. Un Escorpio llega a su objetivo discretamente, sin alardes, sin ostentación; un Leo lo hace abierta y públicamente. Los Escorpio buscan el encanto y la diversión de los ricos y famosos de modo discreto, secreto, encubierto.

Por naturaleza, los Escorpio son introvertidos y tienden a evitar la luz de las candilejas. Pero si quieren conseguir sus más ele-

vados objetivos profesionales, es necesario que se abran un poco
y se expresen más. Deben dejar de esconder su luz bajo un perol y
permitirle que ilumine. Por encima de todo, han de abandonar
cualquier deseo de venganza y mezquindad. Todos sus dones y
capacidades de percibir en profundidad las cosas se les concedie-
ron por un importante motivo: servir a la vida y aumentar la alegría de vivir de los demás.

Amor y relaciones

Escorpio es otro signo del zodiaco al que le gustan las relaciones
comprometidas, claramente definidas y estructuradas. Se lo piensan mucho antes de casarse, pero cuando se comprometen en una
relación tienden a ser fieles, y ¡Dios ampare a la pareja sorprendi-
da o incluso sospechosa de infidelidad! Los celos de los Escorpio
son legendarios. Incluso pueden llegar al extremo de detectar la
idea o intención de infidelidad, y esto puede provocar una tormenta tan grande como si de hecho su pareja hubiera sido infiel.

Los Escorpio tienden a casarse con personas más ricas que
ellos. Suelen tener suficiente intensidad para los dos, de modo que
buscan a personas agradables, muy trabajadoras, simpáticas, estables y transigentes. Desean a alguien en quien apoyarse, una persona leal que los respalde en sus batallas de la vida. Ya se trate de
su pareja o de un amigo, para un Escorpio será un verdadero
compañero o socio, no un adversario. Más que nada, lo que busca
es un aliado, no un contrincante.

Si estás enamorado o enamorada de una persona Escorpio,
vas a necesitar mucha paciencia. Lleva mucho tiempo conocer a
los Escorpio, porque no se revelan fácilmente. Pero si perseveras
y tus intenciones son sinceras, poco a poco se te permitirá la entrada en las cámaras interiores de su mente y su corazón.

Hogar y vida familiar

Urano rige la cuarta casa solar de Escorpio, la del hogar y los
asuntos domésticos. Urano es el planeta de la ciencia, la tecnología, los cambios y la democracia. Esto nos dice mucho acerca del
comportamiento de los Escorpio en su hogar y de lo que necesitan para llevar una vida familiar feliz y armoniosa.

Los nativos de Escorpio pueden a veces introducir pasión, intensidad y voluntariedad en su casa y su vida familiar, que no

siempre son el lugar adecuado para estas cualidades. Estas virtudes son buenas para el guerrero y el transformador, pero no para la persona que cría y educa. Debido a esto (y también a su necesidad de cambio y transformación), los Escorpio pueden ser propensos a súbitos cambios de residencia. Si no se refrena, el a veces inflexible Escorpio puede producir alboroto y repentinos cataclismos en la familia.

Los Escorpio necesitan desarrollar algunas de las cualidades de Acuario para llevar mejor sus asuntos domésticos. Es necesario que fomenten un espíritu de equipo en casa, que traten las actividades familiares como verdaderas relaciones en grupo, porque todos han de tener voz y voto en lo que se hace y no se hace, y a veces los Escorpio son muy tiranos. Cuando se vuelven dictatoriales, son mucho peores que Leo o Capricornio (los otros dos signos de poder del zodiaco), porque Escorpio aplica la dictadura con más celo, pasión, intensidad y concentración que estos otros dos signos. Lógicamente, eso puede ser insoportable para sus familiares, sobre todo si son personas sensibles.

Para que un Escorpio consiga todos los beneficios del apoyo emocional que puede ofrecerle su familia, ha de liberarse de su conservadurismo y ser algo más experimental, explorar nuevas técnicas de crianza y educación de los hijos, ser más democrático con los miembros de la familia y tratar de arreglar más cosas por consenso que por edictos autocráticos.

Horóscopo para el año 2015*

Principales tendencias

Saturno transitó por tu signo los dos últimos años. Este era un aspecto difícil. La energía general no era lo que debía ser; tal vez te sentías pesimista acerca de la vida y de ti mismo. Te sentías mayor de lo que crees. Aunque fueras muy joven pensabas en la vejez. La

---

* Las previsiones de este libro se basan en el Horóscopo Solar y todos los signos que derivan de él; tu Signo Solar se convierte en el Ascendente, y las casas se numeran a partir de él. Tu horóscopo personal, el trazado concretamente para ti (según la fecha, hora y lugar exactos de tu nacimiento) podrían modificar lo que decimos aquí. Joseph Polansky

ESCORPIO 231

autoestima y la confianza en ti mismo no eran lo que debían ser. Necesitaste mantenerte en un segundo plano. Afortunadamente, esto casi ha acabado del todo. Saturno salió de tu signo a fines de diciembre del año pasado y pasará la mayor parte del año en Sagitario. Volverá a tu signo retrógrado y estará por poco tiempo en él, del 15 de junio al 18 de septiembre. Pero ya ha acabado lo peor de este tránsito. Este año estás más optimista y enérgico. Con la entrada de Saturno en Sagitario se ha iniciado un tránsito muy bueno para la salud general. Si has tenido problemas de salud este año, tendrías que tener buenas noticias. Si has estado sano, tu salud mejorará aún más. Volveremos sobre este tema.

Plutón, el señor de tu carta, lleva varios años en Capricornio, tu tercera casa, y continuará en ella muchos años más. Esto indica atención especial a la comunicación y las actividades intelectuales. Es un aspecto muy bueno si eres estudiante; te irá bien en los estudios. También es un buen aspecto si trabajas en ventas, mercadotecnia o publicidad, periodismo y relaciones públicas. Debería irte bien este año.

Cuando Júpiter entró en Leo en julio del año pasado tú entraste en un ciclo de éxito profesional. Esta tendencia continúa este año; volveremos a hablar de esto.

Neptuno está en tu quinta casa desde 2012 y continuará en ella varios años más. Este tránsito es muy bueno si estás en el mundo de las artes creativas. En este periodo estás extraordinariamente inspirado y original.

Urano lleva unos años en tu sexta casa y este año continúa en ella. Por lo tanto, ha habido mucha inestabilidad laboral, muchos cambios de trabajo o en el trabajo. También muchos cambios en las condiciones del lugar de trabajo. Continuaremos con este tema.

Las facetas de interés más importantes este año son: el cuerpo y la imagen (del 15 de junio al 18 de septiembre); las finanzas (del 1 de enero al 15 de junio y del 18 de septiembre hasta fin de año); la comunicación y las actividades intelectuales; los hijos, la diversión y la creatividad; la salud y el trabajo; la profesión (hasta el 11 de agosto); las amistades, los grupos y las actividades de grupo (a partir del 11 de agosto).

Los caminos para tu mayor satisfacción este año son: la profesión (hasta el 11 de agosto); las amistades, los grupos y las actividades de grupo (a partir del 11 de agosto); la espiritualidad (hasta el 13 de noviembre).

Salud

(Ten en cuenta que esta es una perspectiva astrológica de la salud, no una médica. Antaño no había ninguna diferencia, ambas eran idénticas, pero en esta época podrían diferir muchísimo. Para una perspectiva médica, por favor, consulta a tu médico o a otro profesional de la salud.)

Como hemos dicho, la salud mejora mucho en relación a los años anteriores. Saturno, el planeta que te agobiaba está fuera de tu signo la mayor parte del año. Y cuando vuelva retrógrado para estar en él del 15 de junio al 18 de septiembre, sólo te afectará si naciste en la última parte del signo, del 19 al 22 de noviembre. El tránsito de Saturno por tu signo fue muy bueno para hacer régimen de adelgazamiento si lo necesitabas. Del 15 de junio al 18 de septiembre será también un buen periodo para hacerlo.

Urano, como hemos dicho, lleva unos años en tu sexta casa, la de la salud. Esto indica experimentación en los asuntos de salud. Señala a una persona dispuesta a probar terapias nuevas no probadas, una persona que se beneficia de las tecnologías médicas de vanguardia.

También indica, como hemos dicho en años anteriores, que ahora tu trabajo es descubrir cómo funcionas, enterarte de qué te da buenos resultados a ti. Todos estamos formados o programados de manera muy diferente; tratándose de la salud, cada persona es una ley en sí misma, y este es el periodo para aprender eso.

Por buena que esté tu salud, puedes mejorarla aún más. Da más atención a las siguientes zonas, que son las vulnerables este año.

El colon, la vejiga y los órganos sexuales. Estas zonas son siempre importantes para ti y este año no es diferente. La libido ha estado más floja los dos últimos años, como también el sistema de excreción. Este año tendría que haber mejorías. Es importante mantener limpio el colon; te convendría hacerte lavativas periódicas. Siempre son importantes la moderación sexual y el sexo seguro. No te irán mal sesiones de reflexología en que te trabajen los puntos reflejos de estos órganos.

La cabeza, la cara y el cuero cabelludo. Estas zonas también son siempre importantes para ti. Siempre van bien masajes periódicos en el cuero cabelludo y la cara; en ellos hay puntos reflejos de todo el cuerpo; también es buena la terapia sacrocraneal.

Las suprarrenales. Evita el miedo y la ira, las dos emociones que agotan a estas glándulas. También te conviene que te trabajen los puntos reflejos de esta zona.

La musculatura. Un buen tono muscular siempre es importante para ti. Por lo tanto, es bueno el ejercicio físico vigoroso. Los tobillos y las pantorrillas. Estas zonas han adquirido importancia los últimos años. Deberías darles masajes periódicos. Protege los tobillos y dales un buen apoyo cuando hagas ejercicio. La buena salud emocional es deseable para todos, pero para ti es especialmente importante. Si hay discordia en la familia o en el frente doméstico, se resiente la salud física. Pero, además, no te sientes sano aun cuando no haya ningún síntoma físico. Para ti buena salud significa buena forma física y buena salud emocional. Procura que tus estados anímicos sean positivos y constructivos. No te permitas convertirte en una víctima de tus estados de ánimo: sé siempre el amo. La meditación te será de inmensa ayuda.

Con tus aspectos cósmicos, los problemas de salud podrían provenir del cuerpo mnemónico, podrían no ser lo que te diagnostican. Si el cuerpo mnemónico se reestimula de modo negativo, se pueden producir verdaderos síntomas. Estos síntomas se sienten reales, pero la manera de tratarlos es limpiarse de recuerdos negativos. En estos casos podría ir bien una regresión a la vida pasada.

Hogar y vida familiar

Este año no está poderosa tu cuarta casa, la del hogar y la familia. Normalmente esto significaría un año sin cambios ni novedades en esta faceta. Pero este año (y la última parte del año pasado) tu planeta de la familia recibe aspectos maravillosos de Júpiter. Así pues, hay novedades importantes y positivas.

La situación familiar no ha sido feliz los últimos años. Plutón, el señor de tu horóscopo, y Urano, tu planeta de la familia, han estado en aspecto difícil. Esto indica conflicto con la famila y muy especialmente con un progenitor o figura parental. A veces este conflicto ha sido intenso. Es posible que haya habido una ruptura entre la familia y tú. Esta persona desea servirte, pero no de la manera en que a ti te gustaría. Afortunadamente, las cosas son mucho más fáciles este año. Aunque el aspecto difícil continúa en vigor, no es tan fuerte como en los años pasados. Y, como hemos dicho, Júpiter forma buenos aspectos a tu planeta de la familia. ¿Hay paz ahora? Tal vez no, pero sí menos conflicto que antes. Al parecer las finanzas juegan un papel en mejorar la situación. Ese progenitor y tú os ayudáis económicamente el uno al otro. Es buena la colaboración financiera entre vosotros. Este año podría haber mudanza; y sería feliz. Se agranda el hogar; se amplía el círculo familiar; normalmente esto ocurre por nacimiento o boda. Esto también influye positivamente en mejorar la situación.

Urano, tu planeta de la familia, lleva unos años en tu sexta casa. Esto indicaría que trabajas desde casa, en una oficina en casa o en una empresa o negocio con sede en la casa. Esta ha sido la tendencia desde hace unos años y continúa este año.

También indica que intentas hacer más saludable la casa. Tal vez instalas equipamiento para hacer ejercicio, o algo tipo balneario, artilugios para la salud. También podrías emprender trabajos que saneen el ambiente de la casa: eliminar pinturas tóxicas o asbestos, o depósitos de materia tóxica alrededor de la casa.

Las renovaciones van bien todo el año, pero en especial del 20 de febrero al 1 de abril. Si deseas redecorar estéticamente la casa, dar otra mano de pintura o comprar objetos bellos, del 20 de febrero al 17 de marzo es un buen periodo.

Un progenitor o figura parental tiene una vida social fabulosa este año. Si esta persona está soltera, se le presentan oportunidades románticas. No hay probabilidad de mudanza para ella este año.

Me parece que este año tienes muy buena relación con los hermanos o figuras fraternas, en especial con el o la mayor. Esta persona podría haberse mudado muchas veces en los últimos años y la tendencia continúa este año.

La pareja o ser amado actual podría haberse mudado el año pasado, y, si no, esto podría ocurrir este año.

Los hijos o figuras filiales de tu vida tienen un año familiar sin cambios ni novedades. Los mismo vale para los nietos, si los tienes.

Profesión y situación económica

Como hemos dicho, el principal titular en finanzas es la salida de Saturno de tu signo y su entrada en Sagitario, tu casa del dinero.

Saturno pasará la mayor parte del año en ella, y continuará allí los dos próximos años. Es una tendencia de larga duración.

¿Cómo vas a experimentar este tránsito de Saturno? Mucho dependerá de ti y de tus circunstancias. Saturno va a reorganizar y reordenar tu vida financiera de una manera cósmica, para mejor. Su método es presionar, someter a tensión. Hace una prueba de tensión o estrés a la vida financiera. En esta prueba (esta presión cósmica) se revelan las debilidades para que las corrijas.

En los buenos tiempos no sabemos cómo va nuestra salud financiera; cuando nos llueven las oportunidades o golpes de suerte, y la dama suerte está sentada a nuestro lado, nos desentendemos de muchas cosas. Tal vez no nos preocupa que la deuda sea muy superior en relación con los ingresos; o que gastemos más de la cuenta en esa ropa o vacaciones. Mientras va entrando el dinero estas cosas se consideran insignificantes y no nos preocupamos. Pero cuando las cosas se tornan difíciles, cuando aumentan los gastos y las responsabilidades extras, estas cosas aparentemente pequeñas adquieren importancia y debemos hacer algo al respecto. Adquiere importancia el modo de administrar el dinero. Y esta es la función de Saturno.

Rara vez es agradable hacer frente a esta presión. Pero el resultado final será bueno. Estaremos más sanos que antes en lo financiero. Saturno nos provoca el estrés, nos provoca la crisis, pero también nos muestra soluciones. Por grave que parezca la situación, siempre hay una solución.

Tu experiencia de este tránsito va a depender también de lo responsable que hayas sido en tu vida financiera. Si has sido responsable, Saturno te presionará pero saldrás más rico que antes. Si has sido irresponsable, este es el periodo en que llegarán las facturas. Puede ser bastante traumático. Podría haber pleito y bancarrota. Hay que hacer frente a las consecuencias de la mala gestión. Pero estos traumas también llevarán finalmente a mejorar la salud y la actitud financiera.

Lo bueno es que Júpiter, tu planeta del dinero, está en tu décima casa y que es el más elevado de los planetas la mayor parte del año. Esto indica una gran concentración, y cuando los tiempos están difíciles es necesaria esa atención. Obtenemos aquello a lo que le prestamos atención. Las finanzas necesitan tu atención.

Esto también indica buen apoyo económico por parte de mayores, jefes, figuras parentales y de autoridad. Es imporante una buena relación con los organismos gubernamentales, que al parecer tienen un papel importante en los ingresos. Hay probabilidades de ascenso y aumento de sueldo este año. Tienes éxito en tu profesión. Hasta el 11 de agosto hay suerte en las especulaciones. Pero no debes depender de esto; la suerte financiera sigue necesitando buena administración del dinero.

El 11 de agosto tu planeta del dinero entra en Virgo, tu casa once. Las amistades prosperan y te apoyan más. Te irá muy bien participar en grupos y organizaciones, hay un buen beneficio. Procura mantenerte al día de las últimas tecnologías; esto se ve importante en tu vida financiera. Este tránsito favorece los negocios *online* o los ingresos procedentes de actividades *online*.

La entrada de Júpiter en Virgo es fabulosa para las finanzas; indica prosperidad. Tienes responsabilidades extras, pero te llega el dinero para ellas. Lo importante es sobrevivir financieramente hasta el 11 de agosto.

Amor y vida social

Este año no está poderosa tu séptima casa y esto indica un año sin novedades en este frente. Estés casado, casada, soltero o soltera, la tendencia será continuar así. Indica una especie de satisfacción con las cosas como están. No hay ningún impulso cósmico para hacer cambios. Aunque no hay nada en contra de que hagas cambios si quieres.

Si bien la vida romántica continúa igual, la vida social en general será más activa después del 11 de agosto. Ese día Júpiter entrará en tu casa once, la de las amistades. Conocerás a personas importantes, y me parece que son ricas. Gran parte de tu actividad social tendrá que ver con dinero, tal vez la promoción de algún producto o servicio, o reuniones de negocios. Esta faceta de la vida se ve feliz.

Dado que el raudo Venus es tu planeta del amor, hay muchas tendencias a corto plazo en el amor, según dónde esté Venus en un determinado momento y de los aspectos que reciba. Estas tendencias es mejor tratarlas en las previsiones mes a mes.

Este año Venus hace uno de sus esporádicos movimientos retrógrados, del 25 de julio al 6 de septiembre. Este movimiento retrógrado tiende a causar contratiempos y dilaciones en el amor. A veces la relación parece retroceder en lugar de avanzar; a veces el juicio social no está a la altura y hay inseguridad social. Este es un buen periodo para revisar tu vida amorosa o conyugal, para ver en qué se puede mejorar. No es un periodo para tomar decisiones importantes en el amor ni en uno ni en otro sentido.

Este año Venus pasa una cantidad de tiempo inusual en Leo, tu décima casa; pasa aproximadamente cuatro meses; su tránsito normal es de menos de un mes. Así pues, hay oportunidades románticas con jefes, personas mayores y figuras de autoridad. Te atraen personas que están por encima de tí y que pueden ayudarte en tu profesión. El poder se vuelve el principal afrodisiaco. Estas tendencias son prominentes este año.

Este año mejora mucho la vida amorosa de un progenitor o figura parental. Si esta persona está casada, el matrimonio será más feliz. Si está soltera, entabla una relación importante.

Los hermanos y figuras fraternas tienen un año sin novedades en el amor. Pero son más activos sexualmente.

Los hijos y figuras filiales tienen un año social y amoroso muy feliz, a partir del 11 de agosto. Si tienen la edad, hay probabilidades de boda o de una relación seria.

Progreso personal

Ya hemos hablado de la entrada de Saturno en tu casa del dinero. Vendrán responsabilidades económicas extras. La tendencia (muy humana, por cierto) será evitarlas, eludirlas. Pero esto no es aconsejable este año. Enfréntalas, encáralas, acéptalas. Sobre todo si en el fondo sabes que son responsabilidades legítimas. Pueden parecerte enormes, más de lo que eres capaz de sobrellevar. Pero cuando las aceptes te llegará la ayuda; descubrirás que tienes la capacidad para manejar estas cosas. Saturno te pone el reto y te da también el poder para llevarlo a cabo. Las cosas no son lo que imaginabas. Hay un crecimiento espiritual que se produce cuando colaboras con Saturno y no te conviene perderte esto.

Este no es un periodo para jugar con el Gobierno; necesitas su favor en tu vida financiera.

Cuando tu planeta del dinero entre en tu casa once el 11 de agosto descubrirás que la riqueza es mucho más que cosas físicas, tangibles. Estas son sólo una parte de la historia. Las amistades también son riqueza. Las personas que conoces son tal vez tan importantes como cuanto posees.

Los hijos y figuras filiales de tu vida experimentan energías espirituales muy intensas en este periodo. Esto ocurre desde 2012.

Están más sensibles, se les hiere con más facilidad. Vigila el tono cuando hables con ellos. También se están depurando sus cuerpos físicos, y esto es una tendencia a largo plazo. Deberán evitar el alcohol y las drogas en este periodo, pues podrían reaccionar exageradamente a sus efectos. Tendrán sueños y visiones. Tendrán todo tipo de experiencias sobrenaturales. Si te lo confían no niegues estas cosas, limítate a escuchar sin hacer juicios. Están más sintonizados con las energías invisibles. El trabajo escolar sufrirá a causa de esto; el mundo vulgar no les interesa y no tiene importancia para ellos. Por lo tanto, tendrán que trabajar más en sus estudios los próximos años.

Previsiones mes a mes

Enero

Mejores días en general: 4, 5, 14, 15, 22, 23, 31
Días menos favorables en general: 6, 7, 8, 20, 21, 27, 28
Mejores días para el amor: 1, 12, 13, 21, 22, 27, 28, 31
Mejores días para el dinero: 7, 8, 16, 17, 24, 25
Mejores días para la profesión: 1, 6, 7, 8, 9, 10, 20, 21, 29, 30

Comienzas el año con el poder planetario en el nadir de tu carta (el punto más bajo). Tu cuarta casa, la del hogar y la familia, está mucho más fuerte que tu décima casa, la de la profesión; el 50 por ciento de los planetas o están instalados o transitan por ella este mes. El mensaje es claro. La profesión es importante y exitosa, pero estás en el periodo para enderezar la situación familiar y doméstica; es el periodo para reunir las fuerzas interiores que necesitarás para hacer el próximo empuje profesional, dentro de unos cuatro meses. Trabaja en la profesión con los métodos interiores, subjetivos: visualiza, imagina, sueña con el lugar en que deseas estar y con lo que deseas conseguir. Entra lo mejor posible en la sensación de estar donde deseas estar. En estos momentos no te preocupes de cómo se hará esto. La mejor manera de conseguir tus objetivos es «estar ahí» con la conciencia. El «cómo» se revelará a su debido tiempo.

Te encuentras en un periodo excelente para poner en marcha nuevos proyectos y actividades. El impulso planetario es de avance; hasta el 21 el 90 por ciento de los planetas están en movimiento directo, y después el 80 por ciento. Tanto tu ciclo solar personal como el ciclo solar universal están en fase creciente. Contarás con mucho impulso y respaldo. Los mejores días son del 1 al 5 y el 20; en caso de apuro o necesidad, cualquier día después del 20 es aceptable.

El 20 el poder planetario se traslada de tu sector oriental o independiente al occidental o social. Se acaba por ahora tu ciclo de independencia y comienza el periodo para desarrollar las dotes sociales. Es de esperar que en los seis meses anteriores hayas hecho los cambios personales que necesitabas hacer. Ahora es el periodo de vivir con ellos. Si creaste bien, la vida es agradable. Si hubo errores, adáptate a ellos lo mejor que puedas; en los próximos meses será más difícil hacer cambios. Tu manera no es la mejor en este periodo. Muchos de los problemas y dificultades que enfrentan las personas se deben justamente a que impusieron su manera. Deja que los demás se impongan mientras esto no sea destructivo.

Este mes las finanzas son más difíciles de lo habitual. Saturno está en tu casa del dinero, donde genera la sensación de limitación y añade responsabilidades financieras extras. Tu planeta del dinero está retrógrado todo el mes, enlenteciendo el progreso financiero; y aún más, pues después del 20 recibe aspectos desfavorables. Sencillamente tienes que trabajar más para conseguir tus objetivos financieros. La buena administración del dinero es importante todo el año, pero en especial este mes.

En un plano general la salud es mejor que el año pasado, pero después del 20 no estarás en tu mejor periodo para la salud. Fortalécela de las maneras explicadas en las previsiones para el año. Además, hasta el 20 favorécela con masajes en las pantorrillas y los tobillos; evita la depresión y los estados anímicos negativos; la dieta es muy importante. Después del 20 da más atención a los pies; los masajes periódicos en los pies serán potentes.

Febrero

Mejores días en general: 1, 10, 11, 19, 20, 27, 28
Días menos favorables en general: 3, 4, 17, 18, 23, 24
Mejores días para el amor: 1, 2, 10, 11, 20, 21, 23, 24
Mejores días para el dinero: 3, 4, 13, 14, 21, 22
Mejores días para la profesión: 3, 4, 8, 9, 17, 18, 27, 28

Hasta el 18 las finanzas van más o menos igual que el mes pasado. Sólo tienes que trabajar más; si pones el trabajo tendrías que prosperar. Júpiter, tu planeta del dinero, continúa en movimiento retrógrado, así que evita hacer cambios, inversiones o compras importantes. Lógicamente, compra los alimentos y las cosas necesarias, nos referimos a compras importantes. La vida financiera está en revisión. Lo importante es alcanzar claridad mental en esta faceta, resolver las dudas. Este es un periodo para analizar la situación real, ver los hechos. Más adelante, cuando Júpiter retome el movimiento directo, podrás poner por obra tus planes. Después del 20 deberías notar cierta mejoría, pero todavía no será lo que debe ser y será.

Hasta el 18 sigue siendo necesario estar atento a la salud; mira lo que dijimos de esto el mes pasado. Hasta el 20 siguen siendo importantes los pies; después del 20 da más atención a los riñones y caderas; masajes en las caderas serán beneficiosos (esto es especialmente importante del 20 al 24). Podría convenirte una desintoxicación de los riñones. Es importante mantener la armonía amorosa y social durante este periodo, ya que su falta puede generar problemas físicos. Después del 18 mejora la salud.

El 18, cuando el Sol entra en tu quinta casa, comienzas una de tus cimas de placer personal, un periodo de diversión, un periodo creativo, unas vacaciones cósmicas. Este periodo es fabuloso para relacionarte más con los hijos o figuras filiales de tu vida. En realidad esto parece ser tu misión cósmica en este periodo. Entre el 23 y el 27 llega una feliz oportunidad profesional a un hijo o figura filial. Tú estás involucrado en esto.

El amor se ve feliz este mes. Tu planeta del amor, Venus, viaja con Neptuno del 1 al 3; esto indica un feliz encuentro romántico, algo placentero. Hasta el 20 Venus estará en Piscis, su posición más exaltada. Esto significa que tu buen talante social, tu poder de «atracción», tu atractivo, están en su altura máxima. En Piscis Venus está en su posición más sensitiva, por lo tanto experimentas matices en el amor que muchas personas no experimentan nunca. El amor es muy idealista ahora. Y a veces, con esta posición, proyectamos nuestro ideal sobre el ser amado cuando esto no se justifica. Por otro lado, ver el ideal en la otra persona tiende a intensificar la experiencia amorosa; haces aflorar lo mejor que hay en esta persona. Hasta el 20 el ser amado estará mucho más sensible que de costumbre, así que ten cuidado con el tono de la voz y el lenguaje corporal, ya que podría reaccionar exageradamente a eso. Si estás soltero o soltera y sin compromiso, hasta el 20 encuentras oportunidades amorosas en los lugares habituales: fiestas, eventos deportivos y lugares de diversión o entretenimiento. Después del 20 las oportunidades románticas se presentan en el lugar de trabajo o cuando estás atendiendo a tus objetivos de salud; entonces se vuelven muy atractivos los profesionales de la salud y las personas relacionadas con tu salud.

Marzo

Mejores días en general: 1, 9, 10, 18, 19, 27, 28
Días menos favorables en general: 2, 3, 9, 10, 16, 17, 22, 23, 29, 30, 31
Mejores días para el amor: 2, 3, 12, 13, 22, 23
Mejores días para el dinero: 2, 3, 12, 13, 20, 21
Mejores días para la profesión: 1, 2, 3, 10, 11, 18, 19, 20, 29, 30, 31

El 20 hay un eclipse solar que sacude las cosas en el mundo, pero es fundamentalmente benigno contigo. Ocurre entre tu quinta y sexta casa, y afecta estas dos facetas de la vida. Los hijos y figuras filiales de tu vida se van a redefinir y comenzarán a proyectar una nueva imagen al mundo. En esencia esto es sano. Nunca somos iguales de un día a otro y periódicamente tenemos que evaluarnos. Las especulaciones no son favorables durante el periodo del eclipse. Los hijos y figuras filiales deben evitar las actividades estresantes y las que entrañan riesgo. Este eclipse también anuncia cambios laborales y profesionales; estos serán buenos, pero podrían ser molestos. Las cosas buenas trastornan tanto como las malas. Se derriban las barreras a tu éxito profesional. Podría haber reorganización en la jerarquía de tu empresa, industria y profesión. También puede haber cambios en las normas o reglamentaciones; cambian las reglas del juego. El cambio de o en el trabajo podría ocurrir incluso antes del eclipse, del 9 al 12. Hay inestabilidad en el lugar de trabajo, y si eres empleador podría haber cambios en el personal. Cambian las condiciones de trabajo. Lo bueno es que si buscas trabajo hay muchísimas oportunidades a partir del 20. Si eres empleador, no tendrás problemas para reemplazar al empleado que se marche.

La entrada del Sol en Aries el 20 mejora infinitamente el cuadro financiero. El Sol y tu planeta del dinero estarán en «recepción mutua», es decir, cada uno es huésped en el signo y la casa del otro. Esto indica buena colaboración entre estos dos planetas. Por lo tanto, cuentas con el favor financiero de jefes, mayores, padres y figuras parentales. Apoyan tus objetivos financieros y parecen deseosos de hacerte prosperar. Podría haber aumento de sueldo y ascenso. Un nuevo trabajo te traerá más dinero (ya sea otro puesto en la empresa en que estás, o un trabajo en otra). El dinero podría proceder de algún organismo gubernamental también. Si tienes asuntos pendientes con algún organismo gubernamental, este sería un buen periodo para resolverlos. Pero Júpiter continúa retrógrado, así que sigue haciendo revisión de tu vida financiera. Llegan ingresos, pero con retrasos y contratiempos. Procura que todos los pequeños detalles de tus transacciones estén perfectos; errores insignificantes podrían causar importantes retrasos.

Del 3 al 6 ten más paciencia con el ser amado. Parece que esta persona está más temperamental esos días; debe evitar situaciones que entrañen daño o peligro. La relación amorosa pasa por pruebas. Después del 17 va mejor el amor; pareces estar más en armonía con el ser amado. Si estás soltero o soltera y sin compromiso hay encuentros románticos felices a partir del 17; los días del 28 al 30 me parecen especialmente buenos.

La salud general y la energía son buenas este mes. Les prestas atención también. Puedes fortalecer más la salud de las maneras explicadas en las previsiones para el año.

Abril

Mejores días en general: 6, 7, 15, 16, 23, 24
Días menos favorables en general: 13, 14, 19, 20, 25, 26, 27
Mejores días para el amor: 1, 2, 13, 19, 20, 21, 22
Mejores días para el dinero: 8, 9, 17, 18, 25, 26
Mejores días para la profesión: 8, 9, 18, 19, 25, 26, 27, 28

Los eclipses son anuncios cósmicos de que hay cambio inminente. Son como carteles gigantescos en el firmamento, que nos dicen que nos preparemos. El eclipse lunar del 4 no es diferente.

Este mes ocurren muchos, muchos cambios. Júpiter, tu planeta del dinero, retoma el movimiento directo el 8; estará en movimiento directo por primera vez este año. El 20 el poder planetario pasa a la mitad superior de tu carta, y esto señala un cambio psíquico en ti. Te preparas para tu importante empuje profesional del año.

Es el periodo para dejar estar por un tiempo los asuntos domésticos y familiares y concentrarte en tus objetivos externos. Si lo haces bien te sientes bien. Sirve a tu familia triunfando en el mundo. El 20 también entras en una cima amorosa y social.

El eclipse lunar del 4 es fuerte. Afecta a varios planetas además de a la Luna, por lo tanto afecta a varias facetas de la vida. Reduce tus actividades durante este periodo. Este eclipse ocurre en tu casa doce, la de la espiritualidad. Vas a hacer, pues, cambios drásticos en tu vida espiritual, en tu práctica, tu actitud, la enseñanza que sigues. Hay reestructuración en una organización espiritual o religiosa a la que perteneces o con la que tienes relación. A veces un eclipse de este tipo provoca dramas en la vida de gurús o mentores, en las personas espirituales de tu vida. Todos los eclipses lunares activan la vida onírica, pero este la activa más que de costumbre. No es aconsejable prestar mucha atención a los sueños en este periodo, pues gran parte de lo que ocurre son desechos o restos agitados por el eclipse. Habrá cambios profesionales y se ven positivos, aunque las circunstancias que los producen pueden ser dramáticas. Por lo general, hay reorganización en la jerarquía de la empresa, o de la industria en la que trabajas o de tu profesión; las normas podrían cambiar drásticamente. El organismo gubernamental que regula tu industria o profesión podría cambiar sus normas. Podría haber dramas en la vida de jefes, mayores, padres o figuras parentales, dramas de aquellos que cambian la vida. Este eclipse hace impacto en Urano, así que hay drama en la vida de familiares; se revelan defectos en la casa y deberás corregirlos. Las emociones se disparan en la familia; durante un tiempo has tenido una relación tensa con la familia y ahora la tensión se reanuda.

El planeta eclipsado, la Luna, es el señor de tu novena casa. No es aconsejable viajar al extranjero durante el periodo del eclipse. Si eres estudiante universitario podrías cambiar de escuela o de asignatura principal o hacer otros cambios en tus planes de estudios. Si tienes pendientes asuntos legales o jurídicos, ahora avanzan, en uno u otro sentido, y te ves obligado a dedicar tiempo a estas cosas.

Mayo

Mejores días en general: 3, 4, 12, 13, 21, 22, 30, 31
Días menos favorables en general: 10, 11, 16, 17, 23, 24
Mejores días para el amor: 1, 2, 12, 13, 16, 17, 21, 22, 30, 31

Mejores días para el dinero: 5, 6, 7, 14, 15, 23, 24
Mejores días para la profesión: 8, 9, 17, 18, 23, 24, 28, 29

La salud y la energía están más delicadas desde el 20 del mes pasado, y la situación continúa hasta el 21 de este mes. Procura descansar lo suficiente. Hasta el 12 puedes fortalecer la salud dando más atención al cuello y la garganta; son aconsejables masajes periódicos en el cuello; no permitas que se acumule la tensión ahí. Si te sientes indispuesto restablece cuanto antes la armonía en la vida amorosa, matrimonio o relación. Después del 12 da más atención a los pulmones, brazos, hombros y sistema respiratorio; no permitas que se te acumule tensión en los hombros, dales masajes periódicos; un régimen de desintoxicación será útil. Si te sientes indispuesto, sal a tomar aire fresco y haz respiraciones profundas. Después del 21 mejora la salud.

Las finanzas van mucho mejor en este periodo. Has tenido que trabajar más arduo por los ingresos desde el 20 del mes pasado y esto continúa hasta el 21 de este mes. Pero las cosas se despejan, se acaba el bloqueo. La confianza finaciera es buena; prosperas. Sigues contando con el favor financiero de las figuras de autoridad de tu vida, y este favor será aún mayor después del 21.

El amor es feliz este mes. Hasta el 20 estás en tu cima amorosa y social anual. La vida social y el magnetismo están en su punto más fuerte. El único problema es que esta atención a lo social puede distraerte de tu vida financiera. Estas facetas rivalizan por la supremacía, por tu atención. Alternas con personas poderosas en este periodo, personas superiores a ti en posición y poder. Lo bueno es que eso favorece la profesión; conoces justo a las personas que pueden ayudarte. Este periodo también es bueno para avanzar en la profesión por medios sociales. Los contactos y tus dotes sociales son importantes en la profesión.

El 21 se hace muy poderosa tu octava casa; es con mucho la más poderosa del horóscopo; el 50 por ciento de los planetas o están instalados o transitan por ella este mes. Ahora bien, muchas personas no se sienten cómodas con una octava casa fuerte; los asuntos de que trata (muerte, descomposición, desintoxicación, impuestos, el mundo subterráneo) no son intereses agradables. Pero para ti es el cielo de Escorpio. Estas son las cosas de más interés para ti y sobresales en ellas.

Escorpio es sexualmente activo incluso en circunstancias normales, y en este periodo lo eres más. Si estás trabajando en proyectos de investigación, indagando cosas secretas, tienes éxito este mes. Si tienes la edad, te conviene hacer los planes de patrimonio o testamento e impuestos. Este periodo es bueno para cualquier tipo de régimen de desintoxicación o adelgazamiento.

Junio

Mejores días en general: 8, 9, 17, 18, 19, 27, 28
Días menos favorables en general: 6, 7, 13, 14, 20, 21
Mejores días para el amor: 1, 10, 11, 13, 14, 20, 21, 29, 30
Mejores días para el dinero: 2, 3, 10, 11, 20, 21, 29, 30
Mejores días para la profesión: 6, 7, 15, 16, 20, 21, 27

El 15 Saturno vuelve a entrar en tu signo, en movimiento retrógrado, pero es posible que el efecto en ti sea ligero; en todo caso, si naciste en la última parte del signo, del 19 al 22 de noviembre, esto lo sentirás muy fuerte. Podrías sentirte pesimista, mayor de lo que eres, y parecer distante y frío a los demás. Tendrás que hacer un esfuerzo por proyectar simpatía y afecto hacia los demás.

Este aspecto de Saturno afecta a la salud y la energía, pero los planetas rápidos alivian la presión. La salud debería ser buena este mes. Hasta el 24 continúa prestando más atención a los pulmones, los brazos, los hombros y al sistema respiratorio. Procura tomar bastante aire fresco. Sigue siendo muy bueno un régimen de desintoxicación. Después del 24 da más atención al estómago, que podría estar hiperactivo. La dieta es importante en este periodo también. Si eres mujer debes dar más atención a los pechos también. Los estados de ánimo y las emociones siempre tienen su papel en la salud, pero en este periodo aún más, y más acentuado. Esfuérzate en mantener el estado de ánimo positivo y constructivo. A partir del 21 hay mucha agua en el horóscopo, así que los estados anímicos y las emociones, sean positivos o negativos, son más potentes y tienen más efecto de lo habitual.

La energía profesional se va haciendo más fuerte día a día, y eso que aún no has llegado a tu cima. Continúa con la atención centrada en ella y deja estar por un tiempo los asuntos domésticos y familiares; es probable que no puedas desentenderte del todo de ellos, pero puedes pasarlos a un segundo plano. El 5 Venus cruza tu Medio cielo y entra en tu décima casa, la de la profesión. Los dos planetas benéficos del zodiaco estarán en tu casa de la profesión. Esto indica éxito, pero más que eso, felicidad y satisfacción. El éxito viene de maneras felices. El planeta del amor en la décima casa nos da muchos mensajes. En primer lugar, refuerza la importancia de las dotes sociales en la profesión. Tu habilidad y rendimiento son importantes, no cabe duda, pero el factor simpatía podría ser más importante en este periodo. Lo que importa no es sólo hacer tu trabajo, sino tu capacidad para llevarte bien con los demás. Favorece la profesión asistiendo a las fiestas y reuniones pertinentes y ofreciéndolas. Vas a conocer a personas que pueden ayudarte mucho en la profesión.

La presencia de Venus en la décima casa (a partir del 5) es buena para la vida amorosa. Esta está muy arriba en tu programa (el amor y el dinero parecen ser lo más importante en este periodo) y centras la atención en ella. Esta atención trae el éxito. Hay oportunidades para romances de oficina. Te atraen románticamente personas de poder y prestigio. Entre el 28 y el 30 hay un encuentro amoroso muy feliz. Estos días son también un buen periodo financiero.

Julio

Mejores días en general: 6, 7, 14, 15, 16, 24, 25
Días menos favorables en general: 3, 4, 5, 10, 11, 17, 18,31
Mejores días para el amor: 8, 9, 10, 11, 17, 18, 26
Mejores días para el dinero: 9, 18, 26, 27, 28
Mejores días para la profesión: 6, 7, 14, 15, 16, 17, 18, 26

La actividad retrógrada es fuerte este mes, la máxima del año. Las cosas avanzan más lentas, hay retrasos, dilaciones. Muchos atribuirán esto a la temporada de verano, pero es la mayor actividad retrógrada la que lo causa. Es bueno comprender estas cosas.

Hay éxito para ti este mes, tanto financiero como profesional, pero tal vez a un ritmo más lento del que querrías. Además, gran parte del éxito ocurre entre bastidores, así que es posible que no lo veas de momento. Pero ocurre.

El 23 entras en tu cima profesional anual; el 50 por ciento de los planetas están instalados o transitan por tu décima casa este mes; esto es muchísimo poder. Por lo tanto, consigues tus objetivos profesionales, o haces buen progreso hacia su logro. Podría haber aumento de sueldo y ascenso; esto podría haber ocurrido

ESCORPIO 247

antes, pero este mes es más probable. Las personas adineradas y las figuras de autoridad de tu vida apoyan tus objetivos profesionales.

El cónyuge, pareja o ser amado actual también tiene éxito en este periodo y te apoya.

A partir del 23 la salud y la energía estarán más delicadas, y necesitarán atención. Fortalece la salud de las maneras indicadas en las previsiones para el año. Además, como el mes pasado, presta más atención al estómago y a tu dieta general. Si eres mujer debes dar atención a los pechos también. Repasa lo que dijimos sobre esto el mes pasado. Lo más importante es descansar lo suficiente. Cuando la energía está baja, se activan o empeoran malestares ya existentes; y aún en el caso de que no haya ningún malestar, hay más vulnerabilidad a los microbios y a otros invasores oportunistas.

Venus, tu planeta del amor, inicia uno de sus infrecuentes movimientos retrógrados el 25. Esto no va a frenar la vida amorosa. Si estás soltero o soltera seguirás teniendo citas; habrá invitaciones sociales. Pero las cosas marcharán lentas. Una relación actual parece retroceder. Faltan la confianza y el juicio sociales. Podría haber problemas debido a una mala elección. Los afectos cambian. A partir del 25 deberías revisar tu vida amorosa; no debes tomar ninguna decisión importante a largo plazo en el amor. Lo importante es alcanzar la claridad mental acerca de tus necesidades en el amor y del tipo de relación en que estás. La toma de decisiones vendrá más adelante, dentro de dos meses, cuando Venus retome el movimiento directo.

Agosto

Mejores días en general: 2, 3, 10, 11, 12, 20, 21, 22, 29, 30
Días menos favorables en general: 1, 6, 7, 13, 14, 27, 28
Mejores días para el amor: 5, 6, 7, 14, 23, 24, 31
Mejores días para el dinero: 5, 15, 23, 24, 25
Mejores días para la profesión: 4, 5, 13, 14, 25

El 23 del mes pasado el poder planetario se trasladó de sector; ahora está poderoso el sector oriental o independiente de tu carta. El poder planetario avanza hacia ti, no se aleja. Es el periodo para centrar la atención en tus intereses y deseos. Es maravilloso llevarse bien con los demás; es maravilloso preocuparse por sus necesidades. Pero tus necesidades no son menos importantes. Y estás en el ciclo en que debes atenderlas. Es el periodo para plantarte sobre tus dos pies, para practicar la autosuficiencia, para asumir la responsabilidad de tu felicidad. Las habilidades de las personas son fabulosas, pero ahora es el periodo para desarrollar la iniciativa personal. Durante los próximos cinco meses más o menos estarán fuerte tu poder e independencia personales. Aprovecha este poder para crearte condiciones de felicidad. Si los demás no están de acuerdo (finalmente lo estarán) actúa por tu cuenta.

Hasta el 23 continúas en una cima profesional anual, y la atención debe seguir ahí. Me parece que trabajas muy arduo este mes, repeliendo a competidores, cumpliendo plazos, trabajando más horas. Pero esto compensa. Tu buen talante social sigue siendo importante en tu profesión, pero menos que el mes pasado. Ahora es tu ética laboral la que impresiona a los superiores. Tíos o tías (o este tipo de figuras de tu vida) te ayudan mucho en la profesión este mes.

La salud y la energía siguen delicadas hasta el 23. Hasta el 9, como el mes pasado, fortalece la salud dando más atención al estómago, pechos y dieta; mantén el estado de ánimo positivo y constructivo. Haz lo posible por mantener la armonía familiar (no será fácil, pero inténtalo). Después del 9 presta más atención al corazón.

El 23 ya habrás progresado satisfactoriamente en tu profesión y la atención pasa a las amistades y actividades de grupo. El 11 Júpiter entra en tu casa once, la de las amistades, y el Sol entra el 23; participar en actividades de grupo favorece la profesión. Pero el otro mensaje del horóscopo es que tu misión ahora es estar por tus amistades. Tus intereses son más importantes, pero cuando estén satisfechos, estáte presente para tus amistades. Entre el 6 y el 8 haces una importante nueva amistad. Y después del 11 harás muchas más. Es un periodo social, aunque no necesariamente romántico.

Tu planeta del amor continúa retrógrado todo el mes. Entre el 3 y el 6 hay un feliz encuentro romántico. Pero no te precipites a nada serio todavía; tómate el amor despacio, y deja que las cosas se desarrollen.

Septiembre

Mejores días en general: 7, 8, 17, 18, 26, 27
Días menos favorables en general: 2, 3, 9, 10, 24, 25, 30
Mejores días para el amor: 1, 2, 3, 9, 10, 19, 20, 28, 29, 30
Mejores días para el dinero: 2, 12, 19, 20, 30
Mejores días para la profesión: 2, 3, 9, 10, 12, 13, 24

Marte pasa la mayor parte del mes (hasta el 25) en tu décima casa, la de la profesión, y Venus pasa todo el mes en ella. Continúas, pues, trabajando largas horas y defendiéndote de competidores. Dos cosas importan ahora en la profesión: tus contactos sociales y tu ética laboral; las dos son igualmente importantes.

Este mes tenemos dos eclipses y esto más o menos garantiza que habrá mucho cambio y trastorno. A las personas (y a las naciones) se nos ha dado el don del libre albedrío. Con muchísima frecuencia se abusa de este libre albedrío, se hacen planes, proyectos o se fundan instituciones que no están de acuerdo con la Voluntad Cósmica. La función de los eclipses es destrozar o frustrar estas cosas para que pueda manifestarse la Voluntad Superior.

El eclipse solar del 13 ocurre en tu casa once, la de las amistades. Se pone a prueba la amistad. A veces los problemas surgen porque hay defectos en la propia relación de amistad y otras veces debido a incidentes dramáticos en la vida de los amigos. Ten más paciencia con ellos en este periodo. También se ponen a prueba los ordenadores y los equipos de alta tecnología, y a veces es necesario repararlos o reemplazarlos; es muy probable que se cuelgue el ordenador en este periodo. Te conviene hacer copias de seguridad de tus archivos (en el disco duro y en cedés) y comprobar que estén actualizados tus programas antivirus y antipiratería. También te conviene comprobar que esté cargada la batería; la electricidad será inestable. Todos los eclipses solares producen cambios de diversos tipos en la profesión, y este no es diferente. A veces la persona cambia de profesión, o se cambia a otra empresa u opta por otro camino profesional. Pero la mayoría de las veces son cambios en las reglas o en el enfoque o planteamiento. Hay cambios o reorganzación en la jerarquía de la empresa y cambian las normas y las prioridades; entonces debes cambiar tus estrategias y tácticas. Se te revelan defectos en tus planteamientos y puedes hacer los cambios necesarios. Los jefes, padres o figuras parentales de tu vida deberán protegerse de situaciones que entrañen daño o peligro y evitar las actividades arriesgadas; estarán más vulnerables durante el periodo del eclipse.

El eclipse lunar del 28 (el 27 en las Américas) ocurre en tu sexta casa. Esto indica que hay cambios laborales, en las condiciones del trabajo e inestabilidad entre los compañeros de trabajo. A veces este tipo de eclipse trae un susto en la salud y cambios en el programa dietético o de salud. En lo laboral el cambio puede ser de puesto dentro de la empresa en que estás o tal vez te vas a otra empresa. La salud se ve bien este mes (mucho mejor que el mes pasado), así que es probable que el susto sea sólo eso, un susto. Fortalece la salud dando más atención al corazón hasta el 25, y después a los intestinos. A partir del 25 son potentes las terapias con tierra: cristales, baños de barro, compresas de barro.

Octubre

Mejores días en general: 4, 5, 14, 15, 23, 24, 31
Días menos favorables en general: 1, 6, 7, 8, 21, 22, 27, 28
Mejores días para el amor: 1, 8, 9, 19, 20, 27, 28
Mejores días para el dinero: 1, 9, 10, 16, 17, 18, 19, 20, 27, 28
Mejores días para la profesión: 2, 3, 6, 7, 8, 12, 13, 21, 22, 29, 30

El poder planetario se está aproximando a su posición oriental máxima; día a día aumentan tu independencia y poder personales. Así ha sido desde fines de julio; el problema era que tu planeta regente, Plutón, estaba retrógrado desde el 17 de abril. O sea, que tenías el poder para cambiar las condiciones pero estabas indeciso; te faltaba la claridad para decidir qué debías cambiar. Afortunadamente esto ya pasó; Plutón retomó el movimiento directo el 25 del mes pasado. Tus objetivos están claros; sabes qué tienes que hacer, y tienes el poder para hacerlo. Crea, pues, tu paraíso personal; el Cosmos te respalda.

También hay claridad en la vida amorosa, pues Venus ya está en movimiento directo. Hasta el 8 Venus sigue en tu décima casa (en la que ha pasado mucho tiempo este año). Durante meses te han atraído personas de posición elevada, personas poderosas, de prestigio. Podría haber habido un romance de oficina en los meses anteriores, y si no, había oportunidades; tenías una actitud práctica hacia el amor; el amor era una opción y gestión profesional como otra cualquiera. Ahora cambian las cosas. El 8 Venus entra en tu casa once, la de las amistades. Te atrae más relacionarte con personas como tú, tus iguales. Las oportunidades románticas se presentan *online* o cuando estás participando en una actividad de grupo o de organización. Las amistades hacen de casamenteras. El romance se lleva mediante alta tecnología: videoconferencias, mensajes por teléfono móvil o iphone, e-mails, etcétera.

Venus pasa el resto del mes en Virgo; este no es su signo favorito; allí no puede dar lo mejor de sí. El problema es que tanto tú como las personas a las que atraes sois demasiado cerebrales, analíticas, perfeccionistas. El romance va de sentimientos; el análisis tiende a apagar el sentimiento (actúan distintas facultades). Además, el deseo de perfección que inspira Venus cuando está en Virgo lleva a la persona a ser muy crítica, ya sea de pensamiento o de palabra; si algo es menos que perfecto salen las palabras, con otro tono de voz. Haz todo lo posible por evitar estas trampas. Si crees que debes hacer una crítica, procura que sea constructiva, y si el ser amado no está de humor para eso, no la hagas. No permitas que el enfoque mental se meta en los momentos románticos; el análisis debe dejarse para después.

Entre el 24 y el 27 hay un feliz encuentro romántico. Del 15 al 18 podría presentarse una feliz oportunidad de trabajo. Del 5 al 7 ten más paciencia con jefes, padres o figuras parentales. El 11 y el 12 las figuras parentales deberán protegerse de situaciones que entrañen daño o peligro.

Noviembre

Mejores días en general: 1, 10, 11, 19, 20, 28, 29
Días menos favorables en general: 3, 4, 17, 18, 24, 25, 30
Mejores días para el amor: 6, 7, 17, 18, 24, 25, 26, 27
Mejores días para el dinero: 5, 6, 13, 14, 15, 16, 24, 25
Mejores días para la profesión: 1, 3, 4, 10, 11, 21, 22, 30

Saturno ha estado en tu casa del dinero la mayor parte del año y continuará en ella el resto del año. Has tenido que asumir responsabilidades financieras extras. Júpiter ya salió de su cuadratura con Saturno, así que las finanzas mejoran mucho. Sigues necesitando administrar bien el dinero y reorganizar tus finanzas, pero el poder adquisitivo se equipara a las responsabilidades extras. Si buscas trabajo todavía tienes buenos aspectos, en especial hasta el 12. Hasta esta fecha las oportunidades de trabajo se presentan *online* o a través de amistades. Después del 12 podrías considerar la posibilidad de hacer unas horas de trabajo voluntario para alguna obra o causa benéfica; esto puede llevar a importantes conexiones laborales.

La salud y la energía son maravillosas este mes. Ya no hay planetas en aspectos desfavorables; sólo la Luna te pondrá dificultades de corta duración (ve más arriba: «Días menos favorables en general»). Así pues, tienes toda la energía que necesitas para conseguir cualquier objetivo. Tu poder e independencia personales llegan a su máximo este mes. Créate, pues, tu paraíso personal.

Por buena que sea tu salud, hasta el 12 puedes fortalecerla más dando atención al intestino delgado (que parece estar hiperactivo), y después a los riñones y caderas; los masajes en las caderas serán potentes entonces. Además, a partir del 12 tu planeta de la salud estará en tu casa doce, por lo tanto respondes bien a terapias de tipo espiritual: meditación, reiki, imposición de manos y la manipulación de las energías sutiles. Si te sientes indispuesto, te beneficiará un terapeuta espiritual.

El 23 del mes pasado el Sol cruzó tu Ascendente y entró en tu primera casa. Comenzaste entonces una de tus cimas anuales de placer personal, que dura hasta el 22 de este mes. Este es un periodo para mimar el cuerpo y gozar de todos los placeres sensuales. También es bueno para modelar el cuerpo y la imagen como los deseas. Se te han ido presentando felices oportunidades profesionales y esta tendencia continúa hasta el 22. Te ves próspero, exitoso; las personas te ven así y te vistes para el papel.

El 22, cuando el Sol entra en tu casa del dinero, comienza una cima financiera anual. Trabajarás más por tus ingresos; todo no va sobre ruedas. Pero si pones esfuerzo, verás buenos resultados.

El 8 Venus entra en tu espiritual casa doce y pasa el resto del mes en ella. Durante meses has sido muy práctico en el amor, y ahora es a la inversa; no podrían importarte menos el poder, el prestigio o el dinero. Estás ultraidealista; lo que te importa sólo es el sentimiento de amor. Mientras haya amor, la persona igual puede ser príncipe o mendigo. El amor y las oportunidades románticas se presentan en ambientes espirituales; seminarios de meditación, charlas espirituales, retiro espiritual, sesiones de oración o cánticos, o en funciones benéficas.

Diciembre

Mejores días en general: 7, 8, 9, 17, 18, 25, 26
Días menos favorables en general: 1, 14, 15, 16, 21, 22, 27, 28, 29
Mejores días para el amor: 7, 17, 18, 21, 22, 25, 26
Mejores días para el dinero: 2, 3, 4, 10, 11, 12, 13, 21, 22, 30, 31
Mejores días para la profesión: 1, 10, 11, 20, 27, 28, 29, 30, 31

Siguen en vigor muchas de las tendencias del mes pasado. El poder planetario continúa en tu sector oriental y Plutón está en movimiento directo. Tienes muchísimo poder para crearte las condiciones como las deseas, para tener la vida a tu manera, para estar al mando de tu felicidad. No hay ninguna necesidad de buscar la aprobación de los demás; ellos se adaptarán y es muy probable que te apoyen. Este es un periodo para tener la vida según tus condiciones. Incluso el amor es según tus condiciones.

Hasta el 22 continúas en una cima financiera anual. Hay riqueza y prosperidad, pero trabajas más por ellas, superando más dificultades. Lo bueno es que estás dispuesto a poner el trabajo extra, dispuesto a superar cualquier reto, y esto tiende al éxito. Consigues tus objetivos financieros, o haces buen progreso hacia ellos.

La salud y la energía están súper en este periodo. Con más energía surgen todo tipo de posibilidades ni soñadas, cosas que ni te imaginas en los tiempos de energía baja. Puedes fortalecer aún más la salud mediante terapias y terapeutas espirituales.

Del 5 al 12 evita los enfrentamientos en el trabajo o con compañeros de trabajo; podrían reaccionar exageradamente esos días. Tíos y tías (o las personas que tienen ese papel en tu vida) deberán protegerse de situaciones peligrosas esos días; que se tomen las cosas con calma y reduzcan sus actividades. Y tú controla el genio esos días también.

El mes pasado el poder planetario pasó a la mitad inferior de tu carta. Los objetivos profesionales se han conseguido más o menos, o has hecho buen progreso hacia ellos. Ha llegado el periodo para reunir fuerzas para el próximo empuje profesional que será dentro de unos cinco o seis meses. Es el periodo para ocuparte de tus necesidades internas, las necesidades emocionales y familiares. No abandonas tu profesión, pero la enfocas de otra manera, con métodos interiores: meditación, visualización y sueños controlados. Imagínate que ya has conseguido tu objetivo y permanece en ese estado el mayor tiempo posible. El 5 Venus cruza tu Ascendente y entra en tu signo. Esto es maravilloso para el amor. En primer lugar te da más atractivo ante el sexo opuesto. Si eres hombre, atraes a chicas jóvenes y hermosas a tu vida amorosa. Si eres mujer, eres más atractiva y bella. El amor te busca y no tienes que hacer nada, simplemente ocuparte de tus asuntos cotidianos. Si estás en una relación, tu pareja se muestra muy tierna y amorosa en este periodo.

Sagitario

El Arquero
Nacidos entre el 23 de noviembre y el 20 de diciembre

Rasgos generales

SAGITARIO DE UN VISTAZO

Elemento: Fuego

Planeta regente: Júpiter
Planeta de la profesión: Mercurio
Planeta del amor: Mercurio
Planeta de la riqueza y la buena suerte: Júpiter

Colores: Azul, azul oscuro
Colores que favorecen el amor, el romance y la armonía social: Amarillo, amarillo anaranjado
Colores que favorecen la capacidad de ganar dinero: Negro, azul índigo

Piedras: Rubí, turquesa

Metal: Estaño

Aromas: Clavel, jazmín, mirra

Modo: Mutable (= flexibilidad)

Cualidades más necesarias para el equilibrio: Atención a los detalles, administración y organización

Virtudes más fuertes: Generosidad, sinceridad, amplitud de criterio, una enorme clarividencia

Necesidad más profunda: Expansión mental

Lo que hay que evitar: Exceso de optimismo, exageración, ser demasiado generoso con el dinero ajeno

Signos globalmente más compatibles: Aries, Leo

Signos globalmente más incompatibles: Géminis, Virgo, Piscis

Signo que ofrece más apoyo laboral: Virgo

Signo que ofrece más apoyo emocional: Piscis

Signo que ofrece más apoyo económico: Capricornio

Mejor signo para el matrimonio y/o las asociaciones: Géminis

Signo que más apoya en proyectos creativos: Aries

Mejor signo para pasárselo bien: Aries

Signos que más apoyan espiritualmente: Leo, Escorpio

Mejor día de la semana: Jueves

La personalidad Sagitario

Si miramos el símbolo del Arquero, conseguiremos una buena e intuitiva comprensión de las personas nacidas bajo este signo astrológico. El desarrollo de la arquería fue el primer refinamiento que hizo la Humanidad del poder de cazar y hacer la guerra. La habilidad de disparar una flecha más allá del alcance normal de una lanza amplió los horizontes, la riqueza, la voluntad personal y el poder de la Humanidad.

Actualmente, en lugar de usar el arco y las flechas proyectamos nuestro poder con combustibles y poderosos motores, pero el motivo esencial de usar estos nuevos poderes sigue siendo el mismo. Estos poderes representan la capacidad que tenemos de ampliar nuestra esfera de influencia personal, y eso es lo que hace Sagitario en todo. Los nativos de este signo siempre andan en busca de expandir sus horizontes, cubrir más territorio y aumentar su alcance y su campo de acción. Esto se aplica a todos los aspectos de su vida: económico, social e intelectual. Los Sagitario destacan por el desarrollo de su mente, del intelecto superior, que comprende conceptos filosóficos, metafísicos y espirituales. Esta mente representa la parte superior de la naturaleza psíquica y está motivada no por consideraciones egoístas, sino por la luz y la gracia de un poder superior. Así pues, a los Sagitario les gusta la formación superior. Tal vez se aburran con los estudios formales, pero les encanta estudiar solos y a su manera. El gusto por los viajes al extranjero y el interés por lugares lejanos son también características dignas de mención.

Si pensamos en todos estos atributos de Sagitario, veremos que nacen de su deseo interior de desarrollarse y crecer. Viajar más es conocer más, conocer más es ser más, cultivar la mente superior es crecer y llegar más lejos. Todos estos rasgos tienden a ampliar sus horizontes intelectuales y, de forma indirecta, los económicos y materiales.

La generosidad de los Sagitario es legendaria. Hay muchas razones que la explican. Una es que al parecer tienen una conciencia innata de la riqueza. Se sienten ricos, afortunados, piensan que pueden lograr cualquier objetivo económico, y entonces creen que pueden permitirse ser generosos. Los Sagitario no llevan la carga de la carencia y la limitación, que impide a muchas personas ser generosas. Otro motivo de su generosidad es su idealismo religioso y filosófico, nacido de la mente superior, que es generosa por naturaleza, ya que las circunstancias materiales no la afectan. Otro motivo más es que el acto de dar parece ser enriquecedor, y esa recompensa es suficiente para ellos.

Situación económica

Generalmente los Sagitario atraen la riqueza. O la atraen o la generan. Tienen ideas, energía y talento para hacer realidad su visión del Paraíso en la Tierra. Sin embargo, la riqueza sola no es suficiente. Desean el lujo; una vida simplemente cómoda les parece algo pequeño e insignificante.

Para convertir en realidad su verdadero potencial de ganar dinero, deben desarrollar mejores técnicas administrativas y de organización. Deben aprender a fijar límites, a llegar a sus metas mediante una serie de objetivos factibles. Es muy raro que una persona pase de los andrajos a la riqueza de la noche a la mañana. Pero a los Sagitario les resultan difíciles los procesos largos e interminables. A semejanza de los nativos de Leo, quieren alcanzar la riqueza y el éxito de manera rápida e impresionante.

Deben tener presente, no obstante, que este exceso de optimismo puede conducir a proyectos económicos no realistas y a decepcionantes pérdidas. Evidentemente, ningún signo del zodiaco es capaz de reponerse tan pronto como Sagitario, pero esta actitud sólo va a causar una innecesaria angustia. Los Sagitario tienden a continuar con sus sueños, jamás los van a abandonar, pero deben trabajar también en su dirección de maneras prácticas y eficientes.

Profesión e imagen pública

Los Sagitario son grandes pensadores. Lo quieren todo: dinero, fama, prestigio, aplauso público y un sitio en la historia. Con frecuencia suelen ir tras estos objetivos. Algunos los consiguen, otros no; en gran parte esto depende del horóscopo de cada persona. Pero si Sagitario desea alcanzar una buena posición pública y profesional, debe comprender que estas cosas no se conceden para enaltecer al ego, sino a modo de recompensa por la cantidad de servicios prestados a toda la Humanidad. Cuando descubren maneras de ser más útiles, los Sagitario pueden elevarse a la cima.

Su ego es gigantesco, y tal vez con razón. Tienen mucho de qué enorgullecerse. No obstante, si desean el aplauso público, tendrán que aprender a moderarlo un poco, a ser más humildes y modestos, sin caer en la trampa de la negación y degradación de sí mismos. También deben aprender a dominar los detalles de la vida, que a veces se les escapan.

En el aspecto laboral, son muy trabajadores y les gusta complacer a sus jefes y compañeros. Son cumplidores y dignos de confianza, y disfrutan con las tareas y situaciones difíciles. Son compañeros de trabajo amistosos y serviciales. Normalmente aportan ideas nuevas e inteligentes o métodos que mejoran el ambiente laboral para todos. Siempre buscan puestos y profesiones que representen un reto y desarrollen su intelecto, aunque tengan que trabajar arduamente para triunfar. También trabajan bien bajo la supervisión de otras personas, aunque por naturaleza prefieren ser ellos los supervisores y aumentar su esfera de influencia. Los Sagitario destacan en profesiones que les permitan comunicarse con muchas personas diferentes y viajar a lugares desconocidos y emocionantes.

Amor y relaciones

A los nativos de Sagitario les gusta tener libertad y de buena gana se la dan a su pareja. Les gustan las relaciones flexibles, informales y siempre cambiantes. Tienden a ser inconstantes en el amor y a cambiar con bastante frecuencia de opinión respecto a su pareja. Se sienten amenazados por una relación claramente definida y bien estructurada, ya que esta tiende a coartar su libertad. Suelen casarse más de una vez en su vida. Cuando están enamorados son apasionados, generosos, francos, bondadosos y muy activos. Demuestran francamente su afecto. Sin embargo, al igual que los Aries, tienden a ser egocéntricos en su manera de relacionarse con su pareja. Deberían cultivar la capacidad de ver el punto de vista de la otra persona y no sólo el propio. Es necesario que desarrollen cierta objetividad y una tranquila claridad intelectual en sus relaciones, para que puedan mantener una mejor comunicación con su pareja y en el amor en general. Una actitud tranquila y racional les ayudará a percibir la realidad con mayor claridad y a evitarse desilusiones.

Hogar y vida familiar

Los Sagitario tienden a dar mucha libertad a su familia. Les gusta tener una casa grande y muchos hijos. Sagitario es uno de los signos más fértiles del zodiaco. Cuando se trata de sus hijos, peca por el lado de darles demasiada libertad. A veces estos se forman la idea de que no existe ningún límite. Sin embargo, dar libertad en casa es algo básicamente positivo, siempre que se mantenga una cierta medida de equilibrio, porque la libertad permite a todos los miembros de la familia desarrollarse debidamente.

Horóscopo para el año 2015*

Principales tendencias

El principal titular de este año es el tránsito de Saturno por tu signo, que se inició a fines de diciembre del año pasado. Saturno estará en tu signo la mayor parte del año (volverá a Escorpio retrógrado y estará ahí desde el 15 de junio al 18 de septiembre). Será una presencia en tu signo los dos próximos años más o menos. Por lo tanto, el feliz y despreocupado Sagitario se encuentra en un periodo más serio. Te tomas más en serio la vida; piensas en la vejez y en las condiciones que predominarán entonces. Es posible que sientas tu edad o incluso que te sientas mayor de la edad que tienes. Te enfrentas a tus limitaciones físicas y debes adaptar tu estilo de vida a esas limitaciones. La energía general no está a la altura de costumbre. Es posible que tu cónyuge, pareja o ser amado actual te encuentre frío, distante; tendrás que esforzarte mucho en proyectar simpatía y afecto hacia los demás. Estás en un periodo en que necesitas pasar desapercibido. Volveremos sobre este tema.

El otro titular de este año es la entrada de Júpiter en tu décima casa el 11 de agosto. Tienes mucho éxito en tu profesión; estás en la cumbre, al mando, llevando la voz cantante. Esto podría ser otro motivo de tu «seriedad»; el liderazgo es una carga pesada.

Urano lleva unos años en tu quinta casa, y continuará en ella varios años más. Los hijos o figuras filiales han estado más difíciles de manejar; se ven más rebeldes. Ansían más libertad; deberías dársela siempre que no sea destructiva.

Júpiter está en tu novena casa hasta el 11 de agosto. Por lo tanto, haces más de lo que te gusta: viajar. Este es un tránsito muy hermoso si eres estudiante universitario o de posgrado; tienes éxito en tus estudios. Si solicitas admisión en la universidad o curso de posgrado tienes buenas nuevas.

Las facetas de interés más importantes este año son: el cuerpo,

---

* Las previsiones de este libro se basan en el Horóscopo Solar y todos los signos que derivan de él; tu Signo Solar se convierte en el Ascendente, y las casas se numeran a partir de él. Tu horóscopo personal, el trazado concretamente para ti (según la fecha, hora y lugar exactos de tu nacimiento) podrían modificar lo que decimos aquí. Joseph Polansky

la imagen y el placer personal (del 1 de enero al 15 de junio y del 19 de septiembre a fin de año); las finanzas; el hogar y la familia; los hijos, la diversión y la creatividad; la religión, la filosofía, la metafísica, los viajes al extranjero y la formación superior (hasta el 11 de agosto); la profesión (a partir del 11 de agosto); la espiritualidad (del 15 de junio al 18 de septiembre).

Los caminos hacia tu mayor satisfacción este año son: la religión, la filosofía, la metafísica, los viajes al extranjero y la formación superior (hasta el 11 de agosto); la profesión (a partir del 11 de agosto); las amistades, los grupos y las actividades de grupo (hasta el 13 de noviembre).

Salud

(Ten en cuenta que esta es una perspectiva astrológica de la salud, no una médica. Antaño no había ninguna diferencia, ambas eran idénticas, pero en esta época podrían diferir muchísimo. Para una perspectiva médica, por favor, consulta a tu médico o a otro profesional de la salud.)

La salud estará más delicada este año; tres planetas lentos estarán en alineación desfavorable contigo, y cuando se les unan los planetas rápidos aumentará la vulnerabilidad.

Hay otro problema también; tu sexta casa, la de la salud, está prácticamente vacía este año; sólo transitan por ella los planetas rápidos, y por breve tiempo. Es muy posible que no prestes suficiente atención a tu salud, como debes. Con los aspectos que tienes este año es necesario que le prestes más atención, no menos. Por lo tanto, tendrás que obligarte a estar atento, aunque no te apetezca. Será una disciplina, no natural, pero debes hacerlo.

Como saben nuestros lectores, comprendemos el cuerpo como un sistema energético dinámico, no un objeto, ni una máquina ni una fábrica de productos químicos. La parte química y la parte máquina sólo son una fracción de lo que es el cuerpo. Lo determinante es la energía. Cambia la energía y cambian la química y los componentes físicos. Debido a esto, el cuerpo es sensible a los movimientos de los cuerpos celestes; estos cambian el campo energético del cuerpo. Si los planetas agobian el campo energético, el cuerpo se vuelve más vulnerable a la enfermedad. Esto no quiere decir que tenga que sobrevenir la enfermedad, sino sólo que aumenta la vulnerabilidad. Significa que la persona tiene que aumentar su energía por medios artificiales.

Así pues, este año debes descansar y relajarte más, moderar el ritmo, procurar dormir lo suficiente. Es un año en que has de centrar la atención en las cosas verdaderamente importantes de tu vida y dejar estar las que no lo son. Es un buen año para pasar más tiempo en un balneario de salud y tomar sesiones periódicas de masaje. Cualquier cosa que estimule tu energía general es buena para ti. Esto es lo primero: haz todo lo posible para mantener elevada la energía. Sé empresarial con tu energía: sólo inviértela en cosas importantes.

Además, da más atención a las siguientes zonas, que son las vulnerables en tu carta. Esto prevendrá o atenuará los posibles problemas.

El corazón. Este adquiere importancia este año. Te irá bien trabajar los puntos reflejos del corazón. Evita la preocupación y la ansiedad, las dos emociones que son las principales causas de los problemas cardiacos. La función cardiaca será más floja este año, sobre todo si naciste en la primera parte del signo, del 22 al 25 de noviembre. Te será beneficioso el tratamiento del meridiano del corazón mediante acupuntura o acupresión.

El hígado y los muslos. Estas zonas son siempre importantes para Sagitario y este año no es diferente. También se ve más floja la función hepática. Te irá bien estimular sus puntos reflejos. También serán buenos los tratamientos del meridiano del hígado mediante acupuntura o acupresión. Te convendría hacer una desintoxicación del hígado. Da masajes periódicos a los muslos.

Los riñones, la garganta y las caderas. Estas zonas también son siempre importantes para ti, Sagitario. Te beneficiará que te trabajen los puntos reflejos de estas zonas. La desintoxicación de los riñones siempre es buena para ti. Masajes periódicos en el cuello y las caderas, la terapia sacrocraneal, tratamientos del meridiano de los riñones mediante acupuntura o acupresión, serán beneficiosos.

El raudo Venus es tu planeta de la salud, por lo tanto hay muchas tendencias a corto plazo en la salud, según dónde esté Venus y los aspectos que reciba. De estas tendencias hablaremos en las previsiones mes a mes.

Tus periodos de salud más vulnerable este año son: del 18 de febrero al 20 de marzo; del 21 de mayo al 20 de junio, y del 23 de agosto al 22 de septiembre. Estos son periodos en que necesitas descansar más y prestar más atención a la salud y la energía.

El tránsito de Saturno por tu signo es muy bueno para hacer

régimen de adelgazamiento, si lo necesitas. En general, vas a adelgazar este año, de forma natural.

Hogar y vida familiar

Tu cuarta casa, la del hogar y la familia, ha estado prominente desde 2012, cuando entró Neptuno en ella. Y continuará prominente muchos años más.

Neptuno en la cuarta casa indica que la familia en su conjunto está bajo una intensa influencia espiritual. La relación familiar se vuelve más espiritual, más refinada, más idealista. Los familiares están más sensibles, es más fácil herir sus sentimientos, así que has de tener cuidado en esto. Se sienten provocados por cosas insignificantes, el tono, el lenguaje corporal. Cosas que unos años atrás eran pequeñeces de repente importan muchísimo.

Desde que Neptuno entró en tu cuarta casa, la familia (junto con tu vida financiera) ha sido el centro de tu crecimiento espiritual; es un laboratorio del espíritu en este periodo; en él se ponen a prueba los libros y las teorías con experiencias de la vida real. Volveremos sobre este tema.

Tienes el tipo de aspectos de una persona que celebra servicios de oración o meditación en la casa, o que invita a casa a maestros u oradores espirituales. Se te ve dispuesto a ofrecer la casa para estos fines.

Es posible que haya un desacuerdo financiero con la familia y en especial con un progenitor o figura parental. Esto no tiene solución rápida y parece que se agrava a medida que avanza el año. Será necesario transigir, hacer concesiones, pero esto no os satisface ni a ti ni a esta persona.

Me parece que eres más práctico este año, más realista, más orientado a lo fundamental, mientras que el progenitor o figura parental se ve más idealista. Y al parecer eso es la causa del conflicto.

Este año va a exigir más esfuerzo mantener la armonía familiar. Si se hace este esfuerzo, por tu parte y por la de ellos, es posible.

No se ven probabilidades de mudanza. Tal vez ya te has mudado en estos dos últimos años y no hay ninguna necesidad.

No es probable que los padres o figuras parentales se muden de casa este año. Uno de ellos pasa por inestabilidad e incertidumbre financieras. El otro entra en un periodo de prosperidad el 11 de agosto. Si este progenitor o figura parental está soltero, después de esta fecha se le presenta una oportunidad amorosa e incluso de boda. Si está casado o casada su relación conyugal debería mejorar, y aumentará su actividad social. Uno de los dos pasa por dificultades en la profesión.

Para los hermanos o figuras fraternas se ve un año familiar sin novedades ni cambios.

Los hijos o figuras filiales podrían haberse mudado en los dos últimos años; este año se presenta sin novedades en este frente. Sí tendrán diversión este año. Los que están en la edad apropiada tienen muy buenas oportunidades de trabajo después del 11 de agosto.

Los nietos que están en edad se ven prósperos este año, y alguno podría mudarse después del 11 de agosto. También serán más fértiles este año.

Profesión y situación económica

Si bien la situación familiar y de salud podría ser mejor, la vida financiera va bien. La entrada de Saturno en tu signo produce las dificultades de que hemos hablado, pero también trae prosperidad y oportunidades económicas.

Estas oportunidades y el dinero te buscarán, no a la inversa. Las causas de esto se pusieron en marcha hace unos años y ahora se manifiesta. No es mucho lo que debes hacer: las oportunidades financieras te encontrarán. Las personas adineradas de tu vida están de tu lado.

Este año adoptas la imagen de la riqueza, nada de esconderla. Vistes ropa cara (aunque conservadora) y la gente te considera próspero. Exhibes tu riqueza, pero de manera discreta.

Gastas en ti; te consideras la mejor inversión que existe, y hay cierto elemento de verdad en esto.

Si tienes edad, asumes los aspectos de una celebridad, modelo, actor o actriz, deportista o atleta. Se te conoce por tu apariencia, por tus consecuciones físicas. La apariencia personal es muy importante en la profesión y de ahí que gastes en ti, en tu imagen. Es más una inversión de negocio que un acto de vanidad.

Aunque no seas modelo, actor, actriz o deportista, este año eres más célebre en tu campo.

Tienes mucho éxito en la profesión este año y das la imagen. Pareces estar por encima de todas las personas de tu mundo. Y aun en el caso de que no lo estés, aspiras a estarlo y tal vez te comportas como si lo estuvieras. Las ambiciones son infinitas.

Llevas unos años profundizando en las dimensiones espirituales de la riqueza, aprendiendo las leyes espirituales que rigen estas cosas y aplicándolas. Esta tendencia continúa este año; aunque la tendencia es menos pronunciada que en los dos últimos años, sigue muy en vigor. Tu planeta de la espiritualidad, Plutón, está en tu casa del dinero (además, tu planeta del dinero pasará tres meses en tu casa doce, la de la espiritualidad). Estás muy en modalidad «dinero milagroso». Tu reto es acceder a las fuentes espirituales de la riqueza, no a las naturales. Lee todo lo que puedas sobre las dimensiones de la riqueza; hay mucha literatura sobre el tema.

Plutón en tu casa del dinero indica otras cosas también. Si tienes la edad vas a ocuparte más de asuntos testamentarios. Es posible que hayas recibido una herencia o que alguien te haya nombrado en su testamento. Los impuestos y sus consecuencias influyen en muchas de tus decisiones financieras, sobre todo ahora con los mayores ingresos que te llegan.

En los próximos años tal vez consigas llegar a la independencia económica, y si no independencia total, harás mucho progreso hacia ella. Este parece ser el objetivo en este periodo.

El mundo empresarial o corporativo siempre es bueno para ti, y este año lo es más. Tienes buen olfato para las inversiones en empresas grandes, tradicionales, a la antigua. El sector inmobiliario comercial también es bueno.

Amor y vida social

Este año no está prominente tu séptima casa, la del amor. Por lo tanto, la tendencia será a dejar que las cosas continúen como están. Estés casado o casada, soltero o soltera, tenderás a continuar en ese estado.

El amor se ve algo más complicado que de costumbre este año. La profesión, sobre todo a partir del 11 de agosto, es dominante, arrolladora, y esto tiende a distraer de los asuntos amorosos. Es probable que el ser amado no se sienta feliz a la sombra de la profesión.

Y hay otras complicaciones además. La presencia de Saturno en tu signo podría hacerte parecer frío, distante, reservado. No eres así. La persona Sagitario es simpática y afectuosa por naturaleza, pero ahora tienes la influencia de Saturno en el plano energético subconsciente. No es fácil abordarte; algunas personas se sienten intimidadas por tu presencia. Esto no es conducente al amor. Será necesario un esfuerzo consciente por tu parte para proyectar simpatía y afecto a los demás. Haz de esto tu trabajo este año. La persona relacionada románticamente con un o una Sagitario deberá comprender y superar esto.

Tu planeta del amor es el raudo Mercurio (el planeta más rápido después de la Luna). Hay, por lo tanto, tendencias a corto plazo en el amor, que dependen de dónde está Mercurio y de los aspectos que recibe. Estas tendencias es mejor tratarlas en las previsiones mes a mes.

Si estás soltero o soltera y con miras a un primer matrimonio, es muy probable que no llegues a casarte este año. De todos modos, estando fuerte tu quinta casa habrá muchas citas y romances o aventuras amorosas (o las oportunidades). No te vas a quedar sentado o sentada en casa a solas.

Tu periodo más activo en el amor este año será del 1 de mayo al 21 de junio. En este periodo podrías conocer a personas «material para el matrimonio», es decir, personas con las que considerarías la posibilidad de casarte.

Si estás con miras a un segundo matrimonio has tenido aspectos fabulosos desde julio del año pasado. Hay probabilidades de boda o de una relación seria. Me parece que eres tú el osado u osada en esto; le vas detrás a la persona.

Si estás con miras a un tercer matrimonio, tienes un año sin novedades en este frente.

Si estás en un cuarto matrimonio o con miras a uno, te enfrentas con dificultades. En el primer caso, tu relación conyugal pasa por pruebas. Si estás soltero o soltera no se ve aconsejable el matrimonio.

Siendo Mercurio tu planeta del amor, la comunicación es muy importante en la vida amorosa. Te atraen personas con las que te resulta fácil conversar, personas que tienen el don de la palabra, que son inteligentes. Esta tendencia es innata, y este año no cambia.

Las oportunidades románticas se presentan en ambientes de tipo académico: charlas, seminarios o incluso en la biblioteca.

Progreso personal

Como hemos dicho, Neptuno, que es el más espiritual de los planetas, está en tu cuarta casa desde 2012. Así pues, tu vida espiritual se desarrolla y se centra en el hogar y la familia. Muchas personas creen que el crecimiento espiritual se produce en el lugar de culto o en algún remoto lugar para retiro espiritual. Esto no es así necesariamente, como te enteras en este periodo. Lo que produce el crecimiento es la aplicación de las leyes espirituales en los asuntos domésticos diarios y rutinarios. Las tareas mundanas de la casa se pueden transformar en potentes ritos. La tarea de lavar los platos o limpiar la casa se puede elevar a un acto de culto si se hace con la actitud correcta, por la gloria de la Divinidad. Si estás en el camino espiritual este sería un buen año para leer la obra clásica del Hermano Lawrence, *Practicing the Presence*. (Creo que se puede bajar de internet gratis o a un precio mínimo.)

Normalmente Sagitario se siente cómodo, a gusto, con la religión tradicional, pero en este periodo te hace falta introducir los sentimientos en la práctica espiritual. Sientes la necesidad de elevar la naturaleza sensible, de elevar sus vibraciones. Así pues, el camino Bhakti es potente para ti en este periodo. El amor, la devoción, cantar, entonar cánticos, recitar salmos o poemas de alabanza, bailar y tocar el tambor, serán potentes para ti. Ya tienes una buena comprensión intelectual y metafísica de las cosas, pero ahora debes introducir los sentimientos. Si estás de buen ánimo, te resultará fácil conectar con la Divinidad; si estás de mal ánimo, te será difícil.

La espiritualidad ha sido importante estos dos últimos años y vuelve a adquirir importancia después del 11 de agosto. Júpiter formará aspectos fabulosos con Plutón, tu planeta de la espiritualidad. La espiritualidad tendrá un papel no sólo en tu vida familiar y financiera, sino también en tu apariencia e imagen. Te llegarán nuevas técnicas para modelar y configurar el cuerpo de forma espiritual. Tendrás más capacidad para hacerlo.

Después del 11 de agosto tu intuición se vuelve extraordinariamente buena, en las finanzas y en otras facetas. Recibes información de lo alto; recibes ayuda espiritual en la profesión también.

Previsiones mes a mes

Enero

Mejores días en general: 6, 7, 8, 16, 17, 24, 25
Días menos favorables en general: 2, 3, 9, 10, 22, 23, 29, 30
Mejores días para el amor: 1, 2, 3, 11, 12, 13, 20, 21, 22, 29, 30, 31
Mejores días para el dinero: 6, 7, 8, 16, 17, 18, 19, 24, 25
Mejores días para la profesión: 1, 9, 10, 11, 12, 20, 21, 29, 30

No hace mucho fue tu cumpleaños, así que tu ciclo solar personal está en fase creciente. Desde el solsticio de invierno el ciclo solar universal también está en fase creciente. El impulso planetario es arrolladoramente de avance, sobre todo hasta el 21; el 90 por ciento de los planetas están en movimiento directo, y después del 21 el 80 por ciento. Este es un periodo potente para iniciar una nueva actividad o lanzar un nuevo producto al mundo. Del 1 al 5 y el 20 son los mejores días de este periodo. Pero si tienes prisa, cualquier día después del 21 también es bueno.

Comienzas el año con la mayoría de los planetas bajo el horizonte de tu carta; el 80 y a veces el 90 por ciento de los planetas ocupan el hemisferio inferior de tu carta. Este es un periodo para centrar la atención en tu bienestar emocional y en las cosas que favorecen este bienestar. Es necesario poner orden en el hogar y la familia. Necesitas encontrar tu punto de armonía emocional para poder funcionar a partir de él. Cuando se consigue la armonía emocional la profesión cuida de sí misma. Más avanzado el año va a ser un potente periodo profesional, y es necesaria la preparación interior. Cuanto más potente vaya a ser la profesión, más preparación necesita. Esto es lo que ocurre ahora.

La mayoría de los planetas continúan en el sector oriental o independiente de tu carta. Esto va a cambiar pronto, pero mientras tanto aprovecha tu aumentado poder personal para crear las condiciones que te agradan. Tu felicidad está en tus manos, no en las de los demás. Da los pasos necesarios para crearla. Ahora es importante tu iniciativa.

A fines del mes pasado entraste en una cima financiera anual, que continúa hasta el 20 de este mes. Tu planeta del dinero, Saturno, está muy cerca de tu ascendente y recibe buenos aspectos. Este es un mes próspero. Me parece que te sientes a gusto con tus finanzas y con tu manera de ganar. Pareces estar en armonía con las personas adineradas de tu vida. Las oportunidades financieras te buscan; el dinero te persigue; sólo tienes que estar presente para recibirlo.

La salud y la energía son buenas este mes, antes del 20 mejor que después. Hasta el 3 puedes fortalecer la salud dando más atención a la columna, las rodillas, la dentadura, los huesos, la piel y la alineación esquelética; los masajes en la espalda y las rodillas son potentes entonces. Del 3 al 27 da más atención a los tobillos y las pantorrillas; dales masajes periódicos; protege los tobillos. Después del 27 da más atención a los pies; el masaje en los pies es potente entonces.

Febrero

Mejores días en general: 3, 4, 13, 14, 21, 22
Días menos favorables en general: 5, 6, 7, 19, 20, 25, 26
Mejores días para el amor: 1, 2, 8, 9, 10, 11, 17, 18, 20, 21, 25, 26
Mejores días para el dinero: 3, 4, 13, 14, 15, 16, 21, 22
Mejores días para la profesión: 5, 6, 7, 8, 9, 17, 18, 25, 26

Las finanzas siguen bien este mes, aunque con más dificultades. Hay ingresos, pero tienes que trabajar más y superar obstáculos para conseguirlos. Si pones el trabajo habrá prosperidad. Tu planeta del dinero está en cuadratura con Neptuno todo el mes. Esto produce ciertos desacuerdos financieros con la familia, sobre todo con un progenitor o figura parental. Tal vez esta persona es una carga financiera o te considera una carga a ti. Más importante aún, esto indica actividad clandestina, entre bastidores, en los asuntos financieros; las cosas no son lo que parecen. Tienes que estudiar y analizar más las cosas.

La salud y la energía están más delicadas este mes, así que procura descansar lo suficiente. Muchos problemas se curan simplemente con eso: descanso. La falta de energía es la enfermedad primordial. Hasta el 20 fortalece la salud dando más atención a los pies; también serán potentes la curación espiritual y los sanadores espirituales, en especial del 1 al 3. Después del 20 da más atención a la cabeza, al cuero cabelludo y la cara; dales masajes periódicos; te conviene dar masaje a las orejas también. También es bueno el ejercicio físico en este periodo.

El poder planetario está ahora en el nadir de tu carta (el punto más bajo). Simbólicamente estás en la medianoche de tu año. Este es un periodo milagroso. En los planos invisibles ocurren todo tipo de cambios, que verás a medida que avance el año. Ya a la medianoche se prepara el cariz del resto del día. Aprovéchala sabiamente.

Este es también un periodo para la curación emocional. Nos parece que nos volvemos nostálgicos en esta fase; tenemos muy presente el pasado. La mente está ocupada por el pasado. Pero esto tiene una lógica cósmica; es la terapéutica psíquica de la naturaleza. Haciendo aflorar viejos recuerdos, cosas que hemos olvidado o que nos parecen intrascendentes, el Cosmos nos muestra lo que es necesario resolver o reinterpretar de nuestra vida. No podemos reescribir la historia, ni debemos; pero sí podemos interpretarla de una manera mejor. Podemos quitarle las espinas, asimilar sus lecciones para estar mejor preparados para el futuro. Si estás haciendo psicoterapia haces buen progreso y muchos descubrimientos psicológicos este mes.

El 18 el poder planetario se traslada al sector occidental o social de tu carta. Los planetas se alejan de ti, no avanzan hacia ti. Llega a su fin tu periodo de independencia personal (volverá dentro de unos seis meses más o menos). Ahora estás en el periodo para cultivar tus dotes sociales y comenzar a pensar en los intereses de los demás, no en los tuyos. Tu bien te llega a través de los demás y no tanto por tu iniciativa personal.

Marzo

Mejores días en general: 2, 3, 12, 13, 20, 21, 29, 30, 31
Días menos favorables en general: 4, 5, 6, 18, 19, 24, 25, 26
Mejores días para el amor: 2, 3, 7, 8, 12, 13, 18, 19, 22, 23, 24, 25, 26, 29, 30, 31
Mejores días para el dinero: 2, 3, 12, 13, 14, 15, 20, 21, 29, 30
Mejores días para la profesión: 4, 5, 6, 7, 8, 18, 19, 29, 30, 31

Continúa más atento a la salud hasta el 20; repasa lo que dijimos sobre esto el mes pasado. Hasta el 17 da más atención a la cabeza, el cuero cabelludo y la cara; será excelente dar masajes en la cara y el cuero cabelludo; en el cuero cabelludo hay puntos reflejos de todo el cuerpo, y en la cara los hay de muchas partes del cuerpo. El ejercicio físico también es importante, pues necesitas un buen tono muscular; la terapia sacrocraneal también es buena en este periodo. Después del 17 da más atención al cuello y a la garganta; no permitas que la tensión se acumule en la nuca; aflójala con masajes. Después del 20 mejoran espectacularmente la salud y la energía; se desbloquea la corriente de energía vital.

El 20 hay un eclipse solar. Podría ser relativamente benigno, aunque si naciste en la última parte del signo, entre el 19 y el 21 de diciembre, te afectará fuertemente. Si bien todo el mundo debe reducir sus actividades en este periodo, esto vale especialmente para ti si naciste en uno de esos días. Protégete de situaciones que entrañen daño o peligro y evita las actividades difíciles o estresantes. Si estas son opcionales, prográmalas para otra ocasión. En estos días es mejor no viajar al extranjero, tu gran amor. Si debes viajar, programa el viaje en torno al periodo del eclipse. Este eclipse ocurre en el límite entre las casas cuarta y quinta, por lo tanto afecta a los asuntos de ambas casas. Así pues, si hay defectos en la casa o en las relaciones familiares, los descubrirás. Los familiares estarán más nerviosos y temperamentales, y podrían pasar por experiencias personales dramáticas, así que ten más paciencia con ellos. Procura no empeorar las cosas. Este eclipse afecta a los hijos y figuras filiales y es necesario mantenerlos alejados de situaciones que entrañen daño o peligro. Si eres estudiante, de enseñanza media o universitario, harás cambios en tus planes educativos; es posible que cambies de colegio o de asignatura principal. A veces la causa de esto son cambios en las normas del colegio. Otra posibilidad es que el colegio en que deseabas entrar no te acepte y acabes asistiendo a otro. Son muchas las posibilidades. Hay trastorno y reorganización en tu lugar de culto y tal vez dramas en la vida de las personas que lo dirigen. Todos los eclipses solares ponen a prueba tus creencias filosóficas y religiosas; se revelan defectos y a lo largo de los seis próximos meses haces revisión. Un buen epíteto para un eclipse solar en tu horóscopo es «crisis de fe».

Ya asentado el polvo del eclipse, el mes se ve fundamentalmente feliz. El 20 comienzas una tus cimas anuales de placer personal. Por lo tanto, hay mucha diversión en tu vida. La creatividad personal también está en su punto máximo este mes.

Las finanzas se ven excelentes a partir del 20. Pero tu planeta del dinero inicia movimiento retrógrado el 14. Mi interpretación de esto es que hay retrasos en la prosperidad que llega, pero llega.

Abril

Mejores días en general: 8, 9, 17, 18, 25, 26, 27
Días menos favorables en general: 1, 2, 15, 16, 21, 22, 28, 29
Mejores días para el amor: 1, 2, 8, 9, 13, 19, 20, 21, 22, 28, 29
Mejores días para el dinero: 8, 9, 10, 11, 12, 17, 18, 25, 26, 27
Mejores días para la profesión: 1, 2, 8, 9, 19, 20, 28, 29

El 4 hay un eclipse lunar que afecta a muchas facetas de la vida, pero que es relativamente benigno contigo; es probable que el efecto sea más fuerte en el mundo en general.

Este eclipse ocurre en Libra, tu casa once, la de las amistades. Así pues, las amistades pasan por pruebas; las buenas sobrevivirán, las defectuosas podrían acabar, y así es como debe ser. Es bueno que se pongan a prueba las amistades de tanto en tanto; no es agradable mientras ocurre, pero en último término es bueno. También se ponen a prueba los ordenadores y equipos de alta tecnología; a veces es necesario repararlos o reemplazarlos; a veces los problemas son temporales. Es posible que sólo necesites desinstalar programas superfluos. Te conviene hacer copias de seguridad de tus archivos importantes y comprobar que estén actualizados tus programas antivirus y antipiratería. Urano, uno de los planetas afectados por el eclipse, rige tu tercera casa, por lo cual también pasarán por pruebas los coches y el equipo de comunicación. Procura conducir con más prudencia en este periodo. En la vida de hermanos, figuras fraternas y vecinos hay experiencias dramáticas, de aquellas que cambian la vida, tal vez una experiencia de casi muerte. El impacto del eclipse en Plutón, que rige tu casa doce, significa cambios en tu vida espiritual, en tu práctica, actitud y de enseñanza. Podría haber trastornos o reestructuración en una organización espiritual o benéfica a la que perteneces y experiencias dramáticas en la vida de tu mentor o maestro espiritual. Todos los eclipses lunares producen encuentros con la muerte (no muerte física real); a veces la persona sueña con la muerte; o lee algo sobre la muerte en el diario o ve la muerte por la televisión. El ángel negro anda rondando haciéndote saber su existencia. En esencia esto es un recordatorio amistoso de que hay que tomarse más en serio la vida y poner la atención en las cosas realmente importantes, en tu verdadera finalidad. Todos los eclipses lunares causan cambios en las finanzas del cónyuge, pareja o ser amado actual, y este no es diferente; por lo general, los cambios se producen debido a un trastorno o crisis; pero en último término son buenos.

La salud y la energía están fundamentalmente bien este mes, pero al tener dos planetas lentos en aspectos desfavorables, te conviene fortalecer la salud, hasta el 11, dando más atención al cuello y a la garganta (como dijimos el mes pasado), y después del 11 dando más atención a los pulmones, brazos, hombros y sistema respiratorio. Si te sientes indispuesto, sal al aire libre y sencillamente respira; es importante inspirar bastante oxígeno en este periodo; también serán potentes los masajes en los brazos y los hombros. El corazón ha sido importante en lo que va de año, y lo es especialmente después del 20. El ejercicio físico y el buen tono muscular son importantes todo el mes.

Lo bueno es que tu sexta casa está fuerte este mes, así que le das atención a los asuntos de salud. Este poder en la sexta casa es además excelente si buscas trabajo; hay muchas oportunidades de trabajo este mes.

Mayo

Mejores días en general: 5, 6, 14, 15, 23, 24
Días menos favorables en general: 12, 13, 18, 19, 25, 26, 27
Mejores días para el amor: 1, 2, 10, 11, 12, 13, 18, 19, 21, 22, 28, 29, 30, 31
Mejores días para el dinero: 5, 6, 8, 9, 14, 15, 23, 24
Mejores días para la profesión: 1, 2, 10, 11, 18, 19, 25, 26, 27, 28, 29

Este mes (también podría ser el próximo) entras en la fase luna llena de tu ciclo solar. El ciclo solar universal también está cerca de su fase luna llena. El impulso planetario sigue siendo principalmente de avance, aunque algo menos después del 14. Por lo tanto, este es un periodo fabuloso para iniciar nuevas actividades o lanzar un nuevo producto al mundo. Del 1 al 4 son los mejores días.

Normalmente Sagitario no es muy bueno para los detalles; su punto fuerte es ver el cuadro general de las cosas. Pero este mes, sobre todo hasta el 21, eres mejor de lo habitual para los detalles. Este es un buen periodo, pues, para hacer esas cosas meticulosas que te aburren: ordenar archivos, poner al día las cuentas, hacer copias de seguridad, etcétera. El mes pasado, después del 20, también fue bueno para esto.

Tu atención a la salud desde el 20 del mes pasado te será muy útil después del 21, en que estarán mucho más delicadas la salud y la energía. Como siempre, la primera línea de defensa es descansar lo suficiente. Hasta el 7 da más atención a los pulmones, brazos, hombros y sistema respiratorio; te irá bien hacer ejercicios de respiración; tomar aire fresco es bueno. Después del 7 da más atención al estómago y a la dieta; si eres mujer da también más atención a los pechos. Este mes te conviene programar masajes, tratamientos de reflexología o acupuntura, en especial después del 21.

Aún cuando la salud y la energía no están como debieran, este mes ocurren muchas cosas. El 21 entras en una cima amorosa y social anual. Tu séptima casa está muy poderosa; el 50 por ciento de los planetas o están instalados en ella o transitan por ella este mes. Esto indica una vida amorosa y social activa. Si estás soltero o soltera hay muchas oportunidades románticas. Me parece que te llevas bien con todo tipo de personas; el único problema es que tu planeta del amor, Mercurio, inicia movimiento retrógrado el 14. Sí, hay muchas oportunidades, pero no te precipites a nada serio todavía; ve despacio en el amor; observa; piensa en lo que realmente deseas; deja que el tiempo revele el carácter de la persona con la que te relacionas. Esto podría ser difícil teniendo a Marte en tu séptima casa a partir del 12; podrías ser demasiado impulsivo en el amor, y esto no sería prudente.

Has tenido periodos financieros mejores del que tienes ahora y volverás a tenerlos. Tu planeta del dinero está retrógrado desde el 14 de marzo y recibe aspectos desfavorables. Habrá ingresos, pero prepárate para trabajar más por ellos. La vida financiera va lenta, pero esto te da la oportunidad de hacer revisión de tus objetivos y estrategias. No tienes por qué hacer compras o inversiones importantes; este es un periodo para analizar estas cosas y reflexionar.

Junio

Mejores días en general: 2, 3, 10, 11, 20, 21
Días menos favorables en general: 8, 9, 15, 16, 22, 23
Mejores días para el amor: 1, 6, 7, 10, 11, 15, 16, 20, 21, 24, 25, 29, 30
Mejores días para el dinero: 1, 2, 3, 4, 5, 10, 11, 19, 20, 21, 28, 29, 30
Mejores días para la profesión: 6, 7, 15, 16, 22, 23, 24, 25

El 21 del mes pasado el poder planetario hizo un importante traslado, pasó de la mitad inferior de tu carta a la superior. Este es el periodo para comenzar tu lanzamiento profesional, es el periodo para convertir en realidades concretas esos sueños, visiones y fantasías. Ahora intentas conseguir tus objetivos profesionales del «modo normal», con actos en el plano físico. Si aprovechaste bien los seis meses anteriores, encontraste tu punto de armonía emocional e hiciste la necesaria curación emocional, tus actos serán potentes y exitosos. Ahora la curación emocional vendrá de actuar bien. Ahora sirves mejor a la familia triunfando en el mundo.

Para el astrólogo una profesión exitosa y una vida doméstica y familiar exitosa son lo mismo; no emitimos juicios acerca de cuál es mejor. Para nosotros depende de la fase del ciclo en que estás; ahora estás en el ciclo profesional.

Hasta el 21 sigue siendo necesario estar atento a la salud. Hasta el 5 fortalécela con una buena dieta y dando más atención al estómago y los pechos. Los regímenes de desintoxicación han sido potentes desde el 7 del mes pasado y continúan potentes todo este mes. Después del 5 da más atención al corazón. Además, examina tus creencias acerca de la salud; estas tienen un importante papel en ella y también en la capacidad de sanar y ser sanado.

Después del 21 la salud y la energía deberían mejorar espectacularmente; el 15 Saturno sale temporalmente de su aspecto desfavorable y después salen los planetas rápidos. Deberías terminar el mes con la salud mucho mejor que cuando lo empezaste.

También las finanzas mejoran mucho después del 21; tu planeta del dinero recibe mejores aspectos. De todos modos, continúa retrógrado, así que debes seguir haciendo revisión de tu vida financiera. Si buscas trabajo tienes buenas oportunidades del 28 al 30; del 5 al 7 las amistades te ayudan y son útiles en tus finanzas. Los dos últimos años has hecho un enorme progreso en el aprendizaje de las dimensiones espirituales de la riqueza, y en los próximos meses te conviene repasar tus conocimientos; estos se ven muy importantes en el plano financiero en este periodo.

Hasta el 21 continúas en una cima amorosa y social anual. Este periodo debería ser mejor que el mes pasado; Mercurio, tu planeta del amor, retoma el movimiento directo el 11; estarán mucho mejores el juicio y la confianza social. Las opciones y decisiones en el amor también tendrían que ser mucho mejores.

Julio

Mejores días en general: 8, 9, 17, 18, 26, 27, 28
Días menos favorables en general: 6, 7, 12, 13, 19, 20
Mejores días para el amor: 7, 8, 9, 12, 13, 17, 18, 26, 29, 30
Mejores días para el dinero: 1, 2, 7, 9, 16, 18, 25, 27, 28, 29, 30
Mejores días para la profesión: 7, 8, 17, 18, 19, 20, 29, 30

Tu octava casa se hizo poderosa el 21 del mes pasado y continúa fuerte hasta el 23. El cónyuge, pareja o ser amado actual está en una cima financiera anual; esta persona es más generosa contigo. Estás más activo sexualmente que de costumbre, y el amor se expresa de esa manera. Eso es lo que más te atrae, en especial después del 8. Pero también hay otras cosas importantes en ese periodo; la intimidad física es importante, pero asimismo lo es la intimidad emocional; te inclinas hacia la persona con la que es fácil la comunicación mutua de los sentimientos. Después del 27 se hace más importante la compatibilidad mental; deseas relación mental y filosófica; te atraen las personas de las que puedes aprender, personas tipo mentor; es importante la compatibilidad filosófica; la mejor química sexual del mundo no salva la relación si no estáis en la misma onda filosófica. Tu planeta del amor avanza muy rápido este mes; esto indica confianza en ti mismo, indica que cubres mucho terreno social.

Vemos una libido fuerte de otras maneras también; la Luna, tu planeta de la sexualidad, está llena dos veces este mes, lo que no es frecuente. En tu horóscopo en particular la Luna llena representa la fuerza máxima de la libido.

La salud y la energía son buenas este mes, pero en especial después del 23, cuando el Sol entra en Leo. Entonces entras en el cielo de Sagitario; tu novena casa es la más poderosa. El Cosmos te impulsa a hacer las cosas que más te gusta hacer: viajar, estudiar cosas elevadas y profundizar en la religión y la teología. Para una persona Sagitario basta cualquier pretexto para viajar, y este mes esto es más cierto aún. Así pues, vas a viajar. Habrá descubrimientos religiosos y filosóficos. Si eres estudiante esto indica éxito en los estudios, y si solicitas admisión en una universidad o curso de posgrado tendrías que tener buenas noticias. También hay buena suerte en el caso de que tengas pendiente algún asunto legal o jurídico.

Cuando está poderosa la novena casa (el 50 por ciento de los planetas o están en ella o transitan por ella) una sabrosa discusión teológica es más atractiva que una noche de juerga; la visita de un gurú o pastor religioso es más importante que la visita de una famosa estrella del rock u otra celebridad.

Ten más paciencia con tus finanzas después del 23.

Los hijos o figuras filiales de tu vida deberán protegerse de situaciones que entrañen daño o peligro del 14 al 17 y del 24 al 27. Si practicas atletismo o haces otro tipo de ejercicio, que sea de manera más relajada o moderada esos días.

Agosto

Mejores días en general: 4, 5, 13, 14, 23, 24, 31
Días menos favorables en general: 2, 3, 8, 9, 15, 16, 17, 29, 30
Mejores días para el amor: 5, 8, 9, 14, 15, 16, 23, 24, 26, 27, 31
Mejores días para el dinero: 3, 5, 12, 15, 22, 25, 26,30
Mejores días para la profesión: 5, 15, 16, 17, 26, 27

Este mes ocurren cambios muy importantes y felices. Júpiter, el señor de tu horóscopo hace un importante tránsito el 11: sale de Leo y cruza tu Medio cielo. Estará en tu décima casa, la de la profesión, el resto del año y hasta bien avanzado el próximo. Esto indica enorme éxito, profesional y personal. Estás por encima de todas las personas de tu mundo (al menos por un tiempo); recibes honores y reconocimiento; hay probabilidades de ascenso en tu trabajo o tu profesión; tienes casi categoría de celebridad en este periodo (y esto continuará hasta bien entrado el año que viene).

Aparte de esta entrada de Júpiter en tu casa de la profesión, el 23 entras en una cima profesional anual también. Quizá sea una cima para toda la vida, o una entre muchas otras.

El poder planetario está ahora en el cénit de tu carta (el punto más alto). Simbólicamente es mediodía en tu año. Ejerces más influencia en tu mundo en este periodo.

La apariencia personal es muy importante en la profesión; quién eres, cómo te ves, es tan importante (y tal vez más) que tus consecuciones profesionales.

Hay tensión con un progenitor o figura parental; ni tú ni esa persona tiene toda la razón o está equivocado; simplemente veis las cosas desde perspectivas opuestas; a veces la figura parental tiene la razón, otras veces la tienes tú. Si lográis salvar las diferencias podéis ayudaros mucho mutuamente.

El 23 del mes pasado se hizo muy poderosa tu novena casa, y esto continúa hasta el 23 de este mes. Repasa lo que hablamos de esto el mes pasado. Pero hay que añadir una cosa: tus objetivos profesionales son muy elevados, estratosféricos. Por lo tanto, es un buen periodo para hacer algún curso, un doctorado, por ejemplo, o asistir a seminarios en temas relacionados con tu profesión. Cuanto más elevada es la aspiración, más preparación necesitamos. Estudia a fondo cualquier tema que sirva a tu profesión. Toda esta ambición, esta actividad externa, vuelve más delicada la salud después del 23. Como siempre, procura dormir lo suficiente. Trabaja por tus objetivos poco a poco, con muchos ratos de descanso entremedio. Delega tareas siempre que sea posible; evita la impaciencia (hay muchos planetas retrógrados este mes), y da más atención al corazón (esto también vale para el mes pasado).

Entre el 3 y el 6 se presenta una oportunidad muy feliz de trabajo, pero analízala con mucho detenimiento; tendrás muchas oportunidades felices el año que viene.

Septiembre

Mejores días en general: 1, 9, 10, 19, 20, 28, 29
Días menos favorables en general: 4, 5, 6, 12, 13, 26, 27
Mejores días para el amor: 1, 4, 5, 6, 9, 10, 14, 15, 19, 20, 24, 25, 28, 29
Mejores días para el dinero: 2, 8, 12, 18, 19,22, 23, 28, 30
Mejores días para la profesión: 4, 5, 12, 13, 14, 15, 24, 25

El mes pasado hubo mucho cambio y este mes hay más aún. Dos eclipses agitan las cosas, tanto para ti como para el mundo en general.

El Estado condena los edificios inestables o agrietados; un edificio frágil es un peligro para todas las personas que viven alrededor, no sólo para las que residen en él. Los eclipses realizan este tipo de función en el mundo. El desplome de un edificio es dramático y desagradable mientras ocurre, es algo terrible, espeluznante. Pero el resultado final es bueno. Generalmente se reemplaza por algo mejor. Las personas y los gobiernos construyen edificios inestables a cada rato, edificios físicos o metafóricos. Los cimientos son débiles, o el diseño general no está bien, por lo tanto periódicamente hay que demolerlos. El Cosmos siempre busca expresar mayor perfección. Los eclipses no tocan los edificios sólidos, firmes (físicos o metafóricos). El eclipse solar del 13 ocurre en tu décima casa, la de la profesión. Así pues, se demuelen los edificios profesionales inestables (planes, proyectos, estrategias). Para ti esto es muy bueno, lo verás cuando se pase la agitación; se derriban las barreras hacia tu éxito y más progreso. A veces ruedan cabezas en la empresa o industria; hay reorganización en la jerarquía de la empresa o industria; hay importantes cambios en las normas o reglamentaciones. También hay trastornos y reorganización en tu lugar de culto, y tal vez dramas en la vida de sus dirigentes o las figuras religiosas de tu vida. Tómate las cosas con calma y reduce tus actividades durante el periodo del eclipse, unos cuantos días antes y otros tantos después. En todo caso deberás hacer esto hasta el 23, pero en especial durante este periodo.

El eclipse lunar del 28 (el 27 en las Américas) ocurre en tu quinta casa, por lo que afecta a los hijos y figuras filiales de tu vida; estos deberán reducir sus actividades durante el periodo del eclipse, y a lo largo de los seis próximos meses van a redefinirse, a cambiar su imagen, su apariencia, van a reinventar sus personalidades. El cónyuge, pareja o ser amado actual pasa por un trastorno financiero, o crisis, por lo que se verá obligado/a a hacer cambios importantes. No te alarmes mucho si sueñas con la muerte o tienes algún encuentro con ella; en realidad son cartas de amor de lo alto, instándote a tomarte más en serio la vida.

Octubre

Mejores días en general: 6, 7, 8, 16, 17, 18, 25, 26
Días menos favorables en general: 2, 3, 9, 10, 23, 24, 29,30
Mejores días para el amor: 2, 3, 8, 9, 11, 12, 13, 19, 20, 21, 22, 27, 28, 29, 30
Mejores días para el dinero: 1, 6, 9, 10, 16, 19, 20, 25, 27, 28
Mejores días para la profesión: 2, 3, 9, 10, 11, 12, 13, 21, 22, 29, 30

El 23 del mes pasado terminó técnicamente tu cima profesional, pero tu décima casa sigue llena de planetas, además benéficos. Incluso Marte, al que normalmente no se lo considera benéfico, en tu horóscopo lo es, pues es el señor de una casa benéfica. Por lo tanto, la profesión va de maravillas; hay mucho éxito. Trabajas mucho, las exigencias son abrumadoras, pero ves los resultados, y al parecer disfrutas con el ritmo frenético. Los hijos y figuras filiales de tu vida también tienen éxito en este periodo y apoyan tus objetivos profesionales; tus amistades también. Tu buena ética laboral te atrae el favor de los superiores.

La salud sigue necesitando atención este mes, por suerte sí estás atento. Tu planeta de la salud, Venus, pasa la mayor parte del mes en tu décima casa, así que la salud está bien arriba en tu agenda; comprendes que sin una buena salud te es imposible conseguir los objetivos profesionales que deseas; la buena salud es un componente importante del éxito; impresiona a los superiores. Hasta el 8 fortalece la salud dando más atención al corazón. Después del 8 da más atención al intestino delgado. Para ti buena salud significa profesión sana, no sólo falta de síntomas, sobre todo después del 8. Esto es lo que ocurre y es una buena señal para la salud.

La vida amorosa va bien este mes. Mercurio, tu planeta del amor, retoma el movimiento directo el 9, y a partir del 8 está en «recepción mutua» con Venus; esto significa que hay colaboración mutua entre los dos planetas del amor de tu carta: Mercurio (el real) y Venus (el genérico); cada uno es huésped en la casa del otro. Así pues, las amistades favorecen el romance, adoptan el papel de casamenteras, te presentan a personas y te dan consejos. Con este aspecto a veces una persona que era sólo amiga se convierte en algo más. Las oportunidades románticas se presentan cuando estás en grupo o participando en actividades de grupo. El mundo *online* es vía de romance también. Incluso las relaciones ya existentes se llevan mediante alta tecnología, *online*, mensajes por el teléfono móvil o iphone y tal vez formas aún no inventadas. Los días 22-23 y 25-26 hay ciertas asperezas. Ten más paciencia con el ser amado esos días; esta persona deberá protegerse de daños o situaciones peligrosas esos días. Evita las actividades que entrañen riesgo.

El 18 del mes pasado tu planeta del dinero volvió a entrar en tu signo; esto te trae dinero y oportunidades financieras; el mensaje es: «Consigue tus objetivos profesionales y a esto seguirá el dinero».

Del 5 al 7 y el 11 y 12 evita viajar al extranjero.

Noviembre

Mejores días en general: 3, 4, 13, 14, 22, 30
Días menos favorables en general: 5, 6, 19, 20, 26, 27
Mejores días para el amor: 6, 7, 10, 11, 17, 18, 21, 26, 27, 30
Mejores días para el dinero: 3, 5, 6, 12, 15, 16, 21, 24, 25, 30
Mejores días para la profesión: 5, 6, 10, 11, 21, 30

El 25 de septiembre el poder planetario hizo un traslado decisivo de tu sector occidental al oriental, del sector social al independiente. El 8 del mes pasado el dominio del sector oriental se hizo más fuerte aún: el 70 y a veces el 80 por ciento de los planetas están en tu sector oriental. Ha llegado el periodo para cuidar de ti, el número uno. Dice el refrán: «Si yo no estoy por mí, ¿quién lo estará?» Los demás son siempre importantes, pero ya no dependes tanto de ellos como en los meses anteriores. Es el periodo para plantarte sobre tus dos pies y asumir la responsabilidad de tu felicidad. El Cosmos te respalda y no te considera egoísta. Tienes el poder para crearte las condiciones como las deseas, y debes aprovecharlo. Tu manera es la mejor en este periodo. Este es el periodo para «hacer karma», crear circunstancias. Si creas bien, el karma será bueno.

La profesión es importante, va bien y se ve mucho menos frenética que en los últimos meses. Pero las cosas van tocando a su fin; el 22 el poder planetario se trasladará a la mitad inferior de tu carta y será el periodo para dar más atención a la familia y a tu bienestar emocional. Después del 23 comienzas a prepararte para el próximo empuje profesional, el próximo salto, que será el año que viene.

El 22 el Sol cruza tu Ascendente y entra en tu primera casa. Entonces empiezas una de tus cimas anuales de placer personal. Complaces los deseos de tu cuerpo. Pero también te conviene emplear esta energía en poner el cuerpo y la imagen de la forma que deseas. La atención está en el cuerpo. Hay probabilidades de viaje al extranjero en este periodo. Si eres estudiante te resulta fácil entrar en la universidad, no necesitas hacer nada especial; las universidades te buscan.

Hasta el 20 el amor es espiritual; eres muy idealista en este periodo; más de uno te llamaría «poco práctico». No te importan nada ni el dinero ni la posición; lo único que te importa es el sentimiento de amor. Las oportunidades románticas (y las sociales) se presentan en ambientes espirituales y con personas de tipo espiritual, creativo. Si buscas romance deberás asistir a funciones benéficas, a seminarios de meditación o a charlas espirituales. Después del 20 no necesitas hacer nada especial; el romance te encontrará dondequiera que estés; simplemente dedícate a tus ocupaciones diarias.

Las finanzas van bien todo el mes, aunque serán especialmente buenas después del 22. Entre el 29 y el 30 llegan bonitos beneficios imprevistos.

Diciembre

Mejores días en general: 1, 10, 11, 19, 20, 27, 28, 29
Días menos favorables en general: 2, 3, 4, 17, 18, 23, 24, 30, 31
Mejores días para el amor: 7, 17, 18, 23, 24, 25, 26
Mejores días para el dinero: 1, 2, 3, 4, 10, 12, 13, 19, 20, 21, 22, 27, 28, 30, 31
Mejores días para la profesión: 1, 2, 3, 4, 12, 21, 22, 30, 31

Este es un mes feliz y próspero, Sagitario, ¡disfrútalo!

El poder planetario está ahora en su posición oriental máxima. Estás en la cumbre de independencia y poder personales. Tus objetivos personales tienen mucho respaldo cósmico (mientras no sean destructivos). Tienes las cosas a tu manera en este periodo y así es como debe ser.

Hasta el 21 sigues en una cima anual de placer personal. Y después entras en una cima financiera, en un periodo de ingresos cumbre.

Aunque tienes tres planetas lentos en alineación desfavorable contigo, la salud y la energía son buenas; los planetas rápidos alivian la presión (tendrías mejor la salud si los planetas lentos te dejaran en paz). Hasta el 5 puedes fortalecer la salud dando más atención a los riñones y caderas; irán bien masajes periódicos en las caderas. A partir del 5 da más atención al colon, la vejiga y los órganos sexuales. Podrían convenirte lavativas con infusión de hierbas en este periodo; también son importantes la moderación sexual y el sexo seguro. Los regímenes de desintoxicación son más beneficiosos de lo habitual; la buena salud en este periodo va de librarte de cosas que no deben estar en el cuerpo; no va de añadirle más. La curación espiritual es potente; si te sientes indispuesto te será muy útil recurrir a un sanador espiritual o a técnicas espirituales. Respondes bien a estas cosas. El amor se vuelve más práctico después del 10; te atrae la riqueza. Demuestras el amor de modos materiales y así es como te sientes amado. El amor y las oportunidades románticas se presentan cuando estás dedicado a tus objetivos financieros normales y con personas relacionadas con tus finanzas. Hay oportunidades de formar una sociedad de negocios o una empresa conjunta.

Del 5 al 12 los hijos y figuras filiales de tu vida deberán evitar situaciones que entrañen peligro; que eviten los enfrentamientos, controlen el genio y conduzcan con más prudencia. Les conviene tomarse las cosas con calma y reducir sus actividades.

Después de tu cumpleaños tu ciclo solar personal entra en fase creciente. El poder planetario está principalmente en movimiento directo; el 90 por ciento hasta el 26 y después el 80 por ciento. El ciclo solar universal inicia su fase creciente después del solsticio de invierno. Por lo tanto, después del 21 estás en un muy buen periodo para iniciar nuevas actividades o lanzar nuevos productos al mundo.

Capricornio

♑

La Cabra

Nacidos entre el 21 de diciembre y el 19 de enero

Rasgos generales

CAPRICORNIO DE UN VISTAZO

Elemento: Tierra

Planeta regente: Saturno
  Planeta de la profesión: Venus
  Planeta del amor: la Luna
  Planeta del dinero: Urano
  Planeta de la salud y el trabajo: Mercurio
  Planeta del hogar y la vida familiar: Marte
  Planeta espiritual: Júpiter

Colores: Negro, índigo
  Colores que favorecen el amor, el romance y la armonía social:
    Castaño rojizo, plateado
  Color que favorece la capacidad de ganar dinero: Azul marino

Piedra: Ónice negro

Metal: Plomo

Aromas: Magnolia, pino, guisante de olor, aceite de gualteria

Modo: Cardinal (= actividad)

Cualidades más necesarias para el equilibrio: Simpatía, espontaneidad, sentido del humor y diversión

Virtudes más fuertes: Sentido del deber, organización, perseverancia, paciencia, capacidad de expectativas a largo plazo

Necesidad más profunda: Dirigir, responsabilizarse, administrar

Lo que hay que evitar: Pesimismo, depresión, materialismo y conservadurismo excesivos

Signos globalmente más compatibles: Tauro, Virgo

Signos globalmente más incompatibles: Aries, Cáncer, Libra

Signo que ofrece más apoyo laboral: Libra

Signo que ofrece más apoyo emocional: Aries

Signo que ofrece más apoyo económico: Acuario

Mejor signo para el matrimonio y/o asociaciones: Cáncer

Signo que más apoya en proyectos creativos: Tauro

Mejor signo para pasárselo bien: Tauro

Signos que más apoyan espiritualmente: Virgo, Sagitario

Mejor día de la semana: Sábado

La personalidad Capricornio

Debido a las cualidades de los nativos de Capricornio, siempre habrá personas a su favor y en su contra. Mucha gente los admira, y otros los detestan. ¿Por qué? Al parecer esto se debe a sus ansias de poder. Un Capricornio bien desarrollado tiene sus ojos puestos en las cimas del poder, el prestigio y la autoridad. En este signo la ambición no es un defecto fatal, sino su mayor virtud.

A los Capricornio no les asusta el resentimiento que a veces puede despertar su autoridad. En su mente fría, calculadora y organizada, todos los peligros son factores que ellos ya tienen en cuenta en la ecuación: la impopularidad, la animosidad, los malentendidos e incluso la vil calumnia; y siempre tienen un plan para afrontar estas cosas de la manera más eficaz. Situaciones que aterrarían a cualquier mente corriente, para Capricornio son meros problemas que hay que afrontar y solventar, baches en el camino hacia un poder, una eficacia y un prestigio siempre crecientes. Algunas personas piensan que los Capricornio son pesimistas, pero esto es algo engañoso. Es verdad que les gusta tener en cuenta el lado negativo de las cosas; también es cierto que les gusta imaginar lo peor, los peores resultados posibles en todo lo que emprenden. A otras personas les pueden parecer deprimentes estos análisis, pero Capricornio sólo lo hace para poder formular una manera de salir de la situación, un camino de escape o un «paracaídas».

Los Capricornio discutirán el éxito, demostrarán que las cosas no se están haciendo tan bien como se piensa; esto lo hacen con ellos mismos y con los demás. No es su intención desanimar, sino más bien eliminar cualquier impedimento para un éxito mayor. Un jefe o director Capricornio piensa que por muy bueno que sea el rendimiento siempre se puede mejorar. Esto explica por qué es tan difícil tratar con los directores de este signo y por qué a veces son incluso irritantes. No obstante, sus actos suelen ser efectivos con bastante frecuencia: logran que sus subordinados mejoren y hagan mejor su trabajo.

Capricornio es un gerente y administrador nato. Leo es mejor para ser rey o reina, pero Capricornio es mejor para ser primer ministro, la persona que administra la monarquía, el gobierno o la empresa, la persona que realmente ejerce el poder.

A los Capricornio les interesan las virtudes que duran, las cosas que superan las pruebas del tiempo y circunstancias adversas. Las modas y novedades pasajeras significan muy poco para ellos; sólo las ven como cosas que se pueden utilizar para conseguir beneficios o poder. Aplican esta actitud a los negocios, al amor, a su manera de pensar e incluso a su filosofía y su religión.

Situación económica

Los nativos de Capricornio suelen conseguir riqueza y generalmente se la ganan. Están dispuestos a trabajar arduamente y durante mucho tiempo para alcanzar lo que desean. Son muy dados a renunciar a ganancias a corto plazo en favor de un beneficio a largo plazo. En materia económica entran en posesión de sus bienes tarde en la vida.

Sin embargo, si desean conseguir sus objetivos económicos, deben despojarse de parte de su conservadurismo. Este es tal vez el rasgo menos deseable de los Capricornio. Son capaces de oponerse a cualquier cosa simplemente porque es algo nuevo y no ha sido puesto a prueba. Temen la experimentación. Es necesario que estén dispuestos a correr unos cuantos riesgos. Debería entusiasmarlos más lanzar productos nuevos al mercado o explorar técnicas de dirección diferentes. De otro modo el progreso los dejará atrás. Si es necesario, deben estar dispuestos a cambiar con los tiempos, a descartar métodos anticuados que ya no funcionan en las condiciones modernas.

Con mucha frecuencia, la experimentación va a significar que tengan que romper con la autoridad existente. Podrían incluso pensar en cambiar de trabajo o comenzar proyectos propios. Si lo hacen deberán disponerse a aceptar todos los riesgos y a continuar adelante. Solamente entonces estarán en camino de obtener sus mayores ganancias económicas.

Profesión e imagen pública

La ambición y la búsqueda del poder son evidentes en Capricornio. Es tal vez el signo más ambicioso del zodiaco, y generalmente el más triunfador en sentido mundano. Sin embargo, necesita aprender ciertas lecciones para hacer realidad sus más elevadas aspiraciones.

La inteligencia, el trabajo arduo, la fría eficiencia y la organización los llevarán hasta un cierto punto, pero no hasta la misma cima. Los nativos de Capricornio han de cultivar la buena disposición social, desarrollar un estilo social junto con el encanto y la capacidad de llevarse bien con la gente. Además de la eficiencia, necesitan poner belleza en su vida y cultivar los contactos sociales adecuados. Deben aprender a ejercer el poder y a ser queridos por ello, lo cual es un arte muy delicado. También necesitan aprender a unir a las personas para llevar a cabo ciertos objetivos. En resumen, les hacen falta las dotes sociales de Libra para llegar a la cima.

Una vez aprendidas estas cosas, los nativos de Capricornio tendrán éxito en su profesión. Son ambiciosos y muy trabajadores; no tienen miedo de dedicar al trabajo todo el tiempo y los esfuerzos necesarios. Se toman su tiempo para hacer su trabajo, con el fin de hacerlo bien, y les gusta subir por los escalafones de la empresa, de un modo lento pero seguro. Al estar impulsados por el éxito, los Capricornio suelen caer bien a sus jefes, que los respetan y se fían de ellos.

Amor y relaciones

Tal como ocurre con Escorpio y Piscis, es difícil llegar a conocer a un Capricornio. Son personas profundas, introvertidas y reservadas. No les gusta revelar sus pensamientos más íntimos. Si estás enamorado o enamorada de una persona Capricornio, ten paciencia y tómate tu tiempo. Poco a poco llegarás a comprenderla. Los Capricornio tienen una naturaleza profundamente romántica, pero no la demuestran a primera vista. Son fríos, flemáticos y no particularmente emotivos. Suelen expresar su amor de una manera práctica. Hombre o mujer, a Capricornio le lleva tiempo enamorarse. No es del tipo de personas que se enamoran a primera vista. En una relación con una persona Capricornio, los tipos de Fuego, como Leo o Aries, se van a sentir absolutamente desconcertados; les va a parecer fría, insensible, poco afectuosa y nada espontánea. Evidentemente eso no es cierto; lo único que pasa es que a los Capricornio les gusta tomarse las cosas con tiempo, estar seguros del terreno que pisan antes de hacer demostraciones de amor o de comprometerse.

Incluso en los asuntos amorosos los Capricornio son pausados. Necesitan más tiempo que los otros signos para tomar decisiones, pero después son igualmente apasionados. Les gusta que una relación esté bien estructurada, regulada y definida, y que sea comprometida, previsible e incluso rutinaria. Prefieren tener una pareja que los cuide, ya que ellos a su vez la van a cuidar. Esa es su filosofía básica. Que una relación como esta les convenga es otro asunto. Su vida ya es bastante rutinaria, por lo que tal vez les iría mejor una relación un poco más estimulante, variable y fluctuante.

Hogar y vida familiar

La casa de una persona Capricornio, como la de una Virgo, va a estar muy limpia, ordenada y bien organizada. Los nativos de este signo tienden a dirigir a su familia tal como dirigen sus negocios. Suelen estar tan entregados a su profesión que les queda poco tiempo para la familia y el hogar. Deberían interesarse y participar más en la vida familiar y doméstica. Sin embargo, sí se toman muy en serio a sus hijos y son padres y madres muy orgullosos, en especial si sus hijos llegan a convertirse en miembros destacados de la sociedad.

Horóscopo para el año 2015*

Principales tendencias

Saturno, el señor de tu horóscopo, estará en tu espiritual casa doce la mayor parte de este año y continuará en ella dos años más. Te encuentras, pues, en un periodo de tu vida intensamente espiritual. Hay mucho crecimiento interior entre bastidores. Tienes más receptividad a las enseñanzas espirituales. Esto es infrecuente en Capricornio, ya que en esencia eres una persona práctica, empírica. Sería interesante prestarle atención.

Desde que Neptuno entró en tu tercera casa se han vuelto más espiritualizados también tus gustos en la lectura. Te atraen libros espirituales. También te atraen la poesía y otros escritos inspirados.

En los últimos años ha sido importante el mundo de la alta tecnología y *online*. Seguirá siendo importante este año, pero no tanto. Tus intereses pasan más al lado espiritual de las cosas.

Plutón lleva varios años en tu signo y continuará allí muchos años más. Se está produciendo, por lo tanto, una desintoxicación cósmica del cuerpo y de la imagen, de tu definición de ti mismo. Estás dando a luz a la persona que deseas ser, y este es un proceso de larga duración. Además, suele entrañar acontecimientos dramáticos, tal vez experiencias de casi muerte o encuentros con la muerte. Es posible que últimamente te hayas hecho algún tipo de cirugía estética; esta tendencia continúa este año.

Urano lleva unos años en tu cuarta casa y continuará en ella este año. Ha habido mucha inestabilidad en la familia. Los familiares están propensos a cambios de humor extremos. Es probable que haya habido muchas mudanzas o renovaciones en la casa estos últimos años. Estas tendencias continúan este año. Volveremos sobre este tema.

Júpiter está en tu octava casa desde julio del año pasado. Esto también indica experiencias con la muerte y más relación con

* Las previsiones de este libro se basan en el Horóscopo Solar y todos los signos que derivan de él; tu Signo Solar se convierte en el Ascendente, y las casas se numeran a partir de él. Tu horóscopo personal, el trazado concretamente para ti (según la fecha, hora y lugar exactos de tu nacimiento) podrían modificar lo que decimos aquí. Joseph Polansky

asuntos de patrimonio, herencia o testamentarios. Pone un signo de exclamación sobre Plutón, que está en tu signo. Refuerza lo que ya hemos dicho.

La entrada de Júpiter en Virgo el 11 de agosto te trae un viaje al extranjero y prosperidad general. Este es un aspecto muy bueno si eres universitario. Tendrías que tener éxito en tus estudios este año. Si solicitas la admisión en una universidad, tendrás buenas noticias.

Las facetas de interés más importantes este año son: el cuerpo, la imagen y el placer personal; la comunicación y las actividades intelectuales; el hogar y la familia; la sexualidad, la muerte, la vida después de la muerte, las deudas y su pago (hasta el 11 de agosto); viajes al extranjero, la religión, la filosofía y la formación superior (a partir del 11 de agosto); las amistades, los grupos y las actividades de grupo (del 15 de junio al 18 de septiembre); la espiritualidad (del 1 de enero al 15 de junio y del 18 de septiembre a fin de año).

Los caminos para tu mayor satisfacción este año son: la sexualidad, la muerte y el renacimiento, los estudios ocultos, las deudas y su pago (hasta el 11 de agosto); viajes al extranjero, la religión, la filosofía y la formación superior (a partir del 11 de agosto); la profesión (hasta el 13 de noviembre).

Salud

(Ten en cuenta que esta es una perspectiva astrológica de la salud, no una médica. Antaño no había ninguna diferencia, ambas eran idénticas, pero en esta época podrían diferir muchísimo. Para una perspectiva médica, por favor, consulta a tu médico o a otro profesional de la salud.)

Plutón y Urano han estado en aspecto desfavorable contigo desde hace unos años, y continúan en este aspecto. Durante este tiempo ha habido años en que las dificultades han sido mucho peores, cuando otros planetas también te formaban aspectos difíciles. Si tienes intactas la salud y la cordura, quiere decir que te ha ido muy bien. Sigue siendo necesario prestar atención a la salud, pero después del 11 de agosto verás una mejoría.

Dos poderosos planetas en aspecto desfavorable ya es bastante problemático, pero durante el año habrá periodos en que los planetas rápidos también te presionarán y entonces será mucho mayor tu vulnerabilidad. Estos periodos serán: del 21 de marzo al 19 de abril; del 21 de junio al 23 de julio, y del 23 de septiembre al 23 de octubre. Te conviene descansar y relajarte más en estos periodos. Si pudieras pasarlos en un balneario de salud o clínica sería maravilloso. Si no, procura programar sesiones de masaje, reflexología o acupuntura. Necesitas mantener elevada la energía, que es la principal defensa ante la enfermedad.

Otro problema que vemos es que tu sexta casa, la de la salud, está prácticamente vacía (sólo transitarán por ella los planetas rápidos, y por breves periodos). Esto significa que podrías no prestar suficiente atención a tu salud. Deberás obligarte a prestarle atención, aun cuando no te apetezca.

También te convendría dar más atención a las siguientes zonas, que son las vulnerables en tu carta. Esto prevendrá o atenuará cualquier posible problema.

El corazón. Este ha adquirido importancia sólo en años recientes. Te irán bien sesiones de reflexología en que te trabajen los puntos reflejos del corazón. También serán beneficiosos tratamientos del meridiano del corazón mediante acupuntura o acupresión. Evita la preocupación y la ansiedad, que son las principales causas espirituales de los problemas cardiacos.

La columna, las rodillas, la dentadura, los huesos, la piel y la alineación esquelética general. Estas zonas son siempre importantes para Capricornio. Trabajar los puntos reflejos será bueno, como también los masajes en la espalda y las rodillas. El yoga, la gimnasia Pilates, la Técnica Alexander y Feldenkreis son excelentes terapias para la columna. También te beneficiarán visitas periódicas a un quiropráctico u osteópata. Procura consumir suficiente calcio y vitamina K para los huesos. Si te expones al sol usa un buen filtro solar.

Los pulmones, los brazos, los hombros y el sistema respiratorio. Estas zonas son siempre importantes para ti. Te irá bien trabajar los puntos reflejos de estas zonas. Deberás dar masajes periódicos a los brazos y los hombros; la tensión tiende a acumularse en los hombros y es necesario aflojarla. También será bueno tratar el meridiano de los pulmones mediante acupuntura o acupresión.

La presencia de Plutón en tu signo es muy buena para hacer regímenes de desintoxicación y de adelgazamiento.

Mercurio, tu planeta de la salud, es un planeta muy rápido; sólo la Luna es de movimiento más rápido. Esto quiere decir que hay muchas tendencias a corto plazo que dependen de dónde está Mercurio en un determinado momento y de los aspectos que recibe. Estas tendencias las trataremos en las previsiones mes a mes.

Hogar y vida familiar

Como hemos dicho, esta ha sido una faceta turbulenta durante unos años. Urano está en tu cuarta casa desde hace un tiempo y continuará en ella unos años más.

Ha habido muchas crisis en la unidad familiar estos últimos años. Es posible que se haya roto la unidad familiar, o la familia y los familiares han pasado por cambios tan dramáticos que es «como si» se hubiera roto la unidad familiar.

Tienes los aspectos para muchas mudanzas o muchas renovaciones en la casa. Es como si constantemente se fuera modernizando el ambiente hogareño. Cada vez que piensas que tienes las cosas tal como las quieres, se te ocurre una nueva idea u otro concepto y vuelves a hacer cambios. Gastas muchísimo dinero en estas cosas. Esta tendencia sigue muy en vigor este año.

Un progenitor o figura parental está muy desasosegado y viaja de un lugar a otro. Desea explorar su libertad y al parecer le molesta cualquier tipo de obligación. Va por la vida pasando de un drama a otro. En su matrimonio hay muchas dificultades y esto podría contribuir a agravar el problema. Los matrimonios suelen sobrevivir a este tipo de pruebas, pero no es fácil; requiere mucho trabajo y esfuerzo por ambas partes.

Tienes los aspectos de la persona que gana dinero desde casa o con una empresa o negocio familiar. Gastas en la casa y la familia, pero también puedes ganar de ellas. Hablaremos más de esto.

Los hermanos o figuras fraternas tienen un año familiar sin novedades ni cambios.

De los hijos o figuras filiales alguno podría haberse mudado el año pasado. Si no, esto podría ocurrir este año.

Para los nietos, si los tienes, no se ven probabilidades de mudanza este año, y no es aconsejable tampoco. Eso sí, van a viajar mucho y se ven prósperos.

Tal vez la parte más difícil de esta situación es la inestabilidad emocional, la tuya y la de los familiares. Como hemos dicho, estos cambios de humor pueden ser repentinos y extremos, y esto es difícil de sobrellevar. Puedes controlar tus cambios de estado anímico con meditación, pero esto no controlará necesariamente los de los familiares. Pero te será útil tratar con ellos de una manera más relajada.

Las obras de renovación, construcción y reparaciones a fondo de la casa irán bien todo el año, pero especialmente del 20 de febrero al 20 de abril. Los trabajos de embellecimiento de la casa, como dar otra mano de pintura o comprar objetos bellos de adorno, irán bien del 20 de febrero al 17 de marzo.

Profesión y situación económica

Desde que Júpiter entró en Leo en julio del año pasado estás en un ciclo de prosperidad, que continúa hasta el 11 de agosto. Coges las rachas de suerte financiera. Si bien no eres especulador, hay suerte en estas cosas. Normalmente a Capricornio no se le ve en casinos, pero sí corre otro tipo de riesgos: los de los negocios, y en estos hay suerte en este periodo. Bienes que posees aumentan de valor, en especial casas o apartamentos. La familia en su conjunto prospera.

Júpiter es tu planeta de la espiritualidad. Sus aspectos positivos a tu planeta del dinero indican que tu intuición financiera está súper en este periodo. Sólo es cuestión de fiarte de ella. La intuición es el atajo a la riqueza. La verdadera intuición nunca infringe la lógica; ve cosas que la mente lógica todavía no ve, y por eso parece que va en contra. Mirando en retrospectiva se ve cómo la intuición es eminentemente lógica.

Este año vas a profundizar en las dimensiones espirituales de la riqueza. Esto comenzó el año pasado y aún continúa.

El 11 de agosto ya habrás conseguido tus objetivos financieros, y si no del todo, habrás hecho buen progreso hacia ellos, y puedes pasar la atención a otras cosas. Los buenos aspectos financieros continúan después de esta fecha, pero son menos prominentes. Dado que Saturno le forma aspectos hermosos a Urano, disfrutas más del acto de hacer dinero. Te sientes a gusto con lo que haces.

Tu planeta del dinero, Urano, lleva unos años en tu cuarta casa. Esto nos da muchos mensajes. Gastas en el hogar y la familia, pero también puedes ganar con eso. Hay apoyo económico mutuo entre tú y la familia. Un progenitor o figura parental está muy involucrado en tus finanzas. La conexión familiar también se ve importante en las finanzas.

Este es un aspecto maravilloso para comprar o vender tu casa o para el sector inmobiliario residencial en general.

Por lo general eres inversor cauto, conservador, pero en este periodo te veo más arriesgado. Te atraen las empresas recién estrenadas, en especial del mundo de la alta tecnología o de bienes inmuebles. Estás en un periodo en que puedes conseguir independencia económica, y esto continuará unos años más. Este parece ser tu objetivo.

Siendo Urano tu planeta del dinero tiendes a gastar en alta tecnología, y me parece que es buena inversión. Tu pericia tecnológica es importante sea cual sea la empresa o negocio en que estás involucrado. Es importante que te mantengas al día de las últimas novedades.

Tus mejores periodos financieros este año tenderán a ser: del 21 de marzo al 19 de abril; del 23 de julio al 23 de agosto, y del 22 de noviembre al 21 de diciembre.

Júpiter en tu octava casa (hasta el 11 de agosto) suele indicar una herencia, como hemos dicho. A veces es literal, alguien muere y heredas dinero o una propiedad. Pero muchas veces es metafórica; alguien te nombra en su testamento, o te asignan un puesto administrativo en una propiedad. Indica la prosperidad del cónyuge, pareja o ser amado actual y su generosidad contigo. Indica buena suerte para contraer o pagar una deuda, según sea tu necesidad.

La profesión te da satisfacciones este año, y tienes éxito. Pero tendrás más éxito aún el año que viene, cuando Júpiter entre en tu décima casa.

Tu profesión la rige el raudo planeta Venus, por lo tanto hay muchas tendencias a corto plazo que es mejor tratar en las previsiones mes a mes.

Amor y vida social

2013 y 2014 fueron años románticos fabulosos. Es posible que te casaras o entablaras una relación seria, que sin ser matrimonio es «como si» lo fuera. Más o menos has conseguido tus objetivos sociales y ahora la vida romántica va más o menos sin cambios ni novedades. Estás fundamentalmente satisfecho con las cosas como están. Si estás casado o casada continuarás en ese matrimonio. Si estás soltero o soltera, lo más probable es que continúes así. Si estás en una relación, lo más probable es que esta continúe.

La entrada de Júpiter en tu octava casa en julio del año pasado indica más actividad sexual. Si bien esto no equivale a amor, sí muestra interacción con el sexo opuesto. La vida sexual se ve feliz este año.

Sea cual sea tu edad o etapa de la vida, la libido está más fuerte que de costumbre.

Si estás soltero o soltera y con miras a un segundo matrimonio, después del 11 de agosto hay oportunidades maravillosas; también tendrás buenas oportunidades hasta bien entrado el próximo año. Podrías conocer a esa persona especial en tu lugar de culto, en un ambiente de tipo académico o cuando estás participando en una obra o causa benéfica. Esta persona se ve muy espiritual.

Si estás con miras a tu tercer matrimonio, tienes mejores aspectos que los dos años anteriores; el amor se huele a partir del 11 de agosto. Si estás en tu tercer matrimonio, los dos últimos años han sido de pruebas. Si el matrimonio era sólido, sobrevivió; si no, probablemente se acabó.

Si estás con miras a un cuarto matrimonio, el próximo año tendrás mejores aspectos.

Tu planeta del amor es la Luna, el más rápido de todos los planetas. Transita por todo el horóscopo en un mes. Así pues, hay muchas tendencias a corto plazo en el amor, y estas es mejor tratarlas en las previsiones mes a mes.

Progreso personal

Desde el año pasado el principal titular en esta faceta de progreso personal ha sido la vida espiritual.

El desarrollo espiritual estaba relacionado con la vida financiera, y esto continúa así hasta el 11 de agosto de este año. Debes profundizar más en las fuentes no físicas, no materiales, de la riqueza, y lo estás haciendo; aprender las leyes pertinentes y acceder a estas fuentes. Sin esta comprensión no puede llegar como debiera la independencia económica que anhelas en este periodo. La riqueza, como la salud y la felicidad, es un estado de conciencia, un estado mental como lo llaman algunos. Si hay problemas financieros, proceden de una desconexión con este estado, el estado que llamamos riqueza. La solución es volver a ese estado lo más pronto posible. Es más fácil decirlo que hacerlo, pero con meditación y un fuerte enfoque se puede hacer.

Todo lo que experimentamos en la vida, sin excepción, es un

reflejo de nuestro estado de conciencia en un determinado momento. El estado de conciencia es la película, y la vida externa es la pantalla; si no te gusta la película es inútil manipular la pantalla: debes cambiar la película. Cambias la película y ves algo diferente, algo más agradable para ti.

El estado de conciencia debe expresarse tarde o temprano. Esta es la ley espiritual. Por lo tanto, si estás en estado de riqueza, esta debe expresarse tarde o temprano en tu mundo. Esta es la manera espiritual como conseguimos nuestros objetivos financieros.

Este año, en que el señor de tu horóscopo, Saturno, está en tu espiritual casa doce, comprenderás cómo el espíritu, tu estado de conciencia, influye en el cuerpo y la apariencia personal. El cuerpo también es un reflejo de nuestro estado de conciencia, la suma total de nuestros pensamientos, sentimientos y creencias. Cambias el estado de conciencia y cambia el cuerpo físico. Si deseas un cuerpo más esbelto, entra en la conciencia de ser esbelto y delgado. Si deseas un físico más musculoso, ir al gimnasio puede ser útil, pero cambiar tu conciencia será más útil aún; los resultados serán más permanentes.

Puedes modelar y configurar el cuerpo a voluntad. Tu tarea es entrar en el estado mental apropiado. El trabajo lo hará un Poder Superior; esta es una fabulosa ley espiritual. No hace falta que te preocupes de «cómo» ocurrirá esto; no es asunto tuyo. Tu único trabajo es estar en el estado mental apropiado, de cómo deseas que se vea tu cuerpo.

Estas son algunas de las lecciones que te esperan este año.

Previsiones mes a mes

Enero

Mejores días en general: 9, 10, 18, 19, 27,28
Días menos favorables en general: 4, 5, 11, 12, 13, 24, 25, 31
Mejores días para el amor: 1, 4, 5, 9, 10, 12, 13, 20, 21, 22, 29, 30, 31
Mejores días para el dinero: 6, 7, 8, 16, 17, 20, 21, 24, 25
Mejores días para la profesión: 1, 11, 12, 13, 21, 22, 31

Eres el único entre los signos cuyo ciclo solar personal coincide con el ciclo solar universal, que avanza más o menos paso a paso con él. Este es otro de los motivos de que Capricornio tenga éxito en el mundo. Astrológicamente estás en tu año nuevo personal; es posible que lo hayas comenzado a fines del mes pasado. El impulso planetario es fuertemente de avance (el 90 por ciento de los planetas están en movimiento directo hasta el 21, y después el 80 por ciento), por lo tanto, estás en un periodo fabuloso para iniciar nuevas actividades o empresas o lanzar nuevos productos al mundo. El 20 es el mejor día para esto, pero en caso de apuro o necesidad después del 20 también es buen periodo.

Este mes es fundamentalmente feliz y próspero. La salud y la energía son excelentes. Hasta el 20 estás en una cima anual de placer personal, y después entras en una cima financiera. Te ves bien, tienes mucho carisma y tiendes a imponer tu manera en la vida.

Tu casa del dinero está a rebosar de planetas este mes; el 50 por ciento están instalados en ella o transitan por ella. Esto indica muchísima atención y fabuloso apoyo financiero. El dinero llega de diversas maneras y a través de diversas personas. Del 2 al 6 hay baches de corta duración y después el camino está despejado. A fin de mes deberías ser más rico que a principios de mes.

Comienzas el año con el dominio del sector oriental o independiente de tu carta. De hecho, el poder planetario está en su posición oriental máxima. Centra, pues, la atención en ti y en tus objetivos e intereses personales. Tienes que asumir la responsabilidad de tu felicidad y no necesitas preocuparte por la aprobación o desaprobación de los demás. Tu manera es la mejor, por lo que a ti se refiere. Si tú eres feliz, los demás también lo serán. Tienes el poder para crearte la vida como la deseas y estás en el periodo para hacerlo. Más adelante será más difícil.

El mes pasado el poder planetario se trasladó desde la mitad superior de tu carta a la inferior. Esto significa que ya has conseguido más o menos tus objetivos profesionales, o hecho un buen progreso hacia ellos, y ahora estás en el periodo para centrar la atención en tu bienestar emocional. El hogar, la familia y la situación doméstica necesitan tu atención. La profesión es siempre importante para ti y sigue siendo importante, pero ahora te conviene enfocarla de otra manera, no tanto por actos externos como por actos internos, con los métodos de la noche. Durante los seis próximos meses más o menos vas a crear la «infraestructura interior» de tu éxito futuro.

Febrero

Mejores días en general: 5, 6, 7, 15, 16, 23, 24
Días menos favorables en general: 1, 8, 9, 21, 22, 27, 28
Mejores días para el amor: 1, 2, 8, 9, 10, 11, 17, 18, 20, 21, 27, 28
Mejores días para el dinero: 3, 4, 13, 14, 17, 18, 21, 22
Mejores días para la profesión: 1, 2, 8, 9, 10, 11, 20, 21

Si eres estudiante (de enseñanza media sobre todo) tendrás que apretar fuerte y trabajar más arduo este año. Afortunadamente, después del 18 parece que eso es lo que haces, así que deberías tener éxito en tus estudios. Lo mismo vale si trabajas en ventas, mercadotecnia y publicidad; llegará el éxito, pero con más trabajo.

Tu casa del dinero continúa poderosa hasta el 18; sigues en una cima financiera anual. Hasta esta fecha (y esto vale para el mes pasado también) conviene desintoxicar la vida financiera. Elimina lo que te sobra y los gastos innecesarios. La prosperidad no va tanto de ganar más (que ganarás), sino de librarte de las cosas que no tienen lugar en la vida financiera; líbrate de posesiones que ya no usas ni necesitas; reduce la confusión y amontonamiento en la casa y en la vida financiera. Simplifica tus cuentas. Si tienes buenas ideas, este es el periodo para atraer inversores o capital ajeno; es un buen periodo para pagar deudas o refinanciarlas de una manera mejor. Si estás en edad, es probable que hagas más planificación relativa a impuestos y patrimonio. En general te ocupas más de asuntos patrimoniales o testamentarios.

La vida amorosa va mejor en general del 1 al 3 y del 18 en adelante, cuando la Luna está en fase creciente. En esos periodos es más fuerte el magnetismo social. Hasta el 18 tienes buenos días para el amor, pero no tan buenos como después del 18. El amor no parece ser un interés muy importante este mes comparado con otras cosas, así que prevalece lo de dejar las cosas como están.

Este mes sigue siendo un excelente periodo para iniciar nuevas actividades, poner en marcha nuevas empresas o lanzar nuevos productos al mundo. Después del 18 es mejor, pues el 90 por ciento de los planetas estarán en movimiento directo y la Luna estará en fase creciente.

A partir del 18 está poderosa tu tercera casa, la de la comunicación y los intereses intelectuales. Este es buen periodo para alimentar la mente, para darle la nutrición que necesita. El cuerpo mental, aunque invisible, es un verdadero cuerpo; necesita cuidado y mantenimiento. Es un buen periodo para ponerte al día en tus lecturas y hacer cursos en los temas que te interesan. La salud es excelente este mes. Tienes muchísima energía para conseguir tus objetivos. Puedes fortalecerla más aún de las maneras explicadas en las previsiones para el año. Este mes puedes fortalecerla dando más atención a los tobillos y pantorrillas. Dales masajes periódicamente. También podrías beneficiarte de terapias nuevas, de vanguardia.

Marzo

Mejores días en general: 4, 5, 6, 14, 15, 22, 23
Días menos favorables en general: 1, 7, 8, 20, 21, 27, 28
Mejores días para el amor: 1, 2, 3, 10, 11, 12, 13, 18, 19, 20, 22, 23, 27, 28, 29, 30
Mejores días para el dinero: 2, 3, 12, 13, 16, 17, 20, 21, 29, 30
Mejores días para la profesión: 2, 3, 7, 8, 12, 13, 22, 23

El 20 el poder planetario se traslada del sector oriental o independiente de tu carta al occidental o social. Pero esto sólo es el comienzo; el mes que viene el traslado estará más establecido. Tus necesidades e intereses son importantes, pero llega el periodo para prestar más atención a las necesidades de los demás. El poder planetario avanza hacia los demás, alejándose de ti. Es de esperar que hayas hecho los cambios que era necesario hacer durante tu periodo independiente desde el comienzo del año. Después del 20 será más difícil hacerlos. Más o menos tendrás que adaptarte a las cosas. Al ser Capricornio eres muy competente, pero pronto esto no va a importar mucho; lo que importará será tu capacidad para llevarte bien con los demás, para conseguir su colaboración. En esos casos, las dotes sociales son más importantes que la habilidad personal.

El 20 también tenemos un eclipse solar que sacude las cosas. En general este eclipse es benigno, pero si naciste en la primera parte del signo, del 21 al 23 de diciembre, será fuerte en ti. Tómate las cosas con calma y reduce tus actividades en ese periodo; generalmente el Cosmos envía un mensaje respecto a cuándo comienza el periodo del eclipse; tienes una experiencia rara, o te enteras de algún acontecimiento raro, o lo ves en la televisión; este es tu mensaje personal para que comiences a tomarte las cosas con calma. Este eclipse ocurre en el límite (cúspide) entre las casas tercera y cuarta; técnicamente podemos decir que ocurre cerca de la cúspide de la cuarta casa. Afecta, pues, a los asuntos de ambas casas. Tal vez descubres defectos ocultos en la casa. Podría haber dramas en la vida de familiares (padres o figuras parentales, hermanos o figuras fraternas); ellos también deberán tomarse las cosas con calma en este periodo. Además, te conviene conducir con más prudencia. Los coches y equipos de comunicación podrían necesitar reparación o reemplazo. El Sol, el planeta eclipsado, rige tu octava casa, de modo que podría haber un trastorno o crisis en las finanzas del cónyuge, pareja o ser amado actual; esta persona tendrá que hacer cambios financieros drásticos. Si tienes pendiente algún asunto de patrimonio o herencia, o reclamación de seguros, estos trámites se resuelven con una rapidez espectacular, en un sentido u otro. Pero, ocurra lo que ocurra, estos asuntos son afortunados este año, así que el resultado debería ser bueno. A veces, con este tipo de eclipse, hay encuentros con la muerte; tal vez sueñes con ella, o tal vez te la encuentres de otra manera. La finalidad de estas cosas es inducirte a pensar en la verdadera finalidad de tu vida.

Después del 20 estarán más delicadas la salud y la energía; no olvides descansar lo necesario. Esto no es la tendencia para el año; la salud general es buena, pero no estás en uno de tus mejores periodos para la salud. Hasta el 13 fortalécela dando más atención a los tobillos y pantorrillas. Después del 13 da más atención a los pies; respondes bien a la reflexología podal. Las terapias espirituales serán potentes en ese periodo.

Abril

Mejores días en general: 1, 2, 10, 11, 12, 19, 20, 28, 29
Días menos favorables en general: 3, 4, 5, 17, 18, 23, 24
Mejores días para el amor: 1, 2, 8, 9, 13, 18, 19, 21, 22, 23, 24, 28
Mejores días para el dinero: 8, 9, 13, 14, 17, 18, 25, 26, 27
Mejores días para la profesión: 1, 2, 3, 4, 5, 13, 21, 22

Este mes sigue siendo necesario estar atento a la salud y la energía, sobre todo en el periodo del eclipse lunar del 4.

Este eclipse es fuerte en ti, afecta a muchas facetas de la vida. Ocurre en tu décima casa y anuncia cambios en la profesión. A veces la persona cambia de profesión, cambia de camino profesional; la mayoría de las veces causa trastornos y reorganización en la jerarquía de la empresa o de la industria, lo que significa cambios en las normas que afectan a la profesión. A veces hay acontecimientos dramáticos importantes en la vida de jefes, padres, figuras parentales o personas relacionadas con tu profesión. Dado que este eclipse hace impacto en Urano, tu planeta del dinero, hay cambios en tus finanzas, cambios drásticos. Normalmente estos son consecuencia de alguna crisis o trastorno. El eclipse también hace impacto en Plutón, lo que indica que afecta a las amistades; las amistades pasan por pruebas, lo cual es bueno; a veces ocurren acontecimientos dramáticos en la vida de personas amigas y esto pone a prueba la relación. También se ponen a prueba el ordenador y los aparatos de alta tecnología, y por lo general es necesario repararlos o reemplazarlos; esta podría ser una buena ocasión para modernizar tus equipos. Los ordenadores son más vulnerables a la piratería en este periodo, así que comprueba que están actualizados tus programas antivirus y antipiratería. Haz copias de seguridad de todos tus archivos más importantes también.

Todos los eclipses lunares ponen a prueba el matrimonio o la relación amorosa (la Luna es tu planeta del amor), y este no es diferente. Las buenas relaciones sobreviven a estas cosas (tienes este fenómeno dos veces al año y ya has pasado por esto muchas veces), las defectuosas podrían disolverse. Ten más paciencia con el ser amado en este periodo, pues es posible que esté más temperamental. Es muy bueno despejar el aire con el ser amado de vez en cuando; es bueno ver los problemas ocultos que hay, para poder resolverlos. Muchas veces el eclipse del planeta del amor indica que una relación o bien avanza o bien se disuelve. Con este tipo de eclipse suele haber bodas o compromisos.

Después del 20 mejoran espectacularmente la salud y la energía. Mientras tanto, puedes fortalecer la salud dando más atención a la cabeza, la cara y el cuero cabelludo hasta el 19, y después al cuello y la garganta. Hasta el 19 es bueno el ejercicio físico; es necesario tonificar los músculos. También irán bien masajes en la cara y el cuero cabelludo y la terapia sacrocraneal. Después del 19 a la terapia sacrocraneal habrá que sumarle también los masajes en el cuello.

Una vez asentado el polvo del eclipse, el mes se ve feliz. El 20 entras en una de tus cimas anuales de placer personal. Tendrás muchas oportunidades para diversión y actividades de ocio.

Mayo

Mejores días en general: 8, 9, 16, 17, 25, 26, 27
Días menos favorables en general: 1, 2, 14, 15, 21, 22, 28, 29
Mejores días para el amor: 1, 2, 8, 9, 12, 13, 17, 18, 21, 22, 28, 29, 30, 31
Mejores días para el dinero: 5, 6, 7, 10, 11, 14, 15, 23, 24
Mejores días para la profesión: 1, 2, 12, 13, 21, 22, 28, 29, 30, 31

Tu planeta de la salud inicia movimiento retrógrado el 14. Si vas a hacer cambios importantes en tu dieta o programa de salud, hazlos antes del 14; si las visitas a médicos y análisis son rutinarias, será mejor que también los programes antes del 14. La salud general y la energía son buenas este mes. Puedes fortalecer más la salud dando más atención a los pulmones, brazos, hombros y sistema respiratorio; te irán bien masajes periódicos en los brazos y hombros. Procura tomar bastante aire fresco; los ejercicios de respiración siempre son buenos para ti, pero en especial este mes.

Hasta el 21 continúas en una de tus cimas anuales de placer personal. Exploras el lado éxtasis de la vida. Capricornio en particular necesita esto más que la mayoría, pues tiende a trabajar en exceso y a una extrema seriedad. No te inquietes por estar alegre durante un tiempo, después del 21 te volverás más serio.

Después del 21 se hace poderosa tu sexta casa. Este es un periodo fabuloso para ocuparte de los objetivos orientados a la salud; el único problema es que Mercurio está retrógrado, así que tal vez sea mejor esperar hasta el próximo mes para hacer cambios importantes. Si buscas trabajo este es un periodo maravilloso; se presentan muchas oportunidades de trabajo. El único problema, repito, es que Mercurio está retrógrado; es necesario analizar detenidamente esas ofertas. Resuelve todas las dudas antes de aceptar algo; las cosas no son lo que parecen.

La vida amorosa es más activa este mes; el 7 Venus entra en tu séptima casa. Si estás soltero o soltera hay oportunidades para aventuras amorosas, no necesariamente para relaciones comprometidas; también indica que conoces a personas de prestigio social y profesional y alternas con ellas. Este es el aspecto para un romance de oficina. Venus es tu planeta de la profesión; su entrada en tu séptima casa indica que puedes adelantar en la profesión por medios sociales en este periodo, pero también anuncia que pronto va a amanecer en tu año y que va a comenzar tu siguiente empuje profesional. Es el primer planeta rápido que, el 7, pasa a la mitad superior de tu carta; es como el lucero del alba que anuncia la aurora. Sigue estando bien prestar más atención al hogar y la familia, pero esto cambiará muy pronto.

Las finanzas van bien este mes; los ingresos deberían ser fuertes. Urano recibe buenos aspectos a partir del 21; favorece los ingresos de las maneras explicadas en las previsiones para el año.

Junio

Mejores días en general: 4, 5, 13, 14, 22, 23
Días menos favorables en general: 10, 11, 17, 18, 19, 24, 25
Mejores días para el amor: 1, 10, 11, 17, 18, 19, 20, 21, 29, 30
Mejores días para el dinero: 2, 3, 6, 7, 10, 11, 20, 21, 29, 30
Mejores días para la profesión: 1, 10, 11, 20, 21, 24, 25, 29, 30

Saturno, el señor de tu horóscopo, está retrógrado desde el 14 de marzo, así que hay mucha revisión personal. A veces sentimos una «falta de dirección»; a veces nos parece que retrocedemos en lugar de avanzar. Pero en realidad esto es bueno. A veces necesitamos dar unos pasos atrás para volver a avanzar. Necesitamos hacer revisión y alcanzar la claridad mental acerca de nuestros objetivos personales. Esto es lo que ocurre ahora.

El movimiento retrógrado del señor del horóscopo suele indicar la falta de confianza normal en uno mismo. Pero en este periodo, habiendo tantos planetas en tu sector occidental, esto también es bueno. No tienes ninguna necesidad de hacerte valer; deja que los demás se impongan, mientras esto no sea destructivo.

El 15 Saturno sale de Sagitario, retrógrado, y entra en Escorpio, donde ya estuvo los dos años anteriores. Esto es excelente para la transformación y la reinvención personales; estos proyectos se intensifican este mes, y tienen éxito. Este es un periodo muy bueno también para regímenes de adelgazamiento y de desintoxicación. También realza la naturaleza social de este mes.

La vida amorosa y social es el principal titular este mes. El 21 entras en una cima amorosa y social anual. Habrá, por lo tanto, más citas, más fiestas y más asistencia a bodas. También se ve un mes más activo sexualmente.

Muchos planetas en la séptima casa (el 40 por ciento están en ella o transitan por ella) indica la capacidad para llevarse bien con todo tipo de personas, personas muy diferentes. Si estás soltero o soltera esto podría indicar demasiadas oportunidades románticas, no pocas, un problema que es agradable tener.

El cónyuge, pareja o ser amado actual prospera a partir del 21; le llegan beneficios imprevistos y oportunidades financieras, sin que tenga que hacer especial esfuerzo.

Si buscas trabajo, hasta el 21 sigues teniendo buenas oportunidades, y dado que Mercurio retoma el movimiento directo el 11, tendrás mejor juicio en estos asuntos. Tal vez sea mejor aceptar una oferta de trabajo después del 11 que no antes.

Después del 21 estarán más delicadas la salud y la energía. La salud es buena, y esto no es una tendencia para el año, puesto que no estás en uno de tus mejores periodos para la salud. Fortalécela de las maneras explicadas el mes pasado.

Julio

Mejores días en general: 1, 2, 10, 11, 19, 20, 29, 30
Días menos favorables en general: 8, 9, 14, 15, 16, 22, 23
Mejores días para el amor: 6, 7, 8, 9, 14, 15, 16, 17, 18, 26
Mejores días para el dinero: 3, 4, 5, 8, 9, 17, 18, 26, 27, 28
Mejores días para la profesión: 8, 9, 17, 18, 22, 23, 26

Continúas en una cima amorosa y social anual. El 24 del mes pasado Marte entró en tu séptima casa y pasará en ella todo el mes. Esto indica más relación social con los familiares y tal vez en casa. Indica una actitud más osada en el amor; tomas la iniciativa, actúas; si te gusta una persona, esta se entera. Ya no se trata de juegos; eres franco, sincero, al decir tus sentimientos. Los familiares hacen de casamenteros este mes. Este aspecto suele indicar también la reaparición de un viejo amor. Esto puede ser real o metafórico; conoces a una persona muy similar en físico y personalidad, que te recuerda a ese viejo amor; esto podría o no ir a más, pero es útil de otras maneras: sirve para resolver problemas amorosos del pasado; su finalidad es la curación social. Mercurio entra en tu séptima casa el 8; esto indica afinidad con profesionales de la salud o con personas relacionadas con tu salud. Hay

306 AÑO 2015: TU HORÓSCOPO PERSONAL

oportunidades románticas con compañeros de trabajo y te relacionas más en el trabajo. Te atraen personas tipo mentor, y extranjeras. Hay oportunidades románticas en tu lugar de culto o en el centro de enseñanza.

La salud y la energía mejoran después del 23; mientras tanto descansa lo suficiente. Hasta el 8 fortalece la salud de las maneras explicadas en las previsiones para el año. Después del 8 da más atención al estómago y a la dieta; si eres mujer deberás dar más atención a los pechos también; y evita los estados anímicos o emocionales negativos, ya que estos tienen más efectos en la salud física de lo habitual.

Desde el 21 del mes pasado ha habido más dificultad en las finanzas. Llegan ingresos, pero con mucho más trabajo y esfuerzo; esto continúa hasta el 23 de este mes. Lo bueno es que el cónyuge, pareja o ser amado actual prospera y es más generoso contigo. Esta persona entra en una cima financiera anual el 23. Después de esta fecha mejoran muchísimo tus finanzas, aunque con ciertas reacciones retardadas. Urano, tu planeta del dinero, inicia movimiento retrógrado el 26; entonces es el periodo para hacer revisión de las finanzas; es el periodo para alcanzar claridad mental en esta faceta y resolver todas las dudas. Habrá ingresos, y más abundantes que de costumbre, pero con retrasos y contratiempos. Sé perfecto en tus transacciones financieras, comprueba que estén correctos todos los detalles. Esto puede reducir los retrasos.

El 21 del mes pasado el poder planetario se trasladó a la mitad superior de tu carta; este mes el dominio de este sector es más fuerte aún. Es el periodo para empezar a centrar más la atención en la profesión. Estás en la fase inicial de un empuje profesional anual. Deja estar las preocupaciones domésticas y familiares, ponlas en un segundo plano, y centra la atención en la profesión y los objetivos externos.

Agosto

Mejores días en general: 6, 7, 15, 16, 17, 25, 26
Días menos favorables en general: 4, 5, 10, 11, 12, 18, 19, 31
Mejores días para el amor: 4, 5, 10, 11, 12, 13, 14, 23, 24, 25, 31
Mejores días para el dinero: 1, 4, 5, 13, 14, 15, 23, 24, 25, 27, 28, 31
Mejores días para la profesión: 5, 14, 18, 19, 23, 24, 31

Tu octava casa ha estado fuerte en lo que va de año, y el 23 del mes pasado se hizo más fuerte aún; esta es la situación hasta el 23. El 60 por ciento de los planetas o están instalados en tu octava casa o transitan por ella este mes.

La octava casa es una de esas casas misteriosas, difíciles de entender. Tiene que ver con nuestro «mundo subterráneo» personal, con esas cosas que nos gusta encubrir. Así pues, cuando la octava casa está fuerte nos encontramos ocupándonos más de la muerte o de asuntos relacionados con la muerte, herencias, patrimonio e impuestos. Cuando esta casa está fuerte podríamos ser más propensos a examinar nuestras heces para analizarlas. Aumentan la libido y el apetito sexual. Es posible que asistamos a más funerales o nos enteremos de experiencias de casi muerte, y a veces nos vemos ante ese tipo de experiencias. Para realizar nuestro verdadero potencial, es importante comprender la muerte y hacer las paces con ella. Cada año el Cosmos nos da esta oportunidad.

A la octava casa se la llama casa de la muerte, pero esto no es muerte real (cada año tu octava casa está fuerte y sigues vivo para contarlo), sino más bien «encuentros» con la muerte. Tu planeta de la espiritualidad ha pasado un año en tu octava casa, así que has tenido revelaciones espirituales (o personales o a través de otras personas) acerca de lo que es la muerte.

Si estás en edad, este es un periodo fabuloso para ocuparte de planificar tu herencia o patrimonio y los impuestos. El dinero podría llegarte de devoluciones de Hacienda o de reclamaciones de seguros. Es un muy buen periodo para pagar deudas o para refinanciarlas con mejores condiciones. Conseguir un préstamo (si lo necesitas) también es más fácil en este periodo. Si tienes buenas ideas es un buen periodo para atraer inversores o dinero ajeno.

El cónyuge, pareja o ser amado actual continúa en una cima financiera hasta el 23.

La salud y la energía son buenas este mes. Puedes fortalecerla más dando más atención al corazón hasta el 7, al intestino delgado después del 7, y a los riñones y caderas a partir del 27. Después de esta fecha podría convenirte una desintoxicación de los riñones; también irán bien masajes en las caderas.

El 11 Júpiter hace un importante tránsito, entra en tu novena casa. El Sol entra en ella el 23. Así pues, te aguarda un viaje este mes. Si eres universitario (o aspirante a entrar en la universidad) tienes éxito en tus objetivos educativos en este periodo.

Septiembre

Mejores días en general: 2, 3, 12, 13, 22, 23, 30
Días menos favorables en general: 1, 7, 8, 14, 15, 28, 29
Mejores días para el amor: 1, 2, 3, 7, 8, 9, 10, 12, 13, 19, 20, 24, 28, 29
Mejores días para el dinero: 1, 2, 9, 10, 12, 19, 20, 24, 25, 28, 29, 30
Mejores días para la profesión: 1, 9, 10, 14, 15, 19, 20, 28, 29

Este es un mes azaroso, Capricornio; dos eclipses se encargan de ello.

El eclipse solar del 13 ocurre en tu novena casa (casa que está fuerte este mes). Es posible que viajes al extranjero, pero prográmalo en torno al periodo del eclipse. Si eres estudiante (universitario o de posgrado) este eclipse anuncia cambios en tus planes de estudios y estrategia; podrías cambiar de facultad, de asignatura principal o el curso que pensabas hacer; la causa podría ser un cambio en las normas del centro. Un eclipse en la novena casa suele producir una «crisis de fe»; se ponen a prueba las creencias filosóficas y religiosas, y es probable que en los próximos seis meses se revisen o perfeccionen. Hay dramas en el lugar de culto y en la vida de sacerdotes, pastores, rabinos o imanes. Como ocurre con todo eclipse solar, hay encuentros con la muerte; a veces una experiencia de casi muerte; a veces a una persona conocida le diagnostican una enfermedad incurable y parece que la muerte es inevitable. A veces la persona sueña con la muerte, o lee en el diario la noticia de un horripilante asesinato. El Cosmos te obliga a afrontar la muerte y a hacer las paces con ella. Si tienes pendiente algún asunto de patrimonio, herencia, impuestos o seguros, el asunto avanza.

El eclipse lunar del 28 (el 27 en las Américas) es más fuerte en ti que el anterior, así que tómate las cosas con calma y reduce tus actividades durante el periodo del eclipse. Este ocurre en tu cuarta casa, la del hogar y la familia, y anuncia dramas en la vida de familiares, padres o figuras parentales. Se revelan defectos ocultos en la relación familiar, salen los trapos sucios, para que se puedan resolver. ¿Hay algún secreto en la familia? Ahora lo descubres. Lo mismo vale para la casa; si hay defectos o desperfectos, los descubres para poderlos corregir. Todos los eclipses lunares ponen a prueba el matrimonio o la relación amorosa actual, y este no es diferente. El ser amado y los familiares están más tensos, más nerviosos, en este periodo, así que ten más paciencia con ellos; no hace ninguna falta empeorar las cosas.

La salud y la energía estarán más delicadas después del 23; la salud general es buena, esto es de corta duración, un periodo más delicado causado por los tránsitos de los planetas rápidos. Así pues, no olvides descansar lo suficiente, en especial durante el periodo del eclipse del 28. Fortalece la salud dando más atención a los riñones y caderas. Si tienes pensado hacerte una revisión médica o un análisis, será mejor que lo hagas antes del 17; ese día tu planeta de la salud inicia movimiento retrógrado.

El 23 entras en una cima profesional anual.

Octubre

Mejores días en general: 1, 9, 10, 19, 20, 27, 28
Días menos favorables en general: 4, 5, 11, 12, 13, 25, 26, 31
Mejores días para el amor: 2, 3, 4, 5, 8, 9, 12, 13, 19, 20, 22, 23, 27, 28, 29, 31
Mejores días para el dinero: 1, 6, 7, 9, 10, 16, 17, 19, 20, 21, 22, 25, 26, 27, 28
Mejores días para la profesión: 8, 9, 11, 12, 13, 19, 20, 27, 28

Si bien la energía general no está como debiera estar, este mes ocurren muchas cosas buenas. Hay mucho éxito.

Hasta el 23 continúas en una cima profesional anual. Del 24 al 27 tu planeta de la profesión viaja con Júpiter, trayendo éxito y felices oportunidades profesionales; impulsas la profesión participando en funciones benéficas esos días. Favorece la profesión eliminando lo no esencial: enfócala estilo láser y no te distraigas con minucias. A partir del 8 hay probabilidades de viaje relacionado con la profesión; tu disposición a viajar favorece tu profesión. Después del 8 sigue conveniéndote asistir a cursos o semina rios relacionados con la profesión. Hay inversores que parecen dispuestos a invertir en tu profesión. Mercurio en tu décima casa indica que tu buena ética laboral estimula la profesión y es reconocida por tus superiores.

Tu novena casa está poderosa este mes, llena de planetas principalmente benéficos. Esto indica un viaje al extranjero, y te llegan las oportunidades. Este es un periodo hermoso si eres estudiante; hay éxito en los estudios y en tus ambiciones educativas.

Hasta el 23 es necesario estar más atento a la salud. Como siempre, procura descansar lo suficiente; la falta de energía es la causa principal de la enfermedad. Este mes fortalece la salud dando más atención a los riñones y caderas; el masaje en las caderas y la desintoxicación de los riñones serán beneficiosos. Tu planeta de la salud retoma el movimiento directo el 9, así que los cambios importantes en tu programa de salud, las consultas y análisis médicos irán mejor después de esta fecha.

Las finanzas se ven algo difíciles hasta el 23; problemas de corta duración. Llegan ingresos, pero hay más contratiempos o dificultades. Tu planeta del dinero sigue retrógrado, así que no es aconsejable sacar conclusiones de la dificultad temporal. Sigue siendo importante conseguir claridad mental en esta faceta y llegará. Este es el periodo para revisar y analizar, no para tomar decisiones financieras importantes. Después del 23 mejoran las finanzas.

El 23 el Sol entra en tu casa once, la de las amistades. Entras, pues, en un fuerte periodo social, no necesariamente romántico; va más de amistad y de actividades de grupo. Este es un periodo fabuloso para ampliar tus conocimientos en alta tecnología e informática; también para las ciencias, astrología y astronomía. Del 5 al 7 pasa por pruebas el ordenador; podría haber drama en la vida de una persona amiga también.

Noviembre

Mejores días en general: 5, 6, 15, 16, 24, 25
Días menos favorables en general: 1, 8, 9, 22, 28, 29
Mejores días para el amor: 1, 6, 7, 10, 11, 17, 18, 21, 26, 27, 28, 29, 30
Mejores días para el dinero: 3, 4, 5, 6, 13, 14, 15, 16, 17, 18, 21, 22, 24, 25, 30
Mejores días para la profesión: 6, 7, 8, 9, 17, 18, 26, 27

El 12 de este mes el poder planetario ya se habrá trasladado de tu sector occidental al oriental. Esto significa que los planetas avanzan hacia ti, no se alejan. El poder y la independencia personales son más fuertes cada día. Este traslado comenzó a fines de septiembre, pero ahora se confirma. Te encuentras, pues, en otra fase de tu ciclo anual. Es el periodo para cuidar de ti, el número uno; es el periodo para ser un poco más egoísta, es decir, centrar la atención en tus intereses; es el periodo para asumir la responsabilidad de tu felicidad y hacer los cambios que la producen. Lo que importa ahora es la autosuficiencia, tu iniciativa y capacidad personales. Si las condiciones te desagradan, las cambias por otras que te agraden. No necesitas buscar la aprobación de los demás; ellos estarán más o menos de acuerdo contigo. Aunque técnicamente ya terminó tu cima profesional, tu décima casa se ve muy activa este mes. Venus entra en ella el 8, y Marte entra el 12. Venus en la décima casa indica que los hijos o figuras filiales triunfan y te ayudan en la profesión; si son pequeños te motivan, si tienen la edad apropiada, te ayudan activamente. Indica también que tienes éxito mientras te diviertes; tal vez estableces una importante conexión en el teatro, el campo de golf o la pista de tenis; tal vez te asignan la tarea de atender y entretener a clientes o personas relacionadas con tu profesión. Marte en tu décima casa indica la participación de familiares en tu profesión; los familiares tienen éxito este mes y te ayudan. Un progenitor o figura parental intenta controlarte demasiado, pero sus motivos son bastante inocentes. La familia en su conjunto se eleva de posición.

Si buscas trabajo, del 24 al 26 hay oportunidades felices.

La salud es buena este mes, pero es posible que trabajes excesivamente en la profesión, haciendo horas extras; esto podría agotarte. Del 2 al 20 puedes fortalecerla con un régimen de desintoxicación, y da más atención al colon, la vejiga y los órganos sexuales; una o dos lavativas podrían irte bien; también son importantes la moderación sexual y el sexo seguro. Después del 20 da más atención al hígado y los muslos; serán beneficiosos los masajes en los muslos y buena una desintoxicación del hígado. En ese periodo respondes bien a las terapias espirituales: meditación, reiki, imposición de manos, cosas de esa naturaleza. Si te sientes indispuesto, un sanador espiritual te será muy útil.

Como el mes pasado, no hay novedades ni cambios en el amor; las cosas tienden a continuar como están. El magnetismo social será más fuerte del 11 al 25, cuando la Luna está en fase creciente. Tienes buenos días para el amor fuera de este periodo, pero no serán tan buenos como los que caen dentro del periodo.

Las finanzas van bien todo el mes, pero en especial después del 20. Ten presente, sin embargo, que Urano sigue retrógrado.

Diciembre

Mejores días en general: 2, 3, 4, 12, 13, 21, 22, 30, 31
Días menos favorables en general: 5, 6, 19, 20, 25, 26
Mejores días para el amor: 1, 7, 10, 11, 17, 18, 20, 25, 26, 30, 31
Mejores días para el dinero: 1, 2, 3, 4, 10, 11, 12, 13, 14, 15, 16,
19, 20, 21, 22, 27, 28, 29, 30, 31
Mejores días para la profesión: 5, 6, 7, 17, 18, 25, 26

Del 5 al 12 Marte forma aspectos dinámicos a Plutón y Urano; los padres y figuras parentales deben protegerse de situaciones que entrañen daño o peligro y evitar los enfrentamientos. Del 9 al 12 hay ciertos trastornos financieros de corta duración; tal vez se presenta un gasto inesperado en la casa o en la familia; un progenitor o figura parental no está de acuerdo contigo en las finanzas. Pese a estos breves baches, las finanzas van bien. Del 7 al 10 el Sol forma aspectos muy buenos a Urano. Tendrás los medios para hacer frente a ese gasto extra. Tu planeta del dinero, Urano, retoma el movimiento directo el 26; las transacciones que parecían atascadas, ahora avanzan. Tendrías que tener más claridad financiera entonces.

Los planetas se encuentran en su posición oriental máxima, el mes que viene también. Estás en el punto máximo de poder e independencia personales. Haces tu voluntad y haces bien. Cambia lo que es necesario cambiar; más adelante será más difícil.

Marte estará todo el mes en tu casa de la profesión. Nuevamente esto indica muchas horas de trabajo, defenderte de competidores y ser más osado en los asuntos profesionales. También indica el interés de la familia en tu profesión y su apoyo. Las conexiones sociales son siempre importantes en tu profesión, pero después del 5 lo son más. Te conviene participar en grupos y organizaciones profesionales o comerciales pues esto ayuda a la profesión y mejora tu posición. También te conviene estar al día de los últimos avances de la tecnología.

Es muy posible que tengas tu año nuevo personal este mes; si no, el mes que viene. Estando muy fuerte tu casa doce, desde el 22 del mes pasado, te irá bien hacer revisión del año, evaluar tus consecuciones o fracasos, corregir errores y fijar objetivos para el año que viene, que comienza el día de tu cumpleaños. Desde la perspectiva astrológica tu año nuevo es el día de tu cumpleaños, no el 1 de enero.

La salud y la energía son buenas este mes y serán mejor aún después del 21. El hígado y los muslos siguen siendo importantes hasta el 10, como también las terapias de tipo espiritual. Después del 10 da más atención a la columna, las rodillas, la dentadura, los huesos, la piel y la alineación esquelética general; estas zonas son siempre importantes para ti, pero lo son en especial después del 10. Después del 21 es un buen periodo para hacer regímenes de desintoxicación y de adelgazamiento. El 21 entras en una cima anual de placer personal, y me parece que no es probable que te excedas.

Después del 10 se presenta una feliz oportunidad de trabajo.

Acuario

El Aguador
Nacidos entre el 20 de enero y el 18 de febrero

Rasgos generales

ACUARIO DE UN VISTAZO

Elemento: Aire

Planeta regente: Urano
Planeta de la profesión: Plutón
Planeta de la salud: la Luna
Planeta del amor: el Sol
Planeta del dinero: Neptuno
Planeta del hogar y la vida familiar: Venus

Colores: Azul eléctrico, gris, azul marino
Colores que favorecen el amor, el romance y la armonía social:
Dorado, naranja
Color que favorece la capacidad de ganar dinero: Verde mar

Piedras: Perla negra, obsidiana, ópalo, zafiro

Metal: Plomo

Aromas: Azalea, gardenia

Modo: Fijo (= estabilidad)

Cualidades más necesarias para el equilibrio: Calidez, sentimiento
y emoción

Virtudes más fuertes: Gran poder intelectual, capacidad de comunicación y de formar y comprender conceptos abstractos, amor por lo nuevo y vanguardista

Necesidad más profunda: Conocer e introducir lo nuevo

Lo que hay que evitar: Frialdad, rebelión porque sí, ideas fijas

Signos globalmente más compatibles: Géminis, Libra

Signos globalmente más incompatibles: Tauro, Leo, Escorpio

Signo que ofrece más apoyo laboral: Escorpio

Signo que ofrece más apoyo emocional: Tauro

Signo que ofrece más apoyo económico: Piscis

Mejor signo para el matrimonio y/o las asociaciones: Leo

Signo que más apoya en proyectos creativos: Géminis

Mejor signo para pasárselo bien: Géminis

Signos que más apoyan espiritualmente: Libra, Capricornio

Mejor día de la semana: Sábado

La personalidad Acuario

En los nativos de Acuario las facultades intelectuales están tal vez más desarrolladas que en cualquier otro signo del zodiaco. Los Acuario son pensadores claros y científicos; tienen capacidad para la abstracción y para formular leyes, teorías y conceptos claros a partir de multitud de hechos observados. Géminis es bueno para reunir información, pero Acuario lleva esto un paso más adelante, destacando en la interpretación de la información reunida.

Las personas prácticas, hombres y mujeres de mundo, erróneamente consideran poco práctico el pensamiento abstracto. Es cierto que el dominio del pensamiento abstracto nos saca del mundo físico, pero los descubrimientos que se hacen en ese dominio normalmente acaban teniendo enormes consecuencias prácticas. Todos los verdaderos inventos y descubrimientos científicos proceden de este dominio abstracto.

Los Acuario, más abstractos que la mayoría, son idóneos para explorar estas dimensiones. Los que lo han hecho saben que allí hay poco sentimiento o emoción. De hecho, las emociones son un estorbo para funcionar en esas dimensiones; por eso los Acuario a veces parecen fríos e insensibles. No es que no tengan sentimientos ni profundas emociones, sino que un exceso de sentimiento les nublaría la capacidad de pensar e inventar. Los demás signos no pueden tolerar y ni siquiera comprender el concepto de «un exceso de sentimientos». Sin embargo, esta objetividad acuariana es ideal para la ciencia, la comunicación y la amistad. Los nativos de Acuario son personas amistosas, pero no alardean de ello. Hacen lo que conviene a sus amigos aunque a veces lo hagan sin pasión ni emoción.

Sienten una profunda pasión por la claridad de pensamiento. En segundo lugar, pero relacionada con ella, está su pasión por romper con el sistema establecido y la autoridad tradicional. A los Acuario les encanta esto, porque para ellos la rebelión es como un juego o un desafío fabuloso. Muy a menudo se rebelan simplemente por el placer de hacerlo, independientemente de que la autoridad a la que desafían tenga razón o esté equivocada. Lo correcto y lo equivocado tienen muy poco que ver con sus actos de rebeldía, porque para un verdadero Acuario la autoridad y el poder han de desafiarse por principio.

Allí donde un Capricornio o un Tauro van a pecar por el lado de la tradición y el conservadurismo, un Acuario va a pecar por el lado de lo nuevo. Sin esta virtud es muy dudoso que pudiera hacerse algún progreso en el mundo. Los de mentalidad conservadora lo obstruirían. La originalidad y la invención suponen la capacidad de romper barreras; cada nuevo descubrimiento representa el derribo de un obstáculo o impedimento para el pensamiento. A los Acuario les interesa mucho romper barreras y derribar murallas, científica, social y políticamente. Otros signos del zodiaco, como Capricornio por ejemplo, también tienen talento científico, pero los nativos de Acuario destacan particularmente en las ciencias sociales y humanidades.

Situación económica

En materia económica, los nativos de Acuario tienden a ser idealistas y humanitarios, hasta el extremo del sacrificio. Normalmente son generosos contribuyentes de causas sociales y políticas. Su modo de contribuir difiere del de un Capricornio o un Tauro. Estos esperarán algún favor o algo a cambio; un Acuario contribuye desinteresadamente.

Los Acuario tienden a ser tan fríos y racionales con el dinero como lo son respecto a la mayoría de las cosas de la vida. El dinero es algo que necesitan y se disponen científicamente a adquirirlo. Nada de alborotos; lo hacen con los métodos más racionales y científicos disponibles.

Para ellos el dinero es particularmente agradable por lo que puede hacer, no por la posición que pueda implicar (como en el caso de otros signos). Los Acuario no son ni grandes gastadores ni tacaños; usan su dinero de manera práctica, por ejemplo para facilitar su propio progreso, el de sus familiares e incluso el de desconocidos.

No obstante, si desean realizar al máximo su potencial financiero, tendrán que explorar su naturaleza intuitiva. Si sólo siguen sus teorías económicas, o lo que creen teóricamente correcto, pueden sufrir algunas pérdidas y decepciones. Deberían más bien recurrir a su intuición, sin pensar demasiado. Para ellos, la intuición es el atajo hacia el éxito económico.

Profesión e imagen pública

A los Acuario les gusta que se los considere no sólo derribadores de barreras sino también los transformadores de la sociedad y del mundo. Anhelan ser contemplados bajo esa luz y tener ese papel. También admiran y respetan a las personas que están en esa posición e incluso esperan que sus superiores actúen de esa manera.

Prefieren trabajos que supongan un cierto idealismo, profesiones con base filosófica. Necesitan ser creativos en el trabajo, tener acceso a nuevas técnicas y métodos. Les gusta mantenerse ocupados y disfrutan emprendiendo inmediatamente una tarea, sin pérdida de tiempo. Suelen ser los trabajadores más rápidos y generalmente aportan sugerencias en beneficio de su empresa. También son muy colaboradores con sus compañeros de trabajo y asumen con gusto responsabilidades, prefiriendo esto a recibir órdenes de otros.

Si los nativos de Acuario desean alcanzar sus más elevados objetivos profesionales, han de desarrollar más sensibilidad emocional, sentimientos más profundos y pasión. Han de aprender a reducir el enfoque para fijarlo en lo esencial y a concentrarse más en su tarea. Necesitan «fuego en las venas», una pasión y un deseo arrolladores, para elevarse a la cima. Cuando sientan esta pasión, triunfarán fácilmente en lo que sea que emprendan.

Amor y relaciones

Los Acuario son buenos amigos, pero algo flojos cuando se trata de amor. Evidentemente se enamoran, pero la persona amada tiene la impresión de que es más la mejor amiga que la amante. Como los Capricornio, los nativos de Acuario son fríos. No son propensos a hacer exhibiciones de pasión ni demostraciones externas de su afecto. De hecho, se sienten incómodos al recibir abrazos o demasiadas caricias de su pareja. Esto no significa que no la amen. La aman, pero lo demuestran de otras maneras. Curiosamente, en sus relaciones suelen atraer justamente lo que les produce incomodidad. Atraen a personas ardientes, apasionadas, románticas y que demuestran sus sentimientos. Tal vez instintivamente saben que esas personas tienen cualidades de las que ellos carecen, y las buscan. En todo caso, al parecer estas relaciones funcionan; la frialdad de Acuario calma a su apasionada pareja, mientras que el fuego de la pasión de esta calienta la sangre fría de Acuario.

Las cualidades que los Acuario necesitan desarrollar en su vida amorosa son la ternura, la generosidad, la pasión y la diversión. Les gustan las relaciones mentales. En eso son excelentes. Si falta el factor intelectual en la relación, se aburrirán o se sentirán insatisfechos muy pronto.

Hogar y vida familiar

En los asuntos familiares y domésticos los Acuario pueden tener la tendencia a ser demasiado inconformistas, inconstantes e inestables. Están tan dispuestos a derribar las barreras de las restricciones familiares como las de otros aspectos de la vida.

Incluso así, son personas muy sociables. Les gusta tener un hogar agradable donde poder recibir y atender a familiares y amigos. Su casa suele estar decorada con muebles modernos y llena de las últimas novedades en aparatos y artilugios, ambiente absolutamente necesario para ellos.

Si su vida de hogar es sana y satisfactoria, los Acuario necesitan inyectarle una dosis de estabilidad, incluso un cierto conservadurismo. Necesitan que por lo menos un sector de su vida sea sólido y estable; este sector suele ser el del hogar y la vida familiar.

Venus, el planeta del amor, rige la cuarta casa solar de Acuario, la del hogar y la familia, lo cual significa que cuando se trata de la familia y de criar a los hijos, no siempre son suficientes las teorías, el pensamiento frío ni el intelecto. Los Acuario necesitan introducir el amor en la ecuación para tener una fabulosa vida doméstica.

Horóscopo para el año 2015*

Principales tendencias

Acabas de salir de dos años muy prósperos, Acuario. Este año Saturno le forma aspectos desfavorables a tu planeta del dinero, por lo que los ingresos llegarán, pero con mucho más esfuerzo. Si pones el esfuerzo, deberías prosperar. Volveremos sobre esto.

Estás en medio de un periodo amoroso y social fabuloso. Comenzó en julio del año pasado y continúa hasta el 11 de agosto. Hay amor en el ambiente en este periodo. Hablaremos más de esto.

Aunque tienes que trabajar más arduo para tus finanzas, la salida de Saturno de Escorpio a fines del año pasado mejora inmensamente tu energía general. La salud está mucho mejor este año. También tienes la energía que necesitas para hacer ese esfuerzo extra en las finanzas. Ahora Saturno te forma aspectos hermosos y esto continuará los dos próximos años.

La profesión ha estado muy exigente estos últimos años. Has tenido que triunfar con esfuerzo y trabajo, a la manera tradicional. Pero este año se acaban gran parte de las dificultades.

Urano, el señor de tu horóscopo, está en tu tercera casa desde hace unos años, y este año continuará en ella. Tu atención está enfocada en la comunicación y los intereses intelectuales mucho

---

* Las previsiones de este libro se basan en el Horóscopo Solar y todos los signos que derivan de él; tu Signo Solar se convierte en el Ascendente, y las casas se numeran a partir de él. Tu horóscopo personal, el trazado concretamente para ti (según la fecha, hora y lugar exactos de tu nacimiento) podrían modificar lo que decimos aquí. Joseph Polansky

más de lo habitual. Júpiter le forma aspectos fabulosos a Urano la mayor parte del año y esto indica viajes y buena vida. Esta es una posición muy buena si eres estudiante, ya sea de la universidad o de enseñanza media. Deberías tener éxito en los estudios este año.

El 11 de agosto Júpiter entra en tu octava casa y pasa el resto del año ahí. Este es un periodo de sexualidad más activa. La espiritualidad ha sido importante durante muchos años y la tendencia continúa este año. Está muy arriba en tus prioridades, por lo que tendrías que tener éxito.

Las principales facetas de interés este año son: las finanzas; la comunicación y las actividades intelectuales; el amor y el romance (hasta el 11 de agosto); la sexualidad, la reinvención personal, los estudios ocultos, las deudas y su pago (a partir del 11 de agosto); la profesión (del 15 de junio al 18 de septiembre); las amistades, los grupos y las actividades de grupo (del 1 de enero al 15 de junio y del 18 de septiembre a fin de año); la espiritualidad.

Los caminos hacia tu mayor satisfacción este año son: el amor y el romance (hasta el 11 de agosto); la sexualidad, la reinvención personal, los estudios ocultos, las deudas y su pago (después del 11 de agosto); la religión, la filosofía, los viajes al extranjero y la formación superior (hasta el 13 de noviembre).

Salud

(Ten en cuenta que esta es una perspectiva astrológica de la salud, no una médica. Antaño no había ninguna diferencia, ambas eran idénticas, pero en esta época podrían diferir muchísimo. Para una perspectiva médica, por favor, consulta a tu médico o a otro profesional de la salud.)

Como hemos dicho, la salud mejora mucho este año. A fines del año pasado Saturno salió de su aspecto desfavorable para ti, y este año estará nuevamente en ese aspecto durante tres meses, pero tal vez no lo sientas, a no ser que hayas nacido en uno de los últimos días del signo, del 15 al 18 de febrero; en ese caso el efecto será fuerte.

Júpiter también saldrá de su aspecto desfavorable este año, el 11 de agosto. Los otros planetas lentos o bien te forman aspectos hermosos o te dejan en paz.

Este año tendrás toda la energía que necesites para conseguir o realizar lo que sea que te propongas. Sin duda durante el año habrá periodos en que la energía no estará a la altura; esto se deberá a los tránsitos de los planetas rápidos. Estas son tendencias temporales, no para todo el año. Cuando pasen estos periodos volverá tu salud y energía normales.

Dada esta situación es comprensible que tu sexta casa esté prácticamente vacía; no hay ninguna necesidad de prestar mucha atención a la salud; más o menos puedes darla por descontada. Por buena que sea tu salud siempre puedes fortalecerla más. Da más atención a las siguientes zonas, las que son vulnerables en tu carta.

Los tobillos y las pantorrillas. Estas zonas siempre son importantes para ti. Te irá bien darles masajes periódicos y dar buen apoyo y protección a los tobillos cuando hagas ejercicio.

El estómago y los pechos (estos si eres mujer). Estas zonas también son importantes para ti. Te conviene que te trabajen los puntos reflejos. Si necesitas dar energía a los pechos hazte un masaje en los empeines. La dieta siempre es importante para ti y tal vez debería controlarla un nutricionista. Lo que comes es importante, pero «cómo» comes es tal vez igual de importante. Come lento y mastica bien. Mientras comes procura escuchar música tranquilizante, agradable (buena música ambiental o música yogui), y adopta la actitud correcta; da las gracias por los alimentos y bendícelos, con tus palabras. Esto eleva las vibraciones de los alimentos y favorece la digestión.

La armonía emocional es importante para todo el mundo, pero para ti lo es más que para la mayoría. Evita la depresión y pensar en cosas negativas. Trabaja en mantener tu estado anímico positivo y constructivo. No estamos hechos para ser víctimas de nuestro humor sino para dominarlo. La meditación te será muy útil en esto.

La armonía familiar es también muy importante, y tiene relación con lo que acabamos de decir: si hay discordia en la familia, esto puede afectar a tu salud física. Por lo tanto, si surgiera algún problema (no lo quiera Dios) haz todo lo posible por restablecer la armonía familiar cuanto antes.

Hogar y vida familiar

Tu cuarta casa no está poderosa este año, Acuario. El hogar y la familia no están entre tus prioridades. Las cosas tienden a continuar como están. Lo bueno es que tienes más libertad para configurar esta faceta como quieras. Si deseas mudarte o hacer renovaciones en la casa, no hay nada que te lo impida. El problema no es la falta de libertad, sino la falta de interés (si lo comparas con otras cosas). Los asuntos domésticos y familiares serán importantes dentro de unos años, pero en este periodo te sientes fundamentalmente satisfecho con las cosas como están.

Viajas más este año, o vives en diferentes lugares durante largos periodos, pero esto no es una mudanza.

Tu planeta de la familia es el raudo Venus; durante el año transita por todos los signos y casas del horóscopo. Esto significa que hay muchas tendencias familiares a corto plazo que es mejor tratar en las previsiones mes a mes.

Si tienes pensado hacer renovaciones o reparaciones importantes, del 1 de abril al 12 de mayo es un buen periodo. Si quieres redecorar, embellecer la casa, comprar objetos de arte, o dar otra mano de pintura, del 17 de marzo al 11 de abril es un buen periodo.

El matrimonio de un progenitor o figura parental ha pasado por severas pruebas estos dos últimos años. Si ha sobrevivido, este año las cosas mejorarán más aún. Si no sobrevivió, o si el progenitor o figura parental está soltero, este año hay amor, después del 11 de agosto. Esta persona podría haberse mudado el año pasado, si no, todavía podría haber mudanza o renovación de su casa este año.

Los hermanos o figuras fraternas podrían haberse mudado o hecho renovaciones en la casa estos dos últimos años. Este año se ven satisfechos, tendrán un año familiar sin novedades ni cambios.

Los hijos o figuras filiales de tu vida podrían mudarse en los dos próximos años. La mudanza se ve feliz. Esto a veces indica renovación o la compra de una segunda o tercera casa. En los dos próximos años serán más fértiles también.

Los nietos, si los tienes, prosperan a partir del 11 de agosto. Es posible que hagan reparaciones importantes en sus casas.

Profesión y situación económica

Como hemos dicho, los dos últimos años han sido muy fuertes en lo financiero. Aumentaron los ingresos y el valor neto, de acuerdo a tu posición y etapa de la vida, lógicamente.

La prosperidad continúa la mayor parte del año, sobre todo hasta el 11 de agosto, pero exige más trabajo y hay ciertas dificultades. Después del 11 de agosto hay aun más trabajo y retos. Tendrás ingresos, pero te los ganarás; no hay rachas ni golpes de suerte. Tendrás que crearte esos golpes de suerte.

Júpiter le forma aspectos maravillosos a Urano, el señor de tu horóscopo, de modo que sigues gozando de la buena vida; viajas, comes buenos alimentos y bebes buenos vinos. Disfrutas de todos los placeres del cuerpo. Y el Universo te da los medios para esto. El peso podría ser un problema este año.

El aspecto desfavorable de Saturno indica que hay ciertas revelaciones desagradables en la vida financiera, o tal vez acerca de personas relacionadas con tus finanzas. Hay mucha actividad entre bastidores de la que te enterarás y tendrás que tratar o controlar. Las cosas no son lo que parecen. Debes reflexionar y analizar más las cosas antes de tomar decisiones financieras de peso o hacer compras importantes. Lo bueno es que cuando conoces los hechos puedes hacer gestiones y planes financieros más realistas. Puede que la verdad sea desagradable, pero en último término es buena. Siempre hay solución para todos los problemas. Pero si no sabes que hay un problema, no hay solución.

Júpiter entra en tu octava casa el 11 de agosto y pasa el resto del año en ella. En lo financiero esto indica prosperidad del cónyuge, pareja o ser amado actual y su generosidad contigo. Este es un periodo en que puedes fácilmente pagar o contraer deudas, según tu necesidad. Si tienes buenas ideas tienes acceso a capital ajeno, ya sea de préstamo bancario o inversores.

Esta posición suele indicar herencia, pero a veces indica que alguien te nombra en su testamento o te asignan un puesto administrativo en una propiedad. He visto casos en que la persona no heredó dinero, pero recibió regalos de las personas que heredaron el dinero; fue como si hubiera heredado. Si estás en edad haces planes testamentarios este año.

Este año hay buena suerte en reclamaciones de seguros. El dinero podría venir también de una devolución de Hacienda.

Júpiter en la octava casa trae oportunides de beneficiarse de empresas o propiedades con problemas. Se pueden comprar baratas. Tienes buen ojo para este tipo de cosas en este periodo.

Tu intuición financiera ha sido excelente los dos últimos años; este año continúa buena, pero necesita más verificación. La intuición es buena, pero podrías interpretar mal el mensaje. Tómate tu tiempo para interpretarlo bien.

Los números financieros favorables son el 1, el 12 y el 18.

Este año se alivia el agobio de la profesión. Los dos años anteriores han sido agotadores. Es posible que el agobio viniera de un jefe autoritario que te exigía lo imposible. O venía de las exigencias propias de la profesión. En todo caso, Saturno estará fuera de tu décima casa la mayor parte del año; pasará en ella unos meses, del 15 de junio al 18 de septiembre, pero lo peor de este tránsito ya ha pasado.

Además, después del 11 de agosto Júpiter comenzará a formar aspectos hermosos a tu planeta de la profesión. Así pues, ha valido la pena todo ese arduo trabajo de los dos años anteriores; hay ascenso y aumento de sueldo; te llegan felices oportunidades profesionales, ya sea en la misma empresa o de otra; se eleva tu posición pública y profesional.

Siguen en vigor muchas de las tendencias en la profesión de las que hemos escrito en los últimos años. Será muy bueno avanzar tu profesión participando en obras y causas benéficas. Las figuras de autoridad miran esto con buenos ojos. A veces se hacen importantes conexiones profesionales en estas actividades. Pero, en general, estas cosas favorecerán tu reputación pública y profesional.

Desde hace unos años eres idealista respecto al dinero y la profesión y esta tendencia continúa este año. Necesitas sentir que eres útil al mundo y no sólo que haces dinero y tienes éxito.

Amor y vida social

Como hemos dicho, desde julio del año pasado estás en un año romántico fabuloso. Júpiter estará en tu séptima casa hasta el 11 de agosto. Si estás soltero o soltera y sin compromiso, es probable que encuentres a una persona especial este año. Con este aspecto suele haber boda, aunque no siempre en sentido literal; a veces la persona entra en una relación que es como un matrimonio.

En general, la vida amorosa es feliz. Sin duda en el año hay periodos en que el amor es menos fácil. Estas cosas se deben a los tránsitos de los planetas rápidos; son asuntos temporales y no tendencias para el año.

Eres Acuario y por lo tanto tienes una afinidad natural con la alta tecnología y el mundo *online*. Y ahora, teniendo a Júpiter, el señor de tu casa once, en tu casa del amor, se intensifican las actividades *online*, sobre todo si se trata del amor. Tal vez tenderías a buscar una oportunidad romántica a través de los diversos servicios de contacto de internet; tenderías a llevar el romance a la modalidad alta tecnología, con mensajes por teléfono móvil o iphone y red de contactos sociales.

Este tránsito también indica que algo que tal vez sólo era amistad se convierte en alguna cosa más. A veces indica que conoces a esa persona especial a través de amistades, que te la presentan, o cuando estás participando en una actividad de grupo. Este año las amistades disfrutan haciendo de casamenteras.

La amistad siempre es importante para ti. Este año es un factor importante en el amor. Deseas amistad con el ser amado, no solamente estar enamorado o ser amantes. Deseas una relación de iguales. Sin embargo, también te gusta la cualidad «estrella» en el ser amado, y a veces las estrellas tienen dificultades con la «igualdad».

Este año te atraen también personas extranjeras, exóticas. Y podría también presentarse el romance en otro país.

Si estás soltero o soltera y con miras a tu primer matrimonio, este año hay probabilidades de éxito.

Si estás en un segundo matrimonio o con miras a uno, el año se ve sin novedades, aunque sí vas a salir más y asistir a más fiestas y reuniones; lo más probable es que continúes como estás.

Si estás con miras a un tercer matrimonio, tendrás que tener paciencia, no hay probabilidades de boda y tal vez no es aconsejable; encontrarás oportunidades románticas en ambientes de tipo espiritual: seminarios de meditación, funciones benéficas, la sala de yoga o el círculo de oración.

Si estás con miras a un cuarto matrimonio, hay romance este año.

En esencia, la vida romántica es maravillosa este año; al parecer las dificultades sociales proceden de amistades; las amistades pasan por la prueba del agobio y la tensión. Esto no es agradable, pero en último término es bueno. Las verdaderas amistades aprueban el examen; las malas, no. Centra más la atención en la calidad de la amistad, no en la cantidad.

Progreso personal

Saturno, como hemos dicho, está en tu casa once y continuará en ella los dos próximos años. La amistad es muy importante para Acuario; la tendencia es a tener muchos, muchos amigos. De hecho, consideras a todo el mundo amigo o posible amigo. Esta es una cualidad fabulosa, que te hace muy popular. Pero ahora el

Cosmos va a poner en orden esta faceta. No es saludable tener demasiadas amistades, y mucho menos si no son las convenientes. Se produce un proceso de eliminación; el trigo se separa de la paja. Vas a ser más selectivo en la amistad, vas a elegir con más discernimiento. El Cosmos hace esto sometiendo a una prueba de agobio o tensión a tus amigos. Así se verá cuáles son las verdaderas amistades y a cuáles puedes descartar. En los buenos tiempos, y has tenido unos cuantos años de esto, no sabemos cuáles son nuestros verdaderos amigos. El éxito tiene muchos padres, pero el fracaso siempre es huérfano. El éxito tiene muchos amigos y seguidores, pero la dificultad es solitaria. Por lo tanto, es bueno que ocurra esto; la verdad siempre es buena. Descubrirás de quiénes puedes fiarte y de quiénes no, y hasta qué punto.

Saturno es tu planeta de la espiritualidad. Este año, pues, necesitas más amistades de tipo espiritual, y las encontrarás. La compatibilidad es tal vez la consideración que has de tener en cuenta en la amistad este año. Necesitas personas que compartan tus ideales espirituales y alienten tu práctica. Las amistades espirituales tienden a durar más tiempo que las normales; continúan vida tras vida. Una amistad basada en valores tridimensionales no tiene una duración tan larga. Así pues, lo que deseas en este periodo son amistades largas, duraderas y esto es lo que ocurrirá.

La espiritualidad ha sido importante para ti desde hace muchos años. Siempre es importante en el plano financiero, pero desde que tu planeta de la profesión, Plutón, entró en tu casa doce, se ha hecho más importante aún. Es posible que indique una especie de profesión espiritual, una profesión en una organización no lucrativa o benéfica. O podría indicar que trabajas en un puesto pastoral, o en grupos de meditación o una organización de tipo espiritual. Otra posibilidad, como hemos dicho, es que indique una profesión mundana, pero con mucho enfoque en obras y causas benéficas. Podríamos decir que el crecimiento espiritual es la verdadera profesión y que todo se resuelve en torno a eso. Elegirás la profesión que más favorezca el crecimiento espiritual.

Previsiones mes a mes

Enero

Mejores días en general: 2, 3, 11, 12, 13, 20, 21, 29, 30
Días menos favorables en general: 6, 7, 8, 14, 15, 27, 28
Mejores días para el amor: 1, 6, 7, 8, 9, 10, 12, 13, 20, 21, 22, 29, 30, 31
Mejores días para el dinero: 4, 7, 8, 14, 16, 17, 22, 23, 24, 25, 31
Mejores días para la profesión: 9, 10, 14, 15, 18, 19, 27, 28

Tienes un mes feliz y exitoso, Acuario, disfrútalo. Comienzas el año con el poder planetario en tu sector oriental, el de la independencia; de hecho, este mes y el próximo están en su posición más oriental. Estás en el punto máximo de poder e independencia personales del año; esto no volverá a ocurrir hasta el próximo año por estas fechas. Estás en el periodo para ejercitar la iniciativa personal, ser más autosuficiente y asumir la responsabilidad de tu felicidad. No es mucho lo que los demás tienen que decir acerca de tu vida en este periodo; todo depende de ti. Si las condiciones te fastidian, las cambias. Es el periodo para crear tu paraíso en la Tierra; tienes el poder para hacerlo. Haces tu voluntad en la vida y así es como debe ser.

A partir del 20 el poder planetario se traslada a la mitad inferior de tu carta. Acabas tu empuje profesional del año pasado y entras en la fase de preparación para el próximo empuje que será dentro de seis meses más o menos. Es difícil decir qué es más importante, el acontecimiento externo o la preparación que precede a dicho acontecimiento; lo uno va con lo otro; uno es imposible sin lo otro; sencillamente es cuestión de en qué fase estás en tu ciclo. Ahora la profesión se mantiene al margen; es el periodo para poner en orden el hogar, la familia y la vida emocional. Si están en el orden correcto, la profesión cuidará de sí misma.

El impulso planetario es arrolladoramente de avance este mes. El ciclo solar universal está en fase creciente, y el día de tu cumpleaños comenzará la fase creciente de tu ciclo solar personal. A partir de tu cumpleaños estás, pues, en un hermoso periodo para lanzar nuevos productos o iniciar nuevas actividades.

El 20 entras en una de tus cimas anuales de placer personal, el periodo en que se complace al cuerpo con sus placeres; pero también es buen periodo para poner en buena forma el cuerpo y la imagen.

Del 2 al 4 el amor es inestable, pero más avanzado el mes se endereza. Esos días el ser amado deberá protegerse de situaciones de peligro o daño, conducir con más prudencia y evitar los enfrentamientos y las actividades arriesgadas. Ten más paciencia con el ser amado esos días. El 20, cuando el Sol cruza tu Ascendente, el amor te busca; tienes el amor según tus condiciones; no necesitas hacer nada especial, simplemente dedicarte a tus ocupaciones diarias. La salud es excelente.

Febrero

Mejores días en general: 8, 9, 17, 18, 25, 26
Días menos favorables en general: 3, 4, 10, 11, 23, 24
Mejores días para el amor: 1, 2, 3, 4, 8, 9, 10, 11, 17, 18, 20, 21, 27, 28
Mejores días para el dinero: 1, 3, 4, 10, 13, 14, 19, 20, 21, 22
Mejores días para la profesión: 5, 6, 7, 10, 11, 15, 16, 23, 24

Continúas en un excelente periodo para iniciar nuevas actividades o lanzar nuevos productos o proyectos al mundo. Después del 18 mejora, incluso más que el mes pasado.

Hasta el 18 sigues en una cima anual de placer personal, así que hay mucha diversión y placeres sensuales.

El 18, cuando el Sol entra en tu casa del dinero, comienzas una cima financiera anual. Las finanzas estuvieron difíciles el mes pasado (más lentas de lo habitual) y deberías ver un enorme cambio a partir del 18. El 50 por ciento de los planetas están intalados o transitan por tu casa del dinero este mes; esto es mucho poder financiero. Pero también indica que el dinero llega de diversas y distintas maneras y a través de muchas personas. El cónyuge, pareja o ser amado actual está generoso con sus finanzas en este periodo, el mes pasado también. Esta persona se involucra mucho en tus finanzas. Después del 18 podría formarse una sociedad de negocios o empresa conjunta (se presenta la oportunidad); un periodo probable para que esto suceda es del 23 al 27. Hasta el 20 cuentas con el apoyo de los familiares (y tú los apoyas económicamente a ellos). Del 1 al 3 te apoya especialmente un progenitor o figura parental, pero podría haber ciertos retrasos. Marte en tu

330 AÑO 2015: TU HORÓSCOPO PERSONAL

casa del dinero hasta el 20 indica ingresos procedentes de ventas, mercadotecnia o actividades comerciales. Los hermanos, figuras fraternas y vecinos te apoyan en las finanzas.

Hasta el 18 el amor sigue persiguiéndote, estés donde estés. Si estás soltero o soltera y sin compromiso, después del 18 encuentras oportunidades amorosas cuando estás atendiendo tus objetivos financieros o con personas relacionadas con tus finanzas; en ese periodo la riqueza y los regalos materiales son excitantes románticos. El amor se demuestra de modos materiales.

La salud y la energía son buenas todo el mes. Puedes fortalecer más la salud de las maneras explicadas en las previsiones para el año. Si piensas hacer un régimen de desintoxicación (y es posible que lo hagas este mes) del 1 al 18 es el mejor periodo. Si tienes pensada una visita al médico o hacerte un análisis, irá mejor después del 18.

Marzo

Mejores días en general: 7, 8, 16, 17, 24, 25, 26
Días menos favorables en general: 2, 3, 9, 10, 22, 23, 29, 30, 31
Mejores días para el amor: 1, 2, 3, 10, 11, 12, 13, 18, 19, 20, 22, 23, 29, 30, 31
Mejores días para el dinero: 1, 2, 3, 9, 10, 12, 13, 18, 19, 20, 21, 27
Mejores días para la profesión: 4, 5, 6, 9, 10, 11, 14, 15, 22, 23

Este año es maravilloso para el amor, pero este mes hay un eclipse solar, el 20, que lo pone a prueba. Es bueno que el amor pase por pruebas, así es como se sabe si es verdadero o no.

El eclipse solar del 20 es fundamentalmente benigno contigo, pero no te hará ningún daño tomarte las cosas con calma en ese periodo; podría no ser tan benigno con las personas que te rodean. Este eclipse ocurre en el límite entre tu segunda y tercera casas y, por lo tanto, afecta a los asuntos de ambas casas. Podría haber un trastorno financiero que te obliga a hacer cambios en tus finanzas; tal vez un susto o algún defecto en tu planteamiento o estrategia. Se ponen a prueba los coches y el equipo de comunicación. Te conviene conducir con más prudencia durante el periodo del eclipse. Podría haber experiencias dramáticas, importantes, en la vida de hermanos, figuras fraternas y vecinos. Si eres estudiante, de enseñanza media, podrías cambiar de colegio o de planes de estudios; podría haber reorganización administrativa o de otro tipo en el colegio. El cónyuge, pareja o ser amado actual deberá protegerse de situaciones que entrañen daño o peligro en este periodo; esta persona también podría tener una experiencia dramática, de aquellas que cambian la vida. A lo largo de los próximos seis meses esta persona se va redefinir; va a cambiar su forma de vestir, su corte de pelo y su apariencia general. Te conviene conducir con más precaución incluso antes del eclipse también, del 9 al 12. Los hermanos y figuras fraternas de tu vida deberán reducir sus actividades esos días también, evitar enfrentamientos y las actividades arriesgadas. Este mes sigue siendo un periodo fabuloso para poner en marcha nuevos proyectos o lanzar nuevos productos al mundo. Después del 20 es excelente (aunque antes deja que se asiente el polvo del eclipse); el Sol en Aries es una excelente energía de arranque. A pesar del eclipse estás en un fabuloso periodo financiero este mes, en especial hasta el 20. Mercurio en tu casa del dinero a partir del 13 indica suerte en las especulaciones; estas son especialmente favorables del 17 al 19, aunque podría haber ciertos retrasos. Los hijos y figuras filiales se ven muy involucrados en tus finanzas. Si tienen la edad apropiada te apoyan, si son pequeños te motivan. Personas y empresas extranjeras también se ven importantes.

Abril

Mejores días en general: 3, 4, 5, 13, 14, 21, 22
Días menos favorables en general: 6, 7, 19, 20, 25, 26, 27
Mejores días para el amor: 1, 2, 8, 9, 13, 18, 19, 21, 22, 25, 26, 27, 28
Mejores días para el dinero: 6, 7, 8, 9, 15, 16, 17, 18, 23, 24, 25, 26
Mejores días para la profesión: 1, 2, 6, 7, 10, 11, 12, 19, 20, 28, 29

Este mes sigue siendo un excelente periodo para poner en marcha nuevos proyectos o lanzar nuevos productos. Del 1 al 3 y del 18 al 20 son los mejores días.

El poder planetario está ahora en el nadir de tu carta (el punto más bajo) y Plutón, tu planeta de la profesión, inicia movimiento retrógrado el 17. Tu décima casa está vacía (sólo la visita la Luna los días 6 y 7), mientras que tu cuarta casa, la del hogar y la familia, está a rebosar de planetas. El mensaje es muy claro. Deja estar los asuntos profesionales, ponlos en un segundo plano, y da la atención al hogar, la vida familiar y doméstica; este es un mes para la curación emocional, no para actividades externas. Si el hogar y la vida doméstica están bien, la profesión cuidará de sí misma a su debido tiempo. Dado el movimiento retrógrado de Plutón, la profesión está en revisión.

El 4 hay un eclipse lunar en tu novena casa. Este eclipse es fuerte, pues afecta a varios planetas y a muchas facetas de la vida, así que reduce tus actividades y tómate las cosas con calma durante el periodo del eclipse. Es mejor evitar viajar al extranjero esos días. Si eres estudiante, universitario o de posgrado, haces cambios en tus planes de estudios. A veces la persona cambia de centro, o de asignatura principal, o prosigue sus estudios académicos de otra manera; suele haber reorganización administrativa en el colegio y entonces cambian las normas. Hay reorganización en tu lugar de culto; podría haber dramas en la vida personal y profesional de la persona que lo dirige, pastor, sacerdote, rabino o imán. Un eclipse en la novena casa anuncia una crisis de fe; se ponen a prueba las creencias religiosas y filosóficas, que suelen necesitar revisión o perfeccionamiento; esto es un proceso de seis meses. Todos los eclipses lunares producen cambios laborales e inestabilidad en el lugar de trabajo; a veces la persona cambia de puesto en la misma empresa, otras veces se cambia a otra empresa. Cambian las condiciones laborales. Podría haber un susto en la salud, pero puesto que tu salud es buena este año, es muy probable que sólo sea eso, un susto. Hay cambios importantes en el programa de salud también.

Este eclipse afecta a Urano, el señor de tu horóscopo, por lo tanto, a lo largo de seis meses te vas a redefinir, tu imagen y tu personalidad. Vas a presentar una nueva apariencia, una nueva imagen al mundo.

También se ve afectado Plutón, tu planeta de la profesión. Habrá cambios importantes en la profesión; es demasiado pronto para ver el efecto final, que se irá revelando en los próximos meses. Hay malestar y reestructuración en la jerarquía de tu empresa o industria; hay cambios importantes en las normas. Los padres, figuras parentales y jefes deberán reducir sus actividades durante el periodo de este eclipse.

Mayo

Mejores días en general: 1, 2, 10, 11, 18, 19, 28, 29
Días menos favorables en general: 3, 4, 16, 17, 23, 24, 30, 31
Mejores días para el amor: 1, 2, 8, 9, 12, 13, 17, 18, 21, 22, 23, 24, 28, 29, 30, 31
Mejores días para el dinero: 3, 4, 5, 6, 12, 13, 14, 15, 21, 22, 23, 24, 30, 31
Mejores días para la profesión: 3, 4, 8, 9, 16, 17, 25, 26, 30, 31

El mes pasado ocurrieron otros cambios importantes además del fuerte eclipse. El poder planetario pasó de tu sector oriental o independiente al occidental o social; ahora los planetas se alejan de ti y avanzan hacia los demás. Ha terminado el ciclo de independencia personal y adquieren importancia las dotes sociales. Tu bien te llega a través de otros y no por tus méritos o iniciativa personal. Durante los próximos cinco meses más o menos es mejor que te adaptes a las situaciones en lugar de intentar cambiarlas; se pueden cambiar, pero con más esfuerzo. Cultiva la «simpatía», la habilidad de caer bien; deja que los demás impongan su manera mientras esto no sea destructivo.

Desde el 20 del mes pasado la salud está más delicada, y hasta el 21 de este mes necesita más atención. Tu salud general es buena, pero este no es uno de tus mejores periodos; simplemente descansa y relájate más. A partir del 7 da más atención al cuello, la garganta, los riñones y las caderas; los masajes en el cuello y las caderas serán beneficiosos. Procura mantener positivos el ánimo y el estado emocional; los estados anímicos y las emociones negativas afectan más a la salud de lo habitual. La armonía familiar es muy importante en general, pero en este periodo es un asunto de salud. Las consultas a médicos y los análisis irán mejor del 1 al 4 y del 18 en adelante. Si piensas hacer un régimen de desintoxicación o adelgazamiento del 4 al 18 es el mejor periodo.

El 21 mejoran espectacularmente la salud y la energía.

El amor es nostálgico y sentimental este mes, hasta el 21, y lo es desde el 21 del mes pasado. Es como si quisieras recuperar recuerdos y experiencias del pasado. Hay más fiestas o reuniones en casa y más relación con los familiares en este periodo. El amor está cerca de casa; no hace falta ir lejos a buscarlo. El amor es esencialmente feliz este mes, aunque hay algunos baches en el camino. Del 22 al 24 hay tendencia a estar en desacuerdo con el ser

amado en lo espiritual y lo financiero. Del 30 al 31 hay más desacuerdos espirituales. Pero esto no afecta mucho a la relación.
El 21 cambia la actitud en el amor. Te interesa la diversión; te
atrae la persona que sabe hacerte pasarlo bien; deseas los aspectos placenteros del amor sin los onerosos deberes que entraña. Y,
en esencia, esto es lo que ocurre. El 21 entras en otra de tus cimas anuales de placer personal. Es
un periodo de fiesta en tu año.

Junio

Mejores días en general: 6, 7, 15, 16, 24, 25
Días menos favorables en general: 13, 14, 20, 21, 27, 28
Mejores días para el amor: 1, 6, 7, 10, 11, 15, 16, 20, 21, 27, 29,
    30
Mejores días para el dinero: 2, 3, 8, 9, 10, 11, 17, 18, 20, 21, 27,
    28, 29, 30
Mejores días para la profesión: 4, 5, 13, 14, 22, 23, 27, 28

Tienes un mes feliz y próspero, Acuario, disfrútalo.

La salud y la energía ya están maravillosas, y hasta el 21 continúas en una cima de placer personal. Aprovecha ahora para sa-
ciarte de fiestas y así poder centrar después la atención en los
asuntos de trabajo.

Este mes, a partir del 21, puedes fortalecer aún más la salud
dando más atención al corazón, y a partir del 24 a la cabeza y la
cara; después del 24 la fortalecen programas de ejercicios; es importante el buen tono muscular.

El amor se ve feliz y no serio hasta el 21. Claro que podrías
estar en una relación seria y comprometida, pero te diviertes en
este periodo; es un periodo tipo luna de miel. El 21 tu planeta
del amor entra en tu sexta casa, y esto nos da todo tipo de mensajes. Si estás soltero o soltera y sin compromiso (¿es posible
eso?) el amor y las oportunidades románticas se presentan en el
lugar de trabajo y con compañeros de trabajo; el lugar de trabajo es muy social en este periodo; las oportunidades sociales y
también el amor se presentan cuando estás atendiendo tus objetivos de salud y con personas relacionadas con tu salud. La actitud en el amor es más seria que en la primera parte del mes; ya
no va de diversión y juegos, sino de servicio práctico al ser amado; demuestras el amor sirviendo a tu pareja y así es como te

sientes amado. También es importante la intimidad emocional después del 21.

El 5 entra Venus en tu séptima casa, la del amor; ahora están los dos planetas benéficos del zodiaco en tu casa del amor, señal de felicidad romántica. Un viejo amor podría entrar en el cuadro este mes; esto puede ser real o alegórico. Conoces a una persona que se parece a un viejo amor, en apariencia y personalidad. Resulte lo que resulte de esto, habrá curación emocional y resolución de viejos problemas. A los familiares les gusta hacer de casamenteros en este periodo. Tal vez un progenitor o figura parental está muy involucrado en tu vida amorosa, sin duda con buenos motivos.

El 21 se hace poderosa tu sexta casa, la del trabajo. Este es un periodo fabuloso si buscas trabajo; hay muchas oportunidades. También es bueno si eres empleador.

Aunque tu planeta del dinero inicia movimiento retrógrado el 12, el mes es muy próspero, en especial a partir del 21.

Julio

Mejores días en general: 3, 4, 5, 12, 13, 22, 23, 31
Días menos favorables en general: 10, 11, 17, 18, 24, 25
Mejores días para el amor: 6, 7, 8, 9, 14, 15, 16, 17, 18, 26
Mejores días para el dinero: 6, 7, 9, 14, 15, 18, 24, 25, 27, 28
Mejores días para la profesión: 1, 2, 10, 11, 19, 20, 24, 25, 29, 30

El mes es próspero a pesar de que está retrógrado tu planeta del dinero. Es muy posible que haya retrasos y contratiempos, pero habrá prosperidad. Puedes acelerar las cosas, disminuir los retrasos, siendo todo lo perfeccionista que puedas en tus transacciones financieras. Acuérdate de poner la fecha a todo y guarda los recibos; comprueba que los talones están bien y las direcciones correctas, y no olvides los códigos postales. Revisa dos veces tus cuentas.

Tu planeta del dinero estará retrógrado unos cuantos meses más, así que pon en revisión tu vida financiera. ¿Qué mejoras se pueden hacer? ¿Qué tipo de plan de ahorro o de inversión te llevará a tus objetivos? Lo importante, como siempre que el planeta está retrógrado, es conseguir claridad mental en las finanzas. Las cosas no son lo que parecen cuando un planeta está retrógrado.

El amor es el principal titular este mes. El Sol, tu planeta del amor, entra en tu séptima casa el 23, y comienzas una cima amorosa anual. Mercurio también entra en tu casa del amor el 23; tu séptima casa está atiborrada de planetas. Si estás soltero o soltera y en una relación seria, este podría ser el periodo para dar otro paso, o comprometerte en matrimonio o casarte. Si no estás en una relación, es probable que conozcas a una persona especial en este periodo. Puede que no te cases, pero conocerás a una persona que es material para el matrimonio, una persona con la que considerarías la posibilidad de casarte.

Si tienes planes de compromiso o de boda, hazlo antes del 25, antes que Venus inicie movimiento retrógrado.

La salud y la energía se vuelven más delicadas después del 23; los planetas rápidos te forman aspectos desfavorables. Si naciste en los últimos días del signo, el 17 o el 18 de febrero, tienes que tomarte las cosas con calma, descansar de verdad. El 15 del mes pasado Saturno volvió a Escorpio, retrógrado, y estará ahí el resto del mes; este es un aspecto desfavorable para ti. Fortalece la salud de las maneras indicadas en las previsiones para el año. No te exijas más allá de tus límites; si estás cansado descansa. Si quieres seguir un régimen de desintoxicación o adelgazamiento, del 1 al 15 es el mejor periodo. Si piensas consultar a un médico o hacerte algún análisis, del 15 al 31 es el mejor periodo.

Este mes el poder planetario se traslada al hemisferio superior de tu carta. Ya tendrías que haber logrado un cierto grado de armonía emocional; los asuntos familiares y domésticos deberían estar en relativo orden. Ha llegado el periodo para centrar la atención en tu profesión y tus objetivos externos. Aún no estás en el máximo, pero este es el comienzo de tu empuje profesional anual.

Agosto

Mejores días en general: 1, 8, 9, 18, 19, 27, 28
Días menos favorables en general: 6, 7, 13, 14, 20, 21, 22
Mejores días para el amor: 4, 5, 13, 14, 23, 24, 25, 31
Mejores días para el dinero: 2, 3, 5, 10, 11, 15, 20, 21, 25, 29, 30
Mejores días para la profesión: 6, 7, 15, 16, 20, 21, 22, 25, 26

La salud y la energía siguen necesitando atención hasta el 23; esto vale especialmente si naciste en uno de los últimos días de tu signo, el 17 o el 18 de febrero. Repasa lo que dijimos sobre esto el mes pasado. Hasta el 9 deberás dar atención extra a la cabeza y la cara; irán bien masajes en el cuero cabelludo y la cara, y también la terapia sacrocraneal; el ejercicio físico es bueno.

El amor es el principal titular este mes también. Tu séptima casa, la del amor, está a rebosar de planetas: el 60 por ciento o están instalados o transitan por ella este mes. Si estás soltero o soltera y sin compromiso esto indica muchas, muchísimas posibilidades románticas, tal vez demasiadas, puede ser desconcertante; de todos modos es un problema agradable de tener. Pero este no es periodo para tomar decisiones serias en el amor; Venus, el planeta genérico del amor, está en movimiento retrógrado todo el mes. Deja que el amor se desarrolle a su aire.

Las finanzas se ven más difíciles este mes, y peor después del 23 que antes. Tu planeta del dinero, Neptuno, continúa retrógrado todo el mes, y el 23 comienza a recibir aspectos desfavorables. De modo que llegarán ingresos, pero tendrás que trabajar más por ellos, superar más obstáculos que de costumbre.

Lo bueno es que aunque tu poder adquisitivo no está en su mejor aspecto, el cónyuge, pareja o ser amado actual está en una cima financiera anual; esta persona toma el relevo. La entrada de Júpiter en tu octava casa el 11 indica que el cónyuge, pareja o ser amado actual va a tener un año próspero. Tiene suerte en las especulaciones y en los riesgos financieros, y va a ser más generoso contigo; puede gastar libremente.

Si bien las finanzas podrían estar difíciles por un tiempo (las cosas mejorarán dentro de un mes más o menos), tu profesión se ve muy exitosa a partir del 11. Podría haber ascenso; llegan felices oportunidades profesionales; se valoran tus logros. Las amistades se ven muy útiles en tu profesión después del 11. Las actividades *online* también son útiles.

Tu octava casa se hace muy fuerte después del 23 (y estará fuerte el resto del año). Por lo tanto, estás en un periodo más sexualmente activo; sea cual sea tu edad o etapa de la vida la libido está más fuerte de lo habitual. En este periodo son buenos los regímenes de desintoxicación y de adelgazamiento. Es bueno que te libres del amontonamiento, de posesiones que ya no necesitas ni usas; es bueno que te liberes de las pautas mentales y emocionales que no sirven a tus intereses.

Septiembre

Mejores días en general: 4, 5, 6, 14, 15, 24, 25
Días menos favorables en general: 2, 3, 9, 10, 17, 18,30
Mejores días para el amor: 1, 2, 3, 9, 10, 12, 13, 19, 20, 24, 28, 29
Mejores días para el dinero: 2, 7, 12, 17, 26, 27, 30
Mejores días para la profesión: 2, 3, 12, 13, 17, 18, 20, 22, 23, 30

Dos eclipses sacuden el mundo este mes, pero tú resultas relativamente ileso.

El eclipse solar del 13 ocurre en tu octava casa. Esto puede producir encuentros con la muerte (no muerte real) o experiencias de casi muerte. A veces indica una operación quirúrgica o la recomendación de una. A veces la persona tiene sueños con la muerte. Estos son recordatorios amistosos del Cosmos para que te tomes más en serio la vida y hagas lo que viniste a hacer (si no lo sabes, vale la pena tomarse el tiempo para descubrirlo); la vida en este planeta es corta y puede acabar en cualquier momento. Es también la manera que tiene el Cosmos de ayudarnos a hacer las paces con la muerte; el miedo a la muerte es tal vez el principal obstáculo para la realización de nuestros sueños. Tu vida amorosa ha sido súper los dos últimos meses (y en lo que va de año también), así que es bueno que pase por unas pocas pruebas el matrimonio o la relación. También pasan por pruebas las sociedades de negocios. Si hay problemas en la relación, tal vez descubras esas cosas que se van metiendo bajo la alfombra; pues bien, ahora estás en situación de resolverlas o corregirlas. Una buena relación sobrevive fácilmente e incluso mejora una vez que se lavan los trapos sucios. No obstante, si la relación es defectuosa podría acabar. El cónyuge, pareja o ser amado actual deberá reducir sus actividades durante el periodo del eclipse; esta persona hace importantes cambios en sus finanzas, que serán buenos. Normalmente esto es consecuencia de una crisis financiera. Pero no temas, este año es muy próspero para esta persona (es muy posible que haya sido excesivamente pesimista en su planificación y estrategia financieras).

El eclipse lunar del 28 (el 27 en las Américas) ocurre en tu tercera casa y también es relativamente benigno en ti (ningún eclipse es totalmente benigno, todo es cuestión de grados). Se ponen a prueba los coches y el equipo de comunicación, y a veces es nece-

sario repararlos o cambiarlos. Procura conducir con más prudencia en este periodo. Hermanos, figuras fraternas y vecinos tienen
experiencias dramáticas, de aquellas que cambian la vida. Podría
haber trastornos en el barrio también. (He visto edificios en construcción cuyas obras comenzaron en un periodo de eclipse y los
atascos y molestias que ocasionaron duraron meses; u ocurre un
horripilante asesinato en el barrio que alarma a todo el mundo).
Los hermanos y figuras fraternas deberán tomarse las cosas con
calma y reducir sus actividades en el periodo del eclipse. Todos los
eclipses lunares provocan cambios laborales e inestabilidad en el
lugar de trabajo, y este no es diferente. El cambio laboral podría
ser otro puesto en la misma empresa o un trabajo en otra empresa. Si eres empleador verás cambio de personal. Podría haber un
susto de salud, y a lo largo de los seis próximos meses habrá cambios importantes en el programa de salud. Las tías y tíos también
deberán reducir sus actividades durante el periodo del eclipse.

Octubre

Mejores días en general: 2, 3, 11, 12, 13, 21, 22, 29, 30
Días menos favorables en general: 1, 6, 7, 8, 14, 15, 27, 28
Mejores días para el amor: 2, 3, 7, 8, 9, 13, 19, 20, 22, 23, 27, 28,
29
Mejores días para el dinero: 1, 4, 5, 9, 10, 14, 15, 19, 20, 23, 24,
27, 28, 31
Mejores días para la profesión: 1, 9, 10, 14, 15, 19, 20, 27, 28

Saturno ya salió de su aspecto desfavorable y está de vuelta en
Sagitario, y los planetas rápidos te forman buenos aspectos en
especial hasta el 23; la salud y la energía son fundamentalmente
buenas; después del 23 estarán un poco más flojas, pero no es
nada grave. Los regímenes de desintoxicación y de adelgazamiento van mejor del 1 al 13 y del 27 en adelante. Las visitas al médico
y los análisis van mejor del 13 al 27.
    Plutón, tu planeta de la profesión, retomó el movimiento di-
recto el 25 del mes pasado. Muy oportuno; ahora hay claridad
respecto a la profesión. Avanzas con seguridad y confianza.
    Plutón recibe muy buenos aspectos, así que este es un mes de
éxito; podría haber ascenso y aumento de sueldo; los familiares y
el cónyuge, pareja o ser amado actual te dan buen apoyo en la
profesión; además, tu pareja prospera este mes y te ayuda. Tus

dotes sociales y tu capacidad para llevarte bien con los demás son importantes en la profesión, tal vez tanto como tus habilidades. Será muy bueno favorecer tu profesión por medios sociales, asistiendo a las fiestas o reuniones pertinentes u ofreciéndolas. En realidad gran parte de tu vida social después del 23 tiene relación con la profesión.

Hasta el 23 el amor es voluble, inestable, en especial del 5 al 7 y el 11 y 12. Ten más paciencia con el ser amado esos días, pues es posible que pase por una experiencia dramática; además, esos días deberá protegerse de situaciones que entrañen daño o peligro. Pero después del 12 las cosas mejoran. Si estás soltero o soltera, hasta el 23 encuentras oportunidades amorosas en otros países o con extranjeros; las personas extranjeras, cuanto más exóticas mejor, son atractivas en este periodo. También hay oportunidades románticas en ambientes religiosos y académicos; la persona que dirige tu lugar de culto y el resto de la congregación hacen de casamenteros; te atraen personas muy cultas y refinadas, de tipo mentor. Después del 23, cuando el Sol entra en Escorpio, el magnetismo sexual parece ser el principal atractivo, pero también te atraen personas de prestigio y poderosas, personas que puedan ayudarte en la profesión. Hay oportunidades románticas con jefes y con personas relacionadas con tu profesión.

Del 15 al 19 tienes una buena oportunidad para comprar un coche o equipo de comunicación nuevos; un hermano o figura fraterna tiene un bonito día de paga. Un progenitor o figura parental tiene un bonito día de paga entre el 24 y el 27. Te llegan cosas hermosas para la casa.

Noviembre

Mejores días en general: 8, 9, 17, 18, 26, 27
Días menos favorables en general: 3, 4, 10, 11, 24, 25, 30
Mejores días para el amor: 1, 3, 4, 6, 7, 10, 11, 17, 18, 21, 22, 26, 27, 30
Mejores días para el dinero: 5, 6, 10, 15, 16, 19, 20, 24, 25, 28
Mejores días para la profesión: 5, 6, 10, 11, 15, 16, 24, 25

Las finanzas han estado difíciles estos últimos meses, pero este mes deberías ver mejoría; Neptuno, tu planeta del dinero, retoma el movimiento directo el 18, y con esto llega la claridad mental, la confianza y el buen juicio financiero. Ya se han acabado muchos de los aspectos desfavorables a Neptuno. Hasta el 22 continúas en una cima profesional anual, así que sigue habiendo éxito. Plutón recibe aspectos desfavorables a partir del 12; esto no impide el éxito, pero te obliga a trabajar más y a superar más obstáculos. Es necesario estar más atento a la salud este mes, sobre todo hasta el 22. Esto no es nada grave, la salud general es buena, pero no estás en uno de tus mejores periodos para la salud. Simplemente procura descansar lo suficiente. Después del 22 mejorarán la salud y la energía. Este no es buen periodo para programar consultas al médico ni para hacerse análisis; cuando la energía está baja los análisis pueden parecer peores de lo que son realmente. Si tienes que hacer estas cosas, espera hasta después del 22.

El amor es excelente este mes, pero especialmente a partir del 22. Hasta el 22 siguen en vigor muchas de las tendencias de que hablamos el mes pasado. Alternas con grandes y poderosos; te atraen personas de posición y poder. Tal vez eres práctico en el amor, lo consideras simplemente otra opción profesional. El magnetismo sexual es extraordinariamente importante. Tienes oportunidades románticas (y sexuales) con jefes y personas relacionadas con tu profesión. Después del 22 cambian las necesidades y deseos. Ya no importan tanto el poder ni el prestigio. Deseas una relación entre iguales; deseas amistad con el ser amado. Hay oportunidades románticas *online* y cuando te relacionas con grupos o participas en actividades de grupo. Las amistades hacen de casamenteras en este periodo. El 29 o el 30 hay una oportunidad romántica con una persona mayor, una persona de tipo espiritual.

Un progenitor o figura parental deberá protegerse de un daño o peligro del 19 al 24; que se tome las cosas con calma y reduzca sus actividades esos días; no es aconsejable un viaje al extranjero entonces; ten más paciencia con esta persona esos días; me parece que no estáis de acuerdo.

El poder planetario se traslada este mes; pasa de tu sector occidental al oriental o independiente. Desde ahora hasta fin de año (y hasta ya avanzado el próximo año), el poder planetario avanza hacia ti, no se aleja. Por lo tanto, van aumentando el poder y la independencia personales. Te es más fácil imponer tu manera en la vida. Ya no dependes de los demás como en los últimos seis meses, más o menos.

Diciembre

Mejores días en general: 5, 6, 14, 15, 16, 23, 24
Días menos favorables en general: 1, 7, 8, 9, 21, 22, 27, 28, 29
Mejores días para el amor: 1, 7, 10, 11, 17, 18, 20, 25, 26, 27, 28, 29, 30, 31
Mejores días para el dinero: 2, 3, 4, 7, 8, 12, 13, 17, 18, 21, 22, 25, 26, 30, 31
Mejores días para la profesión: 2, 3, 7, 8, 9, 12, 13, 21, 22, 30, 31

El 5 Venus cruza tu Medio cielo y entra en tu décima casa. Cuentas con excelente apoyo familiar para tus objetivos profesionales; es posible que hagas más trabajo en casa, por control remoto, como si dijéramos. La familia en su conjunto se eleva más. Un padre o figura parental tiene éxito este mes y te ayuda en la profesión; del 10 al 12 me parece que te apoya económicamente. Hay probabilidades de un viaje (al extranjero) relacionado con trabajo o negocios.

El mes pasado, como hemos dicho, el poder planetario se trasladó a tu sector oriental. El dominio de este sector es más fuerte después del 5 (el mes que viene será más fuerte aún). Estás, pues, en el periodo para ser más autosuficiente y centrar la atención en tus intereses. Tus intereses son tan importantes como los de cualquier otro. Es el periodo para asumir la responsabilidad de tu felicidad. Día a día aumentan tu poder e independencia personales. Si las condiciones te fastidian, simplemente cámbialas a tu gusto. Tienes menos necesidad de adaptarte a las situaciones; tu manera es la mejor en este periodo (al menos para ti).

La salud y la energía son buenas este mes. Sólo un planeta rápido está en aspecto desfavorable. Tienes toda la energía que necesitas para realizar lo que sea que te propongas. Si tienes pensado hacer una visita al médico o hacerte un análisis, este es un buen mes (del 11 al 25 es mejor). Si vas a hacer un régimen de desintoxicación o de adelgazamiento, del 1 al 11 y a partir del 25 son los mejores periodos.

Hasta el 22 estás en el cielo de Acuario. Tu casa once está poderosa desde el 22 del mes pasado; el Cosmos te impulsa a hacer las cosas que más te gusta hacer y para las que eres mejor. Las reuniones con amistades, los grupos y las actividades de grupo son siempre agradables, pero este mes, hasta el 22, son también escenarios para el romance y las oportunidades románticas. Este es un periodo fabuloso para ampliar tus conocimientos de informática y alta tecnología. Es bueno modernizar tu equipo si es necesario. Y es maravilloso para aumentar también tus conocimientos de astrología, astronomía, matemáticas y ciencias. Después del 22 entras en un periodo más espiritual. Si te descubres deseando más soledad en ese periodo, no pienses que te pasa algo malo; es de lo más natural cuando está fuerte la casa doce. Este es un periodo fabuloso para participar en obras o causas benéficas, para hacer retiro espiritual, asistir a seminarios o charlas de meditación y crecer espiritualmente. Estos ambientes se convierten en escenarios para el romance después del 22.

Del 5 al 12 ten más prudencia al conducir. Los hermanos o figuras fraternas deberán protegerse de situaciones que entrañen daño o peligro esos días; tendrán que controlar el genio y evitar enfrentamientos.

Piscis

Los Peces
Nacidos entre el 19 de febrero y el 20 de marzo

Rasgos generales

PISCIS DE UN VISTAZO

Elemento: Agua

Planeta regente: Neptuno
  Planeta de la profesión: Júpiter
  Planeta del amor: Mercurio
  Planeta del dinero: Marte
  Planeta del hogar y la vida familiar: Mercurio

Colores: Verde mar, azul verdoso
  Colores que favorecen el amor, el romance y la armonía social: Tonos ocres, amarillo, amarillo anaranjado
  Colores que favorecen la capacidad de ganar dinero: Rojo, escarlata

Piedra: Diamante blanco

Metal: Estaño

Aroma: Loto

Modo: Mutable (= flexibilidad)

Cualidad más necesaria para el equilibrio: Estructura y capacidad para manejar la forma

Virtudes más fuertes: Poder psíquico, sensibilidad, abnegación, altruismo

Necesidades más profundas: Iluminación espiritual, liberación

Lo que hay que evitar: Escapismo, permanecer con malas compañías, estados de ánimo negativos

Signos globalmente más compatibles: Cáncer, Escorpio

Signos globalmente más incompatibles: Géminis, Virgo, Sagitario

Signo que ofrece más apoyo laboral: Sagitario

Signo que ofrece más apoyo emocional: Géminis

Signo que ofrece más apoyo económico: Aries

Mejor signo para el matrimonio y/o las asociaciones: Virgo

Signo que más apoya en proyectos creativos: Cáncer

Mejor signo para pasárselo bien: Cáncer

Signos que más apoyan espiritualmente: Escorpio, Acuario

Mejor día de la semana: Jueves

La personalidad Piscis

Si los nativos de Piscis tienen una cualidad sobresaliente, esta es su creencia en el lado invisible, espiritual y psíquico de las cosas. Este aspecto de las cosas es tan real para ellos como la dura tierra que pisan, tan real, en efecto, que muchas veces van a pasar por alto los aspectos visibles y tangibles de la realidad para centrarse en los invisibles y supuestamente intangibles.

De todos los signos del zodiaco, Piscis es el que tiene más desarrolladas las cualidades intuitivas y emocionales. Están entregados a vivir mediante su intuición, y a veces eso puede enfurecer a otras personas, sobre todo a las que tienen una orientación material, científica o técnica. Si piensas que el dinero, la posición social o el éxito mundano son los únicos objetivos en la vida, jamás comprenderás a los Piscis.

Los nativos de Piscis son como los peces en un océano infinito de pensamiento y sentimiento. Este océano tiene muchas profundidades, corrientes y subcorrientes. Piscis anhela las aguas más puras, donde sus habitantes son buenos, leales y hermosos, pero a veces se ve empujado hacia profundidades más turbias y malas. Los Piscis saben que ellos no generan pensamientos sino que sólo sintonizan con pensamientos ya existentes; por eso buscan las aguas más puras. Esta capacidad para sintonizar con pensamientos más elevados los inspira artística y musicalmente.

Dado que están tan orientados hacia el espíritu, aunque es posible que muchos de los que forman parte del mundo empresarial lo oculten, vamos a tratar este aspecto con más detalle, porque de otra manera va a ser difícil entender la verdadera personalidad Piscis.

Hay cuatro actitudes básicas del espíritu. Una es el franco escepticismo, que es la actitud de los humanistas seculares. La segunda es una creencia intelectual o emocional por la cual se venera a una figura de Dios muy lejana; esta es la actitud de la mayoría de las personas que van a la iglesia actualmente. La tercera no solamente es una creencia, sino una experiencia espiritual personal; esta es la actitud de algunas personas religiosas que han «vuelto a nacer». La cuarta es una unión real con la divinidad, una participación en el mundo espiritual; esta es la actitud del yoga. Esta cuarta actitud es el deseo más profundo de Piscis, y justamente este signo está especialmente cualificado para hacerlo.

Consciente o inconscientemente, los Piscis buscan esta unión con el mundo espiritual. Su creencia en una realidad superior los hace muy tolerantes y comprensivos con los demás, tal vez demasiado. Hay circunstancias en su vida en que deberían decir «basta, hasta aquí hemos llegado», y estar dispuestos a defender su posición y presentar batalla. Sin embargo, debido a su carácter, cuesta muchísimo que tomen esa actitud.

Básicamente los Piscis desean y aspiran a ser «santos». Lo hacen a su manera y según sus propias reglas. Nadie habrá de tratar de imponer a una persona Piscis su concepto de santidad, porque esta siempre intentará descubrirlo por sí misma.

Situación económica

El dinero generalmente no es muy importante para los Piscis. Desde luego lo necesitan tanto como cualquiera, y muchos consiguen amasar una gran fortuna. Pero el dinero no suele ser su objetivo principal. Hacer las cosas bien, sentirse bien consigo mismos, tener paz mental, aliviar el dolor y el sufrimiento, todo eso es lo que más les importa.

Ganan dinero intuitiva e instintivamente. Siguen sus corazonadas más que su lógica. Tienden a ser generosos y tal vez excesivamente caritativos. Cualquier tipo de desgracia va a mover a un Piscis a dar. Aunque esa es una de sus mayores virtudes, deberían prestar más atención a sus asuntos económicos, y tratar de ser más selectivos con las personas a las que prestan dinero, para que no se aprovechen de ellos. Si dan dinero a instituciones de beneficencia, deberían preocuparse de comprobar que se haga un buen uso de su contribución. Incluso cuando no son ricos gastan dinero en ayudar a los demás. En ese caso habrán de tener cuidado: deben aprender a decir que no a veces y ayudarse a sí mismos primero.

Tal vez el mayor obstáculo para los Piscis en materia económica es su actitud pasiva, de dejar hacer. En general les gusta seguir la corriente de los acontecimientos. En relación a los asuntos económicos, sobre todo, necesitan más agresividad. Es necesario que hagan que las cosas sucedan, que creen su propia riqueza. Una actitud pasiva sólo causa pérdidas de dinero y de oportunidades. Preocuparse por la seguridad económica no genera esa seguridad. Es necesario que los Piscis vayan con tenacidad tras lo que desean.

Profesión e imagen pública

A los nativos de Piscis les gusta que se los considere personas de riqueza espiritual o material, generosas y filántropas, porque ellos admiran lo mismo en los demás. También admiran a las personas dedicadas a empresas a gran escala y les gustaría llegar a dirigir ellos mismos esas grandes empresas. En resumen, les gusta estar conectados con potentes organizaciones que hacen las cosas a lo grande.

Si desean convertir en realidad todo su potencial profesional, tendrán que viajar más, formarse más y aprender más sobre el mundo real. En otras palabras, para llegar a la cima necesitan algo del incansable optimismo de Sagitario.

Debido a su generosidad y su dedicación a los demás, suelen elegir profesiones que les permitan ayudar e influir en la vida de otras personas. Por eso muchos Piscis se hacen médicos, enfermeros, asistentes sociales o educadores. A veces tardan un tiempo en saber lo que realmente desean hacer en su vida profesional, pero una vez que encuentran una profesión que les permite manifestar sus intereses y cualidades, sobresalen en ella.

Amor y relaciones

No es de extrañar que una persona tan espiritual como Piscis desee tener una pareja práctica y terrenal. Los nativos de Piscis prefieren una pareja que sea excelente para los detalles de la vida, porque a ellos esos detalles les disgustan. Buscan esta cualidad tanto en su pareja como en sus colaboradores. Más que nada esto les da la sensación de tener los pies en la tierra. Como es de suponer, este tipo de relaciones, si bien necesarias, ciertamente van a tener muchos altibajos. Va a haber malentendidos, ya que las dos actitudes son como polos opuestos. Si estás enamorado o enamorada de una persona Piscis, vas a experimentar esas oscilaciones y necesitarás mucha paciencia para ver las cosas estabilizadas. Los Piscis son de humor variable y difíciles de entender. Sólo con el tiempo y la actitud apropiada se podrán conocer sus más íntimos secretos. Sin embargo, descubrirás que vale la pena cabalgar sobre esas olas, porque los Piscis son personas buenas y sensibles que necesitan y les gusta dar afecto y amor.

Cuando están enamorados, les encanta fantasear. Para ellos, la fantasía es el 90 por ciento de la diversión en la relación. Tienden a idealizar a su pareja, lo cual puede ser bueno y malo al mismo tiempo. Es malo en el sentido de que para cualquiera que esté enamorado de una persona Piscis será difícil estar a la altura de sus elevados ideales.

Hogar y vida familiar

En su familia y su vida doméstica, los nativos de Piscis han de resistir la tendencia a relacionarse únicamente movidos por sus sentimientos o estados de ánimo. No es realista esperar que la pareja o los demás familiares sean igualmente intuitivos. Es necesario que haya más comunicación verbal entre Piscis y su familia. Un intercambio de ideas y opiniones tranquilo y sin dejarse llevar por las emociones va a beneficiar a todos.

A algunos Piscis suele gustarles la movilidad y el cambio. Un exceso de estabilidad les parece una limitación de su libertad. Detestan estar encerrados en un mismo lugar para siempre.

El signo de Géminis está en la cuarta casa solar de Piscis, la del hogar y la familia. Esto indica que los Piscis desean y necesitan un ambiente hogareño que favorezca sus intereses intelectuales y mentales. Tienden a tratar a sus vecinos como a su propia familia, o como a parientes. Es posible que algunos tengan una actitud doble hacia el hogar y la familia; por una parte desean contar con el apoyo emocional de su familia, pero por otra, no les gustan las obligaciones, restricciones y deberes que esto supone. Para los Piscis, encontrar el equilibrio es la clave de una vida familiar feliz.

Horóscopo para el año 2015*

Principales tendencias

Este año ocurren muchas cosas estimulantes, en el trabajo, en el amor y en las finanzas. Tiene trazas de ser un año activo y vas a necesitar estar más atento a tu energía. El principal titular este año es la entrada de Saturno en Sagitario. Entró a fines de diciembre del año pasado. Está en un aspecto desfavorable, que vas a tener los dos próximos años. Indica que trabajas muy arduo en tu profesión. Te ganas el éxito por puro mérito y no por favoritismos ni influencias políticas. Este trabajo extra te obliga a estar atento a tu energía. La salud será buena, pero más delicada que el año pasado. Volveremos sobre este tema.

Júpiter entró en tu sexta casa en julio del año pasado y continuará en ella hasta el 11 de agosto de este año. Esto es maravilloso si buscas trabajo. Ya podría haberse manifestado el trabajo soñado, pero si no es así, todavía puede hacerlo. Si tienes algún problema de salud deberías tener buenas noticias este año.

El 11 de agosto Júpiter entra en tu séptima casa, la del amor y el matrimonio. Este va a ser un año romántico fabuloso que durará hasta bien entrado el año que viene. Volveremos a hablar de esto.

Plutón lleva varios años en tu casa once, la de las amistades, y continuará en ella muchos años más. Algún amigo ha pasado por intervención quirúrgica o tenido una experiencia de casi muerte o muerte temporal. Muchas amistades se ponen a prueba este año.

* Las previsiones de este libro se basan en el Horóscopo Solar y todos los signos que derivan de él; tu Signo Solar se convierte en el Ascendente, y las casas se numeran a partir de él. Tu horóscopo personal, el trazado concretamente para ti (según la fecha, hora y lugar exactos de tu nacimiento) podrían modificar lo que decimos aquí. Joseph Polansky

Neptuno, el señor de tu horóscopo, está en tu signo desde 2012. La espiritualidad siempre es importante para ti, pero en este periodo lo es mucho más. Tu reto será mantener los pies firmes en el suelo, en especial cuando estés atendiendo a tus asuntos diarios externos.

Urano lleva unos años en tu casa del dinero y continuará en ella varios años más. Esto indica drásticos e importantes cambios financieros. Las alturas financieras son más altas de lo habitual, pero las bajuras pueden ser ultrabajas. Hacer frente a la inestabiliad financiera es la principal lección en este periodo.

Las facetas de interés más importantes este año son: el cuerpo, la imagen y el placer personal; las finanzas; la salud y el trabajo (hasta el 11 de agosto); el amor y el romance (a partir del 11 de agosto); la religión, la filosofía, los viajes al extranjeros y la formación superior (del 15 de junio al 18 de septiembre); la profesión (del 1 de enero al 15 de junio y del 18 de septiembre a fin de año); las amistades, los grupos y las actividades de grupo.

Los caminos hacia tu mayor satisfacción este año son: la salud y el trabajo (hasta el 11 de agosto); el amor y el romance (a partir del 11 de agosto); la sexualidad, la reinvención personal, los estudios ocultos, las deudas y su pago (hasta el 13 de noviembre).

Salud

(Ten en cuenta que esta es una perspectiva astrológica de la salud, no una médica. Antaño no había ninguna diferencia, ambas eran idénticas, pero en esta época podrían diferir muchísimo. Para una perspectiva médica, por favor, consulta a tu médico o a otro profesional de la salud.)

El tránsito de Saturno por Sagitario es un aspecto desfavorable para ti, como hemos dicho. La salud es más delicada que el año pasado. Lo bueno es que tu sexta casa está muy fuerte la mayor parte del año, así que estás atento a tu salud; el peligro sería que te desentendieras.

El 11 de agosto Júpiter entra también en un aspecto desfavorable para ti. Tendrás, pues, dos planetas lentos en aspecto difícil. En sí mismo esto no basta para causar enfermedad, pero cuando se les unan los planetas rápidos estarás más vulnerable. Estos periodos serán del 21 de mayo al 20 de junio; del 23 de agosto al 22 de septiembre, y del 22 de noviembre al 21 de diciembre. De estos tres periodos el tercero me parece el más importante. Procura descansar y relajarte más; duerme las horas suficientes; trata de pasar más tiempo en un balneario de salud o programa sesiones de masaje, reflexología o acupuntura. Haz todo lo posible por mantener elevada la energía. La energía elevada, como saben nuestros lectores, es la primera (y tal vez la más importante) línea de defensa ante los problemas de salud.

También puedes fortalecer la salud dando más atención a estas zonas vulnerables de tu carta. Esto prevendrá o atenuará los posibles problemas.

Los pies. Estos son siempre importantes para ti; respondes bien a la reflexología podal, a los baños de pies y al hidromasaje en los pies. Como siempre, no olvides usar zapatos cómodos, que calcen bien. Es mejor sacrificar la moda a la comodidad, pero si puedes tener ambas cosas, tanto mejor. También te convendrían visitas periódicas a un podólogo.

El corazón. Este órgano también es siempre importante para ti; tu planeta de la salud es el Sol, que rige el corazón. Te irá bien que te trabajen los puntos reflejos del corazón; también serían muy buenos los tratamientos de acupuntura o acupresión por el meridiano del corazón. Como siempre, evita la preocupación y la ansiedad, las dos emociones que, según muchos sanadores espirituales, son las causas principales de los problemas cardiacos.

El hígado y los muslos. Estas zonas son importantes desde julio de 2012. Te irá bien que te trabajen sus puntos reflejos; los masajes periódicos en los muslos te beneficiarán. Este año (hasta el 11 de agosto) también te convendría una desintoxicación del hígado. También serían muy buenos este año tratamientos del meridiano del hígado mediante acupuntura o acupresión.

Júpiter, tu planeta de la profesión, pasa gran parte del año en tu sexta casa, la de la salud; por lo tanto, hay problemas en la profesión, por ejemplo, una mengua en tu fama profesional o una supuesta baja en tu posición profesional, que podría afectarte la salud, si lo permites. No debes permitirlo. Sin salud no hay profesión de la que hablar, así que separa estas cosas en tu mente; la salud es la salud y la profesión es la profesión.

El Sol es tu planeta de la salud, como hemos dicho. Es un planeta de movimiento rápido. En un año transita por todos los signos y casas del horóscopo. Así pues, hay muchas tendencias a corto plazo en la salud, que dependen de dónde está el Sol y de los aspectos que recibe. Estas tendencias es mejor tratarlas en las previsiones mes a mes.

Hogar y vida familiar

Tu cuarta casa, la del hogar y la familia, no es casa de poder este año. Como saben nuestros lectores, esto hace que las cosas sigan como están. Cierto que tienes más libertad en los asuntos domésticos este año. Si quieres mudarte, hacer renovaciones o cambios, no hay nada en contra. Eres libre. Pero, por lo general, sin un impulso cósmico rara vez hacemos cambios importantes. Esto lo interpreto como una buena señal. Estás fundamentalmente satisfecho con las cosas como están y no tienes ninguna necesidad urgente de hacer cambios drásticos.

En esto hay otro asunto también. Es posible que en los dos últimos años te hayas mudado, hecho renovaciones en la casa o comprado una segunda o tercera casa. Parece que ya estás bastante bien instalado.

Si tienes pensado renovar, hacer obras importantes de reparación o construcción en la casa, del 12 de junio al 24 de julio es un buen periodo. Si deseas redecorar o embellecer la casa o comprar objetos de arte para adornarla, del 11 de abril al 8 de mayo es un buen periodo.

Me parece que un progenitor o figura parental está mandón y exigente este año. Por un lado sirve a tus intereses, es muy útil, pero por otro lado intenta controlar. Esta persona prospera este año, sobre todo hasta el 11 de agosto; no es probable que se mude (podría haberse mudado en los dos últimos años). Es probable, en cambio, que se mude la otra figura parental después del 11 de agosto (puede ser mudanza, renovación o compra de una segunda casa).

Hermanos o figuras fraternas podrían mudarse este año (también podrían haberlo hecho el año pasado). Si están en edad de concebir son muy fértiles en este periodo; se amplía su círculo familiar.

Los hijos o figuras filiales prosperan este año, pero no se ve mudanza en la carta.

Los nietos (si los tienes) que están en edad tienen problemas financieros, aunque reciben ayuda de sus padres. Podrían mudarse este año. Si están en edad de concebir son más fértiles que de costumbre.

Tu planeta de la familia, Mercurio, es el planeta más rápido después de la Luna. Por lo tanto, a lo largo del año hay muchas tendencias a corto plazo que dependen de dónde está Mercurio y de los aspectos que recibe. De estas es mejor hablar en las previsiones mes a mes.

Profesión y situación económica

Urano, como hemos dicho, está en tu casa del dinero desde hace unos años. Estás en un ciclo muy interesante y frenético. Por naturaleza tiendes a correr riesgos en las finanzas, pero en este periodo más aún. Arrojas por la ventana todos los libros de reglas, toda la sabiduría tradicional y aprendes, probando y equivocándote, lo que te da resultado a ti.

Esto es bueno. Así es como se adquieren nuevos conocimientos. No obstante, esto introduce cierta inestabilidad en las finanzas. Dado que estás explorando terreno nuevo, nunca sabes cuál va a ser el resultado de tus experimentos. Cuando el experimento resulta bien, los ingresos se disparan por las nubes, como ni te lo imaginas; cuando no resulta bien, los ingresos pueden ser ultrabajos.

Pero no te aflijas por eso; es natural. Por cada producto nuevo e interesante que se inventa en el laboratorio puede haber una o dos explosiones. Esto forma parte del juego.

En general deberías esforzarte en nivelar tus ingresos. Reserva dinero de los periodos altos (que los habrá) para cubrir los gastos de los periodos bajos (que muy probablemente los habrá también). Que los ingresos se disparen por las nubes durante un tiempo no significa que vayan a continuar igual.

Urano rige el mundo de la alta tecnología, la astronomía y la astrología. Todas estas cosas son importantes en las finanzas. Son buenas como inversiones y como negocio. También es importante el buen uso de la alta tecnología. Sea cual sea tu trabajo o empresa, es importante que te mantengas al día en los últimos avances de la tecnología. Este año son importantes las actividades o negocios *online*.

No creo que este año te conviertas en astrólogo practicante, pero la astrología nos ofrece muchas percepciones financieras. Si tienes problemas en las finanzas, te convendría consultar a tu astrólogo personal.

Urano es tu planeta de la espiritualidad, y esto nos da muchos mensajes. La intuición es importante en los asuntos financieros, y tu intuición es excelente, sobre todo hasta el 11 de agosto. La orientación te puede llegar en la meditación, en sueños o a través de videntes, pastores religiosos o canalizadores espirituales.

El planeta de la espiritualidad en la segunda casa indica que estás profundizando las dimensiones espirituales de la riqueza. Esto lleva varios años así y la tendencia continúa este año. Ya tienes mucha comprensión de esto, pero siempre se puede profundizar más. Lee todo lo que puedas acerca del tema y, más importante aún, pon en práctica lo que lees.

Si buscas trabajo, como hemos dicho, tienes bellas oportunidades. Es posible que ya hayas encontrado el trabajo soñado, pero si no, hay probabilidades este año.

La profesión se ve difícil este año. Saturno va a pasar el año en o muy cerca de tu Medio cielo. Esto no significa fracaso, por el contrario, trae éxito, pero llega de la manera difícil, mediante trabajo y méritos. A veces este aspecto indica un jefe exigente o normas restrictivas en la empresa o industria. La mejor manera de hacer frente a esto es darle al jefe más de lo que pide, superar sus expectativas. No le hurtes el cuerpo ni al trabajo ni a las responsabilidades.

Tu planeta de la profesión está en Leo hasta el 11 de agosto, así que, tal vez, desees divertirte a costa de la profesión; pero esto no se ve probable. Aprende a disfrutar del trabajo en sí, hazlo agradable, placentero.

El 11 de agosto tu planeta de la profesión entra en tu séptima casa, la del amor y las actividades sociales. Esto indica que puedes favorecer la profesión por medios sociales, asistiendo a las fiestas o reuniones convenientes o tal vez ofreciéndolas. Vas a alternar con personas que pueden abrirte puertas en la profesión. Sólo ten presente que las conexiones sociales pueden abrir puertas, pero en último término eres tú quien tiene que rendir, hacer el trabajo (y sobre todo los dos próximos años).

Amor y vida social

En el frente amoroso el año comienza lento, nada especial ni en un sentido ni en otro. Es un periodo sin novedades. Pero, como hemos dicho, el 11 de agosto Júpiter entra en tu séptima casa y las cosas comienzan a calentarse. Entras en uno de los periodos sociales más activos de tu vida. La última vez que Júpiter transitó por tu séptima casa fue hace doce años. Es decir, hace mucho tiempo que no tenías este tipo de aspecto.

Como saben nuestros lectores, Júpiter en la séptima casa es un clásico indicador de amor. En muchos casos indica matrimonio, es decir, boda. Pero no siempre. A veces la persona entra en una relación que es «como» el matrimonio, una relación seria, comprometida. En general, habrá más fiestas, bodas e invitaciones sociales. Lo que me gusta es que vas a conocer a personas importantes y poderosas, personas que son superiores a ti en posición social y profesional. Me parece que esto tiene un cariz romántico este año; el amor es más práctico en este periodo. Deseas a la persona que sea buen proveedor, la que puede ayudarte en la profesión, la persona que tiene poder.

No hay nada malo en esto, pero hay que tener cuidado de no entrar en un matrimonio o relación de conveniencia. El amor debe ser la consideración más importante.

Aparte del amor, el año parece más activo sexualmente que de costumbre. Tal vez demasiado. El exceso, no la falta, es el problema.

Si estás soltero o soltera y con miras a un primer, segundo o tercer matrimonio, hay probabilidades de boda o de una relación seria. Si ya estás casado o casada, tendría que haber más romance de lo habitual en la relación conyugal.

Las oportunidades románticas se presentan en el trabajo o cuando estás atendiendo a tus objetivos de salud, con compañeros de trabajo o con personas relacionadas con tu salud. Tienes los aspectos para un romance de oficina.

El amor, como hemos dicho, es más práctico este año. Se demuestra sirviendo a los intereses del ser amado, haciendo. Así es como demuestras el amor y así es como te sientes amado.

El romance también puede presentarse en ambientes religiosos o académicos (en especial después del 11 de agosto), en el lugar de culto o en la universidad o colegio de posgrado. Los mayores, padres o figuras parentales y jefes hacen de casamenteros este año.

Tu planeta del amor es el raudo Mercurio; sólo la Luna es más rápida que él. En el año hay, por lo tanto, muchas tendencias a corto plazo en el amor, según dónde está Mercurio y los aspectos que recibe. Estas tendencias es mejor tratarlas en las previsiones mes a mes.

Progreso personal

La espiritualidad es siempre importante para ti, Piscis, pero en este periodo hay ciertos aspectos de ella que son muy importantes.

Neptuno, el señor de tu horóscopo, está en tu primera casa desde 2012. Esto indica refinamiento y espiritualización del cuerpo. El cuerpo se vuelve aún más sensible a las vibraciones espirituales. Por lo tanto, como hemos dicho en años anteriores, la persona siente las vibraciones como si fueran algo físico. Así, si estás con una persona que sufre un problema cardiaco, es posible que sientas dolor en el corazón, o arritmia. Lo sientes de verdad, pero no es lo que crees. También es cierto lo contrario. Si estás con personas animadas, alegres, también sentirás físicamente esas vibraciones; podrías sentirte eufórico, mareado, aun cuando no hayas tomado ninguna sustancia. Con entrenamiento o práctica podrás coger un objeto y percibir todo tipo de cosas acerca de la persona dueña del objeto. No te tomes muy en serio esas sensaciones físicas. Date cuenta, pero no te identifiques con ellas. Esto te ahorrará mucho sufrimiento.

Es posible que estés en el camino de la ascensión. Estos trabajos irán bien este año y en muchos venideros.

Se dice que el motivo de la vejez y el deterioro físico es el enlentecimiento de las vibraciones físicas. Si se elevan las vibraciones, el cuerpo se rejuvenece. Es posible que experimentes este tipo de cosas en este periodo.

La mayor sensibilidad del cuerpo significa que debes ser muy moderado con el consumo de alcohol y drogas. La reacción del cuerpo podría ser excesiva.

En la perspectiva espiritual de las cosas el cuerpo no se considera causa de nada. El cuerpo es el efecto secundario, la manifestación visible, de causas invisibles. Así pues, si la persona sabe cambiar la dimensión de las causas, mediante meditación, afirmaciones y la actitud correcta, puede modelar y configurar su cuerpo a voluntad. En este periodo tienes esa extraordinaria capacidad.

La otra faceta de crecimiento espiritual, y esto lleva unos años, es la de las finanzas. Sin duda has hecho mucho progreso en esto. Vas a ver que así como tu cuerpo es efecto secundario de causas espirituales, también lo son las finanzas. Los problemas financieros siempre tienen su origen en otros planos más sutiles. Si queremos eliminar una situación financiera negativa debemos eliminar la causa espiritual del problema; si no, el problema volverá a presentarse una y otra vez. Sin duda hay soluciones tridimensionales que pueden remediar algo: mejor administración del dinero, vivir ateniéndose a los medios de que disponemos, hacer planes de ahorro y de inversión. Pero estas cosas no bastan si no se tratan las causas espirituales de fondo. En general estas causas son malentendidos acerca de la naturaleza de la riqueza y de dónde viene el aprovisionamiento. Estos malentendidos pueden ser muy sutiles, muchas veces nos los inculcan en la infancia. Desde el punto de vista espiritual, en eso ha de centrarse tu trabajo financiero.

Previsiones mes a mes

Enero

Mejores días en general: 4, 5, 14, 15, 22, 23, 31
Días menos favorables en general: 2, 3, 9, 10, 16, 17, 29, 30
Mejores días para el amor: 1, 9, 10, 12, 13, 20, 21, 22, 29, 30, 31
Mejores días para el dinero: 2, 3, 7, 8, 14, 16, 17, 22, 23, 24, 25, 31
Mejores días para la profesión: 7, 8, 16, 17, 24, 25

Empiezas el año con el 80 y a veces el 90 por ciento de los planetas en el sector oriental o independiente de tu carta. Tienes un enorme poder e independencia personal y debes darle buen uso. Haz esos cambios que es necesario hacer. No hace ninguna falta que consultes a los demás ni busques su aprobación cuando se trate de tu situación personal. El Cosmos te respalda y los demás estarán de acuerdo contigo; tienes fuertes dotes de liderazgo en este periodo. Tu manera es la mejor en lo que a tu vida se refiere. El acto independiente siempre «crea karma», y si construyes bien el karma tendría que ser bueno. Ahora importa tu iniciativa personal, no las personas que conoces ni tus conexiones sociales.

El poder planetario continúa principalmente sobre el horizonte de tu carta, por lo tanto es bueno que centres la atención en tus objetivos externos y tu profesión. Esto va a cambiar pronto, pero es la tendencia este mes. La profesión es frenética y tienes que superar muchas dificultades; sólo tienes que trabajar más. Tu planeta de la profesión está retrógrado, así que conviene poner en revisión la profesión. Las oportunidades profesionales necesitan más reflexión y análisis.

Saturno está en aspecto desfavorable contigo este mes, pero la mayoría de los otros planetas o están en aspectos armoniosos o te dejan en paz. La salud debería ser buena. Hasta el 5 puedes fortalecerla dando más atención a la columna, las rodillas, la dentadura, los huesos, la piel y la alineación esquelética general; será beneficioso dar masajes periódicos en la espalda y las rodillas y visitar a un quiropráctico u osteópata. Después del 5 da más atención a los tobillos y pantorrillas; dales masajes periódicos y protege bien los tobillos.

Este mes es próspero. El 12 tu planeta del dinero cruza tu Ascendente y entra en tu primera casa. Tienes un hermoso periodo financiero. Llegan beneficios imprevistos y no es mucho lo que necesitas hacer. El dinero viene a ti, y las oportunidades financieras también. Te ves rico (más que de costumbre) y te sientes rico, y la gente te ve así. Hay más beneficios imprevistos del 16 al 20, cuando Marte viaja con Neptuno; la intuición financiera es excelente esos días. Las dimensiones espirituales de la riqueza son siempre importantes para ti, pero en especial este mes. Marte está en tu espiritual casa doce hasta el 12 y a partir de esta fecha en tu signo; es un periodo para dinero «milagroso», pero no para dinero natural.

Este mes también son importantes las dimensiones espirituales del amor. Tu planeta del amor, Mercurio, está en tu casa doce a partir del 5. El 21 Mercurio inicia movimiento retrógrado, así que entonces pon en revisión tu vida amorosa y no tomes ninguna decisión importante en el amor; las cosas no son lo que parecen, analízalas con más detenimiento.

La doce es la casa más poderosa este mes, especialmente después del 20; el 50 por ciento de los planetas están instalados en ella o transitan por ella. Esto indica más contacto con el mundo invisible; tu reto será mantener los dos pies en el suelo. Está bien tener la cabeza en las nubes, pero los pies manténlos bien plantados en la tierra.

Febrero

Mejores días en general: 1, 10, 11, 19, 20, 27, 28
Días menos favorables en general: 5, 6, 7, 13, 14, 25, 26
Mejores días para el amor: 1, 2, 5, 6, 7, 8, 9, 10, 11, 17, 18, 20, 21, 25, 26
Mejores días para el dinero: 1, 2, 3, 4, 10, 11, 13, 14, 20, 21, 22
Mejores días para la profesión: 3, 4, 13, 14, 21, 22

El poder planetario se traslada este mes. El 18 se debilita la mitad superior de tu carta y se hace fuerte la mitad inferior. Así pues, acabas de terminar un empuje profesional anual; la profesión sigue siendo importante y lo seguirá siendo en los años venideros, pero te tomas un respiro. Ahora necesitas centrar la atención en las condiciones interiores, en la infraestructura psíquica que hace posible el éxito. Es necesario poner en orden la vida doméstica, familiar y emocional. Es el periodo para llenar el tanque de gasolina emocional que hará posible el éxito futuro. Simbólicamente ha caído la noche en tu año. Se acaban los asuntos del día, comienzan la actividades de la noche.

Este es un mes feliz y próspero, Piscis, que lo disfrutes.

El 18, cuando el Sol cruza tu Ascendente y entra en tu primera casa, empiezas una de tus cimas anuales de placer personal. Este es el periodo para complacer al cuerpo y gozar de los placeres sensuales. Dado que el Sol rige tu sexta casa, este será un periodo fabuloso para seguir regímenes de salud. La salud general es excelente este mes, a pesar del aspecto desfavorable de Saturno. Tienes muchísima energía para realizar lo que deseas.

Si buscas trabajo tienes excelentes aspectos todo el año, y especialmente después del 18 de este mes; las oportunidades de trabajo te buscan. No tienes por qué patear las calles ni buscar en internet; estas oportunidades te encontrarán.

Tu poder e independencia están en su punto máximo del año (el mes que viene también), así que haz esos cambios que es necesario hacer. Créate la vida según tus condiciones; si hay errores en tus condiciones lo sabrás en los próximos meses y experimentarás las consecuencias. Si tus condiciones no son destructivas las consecuencias serán agradables. El Cosmos apoya tu felicidad. Tus intereses son importantes y necesitas ser un poco egoísta.

La vida amorosa va mejor que el mes pasado; tu planeta del amor retoma el movimiento directo el 11 y con esto llegan la claridad y la confianza social. Te ves extraordinariamente bien; el Sol y Marte en tu primera casa te dan carisma y atractivo sexual, y Neptuno, también en tu primera casa, te da mucho encanto y otros atractivos mundanos, así que atraes al sexo opuesto. Tu planeta del amor pasa el mes en tu espiritual casa doce y esto es el escenario para el romance; encuentras oportunidades románticas en charlas o retiros espirituales y en funciones benéficas. Eres particularmente idealista en el amor en este periodo; pones alto el listón; no te importan el dinero ni la posición, sólo te importa el sentimiento de amor.

Marzo

Mejores días en general: 1, 9, 10, 18, 19, 27, 28
Días menos favorables en general: 4, 5, 6, 12, 13, 24, 25, 26
Mejores días para el amor: 2, 3, 4, 5, 6, 7, 8, 12, 13, 18, 19, 22, 23, 29, 30, 31
Mejores días para el dinero: 2, 3, 12, 13, 20, 21, 30, 31
Mejores días para la profesión: 2, 3, 12, 13, 20, 21

El 20 tenemos un eclipse solar que ocurre en tu signo; si naciste los útimos días del signo, del 18 al 20 de marzo, lo sentirás muy fuerte; si no lo sentirás hasta cierto grado. Siempre conviene reducir las actividades durante el periodo de un eclipse solar, pero en especial si naciste uno de esos días.

Este eclipse ocurre en el límite entre tu primera y segunda casa (técnicamente, en la cúspide de la segunda casa) y afectará los asuntos de ambas casas. Por lo tanto, a lo largo de los seis próximos meses vas a redefinir tu personalidad, tu imagen y tu comportamiento general; presentarás una nueva imagen al mundo. También habrá cambios financieros drásticos. Urano está en tu casa del dinero desde hace unos años, así que ya estás acostumbrado a cambios financieros drásticos, pero vienen más en camino. Tanto el planteamiento como la estrategia deben ser más realistas; el eclipse revelará cuáles son los defectos y podrás hacer los ajustes. Todos los eclipses solares traen cambios laborales; el planeta eclipsado, el Sol, es el señor de tu sexta casa. Aunque estos cambios serían buenos, provocarán trastornos; las cosas buenas pueden trastornar tanto como las malas. El cambio laboral podría ser en la misma empresa en que estás, un cambio de puesto, o podrías cambiarte a otra. A veces hay sustos en la salud, pero dado que tu salud es buena en este periodo, lo más probable es que sólo sea eso, un susto. En los seis próximos meses también cambiará radicalmente tu programa de salud. Si eres empleador verás intestabilidad en el lugar de trabajo y cambio de personal; pero esto también se ve bueno; parece que en este periodo no hay ningún problema para atraer empleados muy bien cualificados.

Podrías experimentar cambios y trastornos financieros antes que comience el eclipse; del 9 al 12 tu planeta del dinero forma aspectos dinámicos con Urano y Plutón; estos son problemas de corta duración, la prosperidad general es buena.

Como hemos dicho, la salud general es buena a pesar del eclipse. Puedes fortalecerla dando más atención a los pies (siempre importantes para ti) hasta el 20, y después a la cabeza y la cara. Hasta el 20 el masaje en los pies es más potente de lo habitual. Si antes del 20 te sientes indispuesto, te será útil recurrir a un terapeuta de tipo espiritual. Después del 20 te irá bien hacer más ejercicio físico y tener mejor tono muscular.

El 20 entras en una cima financiera anual. El eclipse podría ocasionar algunos gastos extras, pero tendrás el dinero para cubrirlos.

La entrada de Mercurio en tu signo el 13 es maravillosa para el amor. El cónyuge, pareja o ser amado actual demuestra mucho afecto. Si estás soltero o soltera y sin compromiso descubrirás que el amor te persigue; lo encuentras justo donde estás.

Abril

Mejores días en general: 6, 7, 15, 16, 23, 24
Días menos favorables en general: 1, 2, 8, 9, 21, 22, 28, 29
Mejores días para el amor: 1, 2, 8, 9, 13, 19, 20, 21, 22, 28, 29
Mejores días para el dinero: 1, 2, 8, 9, 10, 11, 12, 17, 18, 19, 20, 25, 26, 28, 29
Mejores días para la profesión: 8, 9, 17, 18, 25, 26

Hasta el 20 continúa tu cima financiera anual. La vida financiera es emocionante, con muchos altibajos entremedio. El dinero puede llegar de formas sorprendentes y cuando menos te lo esperas; también las oportunidades de trabajo pueden presentarse de forma sorprendente. Del 4 al 7 podría haber gastos repentinos, pero llega el dinero para cubrirlos. Este mes son importantes las ventas, la mercadotecnia, las relaciones públicas, el buen uso de los medios. El apoyo de la familia es bueno; las conexiones familiares también tienen un importante papel.

El 4 tenemos un potente eclipse lunar; es potente porque afecta a varios planetas y por lo tanto a varias facetas de la vida. Reduce tus actividades y tómate las cosas con calma en ese periodo. El eclipse ocurre en tu octava casa, por lo tanto podría haber encuentros con la muerte o una experiencia de casi muerte; el Cosmos te obliga a mirarla más en profundidad. El cónyuge, pareja o ser amado actual tendrá que hacer cambios importantes en sus finanzas, tal vez debido a una crisis que le obliga a hacerlos. Si tienes asuntos pendientes de impuestos, seguros, patrimonio o herencia, estas cosas avanzan. Todos los eclipses lunares afectan a los hijos y figuras filiales de tu vida; deberán protegerse de situaciones de daño o peligro durante el periodo del eclipse. No hace ninguna falta que se entreguen a actividades difíciles, estresantes o arriesgadas; el eclipse indica que se van a redefinir, van a redefinir sus personalidades y concepto de sí mismos. Normalmente esto tiene por consecuencia cambios en la manera de vestir, corte de pelo y comportamiento general; además, podrían pasar por experiencias dramáticas, de aquellas que cambian la vida. Lo mismo vale para los nietos (si los tienes). Dado que el eclipse hace impacto en Plutón, habrá trastornos o reorganización en tu lugar de culto y dramas en la vida de sus dirigentes. Si eres estudiante, universitario o de posgrado, haces cambios importantes en tus planes de estudios; podrías cambiar de facultad, o de asignatura principal; a veces hay cambios en el colegio, reorganización en la jerarquía y cambio de normas. Muchas veces se produce una «crisis de fe»; se ponen a prueba las creencias religiosas y filosóficas, y es necesario pulirlas. Junto con esto, hay cambios en la vida espiritual (me parece que lo uno está conectado con lo otro); estos cambios pueden ser en tu práctica, actitud e incluso enseñanza; a veces la persona conoce otra doctrina, enseñanza o maestro que la atrae. Hay trastornos o reestructuración en una organización benéfica o espiritual a la que perteneces o con la que te relacionas.

Ahora que ya pasó tu cumpleaños, tu ciclo solar personal está en fase creciente. El ciclo solar universal comenzó su fase creciente el día del solsticio de invierno. El Sol está en Aries hasta el 20; la mayoría de los planetas están en movimiento directo; estás en el periodo óptimo para iniciar nuevas actividades o lanzar nuevos productos al mundo. El 1, el 2 y el 18 y 19 son los mejores días.

Mayo

Mejores días en general: 3, 4, 12, 13, 21, 22, 30, 31
Días menos favorables en general: 5, 6, 7, 18, 19, 25, 26, 27
Mejores días para el amor: 1, 2, 10, 11, 12, 13, 18, 19, 21, 22, 25, 26, 27, 28, 29, 30, 31
Mejores días para el dinero: 5, 6, 9, 14, 15, 18, 19, 23, 24, 28, 29
Mejores días para la profesión: 5, 6, 7, 14, 15, 23, 24

Este mes los planetas se van acercando al nadir de tu carta (el punto más bajo). Simbólicamente, vas a entrar en la medianoche de tu año. A medianoche ocurren cosas poderosas, pero no las vemos; ocurren en los planos interiores y se hacen visibles por la mañana. Esto te ocurre ahora. En este punto aparentemente inactivo se preparan y alinean las fuerzas para el próximo empuje profesional. A partir del 21 te encuentras en un periodo para curación y limpieza emocional; es un periodo para hacer las paces con traumas del pasado, sobre todo si continúan activos; un periodo para resolver viejos recuerdos y experiencias. Es probable que no sea correcta la interpretación que diste a un incidente o acontecimiento en tu infancia, sobre todo si lo consideras desde tu punto de vista actual. A veces tenemos que retroceder, mirar el pasado, para poder continuar hacia delante.

La salud y la energía están debilitadas en este periodo, en especial a partir del 21, así que, como siempre, procura descansar lo suficiente. Es particularmente agobiante si naciste los primeros días del signo, del 18 al 20 de febrero. Esforzarte cuando estás cansado no suele acelerar las cosas; se cometen más errores mentales y normalmente tienes que rehacer el trabajo; es mejor descansar, y trabajar cuando hayas recuperado la energía. Hasta el 21 fortalece la salud con masajes en el cuello; después del 21 serán potentes los masajes en los brazos y hombros. Da más atención a los pulmones, los bronquios y el sistema respiratorio. Procura respirar bien e inspirar bastante aire. Si te sientes indispuesto sal a tomar aire fresto y haz unas cuantas respiraciones profundas; haz todo lo posible por mantener el estado anímico positivo y constructivo. La armonía familiar es buena en sí, pero en este periodo (después del 21) es un asunto de salud.

Si buscas trabajo este año tienes buenos aspectos, pero este mes son mejores después del 21 que antes. Las oportunidades están cerca de casa. La familia o conexiones familiares son especialmente útiles en esto.

La vida amorosa y social también se centra en la familia este mes. El amor está cerca de casa. Es muy posible que los familiares hagan de casamenteros; las conexiones familiares también. Estás más nostálgico en el amor este mes; tratas de revivir momentos muy románticos del pasado. A veces con estos aspectos entra en el cuadro un viejo amor; esto contribuye a la curación emocional de la que hemos hablado. La intimidad emocional se ve tan importante como la física. Tu planeta del amor inicia movimiento retrógrado el 14, así que a partir de esta fecha evita tomar decisiones importantes en el amor, ni en uno ni en otro sentido; las cosas no son lo que parecen, el tiempo traerá claridad sobre estos asuntos.

Junio

Mejores días en general: 8, 9, 17, 18, 19, 27, 28
Días menos favorables en general: 2, 3, 15, 16, 22, 23, 29, 30
Mejores días para el amor: 1, 6, 7, 10, 11, 15, 16, 20, 21, 22, 23, 24, 25, 29, 30
Mejores días para el dinero: 2, 3, 8, 9, 10, 11, 17, 18, 19, 20, 21, 27, 28, 29, 30
Mejores días para la profesión: 2, 3, 10, 11, 20, 21, 29, 30

Sigue siendo importante estar atento a la salud, pero vemos mejorías respecto al mes pasado. El 15 Saturno sale por un tiempo de su aspecto desfavorable; el 21 el Sol sale de su aspecto desfavorable. El 24 ya tendrías que sentir un resurgimiento de la energía. Mientras tanto, fortalece la salud de las maneras indicadas el mes pasado; hasta el 21 serán potentes los masajes periódicos en los brazos y hombros; irá bien tomar aire fresco y hacer ejercicios de respiración; irán bien sesiones de reflexología o acupresión para tratar los pulmones y bronquios. Después del 21 da más atención al estómago y sistema digestivo. Si eres mujer da también más atención a los pechos. Es importante la dieta en ese periodo.

Hasta el 21 continúas en un periodo de curación emocional; repasa lo que hablamos el mes pasado. El 21 entras en una de tus cimas anuales de placer personal. Diversión y juegos; va de recreación y de cargar las pilas. Fíjate en cómo mejora tu salud cuando lo estás pasando bien. Una noche de juerga en la ciudad no es sólo diversión por sí misma, sino que además mejora tu salud general.

Si buscas trabajo encuentras oportunidades cuando te estás divirtiendo o en actividades de ocio. Si tienes trabajo lo encuentras más agradable, placentero, hallas las maneras de disfrutarlo. A fin de mes se presenta una muy buena oportunidad de trabajo.

El mes pasado el poder planetario volvió a trasladarse, pasó al sector occidental de tu carta, que se hizo poderoso. Ha llegado a su fin tu periodo de independencia personal; estás en otra fase de tu ciclo anual. Ahora que el poder planetario avanza hacia los demás, alejándose de ti, es probable que tu manera no sea la mejor, que los demás tengan mejores ideas o formas de hacer las cosas. Tus consecuciones y méritos son menos importantes, lo que cuenta son tus dotes sociales, tu simpatía, tu capacidad para caer bien. Pon en un segundo plano tus intereses y centra más la atención en las necesidades de los demás. Por la ley kármica tus necesidades se satisfarán natural y fácilmente.

Después del 21 será muy fuerte tu creatividad, y si estás en el mundo de las artes creativas tus obras serán más comerciables a partir del 24.

Las finanzas van bien este mes. Hasta el 24 son importantes la familia y las conexiones familiares. Tal vez trabajes y ganes más desde casa. Si eres inversor deberás explorar el sector inmobiliario residencial, los restaurantes y los hoteles; también son buenos los sectores de telecomunicaciones y transporte.

Julio

Mejores días en general: 6, 7, 14, 15, 16, 24, 25
Días menos favorables en general: 12, 13, 19, 20, 26, 27, 28
Mejores días para el amor: 7, 8, 9, 17, 18, 19, 20, 26, 29, 30
Mejores días para el dinero: 6, 7, 8, 9, 14, 15, 16, 18, 24, 25, 27, 28
Mejores días para la profesión: 9, 18, 26, 27, 28

Continúa anteponiendo a los demás, como el mes pasado. Es bueno tomarse vacaciones de uno mismo de vez en cuando. Muchos problemas de la vida provienen de centrar demasiado la atención en uno mismo. Tu propio interés es importante, pero en este periodo ocurre gracias al buen talante de los demás.

Las finanzas van bien este mes, aunque hay ciertos baches de corta duración en el camino. Estando Marte en tu quinta casa todo el mes, hay suerte en las especulaciones. El dinero se gana de modos felices; gastas en actividades de ocio y de diversión. Disfrutas de la riqueza que tienes, cosa que no todo el mundo puede decir. Del 14 al 17 ten más cuidado en los asuntos financieros, gastar en exceso podría ser un problema. Del 24 al 27 hay ciertos trastornos financieros de corta duración, tal vez un gasto inesperado o un giro de los acontecimientos; evita la especulación en esos dos periodos. Del 24 al 27 la intuición financiera necesita más verificación.

Tu planeta del dinero pasa todo el mes en Cáncer, aspecto fundamentalmente armonioso para ti, pero que tiene su lado negativo; podrías estar de humor muy variable. Tus gastos e inversiones dependen de tu estado anímico; si este es negativo puedes cometer errores. Si hay que tomar decisiones importantes, consúltalo con la almohada. Toma las decisiones cuando te encuentres en paz y armonía.

El 23 el Sol entra en tu sexta casa, la de la salud y el trabajo. Esto es excelente para programar visitas al médico, análisis u otras exploraciones médicas. Es un buen periodo para hacer regímenes de salud también. Esto te será muy útil el próximo mes, en que la salud estará más delicada. Si eres empleador, este es un excelente periodo para entrevistar y contratar empleados. Si buscas trabajo tienes excelentes perspectivas en este periodo también.

Este mes aumenta la actividad retrógrada. A partir del 25 estaremos en la máxima del año. Las cosas se enlentecen en el mundo. Pero en tu vida amorosa las cosas avanzan rápido; tu planeta del amor avanza raudo, transita por tres signos y casas este mes. Esto indica confianza social, la persona que hace rápido progreso social. Hasta el 8 tu planeta del amor está en la cuarta casa; te atrae la intimidad emocional, la comunicación mutua de sentimientos. Del 8 al 23 sigue siendo importante la intimidad emocional, pero deseas diversión; te atrae la persona que sabe hacerte pasarlo bien; si estás en una relación, os divertís más. Después del 23 eres más práctico; el servicio es amor en acción; te atrae la persona que sirve a tus intereses de modo práctico. Del 15 al 20 ten más paciencia con el ser amado; esta persona deberá protegerse de situaciones que entrañen peligro o daño esos días, evitar las actividades arriesgadas o estresantes.

Agosto

Mejores días en general: 2, 3, 10, 11, 12, 20, 21, 22, 29, 30
Días menos favorables en general: 8, 9, 15, 16, 17, 23, 24
Mejores días para el amor: 5, 14, 15, 16, 17, 23, 24, 26, 27, 31
Mejores días para el dinero: 3, 4, 5, 13, 15, 23, 24, 25, 31
Mejores días para la profesión: 5, 15, 23, 24, 25

El principal titular este mes es la vida amorosa. Tu séptima casa, la del amor, está muy poderosa a partir del 11; este día Júpiter hace un importante tránsito, pasa de tu sexta casa a la séptima.

Mercurio, tu planeta del amor, entra en tu séptima casa el 7, y el Sol entra el 23. Entonces entras en una cima amorosa y social anual (y tal vez sea una en muchos años). En lo que queda de año podrías casarte o entrar en una relación parecida al matrimonio (esto podría ocurrir el próximo año también). Es un mes, y lo que queda de año, muy feliz en lo amoroso y social.

El amor se ve muy práctico este mes. Júpiter, tu planeta de la profesión, está en tu séptima casa, como también el Sol, tu planeta del trabajo. Tu planeta del amor está en el práctico Virgo del 7 al 27. Olvida los paseos por la playa a la luz de la luna, las flores y la música; el amor es muy práctico. Te atraen personas de posición elevada, las personas buenas proveedoras, personas que sirvan a tus intereses de modos prácticos, personas que te puedan ayudar en la profesión. Las flores y los paseos a la luz de la luna, los dulces susurros, la conversación amorosa, son cosas efímeras; el servicio práctico permanece. Así pues, este es el tipo de mes (y de año) en que el ser amado demuestra su amor arreglándote el ordenador, cambiándote un neumático pinchado o dándote apoyo en la profesión. Así es como te sientes amado y como demuestras el amor.

Este mes tienes los aspectos clásicos para romance de oficina, ya sea con compañeros de trabajo, jefes o superiores o personas relacionadas con tu profesión. El poder y el prestigio son potentes afrodisiacos este mes, y lo que queda de año.

La vida amorosa incluso afecta a tu salud después del 23; es importante mantener la armonía con el ser amado o cónyuge. La salud y la energía son buenas hasta el 23, pero después necesitan más atención. Hasta el 23 da más atención al corazón (siempre importante para ti). Después del 23 es importante el intestino delgado. Serán muy útiles sesiones de reflexología o de acupuntura o acupresión en el meridiano del intestino degado. Como siempre, es importantísimo que descanses lo suficiente; la energía baja es la enfermedad primordial y la causa principal de enfermedad.

Júpiter es tu planeta de la profesión; su entrada en Virgo el 11 indica importantes cambios en la profesión. El cónyuge, pareja o ser amado actual se interesa mucho por tu profesión y apoya tus objetivos. Es bueno en este periodo favorecer la profesión por medios sociales, estableciendo contactos y asistiendo u ofreciendo las fiestas o reuniones convenientes. Tus méritos personales son importantes en la profesión, pero tal vez es más importante tu simpatía, tu capacidad para llevarte bien con los demás (esto no es solamente ahora, en que los planetas están en tu sector occidental, sino que es una tendencia para el resto del año y hasta bien avanzado el próximo).

Septiembre

Mejores días en general: 7, 8, 17, 18, 26, 27
Días menos favorables en general: 4, 5, 6, 12, 13, 19, 20
Mejores días para el amor: 1, 4, 5, 9, 10, 12, 13, 14, 15, 19, 20, 24, 25, 28, 29
Mejores días para el dinero: 1, 2, 9, 10, 12, 20, 28, 29, 30
Mejores días para la profesión: 2, 12, 19, 20, 30

El mes pasado trajo muchos cambios y este trae más aún. Es un mes tumultuoso. Lee los periódicos y verás a qué nos referimos. Este mes hay dos eclipses, que son la causa de todo el jaleo. El eclipse solar del 13 es muy fuerte en ti, así que reduce tus actividades y tómate las cosas con calma en ese periodo; en realidad debes tomarte las cosas con calma hasta el 23, pero en especial durante el periodo del eclipse. Este eclipse ocurre en tu séptima casa, la del amor; esto indica cambios drásticos en la vida amorosa: se prepara el terreno para el amor y es necesario limpiarlo de muchas impurezas y obstrucciones; sólo lo mejor vale para ti. Así pues, si el amor es deficiente o la relación es imperfecta, se va al garete. Si el matrimonio o la relación es buena sobrevive a esto, siempre es así. Si hay defectos, está en peligro. Todos los eclipses solares son causa de cambios laborales, y este no es diferente. El cambio puede ser dentro de tu misma empresa, un cambio de puesto, por ejemplo, o te cambias a otra empresa. Cambian las condiciones laborales, las normas y el ambiente. A veces hay sustos en la salud también; estando más delicada tu salud en este periodo, esto podría ocurrir. Pero no te precipites a hacer nada de momento; deja que se asiente el polvo del eclipse, y busca otras opiniones. Después del 23 la salud y la energía mejoran espectacularmente y puede cambiar la opinión. A lo largo de los seis próximos meses harás cambios importantes en tu programa de salud.

El eclipse lunar del 28 (el 27 en las Américas) ocurre en tu casa del dinero y anuncia cambios importantes en las finanzas; normalmente esto ocurre debido a una crisis o trastorno; podría haber defectos en el planteamiento, las opiniones y/o la estrategia, y el eclipse te los revela. Si bien esto no es agradable, es bueno; quedas en situación de hacer las correcciones. Estos cambios deberían haberse hecho hace tiempo, pero ahora el Cosmos fuerza la decisión; es por tu bien. Como todos los eclipses lunares, este afecta a los hijos y figuras filiales. Estos deberán reducir sus actividades y protegerse de situaciones que entrañen peligro daño durante el periodo del eclipse, unos cuantos días antes y otros tantos después. En un sentido cósmico, esto es como una violenta tormenta; mientras dura es mejor estar dentro de casa y no meterse en problemas. También podrían tener experiencias dramáticas, de aquellas que cambian la vida; se ven obligados por las circunstancias a redefinir su imagen y personalidad, el concepto de sí mismos. Esto lleva, a lo largo del tiempo, a cambios en la forma de vestirse, corte de pelo y de imagen.

Octubre

Mejores días en general: 4, 5, 14, 15, 23, 24, 31
Días menos favorables en general: 2, 3, 9, 10, 16, 17, 18, 29, 30
Mejores días para el amor: 2, 3, 8, 9, 10, 11, 12, 19, 20, 21, 22, 27, 28, 29, 30
Mejores días para el dinero: 1, 9, 10, 19, 20, 25, 26, 27, 28
Mejores días para la profesión: 1, 9, 10, 16, 17, 18, 19, 20, 27, 28

El poder planetario volvió a trasladarse el mes pasado; se hizo poderosa la mitad superior u objetiva de tu carta, y este mes está más fuerte aún. Estás comenzando tu empuje profesional anual. Todavía no estás en el punto máximo, esto ocurrirá dentro de dos meses, pero están la energía y el interés. No hay riesgo en dejar estar los asuntos familiares, domésticos y emocionales para centrar la atención en tu profesión y objetivos externos. Simbólicamente es media mañana en tu año; son prominentes las actividades del día. Además, el mes pasado Saturno volvió a cruzar tu Medio cielo y entró nuevamente en tu décima casa. Así pues, como a comienzos del año, triunfas por puro mérito, siendo el mejor en lo que haces. Júpiter, tu planeta de la profesión, recibe muchísima estimulación positiva.

Del 15 al 18 Marte viaja con Júpiter; esto trae un bonito día de paga; también podría haber aumento de sueldo. Tu buena fama profesional produce ingresos; un progenitor o figura parental es generoso; cuentas con el favor de jefes, mayores, padres y figuras paraentales. Del 24 al 27 Venus viaja con Júpiter; esto trae conexiones sociales que te ayudan en la profesión, e indica buena comunicación con jefes, mayores, padres y figuras parentales. Estas personas están muy receptivas a tus planteamientos estos días.

Todas estas cosas son estupendas, pero el principal titular este mes es la vida amorosa. Técnicamente tu cima amorosa terminó el 23 del mes pasado, pero tu séptima casa sigue muy poderosa este mes; están en ella los dos planetas benéficos del zodiaco, Venus y Júpiter. El 40 por ciento de los planetas (la mayoría benéficos) o están instalados en tu séptima casa o transitan por ella. Hay amor en el ambiente, el romance florece, la vida social es animadísima. Las conexiones sociales también favorecen la profesión. Si estás soltero o soltera tienes muchas oportunidades y opciones este mes, pero parece que las que más te atraen son las personas que poseen dinero y poder. Tu planeta del amor está retrógrado hasta el 9, así que no hay ninguna prisa en tomar decisiones importantes en el amor. La claridad llega después del 9.

Tu planeta del dinero, Marte, pasa todo el mes en tu séptima casa, y esto indica que hay oportunidades para formar una sociedad de negocios o empresa conjunta. Las conexiones y las dotes sociales son importantes no sólo en la profesión sino también en las finanzas; a qué personas conoces es tal vez más importante que lo que posees.

La salud es delicada este mes. Como siempre, procura descansar lo suficiente. Fortalece la salud dando más atención a los riñones y caderas hasta el 23, y después al colon, la vejiga y los órganos sexuales. Hasta el 23 van bien los masajes en las caderas y la desintoxicación de los riñones; después será potente un régimen de desintoxicación.

Noviembre

Mejores días en general: 1, 10, 11, 19, 20, 28, 29
Días menos favorables en general: 5, 6, 13, 14, 26, 27
Mejores días para el amor: 5, 6, 7, 10, 11, 17, 18, 21, 26, 27, 30
Mejores días para el dinero: 5, 6, 7, 8, 15, 16, 17, 18, 21, 22, 24, 25, 26, 27
Mejores días para la profesión: 5, 6, 13, 14, 15, 16, 24, 25

La salud y la energía mejoran después del 12, pero vuelven a estar delicadas después del 22. Hasta el 23 fortalece la salud con un régimen de desintoxicación y dando más atención al colon, la vejiga y los órganos sexuales; si te sientes indispuesto podría convenirte una lavativa. Los naturópatas aseguran que todas las enfermedades comienzan en el colon, así que es importante mantenerlo limpio; también son importantes el sexo seguro y la moderación sexual. Siendo tan intensa tu vida amorosa en este periodo la moderación podría resultar difícil. Serán muy útiles sesiones de reflexología o tratamientos de acupuntura o acupresión por los meridianos del intestino grueso, vejiga y canal de la concepción. Después del 23 da más atención al hígado y los muslos. Los masajes en los muslos serán beneficiosos; también irá bien una desintoxicación del hígado, con infusión de hierbas.

En los meses anteriores se han conseguido muchos de los objetivos sociales y amorosos y ahora la atención está centrada en la profesión. El 22 entras en una cima profesional anual. Sin duda tus conexiones sociales han ayudado, te han abierto puertas, pero teniendo en tu décima casa a Saturno y al señor de tu sexta casa (la del trabajo), tienes que rendir. Triunfas a la manera tradicional, por méritos y buena ética laboral. El único problema es un exceso de trabajo; podrías excederte y esto puede afectar a tu salud. Triunfa, faltaría más, pero prográmate ratos de descanso. Podrías tener que abandonar cosas de menor importancia en tu vida para centrar la atención en tu profesión y en descansar lo suficiente.

Este mes y muchos venideros tienes los aspectos para un romance de oficina, y después del 20 esto es más pronunciado. Sin duda el poder y el prestigio son los factores más atractivos en este periodo.

El impulso planetario es de avance este mes; a partir del 18 el 90 por ciento de los planetas están en movimiento directo (excepcional). Esto indica rápido progreso hacia tus objetivos. En tu vida y en el mundo los acontecimientos se mueven rápido.

Del 19 al 24 conduce con más prudencia. Hermanos y figuras fraternas deberán cuidarse de situaciones peligrosas estos días y reducir sus actividades; no hay ninguna necesidad de actividades arriesgadas o difíciles.

Entre el 24 y el 26 hay un feliz encuentro romántico o social.

Diciembre

Mejores días en general: 7, 8, 9, 17, 18, 25, 26
Días menos favorables en general: 2, 3, 4, 10, 11, 23, 24, 30, 31
Mejores días para el amor: 1, 2, 3, 4, 7, 12, 17, 18, 21, 22, 25, 26, 30, 31
Mejores días para el dinero: 2, 3, 4, 5, 6, 12, 13, 14, 15, 16, 19, 20, 21, 22, 23, 24, 30, 31
Mejores días para la profesión: 2, 3, 4, 10, 11, 12, 13, 21, 22, 30, 31

Hasta el 22 continúa estando atento a la salud. Estás ambicioso y eso es bueno, pero cuida de no trabajar en exceso. Trabaja en tu profesión poco a poco; delega tareas siempre que sea posible. Hasta el 22 continúa dando más atención al hígado y los muslos. Después del 22 fortalece la salud dando más atención a la columna, las rodillas, la dentadura, los huesos, la piel y la alineación esquelética general; irán bien masajes periódicos en la espalda y las rodillas; también serán beneficiosas las visitas a un quiropráctico u osteópata. Podría convenirte concertar una visita con un higienista dental. Después del 22 mejoran la salud y la energía.

Las conexiones y las dotes sociales siguen siendo muy importantes en tu profesión, sobre todo hasta el 10, pero también lo son el trabajo y el mérito personal. Este año no ha habido mucho honor o reconocimiento, pero este mes (y el pasado) los tienes más que de costumbre.

Este no es un año para el éxito instantáneo de la noche a la mañana (y tampoco lo serán los dos próximos años). Estás en un periodo para el crecimiento profesional metódico, uniforme, paso a paso. Esto es lo que ocurre ahora. No, es probable que no consigas todos tus objetivos profesionales, pero verás progreso. Ahora necesitas la perspectiva a largo plazo.

Las finanzas van bien este mes, pero después del 22 tendrás que trabajar más, superar más obstáculos. Tu planeta del dinero pasa el mes en tu octava casa, por lo tanto estás muy involucrado en las finanzas del cónyuge, pareja o ser amado actual. Esta persona parece ser un importante factor en los ingresos. Este es un buen mes para desintoxicar la vida financiera; no es más dinero lo que necesitas, sino librarte del derroche y de lo que sobra. Si haces esto descubrirás que tienes amplios recursos. ¿Pagas intereses innecesarios por tus tarjetas de crédito? Tal vez se podrían unificar o fidelizar los préstamos reduciendo los pagos e intereses. ¿Pagas facturas aparte por la televisión por cable, por el teléfono e internet?; tal vez estas se podrían unificar o fidelizar y reducir así los pagos. ¿Está llena tu casa de objetos que no usas ni necesitas? Líbrate de ellos; véndelos o dónalos a una institución de beneficencia. Este es un mes para hacer limpieza. El dinero extra se debería destinar a pagar deudas. Muchas veces es posible refinanciar los préstamos o hipotecas con condiciones más favorables; este es un buen mes para explorar estas posibilidades. El interés de los demás debe estar en primer lugar; no te desentiendes de tus intereses, pero los pones en un segundo plano. Prosperas haciendo prosperar a otros en este periodo.

Del 5 al 12 podría haber trastornos financieros de corta duración; es necesario hacer cambios importantes; si los haces, se enderezará tu vida financiera.

Otros títulos de
Ediciones Urano

LINDA GOODMAN

Los signos del Zodíaco y su carácter

Nunca antes se había escrito un libro serio y científico que fuera al mismo tiempo tan ameno y entretenido.

Este estudio constituye una valiosa ayuda para comprenderse mejor a uno mismo y para entender a las personas con las que se convive.

Este libro enseña lo que hay que hacer y lo que no se debe hacer con los nacidos bajo un determinado signo solar, lo que se puede esperar de cada uno y a lo que es mejor renunciar para evitarse frustraciones continuas.

Sería mucho decir que este libro le cambiará la vida, pero sí puede ayudarle a comprender mejor a sus hijos, a evitar conflictos innecesarios con su jefe, con su familia y amistades. Además le servirá de entretenimiento.

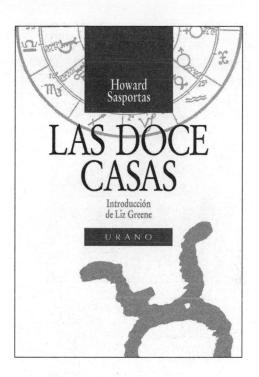

HOWARD SASPORTAS

Las doce casas

Esta obra llena un vacío en la bibliografía actual sobre temas relacionados con la astrología. Pues explora de forma detallada el campo de la experiencia asociado con cada una de las doce casas, dilucidando no sólo lo concreto y tangible, sino también el significado de las esferas más profundas y sutiles de la vida. *Las doce casas* nos ofrece una orientación para la interpretación de los planetas y los signos a través de las casas, incluyendo los nodos lunares y el planeta Quirón. Con numerosas cartas para ejemplificar e ilustrar las técnicas y principios expuestos.

Dulce Regina

ALMAS GEMELAS

Encuentro
y búsqueda

URANO

Dulce Regina

Almas gemelas

Con nuestra alma gemela compartimos destino. Nos separamos de ella para adquirir experiencia y progresar. El reencuentro es inevitable.

«He escrito este libro para aquellos que deseen evolucionar. Que sepan que todas las acciones, las palabras y los pensamientos dejan una huella en nosotros, y también que es posible quemar los registros negativos del pasado, y crear otros nuevos y mejores, ensalzando aquello que hay de positivo en nuestro interior. Es posible sintonizar con la grandiosidad del Universo, es posible redescubrir la luz propia, es posible volver hacia la esencia Divina.»

LOUISE L. HAY

Calendario 2015

ABRE LA PUERTA AL NUEVO AÑO. CONSTRÚYETE UNA NUEVA VIDA

Refuerza la confianza en ti mismo y encuentra la armonía, el equilibrio, la flexibilidad y la paz que necesitas para superar todos los obstáculos y cruzar con alegría todos los puentes. Louise L. Hay, autora del best seller *Usted puede sanar su vida*, te ofrece una afirmación positiva para cada día del año. Para que día a día, durante doce meses, puedas ser el mejor amigo de ti mismo.

LOUISE L. HAY

Agenda 2015

AÑO DE FORTALEZA

Este año vamos a trabajar la fortaleza. En la práctica de la fortaleza hay tres pasos fundamentales: reconocer, aceptar y perseverar. Primero reconoce lo que te está sucediendo. Segundo, acéptalo y deje que se manifieste tal cual. Y por último, inténtalo todos los días, todas las veces que haga falta. Da las gracias por cada logro por pequeño que te parezca. El agradecimiento te dará fuerzas para seguir avanzando.

¡Bienvenidos al 2015! ¡Gracias nuevo año por las 365 oportunidades que nos ofreces para descubrir nuestra verdadera fortaleza!

Visítenos en la web:

www.edicionesurano.com